De WitWassers

Achter de schermen van 's werelds op twee na grootste industrie

Praktisch elke dollar in omloop is wel eens gebruikt bij een drugsdeal

ELMAR

Jeffrey Robinson

De witwassers is een uitgave van:
© Uitgeverij Elmar B.V., Rijswijk – MXMV
© Oorspronkelijke uitgave: Simon & Schuster LTD, London – MXMIV
Oorspronkelijke titel: The Laundrymen
Auteur: Jeffrey Robinson
Vertaling: Willem Zwart
Vormgeving binnenwerk: Pam van Vliet, bNO, Delft
Vormgeving omslag: Studio Raster B.V., Rijswijk

ISBN 90389 02883 / CIP

Inhoud

Voorwoord

Het begon allemaal met John Hurley, die tot eind 1992 douane-attaché was bij de Amerikaanse ambassade in Londen. Hij was degene die voor het eerst mijn belangstelling wist te wekken en vervolgens talloze deuren voor me heeft geopend – deuren die zonder zijn hulp nooit open zouden zijn gegaan. Ik geef zonder meer toe dat ik zijn naam te pas en te onpas heb gebruikt, want telkens wanneer ik dit deed, kreeg ik te horen: 'Als u een vriend van John bent, zit het wel goed.' Ik hoop dat hij beseft hoezeer hij gewaardeerd wordt door de mensen die met hem hebben gewerkt. En ik hoop bovendien dat hij en zijn echtgenote Eileen weten hoezeer ze worden bewonderd – met name door mijn vrouw en mij.

Voorts ben ik zeer veel dank verschuldigd aan de vele instanties die me bij dit project hebben geholpen; in de Verenigde Staten: het ministerie van Justitie, de US Customs (de douane), het Federal Bureau of Investigation, de Drug Enforcement Administration (DEA), de Criminal Investigation Division van de Internal Revenue Service (IRS) en de officier van justitie van het district New York; in Groot-Brittannië: HM Customs, de National Criminal Intelligence Service (NCIS) en de Metropolitan Police; in Canada: het ministerie van Justitie, de Royal Canadian Mounted Police en de Canadian High Commission in London; in Australië: het ministerie van Justitie en de National Crimes Authority; en in de rest van Europa, tal van justitiële en fiscale instanties.

Verder ben ik bijzonder erkentelijk voor de inspanningen, stimulans en steun van de volgende personen: Peter Nunez, voormalig secretaris-generaal van het ministerie van Financiën; Roger Urbanski, Armando Ramirez en Bob Gerber van de US Customs; Fran Dyer van de IRS; de officieren van justitie Mark Bartlett en Joe Whitley; Charles Hill, Graham Saltmarsh, Terry Burke en Tim

Wren van de NCIS; Billy Miller en Tony Curtis van de Metropolitan Police; Tony Brightwell van Bishops International; dr. Barry A. K. Rider, directeur van het Centre for International Documentation on Organized and Economic Crime, Jesus College, Cambridge; Rowan Bosworth-Davies van Richards Butler; Brian Bruh en Anna Fotias van het Financial Crimes Enforcement Network (FINCEN); David Westrate, Bill Simpkins en Bill Alden van de DEA; Jan van Doorn van de Nederlandse Centrale Recherche Informatiedienst (CRI); Bob Denmark, Graham White en Trevor Taylor van de Royal Lancashire Constabulary; Lucy Lloyd en Henry Stewart Conference Studies voor de voortreffelijke documentatie van hun conferenties over het witwassen van zwart geld; Michael Hyland, hoofd van Midland Group Security; John Drage van de Bank of England; Eric en Lynn Ellen van het International Maritime Bureau; Michael Ashe, advocaat; officier van justitie van Tessin, Dick Marty en journalist Pascal Auschlain in Zwitserland; en Mark Solly op het eiland Man. Voorts gaat mijn dank uit naar de vijftig bankiers die tijd voor me wisten vrij te maken – velen onder hen spraken volslagen openlijk over specifieke bankpraktijken en bepaalde zaken die hun eigen positie in gevaar zouden kunnen brengen.

Deze bankiers tonen aan dat onderzoek voor een boek als dit alleen resultaat kan opleveren, onder de voorwaarde dat bepaalde bronnen anoniem kunnen blijven. Dat betekent dat ik sommigen van hen niet openlijk kan bedanken. Aan negentien mensen – die niet tot de eerdergenoemde bankiers behoren – ben ik eveneens zeer veel dank verschuldigd.

Deze personen, met uiteenlopende beroepen, afkomstig uit alle delen van de wereld, vormden samen een informatiebron van onschatbare waarde. Sommigen waren uiteraard niet al te blij dat ik ze had weten op te sporen – ze wilden uiteindelijk alleen maar met me spreken onder voorwaarde dat ik hun verblijfplaats strikt geheim zou houden. Anderen wilden alleen iets kwijt, nadat ik beloofd had hun naam nooit te zullen noemen. Zonder al te dramatisch te willen klinken, moest ik toch wel op deze voorwaarden ingaan om mijn bronnen niet in gevaar te brengen. Ik respecteer hun wensen dan ook onvoorwaardelijk. Ik vind het echter wel spijtig dat ik hun namen niet kan noemen in mijn dankbetuiging, want ik heb oprecht respect voor het vertrouwen dat ze mij schonken.

Ten slotte bedank ik mijn goede vriend, de advocaat Gerald Chappell voor zijn steun en waardevolle adviezen; Nick Webb van Simon & Schuster voor zijn vriendschap, wijsheid en elan; Leslie Gardner van de Artellus Agency voor haar stimulans; mijn trouwe redactrice Liz Paton; mijn agenten Peter Robinson van Curtis Brown in Londen en Bob Ducas in New York; en natuurlijk La Benayoun.

JR/Londen 1994

Inleiding

Robert Torres had alles wat zijn hart begeerde. Hij bezat geld, prachtige auto's en status. Hij kon alle vrouwen krijgen die hij maar hebben wilde. Voor de Puertoricaan Torres, die zijn carrière was begonnen als drugsdealer op de straathoeken van Spanish Harlem, was de *American dream* werkelijkheid geworden.

Het was een familiebedrijf.

Het waren zijn neven die hem in de jaren zeventig erbij betrokken. Zij waren ook degenen die hem de plastic zakjes met drugs leverden die hij aan iedereen verkocht die stoned wilde worden en over voldoende geld beschikte.

Als kleine straatdealer verdiende hij maar weinig, maar Torres was ambitieus en had plannen, en hij hield zichzelf voortdurend voor dat het verkopen van drugs aan kinderen en hoeren en telkens door pooiers in elkaar te worden geslagen nu niet bepaald de manier was om rijk te worden. Het werd dus tijd om te gaan uitbreiden en de zaken grootschaliger aan te pakken.

Dat betekende heroïne.

Het nam de nodige tijd in beslag. En aangezien dit een branche is waarin ook maar één verkeerde stap gemakkelijk tot een gewelddadige dood kan leiden – en dat komt maar al te vaak voor – moet je daar *cajones* (kloten) voor hebben. Maar hij wist zich omhoog te werken binnen dit milieu. Hij was slim genoeg om dat langzaam te doen, stap voor stap. En hij had het geluk om daarbij in leven te blijven.

Aanvankelijk verkocht hij de drugs zelf. Vervolgens besteedde hij het uit aan dealers die voor hem de straat opgingen. Daarna ging hij zich ook met de invoer bezighouden en leerde hij alles over de groothandel. Binnen tien jaar tijd had hij een honderdtal *amigos* in dienst. Ze noemden zich Los Brujos (de Tovenaars) en exploiteerden een netwerk van twintig distributiecentra in Manhattan en de Bronx.

Begin 1993 verhandelde Torres dagelijks een hoeveelheid heroïne ter waarde van ongeveer een half miljoen dollar. In contanten!

Toen werd hij door de politie gepakt. Ze kwamen bij hem binnenvallen als een zwaar bewapende commando-eenheid die een kuststrook bestormt – ze sloegen hem in de boeien, pakten alle leden van Los Brujos op en ontmantelden zijn financiële imperium.

Ooit had Robert Torres alles wat zijn hart begeerde. Prachtige auto's, status en alle vrouwen die hij maar hebben wilde. Zijn imperium – geheel en al opgebouwd met geld dat hij op straat had verdiend – bestond uit zestig zaken in New York en Puerto Rico, een bouwbedrijf, verscheidene restaurants, een toeristencomplex vlak bij San Juan en een grote hoeveelheid waardepapieren. Op zijn zevenendertigste bezat hij meer dan zestig miljoen dollar.

En al die tijd opereerde op de achtergrond een man die Torres liet zien hoe hij de Amerikaanse droom kon verwezenlijken, dat was een voormalige employé van de Chase Manhattan Bank, zijn witwasser.

HOOFDSTUK 1

De goocheltruc

'Wat een president doet, is nooit illegaal.'
– RICHARD NIXON

H et witwassen van geld is louter een kwestie van handig-
heid. Het is een goocheltruc om geld te voorschijn te tove-
ren. Het is misschien de menselijke activiteit die tot nu toe
de alchimie het dichtst heeft weten te benaderen. Het is de levens-
ader van drugsdealers, fraudeurs, smokkelaars, kidnappers, wapenhandelaren, terroristen, afpersers en belastingontduikers.

Het verhaal wil dat de term verzonnen is door Al Capone, die
evenals zijn aartsrivaal George 'Bugs' Moran een wasserette-keten
in Chicago exploiteerde, als dekmantel voor zijn inkomsten uit gokken, prostitutie, afpersing en het overtreden van de wetten ten tijde
van de drooglegging. Het is weliswaar een aardig verhaal, maar niet
juist.

Het witwassen van geld is precies datgene wat het wil zeggen,
omdat deze term precies uitdrukt wat er gebeurt – illegaal of 'zwart'
geld wordt via een aantal transacties 'gewassen', zodat het er aan de
andere kant als legaal, of 'wit' geld uitkomt. Met andere woorden,
de bron van op illegale wijze verkregen gelden wordt verduisterd
door middel van een reeks overboekingen en transacties, zodat hetzelfde geld uiteindelijk weer als legale inkomsten te voorschijn
komt.

Met de naam Meyer Lansky kreeg de mythe een romantische
tint. Terwijl mannen als Capone, Luciano en, later, Frank Costello
zich met geweld een weg door het leven baanden, gebruikte Lansky

– een 1.60 meter lange, in Polen geboren en in New York opgegroeide vroegtijdige schoolverlater – zijn hersens en werd hij de hoogstgeplaatste niet-Italiaan in wat toentertijd 'The Syndicate' heette. Hij werd in die dagen 'de accountant van de onderwereld' genoemd. Heden ten dage wordt hem nog regelmatig de titel 'beschermheilige van de geld-witwassers' toebedeeld – een grafschrift dat hem beslist zou hebben bevallen.

Lansky was behoorlijk nerveus geworden in oktober 1931 als gevolg van het onvoorzichtige gedrag van Capone, dat tot diens aanhouding, veroordeling en detentie in Alcatraz had geleid. Dit alles wegens belastingontduiking. Vastbesloten om een dergelijk lot te vermijden bedacht hij dat geld, waar de fiscus geen weet van had, ook niet belastbaar kon zijn. Met die overtuiging ging hij op zoek naar methodes om geld te laten onderduiken. Voor het einde van dat jaar had hij de voordelen van nummerrekeningen bij Zwitserse banken ontdekt. Ongeveer twintig jaar later, na zijn oude partner Benjamin 'Bugsy' Siegel te hebben geholpen met de financiering van The Flamingo – het eerste grote hotel en casinocomplex in de woestijn, dat later zou uitgroeien tot Las Vegas – wist Lansky zijn vrienden ervan te overtuigen, dat expansie naar het buitenland een waarborg zou zijn voor hun belastingvrije toekomst. Hij was van mening dat de beste methode ná het volledig verbergen van geld (waarbij de fiscus er totaal geen weet van had) die zou zijn, waarbij het geld buiten de jurisdictie zou worden gebracht en de dienst er dus niet bij zou kunnen komen (maar waarbij de fiscus wel kon vermoeden dat het geld er was). Dus toog hij met een aantal onderwereldfiguren naar Havana en met de zegen van president Fulgencio Batista zorgde Lansky vrijwel in zijn eentje voor een explosieve groei van de Cubaanse hoofdstad. Maar zijn dromen van een wereld buiten bereik van de Amerikaanse fiscus werden ruw verstoord toen Fidel Castro – die zich in 1959 al strijdend vanuit de bergen een weg naar de stad had gebaand met wapens die door Amerikaanse gangsters waren geleverd – alle Amerikanen het land uitzette.

Terwijl sommige van zijn handlangers duidelijk aangeslagen

waren door deze mislukking, bleef Lansky er stoïcijns onder. Hij gaf toe, op het verkeerde paard te hebben gewed – hij had de zijde gekozen van Batista omdat maar heel weinig mensen aanvankelijk geloofden dat Castro, zijn kameraad Che Guevara en hun volgelingen een complete revolutie zouden kunnen doen slagen – legde zich bij deze situatie neer en trok er de wijze les uit dat politieke stabiliteit noodzakelijk is om optimaal in een bepaald land te kunnen investeren.

Op zoek naar een geschikte locatie, kwam hij vervolgens op de Bahama's terecht. De 700 eilanden en koraalriffen die toen nog deel uitmaakten van het Britse koninkrijk – een halfuur vliegen van Miami en in dezelfde tijdzone als het oosten van de Verenigde Staten – waren zeer geschikt voor zijn doeleinden. De verbindingen waren er goed, onroerend goed was er goedkoop, het gebied was gemakkelijk bereikbaar, de markt was er rijp voor en het beste van alles was dat de plaatselijke politici omkoopbaar waren, zodat hij met succes hun greep op de macht kon versterken om verzekerd te zijn van stabiliteit.

Jammer genoeg – voor wat betreft de verheerlijking van Meyer Lansky – was hij nu niet bepaald een heilige en zeker geen witwasser van zwart geld. Waar het hem hoofdzakelijk om ging, was het ontduiken van belastingen. Er is weinig grond om aan te nemen dat hij nog meer deed dan het bedenken van enkele elementaire methoden voor kapitaalvlucht. Niets wijst erop dat hij ooit van plan is geweest om kapitaal naar de Verenigde Staten terug te brengen door het bij de douane aan te geven om er vervolgens legaal over te kunnen beschikken.

Hij was beslist geen volwaardige beschermheilige en had ongeveer net zo veel te maken met het witwassen van geld als de gebroeders Wright met de Concorde. Lansky was zonder enige twijfel degene die de zaak van de grond wist te krijgen, maar het waren anderen die de geluidsbarrière doorbraken.

Interessant genoeg werd de term 'witwassen' met betrekking tot geld voor zover bekend pas in 1973 voor het eerst in een artikel gebezigd. En dat artikel had helemaal niets te maken met Meyer Lansky. Volgens de meest gezaghebbende bron voor dergelijke zaken – de *Oxford English Dictionary* – was de term voor het eerst te lezen in kranteartikelen over het Watergate-schandaal.

Eind februari 1972 deed Richard Nixon de eerste formele stappen in de richting van een nieuwe ambtsperiode in het Witte Huis. Hij kondigde de oprichting aan van het Committee to Re-elect the President – afgekort tot CRP en bizar genoeg uitgesproken als 'creep' (gluiperd) – en benoemde zijn voormalige compagnon, minister van Justitie John Mitchell tot voorzitter hiervan. Zo werd het in ieder geval aan het publiek gepresenteerd. De echte campagne was al op zijn minst een jaar tevoren op gang gebracht, toen Mitchell en minister van Handel Maurice Stans – die het voorzitterschap op zich nam van het Finance Committee van het CRP – in het geheim geld gingen inzamelen. Tot de vele mensen en bedrijfstakken die een bijdrage leverden, behoorde de Amerikaanse zuivelindustrie die Nixon wilde belonen voor de melksubsidies die hij had laten instellen. Eveneens op de lijst stond de in afzondering levende miljardair Howard Hughes, die naar verluidt 100.000 dollar overhandigde aan de beste vriend van Nixon, Charles 'Bebe' Rebozo, een bankier uit Florida.

En dan was er nog de in ongenade gevallen internationale financier, Robert Vesco. Hij werd toentertijd onder de loep genomen door Mitchells ministerie van Justitie en had genoeg op met Nixon (vanzelfsprekend ook met het vooruitzicht op mogelijke wederdiensten van de kant van het Witte Huis) om een donatie in contant geld van 200.000 dollar te willen verrichten.

Toen Mitchell en Stans van American Airlines 100.000 dollar los wisten te krijgen, kreeg George Spater – destijds president-directeur van de luchtvaartmaatschappij – te maken met het probleem dat hij het geld, dat aan het bedrijf was onttrokken, in de boeken moest verantwoorden. Hij regelde het zo dat een Libanese firma, Amarco genaamd, een valse factuur zou voorleggen voor hun commissie voor de verkoop van onderdelen aan Middle East Airlines.

American Airlines betaalde de factuur, Amarco deponeerde het geld in Zwitserland en liet het vervolgens op hun rekening in New York overboeken. Daar haalde een agent van Amarco 100.000 dollar in contanten van de rekening af en overhandigde het bedrag aan Spater, die het op zijn beurt aan Mitchell en Stans gaf.

Braniff Airlines, dat eveneens door het duo werd benaderd, waste zijn gift wit via Panama. De vice-president van de Latijnsamerikaanse afdeling van de maatschappij gaf de vertegenwoordiger van de firma in Panama-Stad de opdracht om 40.000 dollar vrij te maken door middel van een gefingeerde factuur van een plaatselijk bedrijf, voor geleverde 'goederen en diensten'.

Het hoofdkantoor in Dallas stuurde vervolgens een partij blanco vliegtickets naar het kantoor in Panama, die uitsluitend bedoeld waren voor klanten die hun vlucht contant betaalden. De opbrengsten van deze tickets werden naar een bouwbedrijf in Dallas doorgesluisd, waarna ze opdoken in de boekhouding van Braniff om het oorspronkelijke tekort te dekken.

Daarna benaderde Stans de olie-industrie. De topman van Ashland Oil, Orin Atkins, doneerde geld van een dochtermaatschappij in Gabon, dat in Zwitserland werd witgewassen, waarna het contant opgenomen geld naar Amerika werd teruggebracht in een diplomatenkoffertje. Gulf Oil waste zijn donatie van 100.000 dollar voor de toekomst van Nixon wit via een dochtermaatschappij op de Bahama's.

Het hoeft geen betoog dat deze bijdragen nooit legaal werden gedeclareerd. Ofschoon de schenking van Vesco uiteindelijk werd teruggegeven, was het in feite – gezien de toenmalige wetten – onduidelijk of het CRP nu wel of niet verplicht was om van dergelijke bijdragen melding te maken. Het antwoord op deze vraag liet niet lang op zich wachten. Het Congres had namelijk net een wet aangenomen die op 7 april van kracht zou worden en die juist dit soort anonieme donaties verbood. Aangezien hun speelruimte daardoor aanzienlijk werd beperkt, was het voor Mitchell en Stans zaak om zo veel mogelijk geld binnen te halen voor bovengenoemde datum.

Ze besloten om maar weer eens van oude bekende Mexicaanse routes gebruik te maken, die het traceren van anonieme giften onmogelijk zouden maken en benaderden nu individuele burgers, die discretie in dergelijke aangelegenheden beslist op prijs stelden. Bovendien gingen ze op zoek naar bedrijven die door de nieuwe wet geen aanzienlijke geheime schenkingen aan politici meer zouden kunnen verrichten.

Stans, die nou niet bepaald bekendstond om zijn subtiliteit, intimideerde potentiële donors door ze duidelijk te maken dat iedere rechtgeaarde Amerikaan dankbaarheid verschuldigd was aan Nixon, en herinnerde hen er vervolgens in één adem aan dat zijn Mexicaanse kanalen buiten de controlebevoegdheid van de Amerikaanse fiscus vielen.

Achteraf gezien was het een nogal onbenullig plan. Tot de – inmiddels illegaal geworden – donaties die door Stans bijeen waren gebracht behoorden vier cheques aan toonder die samen goed waren voor zo'n 89.000 dollar. Allemaal getrokken op verschillende Amerikaanse banken en betaalbaar gesteld aan een advocaat in Mexico-Stad, Ogarrio Daguerre genaamd. Medio april werden deze vier cheques door Daguerre naar Miami verzonden, waar ze op 20 april op de bankrekening van een plaatselijke makelaar, Bernard L. Barker genaamd, werden bijgeschreven. Barker ontving de instructies, dat als er ooit iemand naar het geld zou vragen, hij dan zeggen moest dat het zijn aandeel was van de verkoop van een terrein aan een anonieme Chileense zakenman. Mocht er iemand vragen waarom hij later 89.000 dollar van zijn rekening had gehaald, zou zijn antwoord daarop moeten luiden dat de transactie niet door was gegaan en hij de commissie terug had moeten betalen.

Als Mitchell en Stans toen de bloemetjes buiten hadden gezet en het geld opgemaakt hadden aan drank en vrouwen, zou er waarschijnlijk nooit een haan naar hebben gekraaid. Maar in plaats daarvan besloten ze een misdaad te financieren.

Op de avond van 17 juni 1972 pleegden vijf mannen een inbraak in het hoofdkantoor van het Democratic National Committee in

14

het Watergate-kantoorgebouw, ten westen van Juarez Circle. Het waren: Virgilio Gonzalez, een slotenmaker van Cubaanse origine; Eugenio Martinez, een eveneens uit Cuba afkomstige anti-Castro-activist en een informant van de CIA; Frank Sturgis, een avonturier uit Miami die contacten onderhield met de CIA; James W. McCord Jr, een voormalige medewerker van zowel de FBI als de CIA; en een zekere Bernard L. Barker uit Miami. Zoals later bleek, had ook hij voor de CIA gewerkt en was hij bovendien in 1962 betrokken geweest bij de invasie in de Varkensbaai.

De actie was zelfs niet eens de betiteling 'laag' waard, zoals Nixon de daad omschreef in de dagen dat hij bleef volhouden er niets van af te weten. Het was ronduit een domme stunt geweest, met – naar later bleek – rampzalige gevolgen.

De vijf mannen werden onmiddellijk gearresteerd.

Aanvankelijk scheen McCord de interessantste van de groep te zijn, omdat hij ten tijde van de inbraak de veiligheids-coördinator van het CRP was. Toen volgde de arrestatie van twee andere mannen, G. Gordon Liddy en E. Howard Hunt. Zij vormden het brein achter de inbraak. En weldra kwam aan het licht dat ze allebei directe contacten onderhielden met de CIA, het Committee to Re-elect the President en, schokkend genoeg, het Witte Huis.

Maar de samenzwering kwam aan het licht met de arrestatie van Barker.

Mitchell en Stans, die slimmer waren dan goed voor ze was, hielden er geen rekening dat er wel eens iets mis zou kunnen gaan. Evenmin hadden ze er ooit aan gedacht dat iemand, als het misliep, die vier cheques wel eens zou kunnen ontdekken en het spoor via de Mexicaanse advocaat terug zou kunnen volgen naar het CRP. Toen Bob Woodward en Carl Bernstein van de *Washington Post* het verhaal eenmaal hadden gepubliceerd, brak de storm los, en vrijwel iedere ondernemende journalist in Amerika ging zich er toen mee bezighouden. De concurrentieslag om primeurs over deze affaire was enorm. Uiteindelijk was het de *New York Times* die het nieuws over de Mexicaanse connectie als eerste bracht.

Dagvaardingen vlogen over en weer en rechercheurs kregen toestemming om de bankrekening van Barker te onderzoeken. Er werd een vijfde verdachte cheque ontdekt ter waarde van 25.000 dollar, daterend van tien april. De cheque was getrokken op de First Bank and Trust Company of Boca Raton in Florida en betaalbaar gesteld aan Kenneth H. Dahlberg, die voor Nixon in het Midwesten fondsen wierf. Toen een journalist hem ondervroeg over de cheque, gaf hij toe dat hij deze reeds lang geleden aan Maurice Stans had afgestaan.

De 89.000 dollar die zich in Mexico bevond, was nog maar het topje van de ijsberg. Het totale opgespoorde bedrag kwam al gauw op 750.000 dollar. Op dat moment werd onthuld dat Stans een gigantisch bedrag aan illegaal witgewassen fondsen op zijn kantoor bij het CRP beheerde.

Als gevolg van het knullige amateurisme waarmee hun witwasactiviteiten werden uitgevoerd, kon het CRP rechtstreeks in verband worden gebracht met de Watergate-inbraak.

Op 21 maart 1973 probeerde Nixon – die nu dermate in zijn eigen leugens verstrikt was geraakt, dat zijn lot al zonder enige twijfel was bezegeld – zijn juridisch adviseur John Dean er toch nog van te overtuigen dat hij zich uit deze crisis kon vrijkopen door nog meer geld wit te wassen.

In een privé-gesprek in het Witte Huis waarschuwde Dean president Nixon met de profetische woorden: 'Onze mensen zijn niet professioneel op dit gebied.'

En dat was een understatement!

Hij ging verder: 'Dit is het soort van zaken waar mafialeden goed in zijn – het witwassen van zwart geld, schoon geld krijgen en meer van dat soort dingen. We weten er nu eenmaal weinig van af omdat we geen criminelen zijn en geen ervaring hebben op dit gebied.'

Het was slechts een kwestie van tijd voordat het povere verweer van Nixon volledig onderuitgehaald zou worden, en niemand – het minst nog van alle een witwassende Richard Nixon – kon de val van een oneerlijke president nog tegenhouden.

Net als bij elke grootse thriller zat het verhaal vol ironie.

Het ironische is dat Nixon in de peilingen zo ver voorlag op zijn opponent George McGovern, dat het voor het CRP absoluut niet nodig was om zich met illegale fondsen in te laten. Nixon zou létterlijk gewoon in het Witte Huis op zijn stoel kunnen blijven zitten, zonder ooit een toespraak te houden, zonder ooit een baby te hoeven kussen, zonder ooit op campagne te gaan en toch nog met een straatlengte vóór de verkiezingen winnen.

Ironisch was het ook dat in de nasleep van de Watergate-affaire het Congres ogenblikkelijk stappen ondernam om het privé-leven van gewone burgers beter te beschermen tegen de overheid. In een van die nieuwe wetten werd het voor financiële rechercheurs vrijwel onmogelijk gemaakt om gegevens met elkaar uit te wisselen, wat in de praktijk gunstig uitpakte voor witwassers.

Ook ironisch is het dat in die dagen het witwassen van zwart geld nog nergens ter wereld als een strafbaar feit werd beschouwd.

HOOFDSTUK 2

Het witwassen van geld

'Geld heeft een merkwaardig soort zuiverheid.'
— BERNIE CORNFELD

Op papier hebben alle witwasoperaties vier dingen gemeen. Ten eerste moeten eigendom en oorsprong van het geld worden verheimelijkt. Het witwassen van geld heeft immers geen enkele zin als iedereen weet wie de eigenaar is wanneer het weer te voorschijn komt.

Vervolgens vindt een verandering van de uiterlijke gedaante plaats. Niemand zou drie miljoen pond willen witwassen om uiteindelijk een onhanteerbare stapel briefjes van twintig over te houden. Wanneer het om grote bedragen gaat, betekent omzetting tevens het veranderen van de omvang van het geld. In tegenstelling tot wat wel wordt gedacht, is het onmogelijk om een miljoen pond in een diplomatenkoffertje te proppen. Een miljoen pond in briefjes van vijftig vormt een ongeveer drie meter hoge stapel!

Ten derde moeten de sporen van het hele proces worden uitgewist. De opzet van de operatie is mislukt wanneer iemand het geld vanaf het begin tot het einde zou kunnen volgen.

En ten slotte moet het geld voortdurend in de gaten gehouden kunnen worden.

Het is immers zo dat iedereen die bij de transactie betrokken is, beseft dat het om illegaal geld gaat. Bij diefstal is de oorspronkelijke eigenaar dus niet in staat om op legale wijze verhaal te halen.

Het proces van het witwassen bestaat uit drie fasen.

De eerste fase, het zogenaamde 'voorspoelen', bestaat uit het consolideren en plaatsen van het geld. Een handelaar in drugs die vijf miljoen pond bijeen heeft weten te brengen, staat voor het gigantische karwei om soms wel meer dan een miljoen bankbiljetten op bankrekeningen te storten. In tegenstelling tot de valsemunter, die zijn nagemaakte geld juist in omloop moet brengen, is de witwasser aangewezen op bankrekeningen, girocheques, reischeques en andere verhandelbare middelen om zijn contant geld bij de bank onder te kunnen brengen.

Om de beeldspraak te vervolgen, de tweede stap – het zogeheten 'layering' – zou ook wel 'zwaar soppen' genoemd kunnen worden. Hier scheidt de witwasser de opbrengst van de clandestiene bron. Door het geld langs zoveel mogelijk bankrekeningen te sluizen – via brievenbusfirma's die uitsluitend voor dit doel zijn opgericht – en door te vertrouwen op het bankgeheim en op de vertrouwelijke relatie tussen advocaat en cliënt, creëert hij opzettelijk een gecompliceerd net van financiële transacties, waarbij hij er bij iedere stap er nauwlettend op toe ziet geen sporen achter te laten.

De laatste fase bestaat uit het 'centrifugeren' – ook wel omschreven als 'repatriëring en integratie'. Hier wordt het witgewassen geld weer in omloop gebracht in de vorm van wit, belastbaar inkomen.

Wanneer het om kleine bedragen gaat, kan het drie-fasige proces snel verlopen.

Om 20.000 pond wit te wassen, volstaat het om bij tien banken reischeques ter waarde van 2000 pond aan te schaffen. Het is eveneens mogelijk om bij eenzelfde aantal postkantoren een handvol internationale postwissels te kopen.

Deze zijn overal ter wereld verhandelbaar en kunnen worden gebruikt om in het buitenland bankrekeningen te openen; ze kunnen ook gewoon worden bewaard om later te worden uitgegeven. Zolang de transacties met betrekkelijk kleine bedragen worden uitgevoerd – een storting van 2000 pond zal lang niet zoveel argwaan wekken als een contante betaling van 20.000 pond – zullen ze vrijwel vlekkeloos kunnen worden uitgevoerd.

Wanneer u bijvoorbeeld beschikt over 110.000 pond in contanten, kunt u eens een Rolls-Royce-showroom binnenslenteren om het geld te besteden aan een splinternieuwe Silver Spirit. Aangezien het niet gebruikelijk is om met contant geld te betalen bij dit soort transacties, kunnen we aannemen dat de verkoper zich enigszins ongemakkelijk voelt bij de aanblik van uw plastic Hema-tas volgepropt met bankbiljetten. Hij zou zich zelfs wel eens kunnen afvragen of u soms niet geld aan het witwassen bent. Wanneer die verdenking eenmaal is gerezen, is hij wettelijk verplicht om de transactie te melden. Er bestaat echter een goede kans dat hij deze verplichtingen niet kent, en zelfs als dat wel het geval zou zijn, is het zeer waarschijnlijk dat hij uit winstbejag bereid is om te verklaren dat hij nooit enige verdenking tegen u heeft gekoesterd.

Als de Rolls-Royce-dealer uw geld op zijn bankrekening stort zal de bank dit als een normale transactie beschouwen. Hij is immers hun vaste klant. Ze kennen hem. Wanneer men de bankemployés hier later op zou aanspreken, zouden ze gewoon hun schouders ophalen, omdat, wanneer er iets verdachts met het geld aan de hand zou zijn geweest, het immers de taak van de Rolls-dealer was om het te melden.

En zelfs wanneer de autoverkoper zijn plicht zou kennen en de moeite zou nemen om de politie in te lichten, zou u tegen de tijd dat het rapport de NCIS (British National Criminal Intelligence Service) zou hebben bereikt, tijd genoeg hebben om uw Rolls te verpatsen en uw cheque aan toonder onder valse naam te storten op uw buitenlandse bankrekening.

Het grootste obstakel wordt hier gevormd door de registratie van de auto en de cheques die hun sporen zouden kunnen achterlaten. Minder risico loopt u bij handel waar van oudsher met contant geld wordt betaald.

De antiekhandel is zo'n handelsvorm.

U begint met het opzetten van een brievenbusfirma voor honderd pond. Kant-en-klare bedrijfjes worden dagelijks door bedrijfsvestigingsagenten aangeboden op de financiële pagina's van de meeste kranten. Nu u kunt beschikken over de naam van een bedrijf en een geregistreerd zakenadres, rijdt u het hele land door en koopt u Chinees porselein, Louis XV-fauteuils, George II-luchters of Perzische tapijten, waarvoor u uiteraard met contant geld betaalt. Sieraden, postzegels en munten zijn eveneens zeer geschikt voor de omzetting van contant geld.

Eenmaal in het bezit van uw kunstschatten – laten we zeggen, tien Ming-vazen van 5000 pond per stuk – biedt u alles te koop aan, waarbij u de voorraad over vijf verschillende veilinghuizen verdeelt, bij voorkeur in vijf verschillende steden. U kunt nu ofwel ieder exemplaar aan de hoogste bieder verkopen, ofwel aan uw favoriete oom vragen of hij het weer voor u terugkoopt.

Ieder voorwerp dat u verkoopt, aan wie dan ook, wordt per cheque betaald. Wanneer uw oom dus 5500 pond overhandigt aan het veilinghuis – dat is de geboden prijs plus tien procent koperscommissie – ontvangt u een wissel van 4500 pond, de afgehamerde prijs min tien procent verkoperscommissie. De commissies worden domweg afgeschreven als onkosten voor het witwassen. En in dit geval heeft u ook de vaas weer terug die u opnieuw kunt verkopen.

Veilinghuizen in Engeland zijn evenals Rolls-Royce-dealers verplicht om verdachte transacties te melden. Maar het sleutelwoord blijft nog steeds de term 'verdacht'. Op iedere willekeurige dag zijn in heel Groot-Brittannië talloze mensen bezig met grotere transacties met contant geld. Slechts een verwaarloosbaar deel ervan wordt ooit gemeld bij de betreffende instanties.

De groothandel en de horeca vormen een ander terrein waar veel contant geld omgaat. Neem maar eens het voorbeeld van het restaurant dat geen creditcards of cheques accepteert. Zuid-Florida is ervan vergeven. De pizza gaat de voordeur uit terwijl het zwarte geld via de achterdeur naar binnen komt.

Hetzelfde geldt ook voor videotheken.

Net zoals bij andere vormen van handel waar veel contant geld omgaat, valt het niet op wanneer er 300 dollar per dag extra in het laatje komt van een videotheek met een voorraad van 5.000 tot 10.000 video's. Zolang het geld maar geleidelijk aan het systeem wordt binnengevoerd, blijft deze praktijk hoogstwaarschijnlijk onopgemerkt. Evenmin zouden er vraagtekens rijzen wanneer uit de boekhouding van de accountant zou blijken dat de beide eigenaren jaarlijks een wettelijk gedeclareerde bonus van 60.000 dollar op zouden strijken. Het zou evenmin opvallen wanneer dezelfde twee eigenaren, wanneer ze een keten van 20 videotheken zouden beheren – gedekt door een ordentelijk ogende boekhouding – zichzelf jaarlijkse douceurtjes van 1,2 miljoen dollar zouden toebedelen.

Met het in de praktijk brengen van deze strategieën hebben de witwassers heel goed begrepen dat, in tegenstelling tot de filosofie van Gordon Gekko in de film 'Wall Street', ondoordachte hebzucht niet loont; met een klein beetje planning op langere termijn is het mogelijk om een netwerk van 'spoelbakken' te verenigen tot één grote 'witwasmachine'.

Neem het geval van de Italiaanse heer die zijn zoon installeert in een kruidenierswinkel. Papa leent Figlio het geld dat nodig is om de zaak op poten te zetten. Het meeste daarvan is contant geld. Figlio betaalt de timmerlieden, de schilders en de leveranciers uit met contant geld, dat ze graag aannemen omdat ze het dan uit handen van de fiscus kunnen houden.

Figlio laat zijn winkel bevoorraden door een groothandelaar die toevallig ook nog de broer van papa is. En wanneer Figlio 50 dozen tagliatelli bestelt bij oom Zio, ontvangt hij er slechts 40. Papa betaalt Figlio dan met contant geld om het verschil bij te passen. Met de bestellingen aan melk, kaas en diepvriesprodukten gaat het al net zo. Zio levert te weinig en dankzij de ontbrekende twintig procent komt papa's contant geld in het officiële circuit terecht. Aan het eind van de maand vult papa Figlio's rekeningen aan met nog meer contant geld. De boekhouders van Figlio zijn tevreden, de belastinginspecteur is tevreden, en al spoedig wordt het tijd om het bedrijf uit te breiden met een tweede winkel. De twee worden er vier en de vier worden er acht.

Met het uitbreiden van zijn imperium besluit Figlio nu ook om olijfolie te gaan importeren uit het oude moederland. Gelukkig heeft papa een neef in Palermo.

Maar Figlio koopt niet rechtstreeks in bij Cugino. Papa zet op de Bahama's een zaak op poten die hij 'Olio di Mio Cugino Inc' noemt. Zijn neef verkoopt honderd flessen aan het bedrijf voor in totaal honderd dollar. De zaak op de Bahama's stuurt vervolgens een rekening voor 120 flessen van drie dollar per stuk aan Figlio. En aan het einde van de maand staat papa weer klaar met nog meer contant geld.

Hoeveel geld er jaarlijks over de hele wereld wordt witgewassen is onbekend. Schattingen van redelijk betrouwbare bronnen lopen uiteen van ongeveer 100 miljard dollar tot drie keer dit bedrag. Men noemt dit ook wel de alternatieve economie. Na de handel in buitenlandse valuta en de oliehandel is het de omvangrijkste handelstak ter wereld.

Om deze handelsvorm goed te kunnen laten verlopen zijn twee dingen noodzakelijk: zoals bij het schenken van koffie uit een koffiepot in een koffiekop de kop groot genoeg moet zijn om de koffie te kunnen bevatten, moet er ook voldoende koffie in de pot aanwezig zijn om de kop te kunnen vullen. Met andere woorden: er moet voldoende geld beschikbaar zijn om een infrastructuur te kunnen creëren, maar de infrastructuur moet over voldoende capaciteit beschikken om deze grote hoeveelheden geld kunnen verwerken.

Dit parallelle, of ondergrondse banksysteem kent vele verschijningsvormen. Of het nu *chop*, *hundi* of *hawalah* wordt genoemd, al deze vormen zijn geboren uit politieke chaos en diep wantrouwen jegens het officiële bankstelsel. De structuren ervan zijn gebaseerd op familierelaties of stamverband en worden geconsolideerd met geweld.

De Chinezen, die zich waarschijnlijk de uitvinders ervan mogen noemen, duiden het aan met hun term *fei ch'ien* – letterlijk, vliegend geld. In de meest eenvoudige vorm wordt contant geld omgeruild voor betalingsbewijzen of tekens. Geld dat in Hongkong bij een goudhandel is afgeleverd, wordt verruild voor een kaartje met daarop de afbeelding van een draak, voor een tiendollarbiljet met een speciaal stempel, of voor een onschuldig uitziend stukje papier zoals een ontvangstbewijs van een wasserette of voor een verfrommelde speelkaart die voorzien is van een geheime code. Wanneer het betalingsbewijs aan een geldwisselaar in Chinatown in San Francisco wordt ingeleverd, ontvangt de toonder zijn geld.

In de tijd dat in sommige Europese landen de uitwisseling van valuta nog werd gecontroleerd – bijvoorbeeld in Groot-Brittanië, Frankrijk en Italië – werd een variatie bedacht op het *fei ch'ien*-systeem, die via de toeristische industrie werd verwezenlijkt. Een Parijse zakenman gaf bijvoorbeeld zijn Amerikaanse vrienden het geld dat ze nodig hadden tijdens hun bezoek aan Frankrijk. Bij terugkeer naar hun geboorteland rekenden de Amerikanen uit hoeveel zij hun gastheer verschuldigd waren, en stortten het bedrag vervolgens op de Amerikaanse, aangiftevrije bankrekening van de Parijzenaar.

Gedurende het grootste deel van Vietnam-oorlog voedde de welig tierende zwarte handel in heel Zuidoost-Azië de ondergrondse economie, die naar later bleek, de enige echte economie was. In ieder geval was Saigon tot aan het Tet-offensief in januari 1968 een broeinest van oplichterspraktijken en duistere handeltjes. De officiële wisselkoers in die dagen was 118 piaster tegen de dollar, maar op de zwarte markt lag dit eerder op 200. Een lucratieve plaats in deze sector werd ingenomen door een klein groepje Indiërs die van Madras naar Zuid-Vietnam waren geëmigreerd. Ze kochten dollars in tegen de koers van de zwarte markt, waarna ze het land werden uitgesmokkeld en in Hongkong en Singapore op een bankrekening werden gestort. Daarvandaan werd het geld overgemaakt naar Europa, of vaker nog, naar het Midden-Oosten waar het gebruikt werd om goud te kopen. Het goud werd teruggesmokkeld naar Vietnam en verkocht voor piasters tegen een koers die veel hoger lag dan 200 tegen de dollar. Vervolgens werden de piasters verkocht aan de Amerikanen voor dollars, waarmee de cirkel rond was.

Tegen de tijd dat de Zuidvietnamese autoriteiten het spelletje van de Indiase witwassers door begonnen te krijgen – en begonnen met het confisqueren van dollars die illegaal het land uitstroomden

– waren de Indiërs alweer bezig met een geïmproviseerde versie van het *hawalah*-systeem. Ze wisselden de cheques van de GI's, die op Amerikaanse banken waren getrokken, in tegen schuldbewijzen. De cheques werden opgestuurd om op Indiase rekeningen in New York te worden gestort. Toen de cheques eenmaal waren ingewisseld, werden de schuldbriefjes voor piasters ingeruild. Op dat moment maakten de New-Yorkse banken dollars over om voor het goud te kunnen betalen.

Vandaag de dag vindt een meer traditionele, maar zeer extensieve *hawalah*-handel plaats tussen India met zijn beperkende wetten op de valutahandel, en Groot-Brittanië waar een grote Indiase bevolkingsgroep er een aanzienlijk belang bij heeft om kapitaal van het subcontinent naar Europa door te sluizen. Het land kent zeer veel faciliteiten voor Indiërs die geld willen storten bij *hawalah*-bankiers. Binnen enkele uren kunnen ze dan hun geld minus een commissie van vijf tot vijftien procent afhalen bij iemand in Londen. Het systeem werkt goed omdat binnen deze markt tweerichtingsverkeer plaatsvindt. Er bevinden zich in beide landen voldoende mensen met grote overschotten aan contant geld – drugshandelaren, mafiosi, terroristen en zelfs gewone zakenmensen – die bereid zijn om flinke commissies te betalen om gebruik te kunnen maken van het zwarte bankcircuit.

De Britten zijn met name bezorgd over de *hawalah*-netwerken die opereren tussen Londen en de twee Indiase deelstaten Punjab en Kashmir, omdat het geld dat deze route volgt ook wel voor het financieren van terroristische activiteiten wordt gebruikt – met name voor die van de Sikh- en de Kashmiri-separatisten. Bovendien behoort dit specifieke *hawalah*-netwerk volgens de Britse autoriteiten tot de belangrijkste financieringsbronnen van drugshandelaren die vanuit Pakistan opereren.

Enkele jaren geleden arresteerde Scotland Yard een *hawalah*-bankier die al maandenlang in de gaten werd gehouden. Toen de agenten uiteindelijk het huis binnenvielen – nadat ze de man twaalf uur per nacht, zeven nachten per week hadden geobserveerd – vonden ze in de huiskamer zakken vol geld met een totale waarde van één miljoen pond. De man werd echter nooit in staat van beschuldiging gesteld, omdat in die tijd de Engelse wet bepaalde dat de politie het witwasgeld rechtstreeks in verband moest kunnen brengen met drugshandel of terroristische activiteiten – waartoe ze niet in staat bleek te zijn. Maar de man zette intussen wel acht miljoen pond per week om. En hij is slechts een van de vele *hawalah*-bankiers die in Groot-Brittanië opereren.

In 1989 arresteerde de Britse politie een groep van zes *hawalah*-bankiers die bekenden jaarlijks zo'n tachtig miljoen pond te hebben witgewassen.

Criminelen wassen geld wit, omdat ze geen behoefte hebben aan de aandacht die plotselinge rijkdom met zich meebrengt; omdat ze willen voorkomen dat de opbrengst van hun misdaad in beslag wordt genomen; en om te kunnen investeren in wettige en onwettige ondernemingen waardoor ze nog meer geld binnen kunnen halen.

In 1986 werd Dennis Levine, een 33-jarige bankier bij een beleggingsmaatschappij in New York – op het moment van zijn arrestatie was hij directeur van Drexel, de afdeling voor acquisitie en fusie van Burnham Lambert – beschuldigd van aandelenhandel met voorkennis op een schaal die nog nooit eerder was vertoond. Van juni 1978 tot februari 1985 gebruikte hij geheime informatie bij de handel in aandelen en obligaties van 54 verschillende bedrijven. In minder dan zeven jaar tijd had hij zo'n dertien miljoen dollar verdiend.

Van het begin af aan in de wetenschap dat hij het geld eerst zou moeten witwassen om het te kunnen gebruiken, kocht hij twee in Panama geregistreerde bedrijven – Diamond Holding SA en International Gold Inc. – compleet met gevolmachtigde directeur. Zijn eigen naam verscheen nooit in de boekhouding van het bedrijf. Toen hij bij de Bank Lieu International in Nassau (New Providence Island) bankrekeningen opende voor beide bedrijven, zorgde hij ervoor dat ook hier zijn naam niet in de boeken voorkwam. Zijn belangrijkste contactpersoon was de portefeuille-manager Bernhard

Meier – afkomstig uit Zwitserland – die zeer strikte instructies ontving om onder geen beding zelf contact met hem te zoeken. Levine, die altijd op zijn hoede was, belde altijd zelf naar Meier, en dan nog uitsluitend vanuit een openbare telefooncel zodat de gesprekken niet konden worden getraceerd. Als Levine zijn geld wilde zien, vloog hij naar de Bahama's onder een schuilnaam, en hij bleef daar nooit langer dan één dag. Hij overnachtte er nooit uit angst dat iemand van het hotelpersoneel hem later zou kunnen identificeren.

Levine werd echter, jammer genoeg voor hem, het slachtoffer van zijn eigen succes. De zaken verliepen zo voorspoedig, dat sommige mensen – onder wie Bernhard Meier – besloten om in zijn voetsporen te treden. Telkens wanneer hij kocht of verkocht aapten de anderen hem na.

Dit in statistisch opzicht veel te hoge succespercentage trok uiteindelijk te veel aandacht. De leden van het SEC (Securities and Exchange Committee), die weinig scrupules kennen in de omgang met mensen die ineens veel geld verdienen bij financiële transacties, wilden deze zaak nader gaan onderzoeken. De rechercheurs ontdekten al snel dat Levine handlangers had bij andere makelarijen. Toen ze hem onder druk zetten, lapte hij ze erbij om zichzelf te redden. Daarna lukte het het SEC om een aantal medewerkers van de Bank Leu in Nassau te intimideren – kwijtschelding van straf in ruil voor informatie – met als gevolg dat de vrienden van Levine hem een koekje van eigen deeg gaven en flink uit de school klapten.

Beno Ghitis-Miller onderging hetzelfde lot. Deze 32-jarige agent van een reisbureau in Cali (Colombia) vertrok in 1980 naar Florida om daar een valutahandel, onder de naam Sonal, op te zetten. Hij opende een bedrijfsrekening bij Capital Bank, in het hartje van Miami, en stortte daar gedurende de eerste zeven maanden van zijn bedrijf meestal vrij grote bedragen. Tot soms wel één miljoen dollar.

Laat in het voorjaar slenterde een man, die Victor Eisenstein bleek te heten, de bank binnen en stelde zich voor als de agent van Beno – zijn visitekaartje leerde dat hij een bedrijf beheerde onder de naam American Overseas Enterprises – en verklaarde dat hij stortingen wilde verrichten voor Sonal. Ook hij stortte grote geldbedragen op de bankrekening.

Binnen een maand gaf de bank Eisenstein te kennen dat ze niet langer zijn contant geld konden aannemen. Het leek alsof de bank begon te twijfelen aan de rechtschapenheid van beide cliënten. Eisenstein begon eerst wat tegen te sputteren maar de betreffende afdelingschef zei dat de beslissing onherroepelijk was. En daar bleef het bij totdat Beno contact opnam met de hoofddirecteur van de bank. Tot dan toe betaalde Sonal een commissie van 0,125 procent voor het tellen en sorteren van de stortingen bij de Capital. Om toch vrienden te blijven bood Capital aan om de bankrekening beschikbaar te blijven stellen, maar dan tegen een commissie van 0,5 procent. En Beno stemde hiermee in.

In de hieropvolgende maanden, toen de geldstortingen tegen de twee miljoen dollar per keer begonnen te belopen, uitte de verantwoordelijke afdelingschef opnieuw zijn bezorgdheid. Maar dit had niets te maken met het allooi van zijn cliënten. Hij vroeg zich alleen maar af of Beno en Eisenstein er geen bezwaar tegen zouden hebben om van een afdeling gebruik te maken die beter op deze taak was berekend. Ze brachten hun bankrekening maar al te graag over naar het filiaal van Capital in North Bay Village. Vervolgens verhuisde Sonal eveneens naar North Bay Village nadat Beno was verteld dat de bank kantoorruimte te huur aanbood op de etage erboven.

Kort daarop begonnen Beno en Eisenstein met het storten van bedragen van verscheidene miljoenen dollars, meerdere keren per week.

Eisenstein, die achteraf verklaarde dat hij niet op de hoogte was geweest van de ware aard van Beno's transacties – hij trad per slot van rekening toch alleen maar op als agent van Sonal – vroeg Beno om opheldering over de herkomst van al dat contante geld. Beno verklaarde in een vriendelijke en openhartige brief aan Eisenstein dat het geld dat naar Sonal werd gebracht verband hield met de transacties van import en export van agrarische produkten en ruwe grondstoffen, en met handelscommissies die in het buitenland ontvangen werden van Colombiaanse zakenlieden. Hij benadrukte dat alles volledig koosjer was en voegde daaraan toe dat, hoewel ze met een hoop contant geld in aanraking kwamen, niets daarvan in verband kon worden gebracht met illegale praktijken 'die dezer dagen zo in tel zijn in Florida'.

Klaarblijkelijk viel niemand over de spottende zinspelingen van Beno in zijn formulering: 'agrarische produkten, ruwe grondstoffen en handelscommissies'.

Ook kwam niemand van het bankpersoneel op de gedachte om eens naar boven te lopen en een kijkje te nemen in de nieuwe kantoorruimtes van Sonal. Als ze dat wel hadden gedaan, hadden ze zich kunnen afvragen waarom een bedrijf dat zich bezighield met het verwerken van contant geld – en vooral wanneer het om zulke hoge bedragen ging – niet over een beveiligingssysteem beschikte. Er was geen gepantserde deur. Er waren geen videocamera's. Er was nauwelijks meubilair. Er was zelfs geen safe.

Maar de werknemers van Capital waren gesteld op het bedrijf van Beno. Hij en Eisenstein waren betrekkelijk vriendelijk in de omgang. Ze pakten de zaken groots aan. En ze deponeerden erg veel geld bij het filiaal, met als gevolg dat de plaatselijke directeur zichzelf een air van jonge, snelle bankier op weg naar de top begon aan te meten.

De verstandhouding werd zo goed dat een vaste commissie werd bedongen voor het sorteren en tellen van het contante geld van Sonal – 300.000 dollar per maand.

In de eerste acht maanden van 1981, van 1 januari tot 20 augustus, stortten Beno en Eisenstein en de staf van Sonal – samengesteld uit 37 Spaanssprekende mannen die elkaar alleen maar bij hun bijnamen noemden – 240 miljoen dollar bij het filiaal van Capital. Hierbij is ook de zeven miljoen dollar inbegrepen die in de laatste twee dagen van de operatie werd meegebracht. Sonal stortte gemiddeld 1,5 miljoen dollar per dag, totdat de Amerikaanse overheid er een einde aan maakte en het bedrijf ophief.

Hoe groter de hebzucht des te meer de risico's uit het oog worden verloren, en na verloop van tijd betekent dat voor de witwasser het einde van zijn carrière. Het omgekeerde is ook waar. Het Franse team van vader en zoon – Henri en Charles Borodiansky – was iets minder hebzuchtig en iets minder lichtzinnig dan Beno en Eisenstein, en het ging ze relatief gezien iets beter af.

Ietsje beter.

Zij hielden zich bezig met scheepsfraude in het algemeen en nepladingen in het bijzonder. Begin 1990 boden de Borodiansky's 14 containers met Hennessy VSOP Scotch whisky te koop aan. De prijs was schappelijk en een warenhuis in Tokyo hapte toe. De Japanners stuurden een kredietbrief ter waarde van 3,3 miljoen dollar naar een lege vennootschap met de naam Mozambico Inc. Ltd, waarvan het kantoor op een gelegenheidsadres in het centrum van Londen was geregistreerd.

Nadat de Japanners een tijdlang vergeefs op hun lading zaten te wachten, schakelden ze de politie in. Een grondig onderzoek door de IMB (International Maritime Bureau) te Londen – een soort Interpol voor de scheepvaart – wees uit dat zoon Charles de kredietbrief onder de schuilnaam Manuel Martins Casimiro in juni bij de Banque Bruxelles Lambert te Brussel had verzilverd.

Vervolgens maakte hij het geld over naar de V&P-bank in Liechtenstein, waar het terechtkwam op een rekening van vader Henri, die hiervoor de schuilnaam José Costa Da Santos had aangenomen. In de weken die hierop volgden, werd het geld vanuit Liechtenstein doorgesluisd naar een Luxemburgse bank. Het resterende gedeelte werd, zoals de IMB later ontdekte, op een rekening van de Commerzbank in Keulen gestort.

De Borodiansky's hadden dit spelletje al een aantal jaren gespeeld. Gebruikmakend van namen zoals Deck, Borod en Da Silva – en andere die ze voor de zwendel met Hennessy hadden gebruikt – richtten ze lege vennootschappen in heel Europa op. Er bevonden zich minstens vier in België, één in Nederland, één in Spanje, vijf in Groot-Brittanië, twee in Luxemburg, één in Hongkong en vier in Duitsland. Het staat vast dat ze 2000 ton niet-bestaande maïs met bestemming Dakar, niet-bestaand ureum (een landbouwprodukt voor bemesting) ter waarde van 2,6 miljoen dollar met bestemming China, 6000 ton niet-bestaand staal met bestemming Vietnam, en 2000 ton niet-bestaand cement met bestemming Aqaba hebben verkocht.

Toen de IBM ontdekte dat de Borodiansky's ten minste één schip met contant geld hadden gekocht, kon het schip opgespoord en geconfisqueerd worden. Het was echter noodzakelijk te bewijzen dat de mannen die zichzelf Casimiro, Da Santos of Da Silva noemden, in werkelijkheid de Borodiansky's waren. Er werd daarom een foto in een Noors tijdschrift voor scheepvaarthandel geplaatst met het verzoek om inlichtingen te verstrekken omtrent de verblijfplaats van beide mannen. Een scheepsmakelaar herkende beide mannen onmiddellijk en kon voldoende informatie aan de Duitse politie verstrekken zodat deze hen op kon sporen.

Er gingen echter zes dagen voorbij voordat de Duitse politie in actie kwam. Als eerste arresteerden ze Charles Borodiansky. Maar zijn vader was spoorloos verdwenen. Toen Charles Borodiansky de politie naar de drie kluizen leidde waarin zich, naar men veronderstelde, drie miljoen dollar aan zojuist witgewassen geld bevond, werden ze leeg aangetroffen.

Oplichters zijn niet de enigen die geld witwassen.

Bedrijven doen het om belasting te ontduiken, om hun aandeelhouders uit de criminele sfeer te halen, om valuta-controlerende bepalingen te omzeilen, en om toekomstige klanten om te kopen.

Enkele jaren geleden sluisde Gulf Oil vier miljoen dollar door via de Bahama's om Koreaanse en Boliviaanse politici om te kopen, terwijl Lockheed 25,5 miljoen dollar witwaste via een trust in Liechtenstein, en contant geld en wissels gebruikte om Italiaanse politici om te kunnen kopen. Lockheed maakte ook gebruik van de witwasfaciliteiten van Deak-Perera – in die tijd een belangrijke Amerikaanse handelaar in buitenlandse deviezen – om Japanse politici om te kunnen kopen. In opdracht van Lockheed liet Deak 8,3 miljoen dollar in het witwascircuit rouleren om een belangrijke order in de wacht te kunnen slepen. Dit resulteerde in vijftien niet te traceren betalingen aan onder meer een Spaanse priester(!) in Hongkong die het contante geld in reistassen en sinaasappelkratten afleverde bij de klanten van Lockheed in Tokyo.

Ook individuen wassen geld wit.

Ze zouden bijvoorbeeld geld willen verbergen om het uit handen te houden van hun ex-echtgenoot, of om het verlies aan bedrijfskapitaal te verhinderen door een handelsovereenkomst te verzinnen die dat kapitaal via een lege vennootschap overbrengt naar een rechtsgebied waar minder belasting betaald hoeft te worden. De Italiaanse modeontwerper Aldo Gucci liet meer dan elf miljoen dollar witwassen via lege vennootschappen, waarna hij het oppotte in Hongkong om het buiten het bereik van de Amerikaanse belastinginspecteur te houden.

Ook regeringen hebben meegedaan aan het witwassen van geld, hetzij om er terroristische organisaties mee te bestrijden, hetzij om er vrijheidsstrijders mee te bewapenen. Het Iran-Contra-schandaal is hier een voorbeeld van.

In november 1986 bevestigde Ronald Reagan het gerucht dat de Verenigde Staten in 't geheim wapens aan Iran had verkocht. Volgens zijn eerste versie was het de bedoeling om de betrekkingen met Iran te verbeteren, en niet om Amerikaanse burgers vrij te krijgen die in het Midden-Oosten werden gegijzeld. Deze verklaring werd echter al snel ingetrokken en maakte plaats voor de gênante bekentenis dat er sprake was van een 'wapens-voor-gijzelaarsruil'.

Hoewel een deel van het schandaal in nevelen gehuld blijft, komt de zaak erop neer dat de VS – met behulp van koning Fahd van Saoedi-Arabië – wapens leverde aan de Iraniërs. De opbrengst hiervan werd doorgesluisd naar de anti-Sandinistische Contra-rebellen in Nicaragua als hulp bij hun strijd tegen het heersende marxistische regime. Dit alles was een directe schending van het verbod van het Congres op zulke hulp.

Het hoofd van de CIA, William Casey, zocht naar wegen om de dialoog met de Iraniërs aan te kunnen gaan. Rechtstreeks onderhandelen was niet mogelijk vanwege het wapenembargo dat ingesteld werd na de gijzeling van Amerikanen in 1979 in Teheran. Hij bezocht zijn oude vriend koning Fahd, die op zijn beurt een beroep deed op de Saoedische wapenhandelaar Adnan Khashoggi. Khashoggi, die ooit abusievelijk voor de rijkste man ter wereld werd gehouden – een titel waar hij overigens om begrijpelijke redenen nooit bezwaar tegen maakte – was een professionele, bemiddelende en globetrottende wapenhandelaar die wist hoe je een handel op poten moest zetten en er zelf ook rijker van kon worden. Kort daarna verschenen twee andere spelers op het toneel, aan weerszijden van Khashoggi: Manucher Ghorbanifar, een Iraanse bemiddelaar die, hoewel hij tegelijkertijd met de sjah in ballingschap was gegaan, op het hoogste niveau contacten bleef onderhouden met het revolutionaire bewind; en Yaaccov Nimrodi, een Israëli die ruime ervaring binnen de geheime dienst had en over uitgebreide contacten in Teheran beschikte.

Vervolgens geeft luitenant-kolonel Oliver North van het US Marine Corps, tevens vice-directeur van politieke zaken van de Nationel Security Council, acte de présence. North, die eerst onder de veiligheidsadviseur van de president, Robert McFarlane, werkte, en later samenwerkte met zijn opvolger vice-admiraal John Pointdexter, stelde eind augustus of begin september 1984 zijn plan op en bracht het vervolgens ten uitvoer.

In de herfst van 1985 haalde hij de Israëli's over om 500 in Amerika gefabriceerde TOW-anti-tankraketten te verkopen, waarbij Khashoggi garant stond voor de deal. Toen de Iraniërs Khashoggi betaalden, incasseerde hij zijn commissie en gaf de rest aan de Israëli's. Dezen betaalden op hun beurt North, die het geld via Zwitserse banken uiteindelijk doorsluisde naar de Contra's. North recruteerde als helpers Richard Secord, een gepensioneerde generaal van de US Air Force, en Secords handelspartner, de uit Iran afkomstige Amerikaan Albert Hakim. Deze drie waren zo succesvol dat ze begin 1986 al zo'n 2000 TOW-raketten van de CIA voor twaalf miljoen dollar

33

hadden gekocht en – wederom via de bemiddeling van Khashoggi en Ghorbanifar – deze voor dertig miljoen aan de Iraniërs hadden doorverkocht.

In Zwitserland werd het geld witgewassen via een Panamese lege vennootschap, die North onder de naam Lake Resources had opgericht. De voorzitter van Lake Resources was de Zwitserse accountant Suzanne Hefti, die voor Auditing en Fiduciary Services in Freiburg werkte. Haar firma stond rechtstreeks in verbinding met de Stanford Technology Trading Group International in Californië, die door Albert Hakim werd beheerd. Het Zwitserse filiaal van Stanford Technology werd op zijn beurt beheerd door Jean de Senarclens, die eveneens directeur was van een accountancy in Genève met de naam CSF. Dit CSF speelde de hoofdrol in de witwascyclus van de Iran-Contra-affaire.

Eerst maakte North geld over van de Zwitserse bankrekening van Lake Resources naar een rekening van CSF op de Cayman Islands. Vervolgens sluisde een filiaal van CSF op Bermuda het geld door naar Alban Values, een Panamees bedrijf waarin CSF een belang had. Alban Values zond het vervolgens naar Amalgamated Commercial Enterprises, een lege vennootschap die in Panama was geregistreerd en op naam stond van het transportbedrijf Southern Air Transport in Miami. Via dit bedrijf zouden uiteindelijk de Contra's van wapens worden voorzien.

In twee jaar tijd, van 1984 tot 1986, is waarschijnlijk zo'n vijftig miljoen dollar via deze route gesluisd. De Contra's zelf beweren echter dat ze nog nooit zo'n hoog bedrag hebben ontvangen.

Zelfs na 250 uur van hoorzittingen door het Senate Select Committee over het Iran-Contra-schandaal – met beëdigde verklaringen van 29 getuigen en 250.000 pagina's aan documenten – is het hoogst onwaarschijnlijk dat de volle waarheid over de betrokkenheid van de overheid bij deze witwaspraktijken en het laten vervliegen van een vermogen aan het licht komt.

Een belangrijke variant op het thema 'regering-als-witwasser' is de politieke verzekering.

Allerhande despoten verzekeren zich tegen een onverhoopt voortijdig aftreden door geld van hun nationale bankstelsel over te brengen naar een minder vijandige omgeving. De meeste bekende staatshoofden in het Midden-Oosten en Afrika hebben financiële overeenkomsten gesloten in Zwitserland. Het hoort kennelijk bij het beroep. De sjah van Iran liet een gigantisch bedrag op een geheime bankrekening storten als noodpensioenfonds.

Ferdinand en Imelda Marcos van de Filippijnen deden hetzelfde.

Het paar dat nooit van het presidentiële loon van 4.700 dollar kon rondkomen, verborg naar verluidt vijf tot tien miljard dollar over de hele wereld, waarvan het merendeel via Hongkong werd witgewassen. Volgens een Filippijnse enquêtecommissie, die oorspronkelijk was aangesteld om het geld van Marcos op te kunnen sporen, gebruikten Ferdinand en Imelda ten minste tien dekmantelbedrijven die op de Filippijnen, in Hongkong, Panama en de Nederlandse Antillen waren geregistreerd om de helft van het kapitaal naar de VS, een derde naar Zwitserland en de rest naar Frankrijk, Engeland, Italië, Panama en Australië te laten vluchten.

Ferdinand Marcos, die geobsedeerd was door geheimhouding, wijdde zich bijna geheel aan het creëren van een ondoordringbaar netwerk om zijn geroofde fortuin tegen pottekijkers af te schermen. Zo maakte hij bijvoorbeeld gebruik van drie verschillende naamloze vennootschappen die geregistreerd stonden op de Nederlandse Antillen en waarvan elk op naam stond van een aparte Panamese N.V., om er drie gebouwen in Manhattan mee te kopen. Met andere woorden, degene die daadwerkelijk de aandelen in zijn bezit had, was de eigenaar van de lege vennootschap, die weer de bezitter was van de andere lege vennootschap – waarbij het eerste bedrijf de aandeelbewijzen voor het tweede bedrijf in zijn bezit had – die op zijn beurt weer de bezitter van het onroerend goed was.

Doordat Marcos iedere transactie dusdanig gecompliceerd opzette, zodat niemand ooit het spoor naar hem terug zou kunnen volgen, verloor hij uiteindelijk zelf ook het overzicht over welke naam bij welke bankrekening hoorde en welk bedrijf welk onroerend goed beheerde.

Sedertdien werd hij ervan beschuldigd gelijksoortige formules te hebben gebruikt om zijn vrienden bij hun onroerend-goedtransacties te helpen – bijvoorbeeld acteur George Hamilton bij de aanschaf van het voormalige huis van Charlie Chaplin in Beverly Hills. Hamilton, die tijdens de rechtszaak altijd iedere aantijging heeft ontkend, heeft daarna zijn huis verkocht aan een op de Cayman Islands geregistreerd bedrijf waarvan het gerucht gaat dat het door de familie Khashoggi wordt beheerd.

De transacties van Marcos brachten de internationale financiële wereld dusdanig in verlegenheid, dat zelfs de Zwitsers, gewoonlijk toch vrij van wat voor scrupules dan ook, besloten om hem te laten vallen. Ze bevroren bijna 1,5 miljard dollar op door hem gebruikte bankrekeningen – veelal onder schuilnaam – waaronder veertien bankrekeningen op naam van diverse stichtingen.

Het is wel duidelijk dat Ferdinand en Imelda niet de enigen zijn geweest die zich wat al te zeer lieten meeslepen door de behoefte om in hun oude dag te kunnen voorzien. De Ceaucescu's van Roemenië brachten hun gestolen kapitaal over naar Zwitserland, net zoals de meeste dictators van Latijns-Amerika. Hetzelfde geldt ook voor letterlijk honderden voormalige communistische hoogwaardigheidsbekleders van wie er velen hun kapitaal verwierven door middel van de drugshandel.

Een van de brutaalste praktijken stond op naam van Erich Honecker. Het was geen toeval dat een in Oost-Berlijn geregistreerd bedrijf, het Novum Handelsgesellschaft – dat beheerd werd door de Oostenrijkse communiste Rudolfine Steindling – een groot bedrag ter waarde van 260 miljoen dollar uit Oost-Duitsland wegsluisde toen de Berlijnse muur nog meer enkele uren geleden gevallen was. Het geld werd witgewassen via de Z-Laenderbank – beter bekend als Bank Austria – en een filiaal in Zürich, dat toentertijd Bankfinanz heette. Hoewel hiervan uiteindelijk 150 miljoen dollar werd overgemaakt op bankrekeningen van de communistische partij in Wenen, werd er later nog eens minstens drie miljoen dollar aan contant geld opgenomen.

Het bleek een standaardprocedure van communistische leiders te zijn geweest om geld opzij te zetten – niet te veel op één paard te wedden was hier waarschijnlijk het algemeen heersende credo – voor het geval dat Marx en Lenin het achteraf toch niet bij het juiste eind zouden blijken te hebben.

HOOFDSTUK 3

Het zakendoen

*'Je weigert het geld van een klant niet
omdat er een luchtje aan zit'.*
– Nicholas Deak

Het is net als een steen die in een vijver wordt gegooid. Het moment dat de steen het oppervlak raakt, wordt zichtbaar door het opspatten van water. Zodra de steen begint te zinken ontstaan golfjes, en gedurende korte tijd is aan het golfpatroon nog te zien waar de steen het water raakte. Maar naarmate de steen dieper zinkt, verdwijnen de golfjes. Tegen de tijd dat de steen de bodem raakt, zijn alle sporen op het wateroppervlak allang verdwenen en het is welhaast onmogelijk om de steen ooit nog terug te vinden.

Dit is precies wat er met het witwassen van zwart geld gebeurt.

In de fase waarin de witwasser het geld onderdompelt is hij het meest kwetsbaar. Als hij zijn zwarte geld niet in een witwasnetwerk kan onderbrengen, wordt het niet schoon. Maar wanneer zijn geld eenmaal is omgezet in cijfertjes op een computerscherm, cijfertjes die aan en uit flikkeren over de hele wereld, dan is het alsof de golfjes reeds lang verdwenen zijn en de steen diep verzonken ligt in het fijne slib.

In de wetenschap dat de witwasser het meest kwetsbaar is wanneer hij in de openbaarheid treedt, bekrachtigde de Amerikaanse regering in 1970 de United States' Bank Secrecy Act, die als doelstelling had om banken en andere financiële instellingen te dwingen alle transacties van boven de duizend dollar in contanten te melden aan de International Revenue Service (de belastingdienst).

Maar de drempelwaarde van dit bedrag lag veel te laag. Ondanks het feit dat er voorzieningen waren getroffen om bepaalde sectoren van de detailhandel vrij te stellen van de meldingsplicht – de drempelwaarde van het te melden bedrag kon door iedere bank afzonderlijk worden bepaald, afhankelijk van de specifieke omstandigheden van de cliënt – werd de overheid overspoeld met formulieren. Aangezien de autoriteiten over onvoldoende mankracht konden beschikken om ze te kunnen verwerken, bleven de meeste ervan onaangeroerd in de kelders liggen. Het is immers zo dat bij erg veel legale takken van de detailhandel grote hoeveelheden contant geld omgaan. Het naleven van de meldingsplicht bleek zo tijdrovend en lastig, dat de banken binnen enkele weken hun grootste en beste klanten ervan vrijstelden, of er helemaal maar mee ophielden.

In de periode erna werd de wet uitgebreid zodat ook andere instellingen er onder vielen zoals reisbureaus, telegraafkantoren, autohandels, verzekeringsmaatschappijen, wisselkantoren, veilinghuizen, kredietinstellingen en incassobureaus. Zelfs de plaatselijke winkel die als bijverdienste in postwissels handelde, moest zich in deze wet schikken. Twee jaar later vielen alle ondernemingen onder deze wet. De limiet werd verhoogd tot het meer realistische bedrag van 10.000 dollar.

Hoewel 43 als betrouwbaar bekendstaande banken – waaronder de Chase Manhattan en de Bank of America – in het totaal voor zo'n twintig miljoen dollar aan boetes kregen opgelegd, werd in 1985 de meldingsplicht nog steeds op grote schaal ontdoken. Vanaf dat moment besloot de Amerikaanse overheid om de zaken harder aan te pakken en legde ze de Bank of Boston het vuur na aan de schenen. De regering beschuldigde deze bank van ernstige overtredingen van de Bank Secrecy Act, en voerde daarbij aan dat 1163 transacties met contant geld, samen goed voor zo'n 1,22 miljard dollar, niet waren aangegeven. Onder de bedrijven die door de Bank of Boston waren vrijgesteld van meldingsplicht, ontdekte de overheid twee vastgoedmakelarijen die door een lokale mafiabaas werden geleid.

Geconfronteerd met deze overweldigende hoeveelheid aan bewijsmateriaal, trok de Bank of Boston het boetekleed aan – ze bekende voor nog eens 110 miljoen dollar aan overtredingen te hebben begaan – en werd toen veroordeeld tot het betalen van een recordboete van 500.000 dollar.

De overheid voegde nog verder de daad bij het woord door nog zo'n zestig banken aan te pakken. De Chemical Bank bekende 857 transacties in contant geld voor een totaalbedrag van 26 miljoen dollar niet te hebben gemeld. De Irving Trust Company gaf toe 1659 transacties voor een totaalbedrag van 292 miljoen dollar niet te hebben aangegeven. Manufacturers Hanover Trust hield het op 1400 overtredingen, goed voor zo'n 140 miljoen dollar. Toen de Bank of New England schuldig werd bevonden aan 31 overtredingen, kreeg ze een boete van 1,2 miljoen dollar opgelegd. De Crocker National Bank, die 7877 wetsovertredingen bleek te hebben begaan voor een totaal van 3,98 miljard dollar, kreeg een boete van 2,25 miljoen dollar opgelegd.

De banken in het hele land werden hierdoor meteen flink wakker geschud. Het jaar daarop werd door het Congres de Money Laundering Control Act aangenomen, waarmee het witwassen van zwart geld een strafbaar feit werd als het kon worden gekoppeld aan een andere criminele activiteit. Iedereen kan rustig zijn geld zomaar langs een reeks brievenbusfirma's in verschillende rechtsgebieden sluizen en het resultaat afwachten, dat moet iedereen zelf maar weten. Als dit echter gekoppeld is aan een misdaad – aandelenhandel met voorkennis, oplichting, belastingontduiking, diefstal of wat dan ook – dan is het witwassen van geld een strafbaar feit. De federale overheid van Amerika laat er weinig twijfel over bestaan dat de nieuwe wet gebruikt gaat worden als een soort overkoepelende aanklacht, zoals vroeger belastingontduiking en samenzwering tot fraude dat waren.

Toen de oprichter en voormalig directeur van Phar-Mor Inc. – een bekende *discount* drugstore-keten – in staat van beschuldiging werd gesteld wegens het oplichten van investeerders voor 1,1 miljard dollar en het illegaal onttrekken van nog eens 1,1 miljoen dollar aan het bedrijf, luidde de aanklacht onder meer: vier gevallen van fraude bij geldstortingen, twee gevallen van belastingfraude, twee gevallen van postfraude, een geval van samenzwering en 118 gevallen van witwassen van zwart geld.

Alex Daoud, voormalig burgemeester van Miami Beach gedurende drie ambtsperioden, werd beschuldigd van het aannemen van steekpenningen en aangeklaagd door de kamer van inbeschuldigingstelling wegens zwendel, afpersing en witwassen van zwart geld.

Toen vier medewerkers van de United Mine Workers Union in Indiana in staat van beschuldiging werden gesteld wegens het verduisteren van 720.000 dollar aan vakbondsgelden, luidde de aanklacht diefstal, verduistering, samenzwering, belastingontduiking, afpersing, valsheid in geschrifte en witwassen van zwart geld. De directeur van de Arochem Corporation in Connecticut werd veroordeeld voor zijn aandeel in een lokale bankfraudezaak op grond van 22 wetsovertredingen, waaronder bankfraude, het verstrekken van valse informatie aan een bank, het lid zijn van een criminele organisatie en het witwassen van zwart geld.

Vandaag de dag vereist de Amerikaanse wet niet alleen dat er een Cash Transaction Report (melding van transacties met contant geld), (CTR), wordt gedeponeerd bij de IRS voor alle contante betalingen van boven de 10.000 dollar, maar ook dat banken en andere financiële instellingen gedurende vijf jaar alle transacties in contant geld boven de 3000 dollar bijhouden.

Om dit te omzeilen zorgen de witwassers ervoor dat hun stortingen nooit meer dan de 10.000 dollar per storting bedragen. Maar aangezien een reeks betalingen van 9500 dollar per keer argwaan zou wekken – er moeten ook CTR-formulieren worden ingevuld voor reeksen van bij elkaar behorende stortingen, vooropgesteld dat de bank deze kan ontdekken – is een reeks van stortingen van rond 600 dollar per keer klein genoeg om onopgemerkt te blijven. In één bepaald geval werd 29 miljoen dollar aan contant geld via Amerikaanse banken gesluisd, waarna het uiteindelijk naar Ecuador werd

overgebracht. Om dit geld echter schoongewassen bij elkaar te kunnen krijgen, moest de witwasser maar liefst 40.000 afzonderlijke
handelingen verrichten.

Bankrekeningen op valse naam vormen een andere voor de hand
liggende methode om het CTR te ontduiken, en bizar genoeg heeft
de Amerikaanse overheid bij recent onderzoek bankrekeningen
ontdekt op naam van Marilyn Monroe, Abraham Lincoln, James
Bond, Mae West en Roger Rabbit.

Het mag wel duidelijk zijn dat de nieuwe wet niemand ervan kan
weerhouden om een miljoen dollar op de eigen bankrekening te
storten in gebruikte briefjes van vijf.

Wanneer dat echter wel gebeurt, willen de autoriteiten weten
wie de storting heeft verricht en waar het geld vandaan komt.

Een andere troef in de handen van de overheid is de Depository
Institution Money Laundering Amendment Act uit 1990, waarin
werd gesteld dat de verantwoordelijkheid van het rapporteren van
de transacties volledig bij de bankdirecteuren berust. Er werd
gewaarschuwd dat wanneer witwasoperaties oogluikend zouden
worden toegestaan, de overheid na veroordeling het recht zou hebben om hoegenaamd ieder financieel instituut over te nemen en
onder haar beheer te brengen.

Toen dit eenmaal bij de wet was geregeld, haalden de wetgevers
in Washington de oude RICO-statuten van zolder. De Racketeer
Influenced and Corrupt Organizations Act maakte het mogelijk om
het witgewassen geld in beslag te nemen – of het nu afkomstig was
uit de drugshandel of andere criminele praktijken – om alle bedrijfsmiddelen te confisqueren die voortvloeiden uit het gebruik van
deze fondsen; en bovendien om boetes op te leggen tot drie keer de
grootte van het opgespoorde bedrag.

De standaardprocedure voor strafvervolgingen volgens de federale wet bestaat uit het aanklagen, dagvaarden en het bepleiten van
strafvermindering in ruil voor schuldbekentenis door de plaatselijke
procureur. De enige uitzonderingen hierop – in welk geval de goedkeuring nodig is van de minister van Justitie – worden gevormd

door zaken waarvoor de doodstraf kan worden geëist, of zaken waar- in sprake is van afpersing, spionage of witwassen van zwart geld.

Nergens anders ter wereld heeft witwassen van geld een dergelij- ke status.

In Engeland zijn verscheidene wetten aangenomen met konink- lijke toestemming, alle met de bedoeling om witwassers te kunnen vervolgen. Maar al deze wetten stellen weinig voor vergeleken met de harde lijn die in de VS wordt gevoerd.

De Drug Trafficking Offences Act van 1986 heeft de politie de bevoegdheid gegeven om fondsen te onderzoeken als er verdenking bestaat dat deze uit de drugshandel afkomstig zijn. Bovendien heeft ze de bevoegdheid om ze te bevriezen en om ze in beslag te nemen na veroordeling. Volgens deze wet is het ook strafbaar om een drugs- handelaar behulpzaam te zijn bij het omgaan met zijn bezittingen. Het is daarom in Groot-Brittannië verboden om uit drugshandel afkomstig kapitaal in bezit te hebben of te beheren, of om te helpen bij het beleggen van zulke fondsen.

Het parlement bepaalde verder in de Prevention of Terrorism Act van 1987 dat iedereen die omgaat met aan terrorisme gerela- teerd kapitaal eveneens een strafbaar feit pleegt. De Criminal Jus- tice (International Cooperation) Act van 1990 maakt het mogelijk om iedereen te vervolgen die bezittingen verheimelijkt, transfor- meert, overbrengt of verwijdert uit de jurisdictie van de gerechtsho- ven, of iemand daarbij helpt als hij weet (of de verdenking koestert) dat de middelen afkomstig zijn uit de handel in drugs. Aanvullende wetten – met name de Criminal Justice Act uit 1993 – hebben nu de bevoegdheden van het gerechtshof zodanig uitgebreid, dat het witwassen van zwart geld zelf als criminele activiteit kan worden aangemerkt. Maar in al deze gevallen volstaat het om ter verdedi- ging aan te voeren dat u van niets wist of echt niet in de gaten had dat u met witgewassen geld omging – of wanneer dat wel het geval was, dat u toch echt de betreffende instanties hebt ingelicht.

Nu banken en andere financiële instellingen in Engeland ver- plicht zijn elke verdachte transactie van ieder willekeurig bedrag te melden – niet alleen bedragen boven een zekere limiet – is de frontale aanval op de witwassers veranderd in een moddergevecht rond de definitie van het woord 'verdacht'.

Wanneer een klant vijftig pond in contanten stort, en een bankemployé dit een verdachte zaak vindt, is hij wettelijk verplicht om een CTR-formulier op te sturen. Indien een andere klant 500.000 pond in contanten stort zonder argwaan te wekken, blijft deze storting ongerapporteerd. Iedere bank kan daarom altijd ter verdediging aanvoeren dat niemand ooit enige verdenking heeft gekoesterd.

Navraag bij de Britse autoriteiten waarom er geen limietbedrag is ingesteld waarboven melding verplicht is – bijvoorbeeld 10.000 pond – leert dat men geen hooiberg heeft willen creëren om een naald te kunnen vinden. Bovendien geloven de Britse autoriteiten, afgaand op het Amerikaanse voorbeeld, dat de mankracht die nodig is om toezicht te houden op alle aangiftes veel te veel geld zou gaan kosten.

Desalniettemin is er een duidelijke internationale trend te bespeuren van autoriteiten die meer en meer in de gaten houden wie wat waar stort.

De Japanners hebben in navolging van de Britten de banken verplicht om verdachte transacties te melden. Ze zijn echter nog een stapje verder gegaan door de banken te verplichten alle binnenlandse transacties van contant geld boven de dertig miljoen yen (ca. 430.000 gulden; 7,9 miljard Bfr) en alle buitenlandse transacties boven de vijf miljoen yen (ca. 73.000 gulden; 1,3 miljard Bfr) te melden. Bovendien kunnen openbare aanklagers banken en financiële instellingen voor het gerecht dagen wegens witwasoperaties wanneer er drugs in het geding zijn.

Australië hanteert – als enige – een met de VS vergelijkbaar systeem met een meldingsplicht voor bedragen boven de 10.000 dollar, met dit verschil dat (in plaats van de CTR-formulieren naar afzonderlijke kantoren ter verwerking te sturen) er een rechtstreekse elektronische verbinding van alle banken en financiële instituten met een alles overkoepelende Cash Transactions Reports Agency is ingesteld.

Canadese banken melden verdachte transacties, maar uitsluitend op basis van vrijwilligheid – de overheid legt wat dit betreft geen verplichtingen op.

De EU trof enige jaren geleden enkele maatregelen door het opstellen van de Banking Regulations and Supervisory Practices. De toonzetting was meteen al raak door te stellen dat banken vrijuit gaan, omdat het hun taak niet is om witwassers aan de kaak te stellen. In plaats daarvan wordt de bankiers beleefd verzocht om hun klanten te kennen zodat het de witwassers lastiger gemaakt wordt om te kunnen opereren; om actief mee te werken met de bestaande wetgeving en de opsporingsdiensten bij hun strijd tegen het witwassen; om de boekhouding te verbeteren zodat verdachte transacties makkelijker waargenomen kunnen worden; en om het personeel zodanig op te leiden dat witwasoperaties worden herkend en gemeld. De VN liet zich evenmin onbetuigd. De Conventie van Wenen van 1988 bepaalde dat het witwassen van zwart geld een misdaad is waarvoor internationale uitleveringsverdragen zouden moeten gelden. Zo'n tachtig landen gingen er in principe mee akkoord. Maar die tachtig landen vormen minder dan de helft van het totaal aantal leden van de VN.

Vijf jaar later hadden nog maar vier van de tachtig landen daadwerkelijk het verdrag ondertekend. Beruchte schuilplaatsen voor witwassers zijn Luxemburg, Liechtenstein, de Nederlandse Antillen, de Cayman Islands, Panama, Uruguay, Hongarije, Rusland, Pakistan en Bulgarije.

Hoewel geen enkel systeem van meldingsplicht van verdachte transacties perfect is – elke vorm is wel voorzien van een achterdeurtje waardoor zelfs een volgeladen geldtransportwagen nog zou kunnen ontsnappen – was het vroeger toch aanzienlijk eenvoudiger om enorme bedragen wit te wassen.

In die goede oude tijd – dat wil zeggen in de periode van vóór de meldingsplicht – behoefde de witwasser alleen maar een aantal geldlopers erop uit te sturen om bankrekeningen over het hele land aan te vullen. Elke loper, in het vakjargon wel 'smurf' genoemd (de bijnaam werd hun gegeven door rechercheurs in Florida, naar de beroemde stripfiguren), kreeg een dagelijkse route toebedeeld, net zoals een postbode of melkboer. Wanneer de lopers hun dagelijkse hoeveelheid geld hadden ontvangen van hun contactpersonen, kregen ze een bepaald stadsdeel toegewezen: de noordelijke wijk op maandag, de zuidelijke op dinsdag, de oostelijke op woensdag, enzovoorts. Als elke loper 200 pond op twintig rekeningen in een bepaald gebied zou storten – een te gering bedrag voor banken om argwaan te koesteren – en er in ieder gebied tien loopjongens werkzaam zouden zijn, dan zou dagelijks een bedrag van 40.000 pond aan contant geld op bankrekeningen terechtkomen. Dat is 200.000 pond per week, of 10,4 miljoen pond per jaar. Een drugshandelaar uit Californië ging er na zijn arrestatie zelfs prat op dat zijn smurfen zo goed waren geworden, dat ze dagelijks 2000 cheques aan toonder konden aanschaffen en deze binnen enkele uren bij 513 verschillende banken konden plaatsen.

Voor de wetenschappelijk geïnteresseerden: het geheim van een goede smurf is zijn snelheid van handelen. Om in een zo kort mogelijke periode zoveel mogelijk geld te kunnen storten, worden wijken uitgezocht waar de banken vlak bij elkaar liggen en het er niet al te druk is. Dorpen komen niet in aanmerking aangezien de kassiers hun klanten kennen van gezicht.

Lege bankgebouwen deugen niet doordat de kassiers veel te veel tijd hebben om na te denken over een storting of een bekend gezicht. Het beste gesmurf vindt plaats in de rijke buitenwijken waar voldoende banken zijn met precies voldoende klanten. Grote steden zijn net zomin geschikt als dorpen. In New York en het centrum van Londen en Parijs zijn uiterst weinig smurfen op pad. Het wemelt er misschien van de banken, maar de wachtrijen zijn er veel te lang.

Zo ging het er in ieder geval aan toe voordat de banken op deze lieden attent werden gemaakt.

Vandaag de dag gaan witwassers naar andere financiële instellingen zoals wisselkantoren – of *casas de cambio*, zoals ze wel worden genoemd langs de Amerikaans-Mexicaanse grens, waar het ervan wemelt – geldtransportbedrijven, zoals de Western Union en American Express, en plaatselijke incassobureaus en girokantoren, die geld telegrafisch overmaken. Van de financiële instellingen die niet tot het bankstelsel behoren zijn het de casino's die door witwassers het drukst worden bezocht.

Casino's vormen een bedrijfstak met een intensieve geldomloop – net zoals bij het straatbankieren waarbij geld het belangrijkste produkt is – die een aantal met de bank vergelijkbare diensten verlenen. Ze incasseren cheques, wisselen buitenlandse valuta, bieden kluizen aan en betalen grote bedragen uit in de vorm van cheques aan toonder. Ook verlenen ze vaak krediet – wat erop neerkomt dat geld dat bij het ene casino wordt gedeponeerd, bij een ander (in een ander rechtsgebied) kan worden opgenomen. Een goed georganiseerde en goedlopende goktent is niet alleen geschikt om de omvang van de hoeveelheid contant geld te verminderen – het inwisselen van briefjes van tien en twintig voor briefjes van vijftig en honderd – het is ook een geloofwaardige bron van inkomsten. In principe kunt u gewoon een casino binnenlopen, voor duizend dollar fiches kopen en een tijdlang spelen; vervolgens laat u zich uitbetalen en vertelt uw bankdirecteur dat u 500.000 dollar hebt gewonnen die u nu wilt storten. Natuurlijk moet u uw claim hard kunnen maken. Dit is echter nauwelijks een probleem voor iemand met een inschikkelijke en geloofwaardige vriend bij de directie van het casino.

Nog beter zou het zijn om zelf een casino te bezitten, u hoeft dan zelfs niet meer net te doen alsof u aan het gokken bent. Het enige wat u hoeft te doen is uw contante geld bij de kas af te geven en ervoor te zorgen dat uw boekhouder het bedrag noteert op de inkomstenlijst wanneer hij uw belastingformulieren invult.

Verscheidene regeringen hebben – met het oog op deze ontsnappingsroute – getracht om het witwassen via casino's aan banden te leggen. Volgens de Amerikaanse wet geldt voor casino's dezelfde meldingsplicht als voor banken. Bovendien zijn ze verplicht verdachte transacties te melden elke keer dat zo'n actie plaatsvindt.

Ervoor te zorgen dat deze wetten worden nageleefd, is echter gemakkelijker gezegd dan gedaan. Begin 1993 legde de Amerikaanse belastingdienst een boete op van in het totaal 2,5 miljoen dollar aan tien casino's in Atlantic City wegens het niet naleven van de meldingsplicht in de jaren 1985-1988. De casino's werden ervan beschuldigd moedwillig informatie te hebben achtergehouden met betrekking tot transacties van contant geld. In antwoord hierop beweren de casino's nu dat ze orde op zaken hebben gesteld en zich strikt aan de wet houden. Het zal niemand verbazen dat de belastinginspecteurs sceptisch zijn gebleven.

De renbaan kent gelijksoortige mogelijkheden.

Die worden geboden door de onwil van sommige winnaars om de belastingdienst nu precies te laten weten hoeveel geld ze hebben gewonnen. Een winnend lot wordt dus een verhandelbaar voorwerp; en sommige mensen helpen de gelukkige winnaar maar al te graag bij het ontduiken van zijn belastingen door met contant geld voor het winnende lot te betalen. Op de renbanen bevinden zich meestal veel van deze 'vliegen', die op zoek zijn naar mensen die winnende loten te koop aanbieden.

Het is wat moeilijker om deze truc bij loterijbriefjes uit te halen, doordat de winnaars lastiger te traceren zijn. Maar ook hier geldt dat alle betrokken partijen er garen bij spinnen, zelfs de belastingdienst. De grote prijzen van de Amerikaanse loterijen worden meestal uitbetaald over een periode van twintig jaar. Een winst van tien miljoen dollar is dus goed voor 50.000 dollar per jaar gedurende de eerstkomende twintig jaar. Voor een witwasser is een jaargeld uitgesmeerd over twintig jaar zeker een koffer met geld waard. De oorspronkelijke winnaar krijgt zijn geld meteen in de hand gedrukt – hoewel de last van het uitgeven van zo'n grote hoeveelheid geld nu op zijn schouders rust – terwijl de witwasser miljoenen dollars contant geld in een volslagen wettig, belastbaar vermogen heeft omgezet.

Deze strategie maakt ook deel uit van de nalatenschap van Meyer Lansky aan de witwasindustrie. Hij begreep intuïtief – en bracht dat ook in de praktijk – dat er een natuurlijke coalitie tussen de georganiseerde misdaad en het legale gokwezen bestond. Lansky was tenslotte de man die ooit zei: 'Er bestaat niet zoiets als een fortuinlijke gokker. Er zijn slechts winnaars en verliezers. En de winnaars zijn zij die het spel beheersen.'

Iemand die het spel gedurende een zeer lange periode beheerste, was Nicholas Deak, de ongekroonde koning van de witwassers die niet van het bankwezen gebruik wilden maakten.

In 1953 hielp deze 48-jarige, Hongaarse vluchteling zijn vriend Kermit Roosevelt met het witwassen van zwart geld voor de CIA, toen Amerika de omverwerping van het Iraanse regime van Mossadeq wilde financieren om de sjah opnieuw aan de macht te kunnen helpen. Het imperium dat hij vervolgens opbouwde bestond uit Deak and Co. – Amerika's grootste buitenlandse-deviezenhandel en handel in edele metalen – en de dochtermaatschappij van de holding company, Deak-Perera, de belangrijkste valuta- en goudhandel van Amerika.

Een dienst waar Deak niet mee te koop liep was dat hij er de grootste witwaspraktijk van Amerika op nahield.

De Commission on Organized Crime, onder Ronald Reagan publiceerde in 1984 een rapport met de naam *The Cash Connection*, waarin voor het eerst de omvang van de witwaspraktijken van Deak gedetailleerd werd beschreven. Humberto Orozco bijvoorbeeld – net als zijn broer Eduardo een witwasser – liep op vijf oktober 1981 het kantoor binnen van Deak-Perera, op Broadway 29, in het hart van Manhattan, met kartonnen dozen van 106 kilo. Ze zaten tot de rand toe gevuld met geld – met briefjes van vijftig of kleiner – en het nam vrijwel de hele dag in beslag om het bedrag van 3.405.230 dollar te tellen dat vervolgens op rekeningnummer 3552 van Dual International werd gestort.

In de twee weken erna stortte Orozco nog eens 999.980 dollar, vervolgens 537.480 dollar, toen 879.000 dollar en ten slotte

1.476.429 dollar. Aan het eind van de maand was daar nog eens 3,3 miljoen dollar bijgekomen. Alles werd contant gestort en kwam uiteindelijk terecht op rekeningnummer 3552.

De financiële controle in Londen geschiedt op basis van vrijwilligheid. Er bestaat daar geen equivalent van de American Securities and Exchange Commission – die over dezelfde bevoegdheden beschikt als de politie – omdat de Britten menen dat gentlemen zeer wel in staat zijn om hun eigen zaakjes op fatsoenlijke wijze te regelen. In Engeland zijn de stropers dus tevens jachtopziener. Als gevolg hiervan was de Londense markt jarenlang een schouwspel van wild-westtaferelen.

Gedurende de regeringsperioden van Wilson en Callaghan – van 1974 tot 1979, toen de Labour Party aan de macht was – werd in Londen het witwassen door handelaren in basisprodukten tot een kunstvorm verheven. De deviezencontrole, die was ingesteld in een naïeve poging om het kapitaal in het land te houden, ging gepaard met restrictieve belastingen en leidde tot een despotisch fiscaal regime. Wilsons doel was het 'losweken van de vuile plekken van de rijken'. Dit had enkel tot gevolg dat er een reeks constructies werd verzonnen om de rijke Britten te helpen hun kapitaal buiten het bereik van de belastingdienst te brengen.

Een van de meest gedurfde operaties werd bedacht en uitgevoerd door de kleine ondernemer Michael Doxford. Doxford die een kantoor bezat in de modieuze wijk St. James in Mayfair, wekte de indruk dat hij in basisprodukten zoals suiker, koffie, sojabonen en cacao handelde. In die tijd stelde speculatie op de goederenmarkt niet veel meer voor dan een soort upper-class-roulettespel. Een zenuwachtig schommelen van de koersen op de goederenmarkt, die toen nog niet termijnmarkt heette, betekende dat men 'in de City' aanwezig was. Het had hetzelfde soort opwinding tot gevolg als wanneer iemand een bedrag van 1000 dollar op een paard wedt, zonder de moeite te nemen daarvoor naar een bookmaker te gaan.

Doxford, een gewone man van achter in de veertig, bewoog zich op zijn gemak rond in de sigarerook van de gentlemen-clubs. Hij had toegang tot mensen met geld en toonde begrip voor hun angsten. Hij voelde ook instinctief aan hoe hij geld kon verdienen door rijke mensen te helpen ontsnappen aan de klauwen van Wilson. De niet-gereguleerde goederenmarkt vormde een zeer geschikt terrein om zijn doelstellingen te kunnen verwezenlijken.

De olieprijzen schoten met de dag omhoog en de krantekoppen berichtten alleen nog maar over de Golfstaten. Iedereen wilde ermee te maken hebben. Het was een soort moderne goudkoorts. De oliesjeiks werden beschouwd als de belangrijkste klanten van Londen; het werd dus niet vreemd gevonden dat M. L Doxford een filiaal opende in Bahrein. Maar in tegenstelling tot andere makelaars, die hun agressiefste verkopers naar het Golfgebied stuurden, bemande Doxford zijn kantoor met slechts een onderdanige Engelsman. En in plaats van achter oliedollars aan te jagen, ging hij op zoek naar ponden sterling.

Doxford bood zijn rijkere kennissen op discrete wijze hulp aan bij het laten vluchten van hun kapitaal uit Engeland naar Zwitserland. Hij berekende een commissie van tien procent voor het witwassen van hun geld. Volgens rechercheurs van het fraude-opsporingsteam die aan deze zaak werkten, begon zijn klantenlijst al spoedig op een soort mini-Debrett (het Engelse adelboek) te lijken.

In de wetenschap dat de Britse opvattingen over zelf-regulerende marktmechanismen gemakkelijk konden leiden tot een 'licence to steal' – gentlemen trekken immers nooit de motieven van andere gentlemen in twijfel – koppelde Doxford eenvoudigweg iedere cliënt in Londen aan een 'onzichtbare' in Bahrein.

Het kenmerkende van de goederenmarkt is dat er alleen gekocht kan worden als er iemand bereid wordt gevonden om te verkopen en vice versa. Doordat de handelaren in basisprodukten optreden in eigen naam, en niet die van hun cliënt, was Doxford de enige die de ware identiteit kende van de begunstigden bij een bepaalde handel.

Zodra een vriend voor handelskrediet had gezorgd bij M. L. Doxford Londen, arriveerde een reeks telexen en brieven van

M.L. Doxford Bahrein, waarin werd gesteld dat een plaatselijke sjeik – een fictieve, die daardoor nooit door de politie zou kunnen worden opgespoord – eveneens geld bij het bedrijf had gestort om een handelsrelatie aan te kunnen gaan.

De cliënten werden automatisch in 'discretionaire syndicaten' ondergebracht – die toelieten dat Doxford namens hen optrad – waarbij hij een dubbele rol vervulde. Hij kocht van de sjeik en verkocht aan zijn vriend; vervolgens kocht hij van zijn vriend en verkocht hij aan de sjeik. De vriend van Doxford verloor altijd en de nep-sjeik won altijd. In werkelijkheid hoefde hij niet eens echt de markt op te gaan, zolang hij maar een spoor van formulieren achterliet waardoor het net echt leek.

Ten slotte arriveerde er een telegram uit Bahrein waarin de sjeik meedeelde dat hij zijn rekening wilde opheffen. Met een stapel formulieren op naam van de sjeik wandelde Doxford vervolgens naar de Bank of England om de benodigde documenten te bemachtigen waarmee hij de winst van de sjeik kon laten storten op een Zwitserse bankrekening. Terzelfder tijd zegde de Britse partner zijn rekening op en ontving deze een bewijs van zijn kolossale verliezen. De autoriteiten konden er op geen enkele wijze achter komen dat de Zwitserse bankrekening in feite die van Doxfords rijke vriend was.

Het systeem was waterdicht, en wel zozeer, dat de politie er pas achter kwam nadat het bedrijf was opgeheven. Als de Labour Party aan de macht was gebleven, had Doxford gewoon door kunnen gaan met zijn spel. Maar een van de eerste acties van Margaret Thatcher na haar intrek in Downing Street, was het afschaffen van de deviezencontrole. De high-society-klanten van Doxford lieten het afweten en hij werd failliet verklaard met een schuld van 5,5 miljoen pond. Zelfs toen nog had hij de dans kunnen ontspringen, ware het niet dat een van zijn employés in een onfrisse echtscheidingszaak verwikkeld was geraakt. Diens vrouw – die op de hoogte was van de witwaspraktijken – nam wraak door haar echtgenoot aan te geven bij de politie.

Bij de Bank of England geldt nog vrijwel hetzelfde principe als in de dagen van Doxford: zelf-regulering werkt uitstekend. Men gaat hier volslagen voorbij aan het feit dat in Londen in de periode 1987-1992 maar een paar veroordelingen wegens handel met voorkennis hebben plaatsgevonden – tegenover 175 in de VS.

Noordamerikaanse managers van geldzaken beschouwen Engeland als een paradijs voor bankzaken. Toen het House of Common Home Affairs Committee aan de Bank of England vroeg hoe de wetten tegen het witwassen aangescherpt konden worden, antwoordden de bankdirecteuren zonder met de ogen te knipperen dat de wetten niet veranderd behoefden te worden.

Jammer genoeg heeft noch de Bank of England noch een van de zelf-regulerende instellingen die halverwege de jaren tachtig in het leven werden geroepen, de mening van de rechercheurs van het fraudeopsporingsteam kunnen doen veranderen. Zij zijn van mening dat de City van Londen een zeef voor zwart geld is. En ze beweren dat er een hele subcultuur van professionele witwassers is ontstaan ten behoeve van een groep beruchte Engelse criminelen – mannen en vrouwen die zich in de jaren zeventig en tachtig schuldig hebben gemaakt aan fraude en afpersing – die later zijn overgeschakeld op de handel in drugs.

Talloze verhalen kunnen hierover worden verteld.

Na weken in de City te hebben rondgezworven, nergens aan bod komend bij de reguliere financieringsbronnen, wist een zekere Britse ondernemer aan het geld te komen dat hij nodig had om een belangrijke onroerend-goedtransactie buiten Engeland af te kunnen sluiten. Een tussenpersoon verleende hem (tegen een scherpe rente) het benodigde krediet, dat afkomstig was uit een in Panama geregistreerd pensioenfonds met een kantoor in Liechtenstein. Hij kende de ware identiteit van zijn beschermheer niet. Sterker nog, het kon hem geen lor schelen. Het is zelfs mogelijk dat de agent die namens het pensioenfonds optrad het ook niet wist, of dat het hem niets kon schelen. De ondernemer kreeg zijn geld en kon zijn project voortzetten. De tussenpersoon – wiens taak eruit bestaat om cliënten die geld nodig hebben te koppelen aan cliënten met geld –

beweert dat hij zijn brood verdient met het ontvangen van commissies en niet met het tonen van nieuwsgierigheid.

In 1988, toen James Edward Rose werd gearresteerd wegens het smokkelen van dertien ton marihuana naar Engeland – met een geschatte waarde van veertig miljoen pond – leidde het spoor naar een vertegenwoordiger in levensverzekeringen, die sinds 1986 Rose had geholpen bij het witwassen van geld via premieobligaties.

De vertegenwoordiger die eerst bij een klein bedrijfje, maar later bij een van de grootste verzekeringsmaatschappijen van Engeland werkzaam was, kreeg een aantal prijzen toegekend wegens zijn verdiensten bij het aan de man brengen van obligatiepakketten ter waarde van 50.000-250.000 pond. Toen het bedrijf dat zich voor de obligaties garant had gesteld, begon te merken dat vrijwel alle transacties door deze persoon met contant geld werden uitgevoerd – en hem er vragen over begon te stellen – kwam er een eind aan de contante betalingen. Het geld bleef echter binnenstromen, nu echter via cheques, getrokken op bedrijven die later geen van alle bleken te bestaan. De vertegenwoordiger wist in het totaal meer dan 1,5 miljoen pond wit te wassen via premieobligaties.

En dit waren bepaald geen uitzonderingen.

Een ander geval: een handelaar in grondstoffen in de City heeft na ondervraging door Scotland Yard recentelijk toegegeven dat hij maandelijks een bedrag van één miljoen dollar ontving van een naar zijn eigen zeggen onbekende bron. De overeenkomst bestond eruit dat hij iedere dertig dagen met de benodigde papieren op de proppen zou komen waarin aangetoond werd dat zijn opdrachtgever 100.000 dollar had verloren. De valse nota's werden dan met een cheque van 900.000 dollar teruggestuurd naar de opdrachtgever. De makelaar stak de ton dan in zijn eigen zak voor de moeite.

Weer een ander geval: twee gangsters van wie de politie weet dat ze de afgelopen jaren met aandelen op de beurs hebben gesjoemeld deden zaken via een groot aantal rekeningen die geregistreerd waren bij zo'n vijftien makelarijen in Engeland, Europa en Noord-Amerika. Deze rekeningen stonden op naam van naamloze vennootschappen (die aandelen aan toonder uitgeven) met kantoren in Engeland, de Kanaaleilanden en Ierland. Een van deze bedrijfjes was opgezet als beleggingsmaatschappij, die alleen maar omvangrijke betalingsopdrachten uitvoerde om obligaties aan te kopen. Zodra de prijzen van de aandelen begonnen te stijgen, werd er een optie op genomen, waarbij de directe winst geïnvesteerd werd – ook weer via buitenlandse rekeningen – in metalen, goederen en waardepapieren.

Deze werden dan weer als borg gebruikt voor leningen die op hun beurt werden gebruikt om de aandeelprijzen te manipuleren. De winst werd via het netwerk van bedrijven witgewassen, en kwam te voorschijn als legaal, belastbaar inkomen.

In beide gevallen werd er een bijna onontwarbaar spoor van registraties achtergelaten, waarbij geprofiteerd is van het feit dat makelaars als lastgevers optreden en gebruik maken van elektronisch geldverkeer, en in zekere zin anoniem kunnen blijven dankzij de ongelofelijke hoeveelheid aan transacties die dagelijks over de hele wereld worden uitgevoerd; zo konden ze een klein deel van deze verder legale bedrijfstak omvormen tot een winstgevend witwasapparaat, waarbij het risico om te worden gepakt tot het uiterste beperkt kon blijven.

Zelfs wanneer de politie de fondsen in rechte lijn kan achterhalen – bijvoorbeeld geld dat afkomstig is uit Boston en via Londen in Belfast terechtkomt – dan nog is de kans uiterst klein dat de ware bron van het kapitaal ooit wordt ontdekt.

Een voorbeeld: van de NORAID, de Noordiers-Republikeinse sympathisantengroep in de VS, is bekend dat ze de IRA subsidiëren met behulp van bepaalde vastgoedmakelaars in Londen. Maar om deze transacties op te sporen, ze ongedaan te maken en de makelaars te vervolgen, is weer een heel andere zaak.

HOOFDSTUK 4

De professionals

'Er is niet zoiets als goed of fout geld.
Er is geld.'
– CHARLIE 'LUCKY' LUCIANO

Toen een groep Canadezen die een grote hoeveelheid geld wilde witwassen, de aimabele Aldo Tucci tegen het lijf liep in de City van Londen, en de District Savings Bank in Dollard des Ormeaux (Quebec) ontdekte, kon hun geluk niet op.

Een welgezinde bankdirecteur is de droom van iedere witwasser.

Dus nodigden ze hem uit om zes van hun bedrijven te komen beheren. Hij was zo gevleid door deze uitnodiging dat hij met groot genoegen verscheidene bankrekeningen opende waarop ze hun geld konden onderbrengen. Het in dat jaar gestorte bedrag kwam in het totaal neer op zo'n dertien miljoen Amerikaanse dollar.

Om zijn nieuwe cliënten tevreden te houden en hun zakendoen te bevorderen – op een dag in juni 1981 leverde de bende 1,2 miljoen dollar in kleine coupures af – zorgde Tucci er hoogstpersoonlijk voor dat de Canadezen hun met geld volgeladen handtassen bij de bank konden deponeren via de achterdeur. De bende en Tucci konden het samen zo goed vinden, dat toen de bankdirecteur naar een andere dependance in Montreal werd overgeplaatst, ze hem achterna reisden en tevens hun bankrekeningen lieten overschrijven naar zijn nieuwe filiaal.

Toen begon de groep ook andere bankdirecteuren in heel Toronto voor zich in te nemen. Een van deze heren toonde zich bezorgd over de grote hoeveelheden geld die naar zijn filiaal van de National Bank in het centrum van de stad werden gebracht – tussen november 1981 en oktober 1982 werd daar veertien miljoen dollar witgewassen dat werd aangevoerd in koffers en papieren zakken – en hij vroeg hun om alsjeblieft voortaan het geld in bundels van 5000 dollar te overhandigen. Uiteraard gaven ze hieraan gehoor.

Enige jaren geleden opende een twintigjarige jongeman een studentenrekening bij een grote bank te Londen met het minimumbedrag van één pond. In de daaropvolgende maanden werd vanuit Genève telkens 500.000 dollar op deze rekening gestort, waarna het vrijwel onmiddellijk overgemaakt werd naar Indonesië. Verder gebeurde er niets met de bankrekening.

Toegegeven, een van de hoge functionarissen van de bank had zo zijn twijfels over een student met maar één pond op zak en een half miljoen op zijn rekening; hij had dan ook plichtsgetrouw een verdachte-transactieformulier ingevuld. Maar toen de Britse politie zich tot de drie betrokken banken wendde – een Britse, een Zwitserse en een Indonesische – kreeg zij in duidelijke bewoordingen te verstaan dat banken een serieuze verplichting van geheimhouding tegenover hun klanten hebben en indien ze niet redelijkerwijs kon aantonen dat er drugs in het spel waren, ze niet hoefde te rekenen op enigerlei wijze van medewerking.

Vervolgens werden de poorten voor de neus van de politie dichtgesmeten.

En de student was zomaar ineens verdwenen.

Het bankgeheim wordt vaak vergeleken met het privilege van het biechtgeheim. Met als enige verschil dat – volgens de Engelse wet – dit recht helemaal niet bestaat. Wanneer een geestelijke opgeroepen wordt om voor het gerecht te getuigen, kan hij zich wettelijk gezien niet beroepen op het kerkelijk privilege.

Hetzelfde geldt voor een verslaggever die weigert zijn bron te noemen. Waarschijnlijk zou zowel de geestelijke als de journalist weigeren te getuigen – en de kans is bijzonder klein dat een geestelijke zelfs maar wordt opgeroepen om te getuigen – maar geen van beiden heeft het recht om een getuigenis te weigeren wanneer ze eenmaal in de beklaagdenbank zijn beland.

Evenmin kan een dokter zich hier beroepen op het beroepsgeheim. Als u zich bij een dokter laat behandelen aan een schotwond, is de dokter in de meeste rechtsgebieden verplicht om uw bezoek bij de politie te melden. Hetzelfde geldt voor een psychiater wanneer u bekent een kind te hebben mishandeld en op het punt staat om deze misdaad nog eens te herhalen. In de meeste gevallen is de psychiater verplicht om de autoriteiten in te lichten.

U kunt u afvragen, aangezien de wet de geheimhoudingsplicht niet erkent voor de biechtstoel, de redactiekamer of de behandelkamer van een psychiater, waarom deze dan wel zou gelden voor een bank.

In werkelijkheid is dit niet het geval, hoewel veel bankiers daar anders over denken. De geheimhoudingsplicht geldt in ieder geval niet voor de VS, Canada, Engeland, Nederland, België en de andere landen van de EU. Steeds meer worden banken – als direct gevolg van de groeiende witwasindustrie – door de rechter gedwongen om informatie prijs te geven over hun cliënten; iets wat men vroeger nooit voor mogelijk zou hebben gehouden.

Er bestaan echter twee soorten van privileges die in de praktijk zeer goed functioneren. Wetgevers beschermen zichzelf met het privilege van parlementaire onschendbaarheid; en advocaten worden beschermd door het privilege van vertrouwelijkheid tussen advocaat en cliënt, het zogenaamde zwijgrecht. Het is dan ook geen toeval dat veel wetgevers tevens advocaat zijn.

De basis van vertrouwelijkheid tussen een advocaat en zijn cliënt wordt van essentieel belang geacht voor een onafhankelijk rechtssysteem. Advocaten zijn daarom ook van essentieel belang voor mensen die zwart geld willen witwassen.

Wanneer een advocaat het geld van een ander beheert, is het gebruikelijk om dit op de rekening van de cliënt bij het advocatenkantoor te storten – deze trust bestaat uit een aparte rekening – die een afspiegeling is van het zakendoen van advocaat voor zijn cliënt.

Daardoor vallen de bijzonderheden van de rekening van een cliënt bij een advocatenkantoor onder hetzelfde zwijgrecht, dat vrijwel ieder aspect van de relatie tussen cliënt en advocaat beschermt. Het is een vorm van geheim bankieren, waar het bankgeheim niet bestaat.

Een advocaat uit Vancouver – die een vaste commissie opstreek van het geld dat hij witwaste – stortte tussen maart 1985 en juli 1987 7,4 miljoen dollar in contanten op de rekening van zijn cliënt bij het plaatselijke filiaal van het inmiddels beruchte BCCI. Binnen achttien maanden wist hij ook nog eens 3,1 miljoen Canadese dollar in te wisselen in Amerikaanse dollars, waarbij hij telkens de bank binnenliep met bedragen van tussen de 56.000 en 396.000 dollar, die in bundels van briefjes van twintig en vijftig in een koffer zaten gepakt. Toen de bankdirecteur naar de herkomst van het geld vroeg, antwoordde de man dat hij advocaat was die namens een cliënt optrad, en weigerde nog meer informatie te verstrekken. De bankdirecteur verzekerde de advocaat dat hij op de hoogte was van het zwijgrecht en dat alles in orde was.

Tussen 1983 en 1987 nam een gepensioneerde Britse notaris met zakenaspiraties elf bedrijven op de Kanaaleilanden over voor een drugsbende, om ze als dekmantel te gebruiken. Vervolgens pompte hij nog eens zo'n drie miljoen dollar in een op St. Kitt geregistreerde trust. Zodra hij en een van zijn drugs smokkelende cliënten zich in het bestuur van het bedrijf hadden geïnstalleerd, konden ze geld overmaken vanaf de Kanaaleilanden via de trust – en vandaaruit vermomd als leningen – naar een netwerk van zestig bedrijven die als legale bedrijven in Noord-Amerika en Engeland waren opgericht.

In augustus 1988 werkte James O'Hagan uit St. Paul (Minnesota) medewerker bij het plaatselijke advocatenbureau Dorsey and Whitney waar hij – uit vertrouwelijke bron – vernam dat het Britse concern Grand Metropolitan een overname voorbereidde van de Amerikaanse voedselgigant Pillsbury. In de volgende drie weken verwierf O'Hagan zoveel aandelen van Pillsbury dat hij na de overname 4,3 miljoen dollar rijker was. Nadat hij klaarblijkelijk reeds een miljoen dollar van de rekening van zijn cliënt had verduisterd, waste hij de winst van de handel met voorkennis wit via deze rekening, waarmee het ontstane tekort ruimschoots werd goedgemaakt. Later werd hij aangeklaagd wegens 56 gevallen van verzekeringsfraude, postfraude en witwassen van zwart geld.

Een ander geval was Gary Henden, een Canadese advocaat die nog tijdens zijn carrière als witwasser tot een levende legende werd. Hij dankte zijn faam aan een vijftienjarige jongen die er met zijn fiets in Ontario op uit werd gestuurd met enorme pakketten contant geld. Merkwaardigerwijs wekte een kind dat 250.000 dollar in kleine coupures stortte, op geen enkele wijze de argwaan van de bankdirecteuren. De Royal Canadian Mounted Police stelde later dat de banken naar de herkomst van het geld hadden moeten vragen. De banken hielden vol dat dat niet hun taak was.

Henden, die in dienst was van Canadese drugshandelaren, richtte het bedrijf Antillean Management op en opende buitenlandse rekeningen op deze naam. Vervolgens richtte hij een bedrijf op onder de naam Rosegarden Construction. Als hij onroerend goed ontdekte dat geschikt was voor aankoop, liet hij geld van het bedrijf op de Nederlandse Antillen overmaken naar M&M Currency Exchange in Canada, die weer een andere brievenbusfirma van Henden was. Het geld werd daarvandaan doorgesluisd naar Cencan Investments Ltd – eveneens ontsproten aan het brein van Henden – die het weer aan Rosegarden uitleende. Cencan schreef dan een cheque uit, die door Henden op de rekening van zijn cliënt gestort werd – waarbij de advocaat als agent voor Rosegarden optrad. Henden betaalde vervolgens voor de aankoop, maar registreerde de hypotheek op naam van 'Gary Henden, Attorney at Law, In Trust'. Uiteraard werd de hypotheek nooit terugbetaald.

Henden gaf later toe dat hij over een periode van drie jaar zo'n twaalf miljoen dollar had witgewassen voor een drugssyndicaat. De politie houdt het op vijf keer zo veel. Desalniettemin kon de zaak alleen maar opgelost worden doordat kon worden aangetoond dat kapitaal van Henden uit drugsgelden afkomstig was. Het privilege van het zwijgrecht van de advocaat zou anders een veel te grote bescherming hebben geboden.

En dit privilege wordt met hand en tand verdedigd.

In 1989 nam de International Revenue Service de advocaten en hun in contanten betalende cliënten op de korrel; er werd bepaald dat transacties van boven de 10.000 dollar door advocaten moesten worden gemeld. Het was volgens de IRS precies dezelfde bepaling die ook gold voor banken en andere vormen van handel. Bovendien herinnerde de IRS de advocaten eraan dat het niet invullen van zo'n rapport als een ernstig misdrijf zou worden aangemerkt. Het was te voorspellen dat juist één groep van advocaten onmiddellijk protest aantekenden: de verdedigers van misdadigers. Hun verweer was dat het beroepsgeheim van de advocaat hierdoor onherroepelijk zou worden aangetast. Dit is een geldig argument. Drugshandelaren betalen tenslotte voor al hun zaken – ook legale diensten – met contant geld.

Het is voor iedereen verboden – ook voor advocaten – om bewust besmet geld als honorarium aan te nemen. En als kan worden bewezen dat er sprake is van misdrijven, kan als straf onder meer het honorarium worden geconfisqueerd. Aangezien het ook hier weer draait om het woordje 'bewust', vragen advocaten die criminelen met veel contant geld verdedigen zich niet af waar hun honorarium vandaan komt, en de criminelen geven geen uitleg. Zo kan iedereen zich een air van fatsoen aanmeten.

In ieder geval publiekelijk.

In werkelijkheid is er veel meer contant geld in omloop dan de meeste advocaten zouden willen toegeven.

Vraagt u het maar eens aan het welbekende, internationale advocatenkantoor dat door een cliënt werd benaderd om voor hem een zeewaardig jacht aan te schaffen. Voor de leidinggevende advocaten van het kantoor leek het een buitenkansje om snel en gemakkelijk geld te kunnen verdienen. De heer in kwestie gaf instructies om iets naar zijn smaak te zoeken, dat ongeveer tien tot vijftien miljoen dollar mocht kosten en beloofde dat zij, wanneer ze iets hadden gevonden, de overdrachtsakte en naamsverandering mochten regelen.

Met een aanzienlijk honorarium in het vooruitzicht namen de advocaten contact op met verscheidene scheepsmakelaren in diverse jachthavens rond de Middellandse Zee. Binnen enkele dagen kwam een agent aanzetten met informatie over een door hem geschikt bevonden jacht van veertien miljoen dollar. De advocaten stuurden de gegevens door naar hun cliënt die vrijwel ter plekke besliste dat dit nu precies was wat hij zocht. Hij gaf de opdracht tot de aankoop.

De onderhandelingen waren snel afgerond, de overdracht verliep voorspoedig en de gebruikelijke formaliteiten werden op papier gezet. Vlak voordat de laatste papieren zouden worden ondertekend, vroegen de advocaten aan hun klant op welke manier hij wilde betalen.

Onder normale omstandigheden zou het geld zijn overgemaakt van de bankrekening van deze heer naar de rekening van het advocatenkantoor – dat daar als borgstelling zou worden bewaard – totdat alle documenten zouden zijn uitgewisseld bij het afhandelen van de aankoop, waarna het advocatenkantoor het geld van de rekening van de cliënt zou overhevelen naar de advocatenrekening van de verkoper. Maar dit waren duidelijk geen gewone omstandigheden. De heer die het jacht wilde kopen gaf zijn advocaten te kennen dat hij met contant geld wilde betalen.

De advocaten reageerden enigszins verbaasd, omdat ze nu eenmaal niet iedere dag een overeenkomst van veertien miljoen dollar met contant geld afsloten. Ze wisten dat er van oudsher mensen waren die altijd alles met contant geld betaalden – in veel Golfstaten is dit de gewoonste zaak van de wereld – maar dat was hier niet van toepassing.

En hoewel er voldoende redenen waren om bezorgd te zijn, waren de advocaten bevreesd om de verkeerde redenen. Ze waren bang dat er misschien onvoorziene belastingen zouden kunnen worden opgelegd. De belastingspecialist werd dus ingeroepen om ieder detail van de overeenkomst te bestuderen. Tegen het naderen van de afsluitingstermijn van de aankoop meldde hij dat hoewel het allemaal erg ongebruikelijk was, er geen gevaar bestond voor het advocatenkantoor wat betreft extra belastingheffingen. Zijn enige aanbeveling was dat er maatregelen getroffen zouden worden om het geld tijdens het vervoer naar de bank te laten bewaken.

Dat witwassers vaak geld steken in extravagante dingen, die vervolgens volkomen legaal overal ter wereld kunnen worden doorverkocht, kwam kennelijk niet bij de advocaten op.

Evenmin zou de storting van veertien miljoen dollar in contanten argwaan bij de bank van het advocatenkantoor hebben gewekt. De bankdirecteur kende zijn cliënt, vertrouwde zijn cliënt en kon logischerwijs aannemen dat een advocatenkantoor met zo'n reputatie zich nooit zou inlaten met verdachte zaken. Hoe dan ook, zelfs als de bankdirecteur eraan zou hebben gedacht om te vragen naar de herkomst van het geld, dan nog had hij van tevoren kunnen weten dat het zwijgrecht van zijn cliënt niet toeliet dat deze hierover informatie zou verstrekken.

Er moest nog slechts een klein detail worden opgelost – namelijk de manier waarop het contante geld zou worden overgedragen.

Toen een employé van de bank vragen stelde over het veiligheidsprobleem, gaf de gentleman een gedetailleerd scenario voor de uitwisseling. Hij vertelde dat zijn geld zich in een safe bevond. Eerst moesten zijn advocaten een kluis huren naast de zijne. Vervolgens zou hij de kluis openen en in hun aanwezigheid de veertien miljoen tellen en het bedrag overhandigen. Vervolgens zouden ze het in hun eigen safe stoppen en hem een ontvangstbewijs geven. Daarna zou hij weglopen. En dan konden ze doen en laten met hun geld wat ze maar wilden. Op dat moment gilde de oplettende employé tegen de advocaten: 'Hebben jullie ooit van witwassen van zwart geld gehoord?'

Op dat moment ontwaakten de leidinggevende advocaten van het welbekende, internationale kantoor uit hun droom.

De overeenkomst werd onmiddellijk geannuleerd. Slechts in de allerlaatste minuut beseften de advocaten welk risico ze hadden gelopen.

Op het ogenblik zijn in de VS de drie bedrijfstakken waar het meeste contant geld in omloop is: de autohandel, de advocatuur en de onroerend-goedmakelarij.

Nu bepaalde landen begonnen zijn met het aanpakken van onge-oorloofde geldtransacties, zijn witwassers gedwongen om uit te wij-ken naar 'gebruikersvriendelijke' plaatsen waar geen deviezencon-trole is, waar het bankgeheim nog gewaarborgd is en waar het niemand een zier kan schelen wie wat waar stort.

Als er een grens wordt ingesteld tussen een misdrijf en de buit is het gevolg meestal smokkel. Het is zeker waar dat er internationale verdragen bestaan die bedoeld zijn om de samenwerking tussen politiekorpsen te vergroten en het illegale verkeer over de grens tegen te gaan. Maar de mate van samenwerking is in verhouding tot de omvang van de smokkel verwaarloosbaar klein. Het lijkt erop dat waar het de misdaad betreft – met name het witwassen van zwart geld – het rechtsgebied eindigt bij de luchthaven.

Het proppen van geld in een condoom om het vervolgens door te slikken, is net als bij drugs een gebruikelijke methode om geld het land binnen te krijgen. Maar dit 'slikken' om geld het land uit te krijgen – met name uit de VS waar geen wetten bestaan die iemand verhinderen om welk bedrag dan ook te exporteren – is een betrek-kelijk schaars fenomeen. En toch heeft de douane in 1991 iemand ontdekt die dat probeerde.

De douanebeambten van Kennedy Airport in New York hielden een verdachte persoon uit Ghana aan en vroegen haar hoeveel geld zij bij zich had. Ze gaf 9000 dollar op. Het doorzoeken van haar bagage leverde 24.000 dollar op die tussen haar kleren en in sham-pooflessen was verstopt. Daarna ontdekten ze dat ze meerdere con-dooms met geld had ingeslikt en er nog eens zes in haar vagina had verstopt. De totale opbrengst bedroeg zo'n 55.000 dollar.

Een nog brutalere aanpak werd vertoond door een Zuidafrikaanse zakenman die voorwendde een ernstig verstuikte enkel te hebben, en zijn dokter ertoe bracht om de voet in het gips te zetten. Hij had een vlucht geboekt van Johannesburg naar Londen en vroeg de luchtvaartmaatschappij om een rolstoel om hem van de incheck-balie naar de uitgang te kunnen vervoeren. Maar op de dag van zijn vertrek kwam er een anoniem telefoontje binnen bij de Zuidafri-kaanse douane met de mededeling dat een zakenman met zijn been in het gips een grote som geld het land uit wilde smokkelen.

Toen hij zich per rolstoel naar het immigratie-loket begaf, op weg naar de uitgang, werd hij tegengehouden. De douanebeambten wil-den hem fouilleren. Hij weigerde. Ze drongen aan. Hij eiste dat hij zijn advocaat mocht bellen. Er werden superieuren bij gehaald en het argumenteren ging nog lang door tot na de geplande vertrektijd van het vliegtuig. Hij weigerde pertinent iedere vorm van lichaams-onderzoek, en tegen de tijd dat zijn advocaat was gearriveerd, was het vliegtuig zonder hem vertrokken. Nu dreigde hij alle aanwezi-gen met gerechtelijke vervolging. De advocaat wist hem uiteinde-lijk te kalmeren en legde hem uit dat de beambten in hun recht stonden. Tot het einde toe protesterend, had hij uiteindelijk geen andere keuze dan rustig te blijven zitten en het gips te laten verwij-deren. En toen de douanebeambten het uiteindelijk hadden losge-zaagd vonden ze – in het geheel niets.

Nu brak de hel los. De zakenman begon iedereen die hij bij de overheid kende op te bellen. De talloze verbouwereerd geuite ver-ontschuldigingen waren niet toereikend. De zakenman gaf zijn advocaat de opdracht om de namen van alle betrokkenen te note-ren en hen gerechtelijk te laten vervolgen. Hij wilde de overheid voor het gerecht slepen, en de luchtvaartmaatschappij ook omdat ze dit had laten gebeuren. Hij wilde niet alleen schadevergoeding, hij wilde bloed zien. Hij maakte zoveel heisa dat hij de volgende dag met zijn enkel in het verse gips – volgestopt met geld – persoonlijk door douanebeambten en functionarissen van de immigratiedienst aan boord van het vliegtuig werd geholpen.

Een andere, minder zenuwslopende, populaire methode is de truc met de identieke koffers – de één volgestopt met kleren en de andere met geld. Zodra de witwasser het vliegtuig verlaat, haalt hij de koffer met het geld van de lopende band en gaat ermee naar de douane. Als hij wordt aangehouden en de koffer doorzocht wordt, verklaart hij – met gespeelde verbazing en afgrijzen – dat deze koffer er weliswaar op lijkt, maar niet de zijne is. Hij houdt vol dat hij de koffer per ongeluk heeft meegenomen en loopt met de beambten terug naar de lopende band waar hij de andere koffer met kleren en identiteitsbewijzen toont. Het geld wordt dan achtergelaten en door de smokkelaars als onkosten afgeschreven.

Professionele geldsmokkelaars die uitsluitend in dienst staan van de witwasindustrie behoren nog steeds tot het zeldzame soort. Maar van de weinigen die zich full-time met deze branche bezighouden, wordt gezegd dat ze hun vak goed beheersen en er heel aardig aan kunnen verdienen.

Tot dusverre is Pancho een van de meest succesvolle spelers van dit spel gebleken.

Zijn grootste actie tot nu toe was het laten verdwijnen van achttien miljoen dollar in kleine coupures voor een drugsdealer uit New York. Pancho, die tegen een vergoeding van tien procent plus onkosten werkte, zorgde er eerst voor dat het geld uit de VS naar Canada werd gesmokkeld. Het enige wat hij hoefde te doen was de auto te nemen en ermee naar Montreal te rijden, samen met zijn vrouw en twee kinderen, waardoor het oversteken van de grens op een familie-uitstapje leek.

Vervolgens stuurde Pancho geldlopers naar luchthavens, stations, postkantoren en drukke banken waar ze zich voordeden als toeristen die briefjes van twintig, vijftig en honderd dollar omwisselden in grotere munteenheden. Vanwege de grote hoeveelheid geld duurde het een maand voordat de omvang ervan was geslonken.

Vanuit Montreal werden professionele koeriers naar Londen gestuurd. Ze droegen het geld bij zich in diplomatenkoffertjes en propten de rest in hun zakken. De koeriers liepen onschuldig ogend als goedgeklede alleenreizende mannen of charmante toeristenpaartjes door de groene gang van Heathrow – 'Nothing to Declare' – net zoals gewone zakenlieden en toeristen.

Pancho moest vanwege het grote bedrag een groot aantal koeriers inhuren. Om herkenning te voorkomen werd de operatie uitgesmeerd over meerdere maanden. Maar Pancho wist – net zoals alle andere professionele smokkelaars – dat geen enkel systeem waterdicht is.

De werkwijze van de douane bestaat hoofdzakelijk uit 'profilering', dat wil zeggen, het vermogen van de douanebeambte om bepaalde gemeenschappelijke kenmerken van smokkelaars te herkennen. Deze methode werd vele jaren geleden geperfectioneerd door de douane van de VS, toen een hoge functionaris zich afvroeg wat er zou gebeuren als hij allerlei kennelijk onsamenhangende gegevens van smokkelaars in de computer zou invoeren. Dit resulteerde in een lijst met een aantal gemeenschappelijke kenmerken – het profiel van de smokkelaar – die iedere douanebeambte nu van buiten kent.

Er komt weinig tovenarij bij kijken, het draait allemaal om gezond verstand.

Bijvoorbeeld, een extreem goedgeklede oudere vrouw die alleen reist en zegt dat ze niets heeft aan te geven, zal er waarschijnlijk altijd tussenuit worden gehaald en haar bagage zal worden doorzocht, omdat ze volgens de profilering iemand is die waarschijnlijk iets duurs heeft gekocht. Een net zo goed gekleed paar van in de dertig kan gewoon doorlopen omdat ze volgens de profilering waarschijnlijk te bang zijn om de zaak te durven flessen. Een man in een verkreukeld pak met lichte handbagage die duidelijk op zakenreis is en gebruik maakt van een business class-ticket dat door zijn bedrijf is betaald, en een bijzonder vermoeide jet-lag-expressie op zijn gezicht heeft, zal minder moeite hebben om langs de douane te komen dan een in het pak gegoten, eersteklas-reizende, eenogige, Pakistaanse man met een tweejarig blauwogig, blond meisje op zijn arm.

Pancho weet dat zijn kans van slagen groot is, tenzij hij een ernstige vergissing begaat bij de keuze van zijn koeriers, of de douane wordt getipt, of een douanebeambte op de een of andere manier een koerier herkent die om de drie dagen vanuit de VS vertrekt.

Hij weet dat het onwaarschijnlijk is dat het geld ontdekt wordt, als hij de douane geen redenen geeft om verdenkingen te koesteren.

Toen de achttien miljoen dollar goed en wel in Engeland was aanbeland, kostte het Pancho weinig moeite om het geld naar de Kanaaleilanden over te brengen, waar het met hulp van een welgezinde bankier op veertien verschillende bedrijfsrekeningen op Jersey werd gestort. Zodra het geld gestort was, werd het meteen overgemaakt naar de bankrekeningen van een reeks bedrijven over de hele wereld. Voor iemand die bij een van de betreffende banken werkte, wekte deze overboekingen de indruk van succesvolle zakentransacties. Tegelijkertijd maakte het elektronische betalingsverkeer het onmogelijk om het geld te volgen. Van een deel van het geld is bekend dat het naar Luxemburg is verdwenen. De rest is als rook vervlogen.

Het professionele smokkelen is uiteraard een uiterst riskante onderneming. Maar de in het vooruitzicht gestelde beloningen wegen hier ruimschoots tegen op. Om hun opbrengst nog meer te vergroten, zijn sommige witwassers bereid om een hoger risico te lopen door het witwassen van zwart geld te combineren met het smokkelen van drugs.

Volgens één van hen – laten we hem John noemen – is de ideale plek voor deze dubbel-gevaarlijke onderneming Gibraltar.

Hij beweert dat het hem geen enkele moeite kost om daar voor honderd pond een import-exportbedrijf op te richten dankzij het feit dat het op 'The Rock' wemelt van de bedrijfsvestigingsmakelaars – van wie de meesten erom bekendstaan dat ze geen lastige vragen stellen. Hij gebruikte het geld dat afkomstig was van een drugsdeal in Spanje, om audio-visuele apparatuur aan te schaffen – hifi-installaties, tv's, videorecorders, cd-spelers, telefoons, antwoordapparaten, camcorders en faxapparaten. Vervolgens wist hij de nodige exportvergunningen op naam van zijn bedrijf te bemachtigen om zijn voorraad van Gibraltar naar Tanger te kunnen verschepen. Daar verkocht hij de hele lading nadat de invoerrechten waren betaald, wederom op naam van de zaak. Van dat geld kocht hij nog meer drugs – in Marokko is dat heel eenvoudig – die hij vervolgens Spanje binnensmokkelde. Nadat hij daar de drugs had doorverkocht, stortte hij het geld op zijn bedrijfsrekening op Gibraltar, waar het drugsgeld werd gedekt door zijn exportvergunning en de Marokkaanse reçu's.

Het grootste risico wordt gelopen bij het smokkelen van de drugs. Als gevolg van de historische, culturele en taalkundige banden met Midden- en Zuid-Amerika, is Spanje de grootste invoerhaven voor drugs uit de Latijnsamerikaanse landen naar Europa geworden. Verder is de Straat van Gibraltar een van de belangrijkste smokkelroutes van Europa. Begin 1993 werden bijvoorbeeld twee criminele bendes opgerold – die onder de naam Mufa en Everest vanuit de Spaans-Noordafrikaanse enclave Ceuta opereerden – door de Spaanse douane die schatte dat de bende verantwoordelijk was voor de smokkel van zo'n 100 ton hasj uit Marokko, waarvan het meeste in vrachtwagens met verse bloemen verborgen was. De winst – geschat op 220 miljoen dollar – werd via zeven verschillende banken in Ceuta, Spanje en Marokko witgewassen.

Helaas heeft de drugssmokkel in Spanje dusdanige proporties aangenomen dat de politie het absoluut niet meer kan bolwerken. Het lucratieve vooruitzicht om vijf miljoen dollar in het drie- of viervoudige om te zetten – met daarbij de gelegenheid om tevens het investeringsbedrag wit te wassen – zorgt ervoor dat mensen als John zich geen twee keer hoeven te bedenken om het risico aan te gaan.

Maar Pancho en John zijn uitzonderingen. Het verschil tussen hen en amateursmokkelaars ligt daarin dat zij zich ten volle bewust zijn van de risico's die ze nemen en voorzorgsmaatregelen hebben getroffen om ze te beperken. Ze zeggen dat de eerste les in het smokkelen bestaat uit de aandacht voor details. Deze les krijgen sommige amateurs maar moeilijk onder de knie.

Een zakenman uit Ft. Lauderdale (Florida) die in het bezit was van een vliegbrevet, dacht het te kunnen maken toen hij begon bij te klussen als vliegende witwasser. Hij verdiende in korte tijd zo veel geld, dat hij zelfs aan uitbreiding dacht in de vorm van een nieuw vliegtuig. Hij zag het niet slechts als een investering in zijn tweede carrière – hij zou dan ook sneller grotere ladingen kunnen vervoeren – maar ook als een unieke gelegenheid om een prachtig nieuw speeltje te hebben.

Dus pakte hij het meteen maar groots aan en kocht een Leerjet.

Er zijn genoeg mensen in de VS die in een eigen vliegtuig rondvliegen, maar als u regelmatig in uw vluchtschema invult dat u naar de Bahama's vliegt en de verkeersleiding u toch regelmatig naar Panama koers ziet zetten, hoeft u niet verbaasd te zijn dat de autoriteiten vragen beginnen te stellen.

De gebruikelijke list bestaat uit een pleksgewijze invulling van uw vluchtschema. U vliegt van Ft. Lauderdale naar Nassau. In Nassau vult u in dat u naar Caracas vliegt. Wanneer u in Venezuela landt, geeft u aan dat u naar Costa Rica vliegt. Als u daarvandaan naar Panama wilt vliegen is de kans bijzonder groot dat de Amerikaanse autoriteiten het spoor allang bijster zijn. Maar die kerel wilde nu eenmaal rechtstreeks naar Panama-Stad.

Na een aantal reisjes binnen een korte periode, had zowel de douane als de DEA hem in het vizier. Op een ochtend, vlak voordat hij wilde vertrekken, hielden ze hem aan. Zijn vliegtuig werd doorzocht en ze ontdekten 5,5 miljoen dollar aan contanten. In zijn huis werd nog eens een voorraad drugs ter waarde van zo'n twintig miljoen dollar en een kleine voorraad wapens gevonden, waaronder een machinepistool. Hij werd niet alleen gearresteerd, ook zijn nieuwe speeltje werd in beslag genomen.

Het is bekend dat luchtvaartmaatschappijen vaak samenwerken met de politie. Vliegtuigbemanningen op vluchten van gebieden die met de drugshandel in verband worden gebracht – Colombia, Peru, Ecuador en Venezuela – naar Miami, wordt vaak een beloning aangeboden door de VS-douane als ze passagiers aanwijzen die niet eten of drinken tijdens de reis. De achterliggende gedachte is dat de meeste mensen op een vlucht van vier uur wel iets nuttigen, tenzij er een dwingende reden is om het niet te doen, bijvoorbeeld als een maag volgepropt is met condooms waarin zich drugs bevinden.

Minder bekend is het dat luchtvaartmaatschappijen zelf zijn gevraagd om uit te kijken naar vaste passagiers met ongewone reisbestemmingen. Iemand die iedere week vanuit Chicago vertrekt naar de Bahama's, vervolgens doorreist naar de Cayman Islands, verder vliegt naar Cali, terug vliegt naar de Bahama's en dan naar Miami vertrekt, zal de aandacht trekken en de kans is groot dat hij aangegeven zal worden bij de autoriteiten.

Een manier om dit te omzeilen is het zelf oprichten van een reisbureau. De witwasser betaalt voor zijn eigen tickets met contant geld en schrijft ze uit naar eigen goeddunken. Hij hoeft niet op een vlucht vanuit Cali naar Miami geregistreerd te staan. Hij kan voor zichzelf op een valse naam een ticket van Bogotá naar Rio uitschrijven, van Rio naar Parijs op een andere naam, van Parijs naar Londen op een derde naam en van Londen naar New York op zijn eigen naam. Op deze wijze wordt het niet alleen onmogelijk om hem te volgen, hij vermijdt tevens dat hij de VS binnenkomt vanuit een verdacht land.

Reisbureaus bieden tevens ideale witwasmogelijkheden. De gebroeders Orozco – die niet onderdeden voor de witwaspraktijken van Deak-Perera – toonden dit aan door het bedrijf Calypso Travel in New York over te nemen. Onder deze zeer respectabele dekmantel openden ze een bedrijfsrekening bij de Chase Manhattan, die ermee instemde om Calypso Travel te vrijwaren van de meldingsplicht voor verdachte transacties met contant geld. In minstens drie gevallen verrichtten de gebroeders Orozco stortingen voor Calypso Travel van in het totaal 150.000 dollar. Toen de bank uiteindelijk de vrijwaring ongedaan maakte, was dat niet omdat ze dachten dat ze met witwassers te maken hadden, het was gewoon een administratieve procedure van de bank.

Een Corsicaanse bende, die vanuit Marseille opereerde, ontdekte dat het makkelijk was om kapitaal wit te wassen via klinieken voor plastische chirurgie, waar rijke Fransen en Italianen hun lichaam tegen betaling lieten veranderen. Het kostte de Corsicanen weinig moeite om chirurgen te vinden die bereid waren om met hun boekhouding te knoeien en zo hun omzet te verhogen met geld dat afkomstig was uit de drugshandel.

Weer een andere Parijse bende waste het geld wit via de Europese volbloedpaardenmarkt. Ze lieten de renpaarden bij verschillende jockey-clubs registreren, en schakelden vaklieden in bij de verkoop van hun paarden. Andere leden van de bende kochten de paarden dan weer terug. De namen van de paarden werden na iedere transactie veranderd en opnieuw in het systeem gebracht. Toen de achterdochtige autoriteiten deze volbloedpaarden eens wilden gaan bekijken, kregen ze te horen dat de arme beestjes helaas op tragische wijze om het leven waren gekomen.

Over de hele wereld wenden criminelen zich meer en meer tot hun witte-boordencollega's om hun financiële zaken te behartigen. Dat is bijzonder aantrekkelijk aangezien de witte-boordencriminelen met hun imago van respectabiliteit – aangelokt door commissies van vier tot tien procent – meestal zeer gehaaid zijn in het bedenken van ingenieuze witwasprocedures.

Vooral waar er drugs in het spel zijn, hoeven de mensen die de drugs vervoeren zich niet langer zorgen te maken over het vervoeren van het geld, en degenen die het geld vervoeren hoeven nooit in aanraking te komen met de drugs.

Voor velen blijkt het een lucratieve bijverdienste te zijn. Een politicus in Georgia werd witwasser omdat het hem zo'n gemakkelijke weg leek om zijn hypotheek van 850.000 dollar af te lossen; een Californische zakenman raakte erbij betrokken, omdat het doorsluizen van 1,1 miljoen dollar via zijn bedrijfsrekening hem zo weinig moeite kostte en hij de 77.000 dollar commissie moeilijk kon laten schieten; Richard Silberman, die zich in 1980 bezighield met het werven van fondsen voor de presidentsverkiezing van Jerry

Brown, bekende onlangs aan een undercover-FBI-agent dat hij in de afgelopen twintig jaar veel geld had verdiend als witwasser.

In New York raakte Eddie Antar – eigenaar van de beroemde en inmiddels failliete, goedkope-elektronica-keten Crazy Eddie – in de witwasindustrie verzeild, omdat het zo'n goedkope en snelle manier was om de prijzen van aandelen op te jagen. Over een periode van meerdere jaren sluisde hij contant geld weg uit zijn bedrijf. Het geld werd weggestopt in boodschappentassen, daarna een tijdlang opgeslagen in een bankkluis, en vervolgens gestort op een geheime bankrekening in Israël. Het geld werd daarvandaan via een Panamese bank gesluisd voordat het terugkeerde bij Crazy-Eddie-winkels in de vorm van cheques aan toonder. De toegenomen pseudoverkoop deed de winst van het bedrijf kunstmatig opdrijven, waardoor de koers van de aandelen omhoog schoot. Vervolgens verkocht hij de aandelen en stak 74 miljoen dollar in zijn zak.

Snel rijk worden was ongetwijfeld de beweegreden van drie broers die hun autohandel in de omgeving van Washington DC veranderden in een spoelautomaat voor witwassers. Grote bedragen werden gesplitst in kleinere – waarbij ze ervoor zorgden dat de bedragen nooit boven de limiet van 10.000 dollar uitkwamen – die vervolgens, gedekt door valse facturen, op bedrijfsrekeningen werden gestort.

Een paar maanden na hun aanhouding arresteerden de FBI-agenten nog eens negentien mensen die bij elf verschillende autohandels werkten waar drugsdealers zo'n 85 auto's hadden besteld of gekocht tegen contante betaling. De verkopers hadden beloofd om de auto's met valse kentekenbewijzen af te leveren en bovendien hadden ze met de verzekeringspapieren geknoeid zodat de wagens niet getraceerd konden worden naar de drugsdealers.

Deze arrestaties kwamen tot stand na een twee jaar durend onderzoek, waarbij twee undercover-agenten een valstrik opzetten door de aankoop te regelen van auto's met een totale waarde van een half miljoen dollar – waaronder een Jaguar Sovereign van 48.000 dollar – tegen contante betaling. De verkopers werden zakken vol geld getoond; ze ontvingen bedragen van 1500 dollar voor het vervalsen van kentekenbewijzen; ze kregen bovendien van de undercover-agenten te horen dat de auto's nodig waren voor drugs-transporten of geschenken waren voor trouwe leden van de drugs-bende.

De hoeveelheid geld waar het hier om ging, is niets vergeleken bij een recente affaire in Cranston (Rhode Island). Daar werden de 34-jarige Stephen Anthony Saccoccia, zijn vrouw Donna en zeven van zijn employés van de Trend Precious Metals Company en de Saccoccia Coin Co. gearresteerd naar aanleiding van een grote schoonmaakactie door de politie in vijf staten, en vervolgens aange-klaagd wegens honderd gevallen van witwassen van zwart geld en knoeien met de boekhouding.

Saccoccia had een muntenwinkel geopend, nadat hij in 1973 de high school had verlaten. Hij bouwde zijn zaak op met het geld dat hij verdiend had met het helen van gouden sieraden en munten van zijn vrienden, die het weer van hun ouders hadden gestolen. In 1985 bekende hij schuld, na een aanklacht wegens belastingontdui-king. Na zijn vrijlating uit de gevangenis in 1988 begon hij met het witwassen van zwart geld voor een plaatselijke mafiabende. Maar het duurde nog enkele jaren voordat hij aan het echte grote werk zou beginnen. Dat was toen hij zijn diensten aanbood aan zowel het Medellin- als het Cali-kartel – hij was waarschijnlijk de eerste en enige witwasser ooit die met beide kartels tegelijk zaken deed. Het drugsgeld werd bijeengebracht in nep-juwelierswinkels in New York en Los Angeles, waarna het in kratten werd verpakt waar normaal-gesproken goud in wordt vervoerd, en vervolgens naar de kantoren van Saccoccia op Rhode Island, in New York en Californië verzon-den. Hij zette het geld om in cheques aan toonder die hij vervolgens stortte op verschillende bedrijfsrekeningen. Vervolgens liet hij het kapitaal vliegensvlug via brievenbusfirma's naar Colombia overma-ken, waarbij hij gebruik maakte van valse facturen en ontvangstbe-wijzen om de plotselinge stijging van de omzet te kunnen verklaren.

Saccoccia werkte tegen een vaste commissie van tien procent. En hoewel een rapport vermeldt dat hij en zijn medewerkers binnen vijf maanden 200 miljoen dollar aan drugsgelden voor de kartels hebben witgewassen, schat de federale overheid dat het er minstens 750 miljoen moeten zijn geweest. In mei 1993 werd hij wegens 54 gevallen van witwassen van zwart geld schuldig bevonden. De rechtbank gaf het bevel tot de inbeslagname van 136,3 miljoen dollar, waarbovenop nog een boete van 15,8 miljoen dollar werd gelegd. Bovendien werd hij veroordeeld tot 660 jaar gevangenisstraf.

De zwendel van Saccoccia was zonder enige twijfel een staaltje van bravoure. Maar de hoofdprijs voor brutaliteit moet toch worden toegekend aan de witwassende rabbi.

Abraham Low, een ultra-orthodoxe geestelijke uit Los Angeles, werd begin 1993 door de FBI gearresteerd, nadat deze lucht had gekregen van een witwasoperatie waarbij sprake was van twee miljoen dollar en die al snel de bijnaam 'het heilige netwerk' kreeg. Low werd samen met Alan Weston, een arts uit Hollywood, en Bernadette Chandler – die bij de FBI bekendstond als Charlie – in hechtenis genomen, nadat hij erin had toegestemd om zogenaamd drugsgeld te helpen witwassen dat hem door een undercover-agent werd aangeboden. Het bleek dat de synagoge van Low in ernstige financiële problemen was geraakt en dat de kerkelijke gemeente op het punt stond achttien miljoen dollar te verliezen als gevolg van verkeerde investeringen waarvoor hij de verantwoordelijkheid droeg.

De FBI kwam voor het eerst met hem in aanraking tijdens een onderzoek naar een zwendel met gestolen cheques. In september 1991 liep de vrouw van Low een bank binnen en zette een cheque van 500.000 dollar om in vier kleinere cheques. Toen de bank ontdekte dat de oorspronkelijke cheque gestolen was en dat ermee was geknoeid, werd de politie erbij geroepen. De rechercheurs ontdekten dat Low cheques aan toonder die bij een bank gestolen waren, had gecombineerd met valse schuldbekentenissen om een legale bron op te kunnen voeren voor het kapitaal dat hij had witgewassen. Low had toegang tot een aantal bankrekeningen van liefdadig-heidsinstellingen – vandaar de titel 'heilig netwerk' – waarlangs grote sommen geld konden worden witgewassen.

Chandler verscheen op het toneel toen Low een gestolen cheque van 500.000 dollar van haar overnam voor 30.000 dollar en ook nog eens twee diamanten ringen van haar kocht. Nadat Chandler een overeenkomst met de undercover-agent had gesloten om 1,5 mil-joen dollar wit te wassen, snoefden Low en Weston dat zij dat ook makkelijk aan konden. Een andere undercover-agent – die zich voordeed als drugsdealer en geldwoekeraar, en zich Ronnie noemde – werd aan hen geïntroduceerd door een FBI-informant. Low en Weston boden Ronnie hun diensten aan en verzekerden hem dat ze in staat waren om grote bedragen wit te wassen op wekelijkse basis. Low legde zelfs uit hoe het systeem in elkaar stak, waarbij hij vertel-de dat het geld eerst afgeleverd zou worden bij betrouwbare leden van zijn kerkelijke gemeenschap – in dit geval diamanthandelaren. Vervolgens zou het geld worden witgewassen via de rekeningen van liefdadigheidsinstellingen, waarna het overal ter wereld kon worden overgemaakt. Ronnie stemde in met een proeftransactie en leverde 10.000 dollar in contanten. Zodra de deal gesloten was, kwam de FBI in actie.

Deze witwassende rabbi is er in ieder geval het levende bewijs van dat de huidige witwassers niet voldoen aan bepaalde stereotypen van misdadigers.

Het zijn geen mannen met machinegeweren in de aanslag, gekleed in zwarte overhemden met witte dassen. Evenmin zijn ze te verwarren met de drugsdealers van de straat, die overwegend zwart zijn. Meestal hebben ze geen strafblad. En vaak zijn het mensen die zich anders nooit met de misdaad zouden hebben ingelaten; nu wor-den ze echter verleid door de mogelijkheid om op een snelle en gemakkelijke manier geld te verdienen zonder de handen vuil te hoeven maken. In dienst van hun drugsdealende, frauderende, smokkelende, ontvoerende, wapenhandelende, terroriserende, afpersende en belastingontduikende vrienden, hebben deze mensen het witwassen gemaakt tot de meest verfijnde en ontwikkelde tak van de georganiseerde misdaad.

Rijke blanke leden van de werkende bevolkingsgroep hebben het witwassen tot de belangrijkste groei-industrie ter wereld gemaakt.

HOOFDSTUK 5

De Marlboro-moord

'De misdadigers zijn ons altijd zo ver voor,
dat we ze nooit allemaal kunnen oppakken.'
– HET AMERIKAANSE MINISTERIE VAN JUSTITIE

David Wilson was een sukkel. Deze man die de ene keer op een te onnozele en de volgende keer weer op een te hebzuchtige manier te werk ging, was van het soort dat zich altijd sterk aangetrokken voelde tot hoe-word-ik-snel-rijk-zaakjes.

Wilson, die in 1944 in Engeland werd geboren, was begonnen aan een accountant-opleiding die hij echter voortijdig had opgegeven; en na diverse baantjes in East Lancashire te hebben gehad, begon hij voor zichzelf als financieel adviseur. Hij was niet bevoegd om te certifiëren – hij was immers niet beëdigd – dus hield hij zich maar bezig met het invullen van belastingformulieren voor kleine firma's, en allerlei andere kleine zaakjes die hem werden aangeboden.

In feite was hij een eerlijk persoon. De mensen in Lancashire die hem kenden, waren op hem gesteld. En degenen die hem inhuurden om hun boekhouding te verzorgen, wilden geen kwaad van hem horen. Belangrijker nog, de politie heeft nooit enige aanwijzing kunnen vinden dat hij persoonlijk betrokken is geweest bij welke vorm van misdaad dan ook.

Maar omdat hij zich niet te goed voelde voor het gebruikelijke geknoei met belastingaangiften – hij hield zich bezig met de mogelijkheden van belastingontduiking in het buitenland; en hij toonde zijn cliënten hoe zij hun privé-belastingen uit bedrijfsfondsen konden bekostigen – duurde het niet lang voordat hij werd ingehuurd door een groep intelligente criminelen die in het bezit waren van bedrijven en beschikten over goede contacten.

Als hij ergens schuldig aan was, als hij ook maar één zonde had begaan, dan was het wel het feit dat hij zichzelf reeds lang geleden had wijsgemaakt dat hij scherper, intelligenter en getalenteerder was dan hij in werkelijkheid was. Of misschien erger nog, dat hij – toen hij zijn luchtkastelen najoeg – de toekomst van zijn gezin op het spel zette door al zijn geld in te zetten bij een louche zaak.

Het is dan ook begrijpelijk, dat toen hij hoorde van de ongehoorde rijkdom die de zwarte handel in Marlboro-sigaretten bood, hij het geld in zijn gedachten reeds zag binnenstromen.

David Wilson was een sukkel.

Maar dat betekent nog niet dat hij het had verdiend om te worden geëxecuteerd.

Kolonel Hector Moretta Portillo bekleedde een hoge positie in het Mexicaanse leger. Omdat hij verwant was met de ex-president van Mexico kreeg hij de post van delegatielid van de VN toegeschoven, waar hij zich vertoonde in het uniform van het Mexicaanse leger.

Deze gedrongen man, 1,68 m lang met zwart haar en een zwarte snor, werd op een bepaald moment van zijn carrière vermoord – een dodelijk schot door het hoofd – toen hij met vakantie was in het huis van de Mexicaanse minister van Binnenlandse Zaken op het eiland Cozumel. Volgens de pers werd het lichaam in een zwembad aangetroffen en was de moordenaar spoorloos verdwenen.

In een andere fase van zijn loopbaan – een aantal jaren nadat hij was vermoord – dook hij op in Santo Domingo, als kolonel Gomez, een officier in het leger van de Dominicaanse Republiek die familie was van de voormalige president van dat land.

Toen hij eind 1990 Wilson tegen het lijf liep, was hij weer Hector Portillo die levend en wel in New York woonachtig was.

De man die zo'n dertig verschillende namen had gebruikt, werd in 1988 in de Dominicaanse Republiek gearresteerd, toen de autoriteiten lucht kregen van zijn plannen om niet-bestaand suiker te verkopen. Na ondervraging bekende hij dat zijn eigenlijke naam Michael Austin Smith was. Dat was waarschijnlijk de minst leugenachtige uitspraak die hij ooit had gedaan, want zo heette hij, hoewel het niet zijn geboortenaam was. Hij werd in 1955 in Brooklyn, New York, geboren als Michael Sporn. Op een gegeven moment veranderde hij zijn naam in Austin, terwijl hij tevens zijn Newyorkse accent verwisselde voor gebroken Engels. Met zijn scherp gevoel voor taal leerde hij vloeiend Spaans spreken met het typische idioom van een doorsnee Mexicaanse kolonel.

Portillo – die in het verleden al wat had geritseld met goud, whisky en obligaties – smeedde nu in New York andere plannen. Deze keer ging het om Marlboro-sigaretten.

Marlboro's zijn de ideale handelswaar voor een oplichter, omdat de naam overal ter wereld een gevestigd begrip is en omdat de sigaretten zowel binnen als buiten de gebruikelijke distributiekanalen worden verhandeld. De grote populariteit van de sigaretten die Philip Morris voor een wereldwijde consumptie produceert, heeft het verschijnen van imitatieprodukten tot gevolg gehad. Desondanks worden enorme ladingen van echte Marlboro's de wereld rond verscheept en op allerlei manieren doorverkocht – via een tabaksmonopolie van de staat wordt te veel ingekocht, waarna het overschot weer wordt doorverkocht; een lading wordt gestolen en moet door een heler aan de man worden gebracht; een tussenpersoon koopt een grote scheepslading tegen een voordelige prijs en wil er snel weer van af; iemand blijft in gebreke bij betaling en de lading moet vervolgens worden verkocht om de kosten te dekken. Wat de reden ook is – of het nu olie, varkensvlees, hout, staal, kartonnen dozen, cassettes of sigaretten betreft – de wereld wordt op de parallelle markten overspoeld met allerhande goederen.

In veel derde-wereldlanden – met name in de voormalige communistische landen – speelden Marlboro's een bijzonder belangrijke rol als een soort betaalmiddel. Sloffen Marlboro's fungeerden vaak als smeermiddel bij het afsluiten van deals. In Rusland bijvoorbeeld, waar niemand roebels wil hebben, onderhandelt u eerst met dollars en vervolgens met Marlboro's. Het is zelfs zo dat een taxi op straat in Moskou het snelst kan worden aangehouden door te zwaaien met de bekende rood-met-witte kartonnen doos – een teken dat u iets te bieden hebt waar zelfs de niet-rokers onder de taxichauffeurs iets aan hebben.

Het is de oude grap van de soldaat met zijn pakje Marlboro-sigaretten die hij aan een andere soldaat verkoopt voor één dollar. De tweede soldaat verkoopt het door aan een derde voor twee dollar. De derde verkoopt het weer door aan de vierde voor drie dollar, enzovoorts, totdat de prijs op vijftien dollar is gekomen. De soldaat die dit bedrag heeft betaald, rukt het pakje open en begint te roken. De andere soldaten zijn met stomheid geslagen. 'Wat is er aan de hand?', puft de soldaat met de sigaretten. De eerste soldaat wijst naar de Marlboro-sigaretten. 'Die zijn', zegt hij, 'niet om te roken, maar om te kopen en verkopen.'

Portillo wist dus wat hij deed, toen hij zich op de Marlboro-markt stortte met het plan om honderd volgeladen containers op de parallelle markt te brengen, waar hij wist dat er letterlijk duizenden tussenpersonen op zaten te wachten. En dit even terzijde, in honderd containers gaan gigantisch veel sigaretten. Er gaan twintig sigaretten in een pakje, tien pakjes in een slof en vijftig sloffen in een doos. Elke container kan 960 dozen bevatten, wat neerkomt op 9,6 miljoen sigaretten. Vermenigvuldigd met honderd levert dat in het totaal 960 miljoen sigaretten op of 48 miljoen pakjes – voldoende om de hele Russische markt voor vier maanden te bevoorraden.

Om zo'n scheepslading te kunnen vervoeren, verrichtte Portillo alle handelingen die gebruikelijk zijn bij de goederenhandel op de parallelle markt – met als enige verschil dat de containers met sigaretten niet bestonden.

Om zijn plan te laten werken – en in ruimere zin, om elke oplichterij te kunnen laten werken – moest hij zijn zaak aannemelijk maken. U kunt bijvoorbeeld niet zomaar aan iemand de Mona Lisa verkopen als iedereen weet dat het schilderij veilig en wel aan een wand in het Louvre hangt. Het produkt zelf moet dus geloofwaardig zijn. Daarom koos hij voor Marlboro's.

Tegelijkertijd moet iedereen ervan overtuigd zijn dat de verkoper in staat is om het produkt te leveren. Om de enkele twijfelaar over de streep te trekken, verzon Portillo een aantal variaties op hetzelfde verhaal. Een ervan luidde: de fabrieken in Mexico die Philip Morris had laten sluiten, waren weer in bedrijf genomen, maar produceerden nu illegaal sigaretten voor de Amerikaanse markt. Een andere versie luidde: de fabrieken hadden helemaal niets met Philip Morris te maken en produceerden op grote schaal namaak-Marlboro's. Een derde versie was: hij had de sigaretten op slinkse wijze weten te bemachtigen via connecties bij de Mexicaanse regering en wilde nu zo snel en zo stiekem mogelijk van de partij af. Alle drie de beweringen onderbouwde hij met officieel-ogende documenten die aantoonden dat de sigaretten inderdaad in Mexico op hem lagen te wachten.

Ten slotte moeten de speculanten ervan worden overtuigd dat ze tegen een koopje aan lopen. Een goede oplichter weet dat als een ondernemer gelooft dat er een vette winst te behalen valt met als enige inzet de aankoopprijs, de ene helft van zijn hersenen ophoudt met functioneren. Het is deze helft die normaalgesproken alle zakenlieden zouden moeten waarschuwen dat wanneer iets te mooi klinkt om waar te zijn, het dat meestal ook is.

Inspelend op hun hebzucht vertelde Portillo dat hij elke container wilde verkopen tegen een spotprijs van 160.000 dollar.

Nu worden goederen van welke aard ook – of ze nu worden aangeboden op de schemerige parallelle markt of de officiële markt – gekocht en verkocht door middel van kredietbrieven. Het is gebruikelijk dat de ene bank de betaling aan de andere garandeert, waarbij er pas uitwisseling van geld plaatsvindt wanneer de goederen van eigenaar zijn veranderd.

De koper brengt zijn geld naar de bank, die het geld vasthoudt totdat de verkoper de handelswaar heeft afgeleverd, die dat op zijn beurt pas doet zodra de bank van de koper heeft beloofd om de bank van de verkoper te betalen. Het hele systeem is gebaseerd op het wederzijdse vertrouwen dat bestaat tussen de twee banken – ze garanderen de handelsovereenkomst – aangezien er weinig redenen voor de koper of verkoper bestaan om elkaar te vertrouwen; zeker als het om grote bedragen gaat.

Uit eigen ervaring – met name van zijn mislukte suikerzwendel – wist Portillo dat er zeer specifieke documenten voor nodig waren, niet alleen om mensen in de lading van honderd containers te laten geloven, maar ook om ze zo ver te krijgen tot betaling over te gaan. In dit geval had hij nodig: vrachtbrieven die de lading precies omschreven; een inspectiecertificaat om te garanderen dat de omschreven lading in de vrachtbrieven zich aan boord van het schip bevond en de juiste bestemming had; een certificaat met de uiterste verkoopdatum, dat vooral van belang is bij de sigarettenhandel, zodat de koper weet dat de waren nog vers zijn; en een certificaat waaruit blijkt dat de lading verzekerd is.

Het was voor Portillo niet moeilijk om aan valse certificaten te komen. Hij had connecties met lieden die alles konden vervalsen – en dat ook voor hem deden – zoals bijvoorbeeld paspoorten. Maar scheepspapieren vermelden altijd de naam van het schip dat de containers vervoert. En de locatie van het schip en de lading kunnen door een ondernemer gemakkelijk worden geverifieerd. Dus besloot Portillo dat hij om zijn plan te kunnen doen slagen, eigenaar moest worden van een schip.

Hier kwam David Wilson in het spel.

Het is altijd zo in de zakenwereld dat de mensen die elkaar zouden moeten kennen, elkaar kennen, of in ieder geval elkaar weten te vinden. Portillo was op zoek naar een accountant in Europa – bij voorkeur in Engeland vanwege de taal – die hem kon helpen met het opzetten van een bedrijf en het kopen van een schip. Sommige minder scrupuleuze mensen die hij kende, bleken sommige van Wilsons minder scrupuleuze cliënten te kennen, en via hen vonden ze elkaar.

Het klikte meteen. Van het begin af aan wist Portillo dat Wilson tot de mensen behoorde die altijd beschikbaar zijn voor het afsluiten van een deal. Het soort persoon dat verstand maar wat graag plaats laat maken voor hebzucht. Hij was het perfecte slachtoffer. En het kostte Portillo geen enkele moeite om hem ervan te overtuigen dat de opbrengst zo gigantisch groot zou zijn dat er meer dan genoeg voor hem in zat.

Met het grootste hoe-word-ik-snel-rijk-plan van zijn leven in het achterhoofd, nam Wilson het bedrijf Alamosa Ltd. op het eiland Man over, bracht het onder bij zijn kantoor in Lancashire en ging op zoek naar een financier voor een schip. Hij vond ondersteuning in Noorwegen, waar iemand in de scheepsbranche bereid was om 1,6 miljoen pond op te brengen om de 3400 ton wegende bulkcarrier *Gregory* uit 1970 aan te schaffen.

Op papier leek het voor iedereen een goede deal te zijn. Het schip zou door Alamosa worden aangekocht en vervolgens aan Wilson Overseas Ltd., een holding company geregistreerd op de Bahama's, worden overgedragen. De Noor zou dan in ruil voor zijn bijdrage de belangrijkste aandeelhouder worden van Wilson Overseas, hetgeen betekende dat het schip op zijn naam kwam te staan. Als extra beloning voor deelname van de Noor was Portillo bereid om voor iedere tien containers met sigaretten die hij zelf zou kopen, hem er een gratis te geven. Dat kwam er in feite op neer dat als de Noor de hele lading over zou nemen, hij het hele schip zou hebben terugbetaald en het zo voor niets in zijn bezit zou krijgen.

Toen de papieren eenmaal waren getekend, vernoemde Wilson het schip naar zijn jongste dochter, *Lisa Marie*.

Portillo had zijn plan zo uitgedacht dat er een ondoordringbaar scherm was dat hem aan het oog onttrok van de potentiële kopers van de lading. Niemand van hen kon rechtstreeks met hem zaken doen. Alles verliep via tussenpersonen. Toen de tussenpersonen — die hij hoge commissies aanbood per container — hem vroegen waarom hij ze niet zelf verkocht, verklaarde hij dat vanwege zijn positie bij de Mexicaanse regering zijn naam niet mocht worden

genoemd bij deze transacties. Dat klonk plausibel genoeg. In werkelijkheid wilde Portillo geen enkel onnodig risico lopen, aangezien er
op de wereld voldoende van deze tussenpersonen te vinden zijn die
hun geld verdienen met dit soort zaken.

Zelfs zijn eigen agenten konden niet rechtstreeks contact met
hem opnemen. Ze hadden zijn Newyorkse telefoonnummer, maar
wanneer een van hen dit belde kreeg hij op z'n hoogst iemand aan
de lijn die vertelde dat kolonel Portillo niet aanwezig was en of hij
misschien een boodschap wilde achterlaten. Portillo belde overigens onmiddellijk terug, maar het opgegeven telefoonnummer
bleek toe te behoren aan een gewone antwoorddienst.

Wilson, die zich realiseerde dat er veel geld te verdienen viel als
agent, wist Portillo over te halen om hem een aantal containers te
laten verkopen. Hij had al spoedig een klant gevonden, James
McMillan. Deze in Houston (Texas) woonachtige Schot legde bijna
350.000 dollar contant op tafel – geen kredietbrief dit keer – als
voorschot voor twee containers. Alamosa Ltd gebruikte het geld om
de *Lisa Marie* geschikt te maken voor het vervoer van containers.
Na aanpassing bleek dat het schip op geen enkele manier honderd
containers zou kunnen vervoeren. Dit zouden er hoogstens negentig
kunnen zijn.

Maar dit leek de agenten van Portillo weinig te kunnen schelen
die reeds een aantal keren de maximum-scheepslading hadden verkocht. We kunnen er alleen maar naar raden of een van deze agenten wist dat het hele zaakje nep was. Een aantal van hen zou toch
wel geweten moeten hebben wat er aan de hand was – het hoort
immers bij hun beroep om oren en ogen wijd open te houden – want
plotseling werd de parallelle markt overspoeld met containers met
Marlboro-sigaretten.

Als de agenten er al van op de hoogte waren, dan leken ze zich er
niet al te veel zorgen over te maken. Ze traden immers uitsluitend
op als tussenpersoon en de meesten van hen zouden achteraf hebben beweerd dat een klein detail zoals het aantal werkelijk bestaande containers Hectors zorg was.

Eenmaal in het bezit van een schip, was Portillo's volgende stap het regelen van de verzekeringen. Alweer via een wederzijds netwerk van vrienden werd hij geïntroduceerd aan een ex-kostschooljongen – een van die vreselijk Engelse, snobistische nietsnutten – die bij Lloyds had gewerkt en er daar uitgeknikkerd werd en nu zijn handen vrij had om aan dubieuze zaakjes deel te kunnen nemen. Hij was degene die Portillo de benodigde verzekeringspapieren leverde.

Vrachtbrieven vormden geen probleem – deze konden gemakkelijk worden vervalst – maar voor de benodigde certificaten van uiterste verkoopdatum moest Portillo zich wenden tot een scheepsinspectiebedrijf. Hij koos de gemakkelijkste weg door zelf het bedrijf, Sealand Maritime Surveyors op te richten. Omdat de *Lisa Marie* toch grondig werd nagekeken op een scheepswerf in Miami, bracht Portillo hier ook maar meteen Sealand Maritime onder. In elk geval was het adres van het bedrijf geregistreerd in Miami en het telefoonnummer ervan kon voor een telefoonnummer van Miami doorgaan. Maar dankzij de geavanceerde technieken van de Amerikaanse telefoondiensten, kon Portillo gebruik maken van een speciale hulpdienst die het mogelijk maakte dat wanneer iemand het Sealand Maritime-nummer in Miami draaide, de lijn automatisch werd doorverbonden naar Spanje, waar een Engelsman de telefoon opnam. Op een paar vreemde voorvallen na, bijvoorbeeld als er iemand naar het weer vroeg en de Engelsman antwoordde dat het zonnig was terwijl het in Miami goot van de regen, werd er nooit enige verdenking gekoesterd dat er iemand anders aan de lijn was dan Sealand Maritime Surveyors in Florida.

De eerste zet van Portillo in zijn zwendelzaak was dat hij liet weten dat er honderd containers op de *Lisa Marie* in Vera Cruz (Mexico) lagen te wachten. Maar op twaalf november 1991 waren de benodigde formulieren gereed die moesten aantonen dat vijftig containers al in Miami waren ingeladen. Toen het schip dus elf dagen later uitvoer, werd gemeld dat de *Lisa Marie*, in plaats van koers te zetten naar Mexico, reeds op weg was naar Hamburg met de sigaretten.

Toen verscheen een tweede lichting documenten. Deze toonde aan dat de *Lisa Marie* op drie december 1991 drie containers met Marlboro's had ingeladen met bestemming Napels – maar zich nog steeds in Miami bevond.

David Wilsons verwarring sloeg om in achterdocht.

Om zijn cliënten te beschermen, liet hij een clausule in het contract inbouwen waarin werd gesteld dat de kredietbrieven niet konden worden ingewisseld voordat er een uitgebreide inspectie van de lading in de haven van bestemming had plaatsgevonden. Hij moet hebben gedacht dat hij op deze wijze voldoende maatregelen had getroffen om zijn cliënten te beschermen. Toch zat het hem allemaal niet lekker.

En triest genoeg draaide de hele zaak uit op een verschrikkelijke nachtmerrie.

James McMillan meldde zich ook aan als agent voor Portillo, nadat hij zelf twee containers van Wilson gekocht had waarvoor hij met contant geld had betaald. Op twee december organiseerde hij in het Hilton van Rotterdam een bijeenkomst voor een groep speculanten in de hoop dat hij toekomstige kopers zou kunnen vinden voor een aantal, of alle vijftig containers.

Hij had het zo geregeld dat iedereen in een aparte kamer een vlot verkooppraatje te horen kreeg. Om de mensen naar de bijeenkomst te lokken, gaf hij ze de kopieën van de documenten van twaalf november waarin stond vermeld dat de scheepslading de haven van Miami reeds had verlaten. Een van zijn cliënten vertrouwde het zaakje echter niet helemaal, omdat het allemaal veel te mooi klonk.

De cliënt beschikte over voldoende gezond verstand om professionele hulp in te roepen, en hij leverde de papieren af bij het International Maritime Bureau. En tot zijn grote spijt bevestigde de chef van het IMB zijn bange vermoedens.

Eric Ellen, voormalig hoofdagent bij de Port of London Police, houdt zich al zijn hele leven lang bezig met het bestrijden van scheepsfraude. Ervaren als hij was, ontdekte hij onmiddellijk waarom de papieren niet konden kloppen. De vrachtbrief van twaalf november toonde de nummering van de containers aan boord van de *Lisa Marie*: 440001-440050. Nu is het zo dat iedere container zijn eigen vaste serienummer draagt en voortdurend de hele wereld rondzwerft – waarbij elke container weer een verschillende lading naar een andere haven vervoert. De kans nu dat van de vele rondzwervende containers er toevallig vijftig opeenvolgende nummers op één schip terechtkomen, is net zo klein als wanneer er in een file vijftig auto's met opeenvolgende nummerborden achter elkaar staan.

En als we hier spreken over onwaarschijnlijkheid, bedoelen we dat de kans op vijftig opeenvolgend genummerde containers op één schip vrijwel nul is.

Ellen wist dat en rapporteerde het dan ook. De Nederlandse politie werd ingelicht. En de bijeenkomst van McMillan werd door de politie verstoord.

De Schot voerde na ondervraging aan dat hij slechts als agent optrad. Hij hield bij hoog en bij laag vol dat hij er vast van overtuigd was dat de lading echt bestond en herinnerde de politie eraan dat hij zelf twee containers had gekocht. 'Als jullie me niet geloven', zei hij, 'vraag het dan maar aan Wilson.'

McMillan werd vastgehouden totdat een Nederlandse functionaris Wilson in Engeland kon verhoren – die ontmoeting vond plaats op 3 maart 1992 – en nadat deze een verklaring had afgelegd, werd McMillan de volgende dag op vrije voeten gesteld.

Toen Wilson hoorde van de arrestatie van McMillan, eiste hij opheldering omtrent de locatie van het schip. De Noorse geldschieter verlangde hetzelfde. Portillo probeerde ze gerust te stellen door te verklaren dat onverhoopt was besloten dat het schip niet meteen naar Europa zou varen, maar eerst Hongkong aan zou doen om de sigaretten daar af te leveren. Merkwaardigerwijs probeerde Portillo zowel Wilson als de Noor ervan te overtuigen dat de *Lisa Marie*, in plaats van de korte route via het Panamakanaal te nemen naar de Stille Oceaan, de omweg nam via Kaap de Goede Hoop.

Omdat hij er graag in wilde geloven, had Wilson het bijna

geloofd. Maar toen kreeg hij een klaaglijk telefoontje van de kapitein van de *Lisa Marie*. Toen deze Portillo niet kon bereiken via de antwoorddienst in New York, belde hij Wilson op om te zeggen dat er zeewater in het koelsysteem van de motor terecht was gekomen en dat hij was uitgeweken naar Puerto Cabello in Venezuela om daar reparaties uit te laten voeren.

Wilson en de Noor raakten volslagen in paniek en spoedden zich met het vliegtuig naar Zuid-Amerika. Daar troffen ze de *Lisa Marie* aan met inderdaad vijftig containers vastgesjord aan het dek. Maar toen ze de bemanning opdracht gaven om de containers open te maken, bleken ze allemaal leeg te zijn.

Wilson nam onmiddellijk maatregelen om te verhinderen dat het schip Puerto Cabello zou kunnen verlaten en ook – dat is veelzeggend – om zijn cliënten te waarschuwen dat er sprake was van zwendel. Half februari 1992 kreeg een aantal mensen de indruk dat David Wilson opzettelijk de deal van Hector Portillo wilde dwarsbomen.

Drie weken later, in de nacht van vijf maart, drongen twee mannen – hun gezicht gemaskerd met skibrillen – het huis van David Wilson binnen, bonden zijn armen op zijn rug vast, namen hem mee naar zijn garage en schoten hem van dichtbij twee maal in het hoofd.

Er waren veel dingen die David Wilson niet wist toen hij in Venezuela arriveerde, op zoek naar de *Lisa Marie*.

Hij wist niet dat Puerto Cabello een van de belangrijkste doorvoerhavens is voor Colombiaanse cocaïne.

Hij wist niet dat er verschillende rechercheteams over de hele wereld informatie aan het verzamelen waren over Portillo's contacten met de Colombiaanse drugskartels.

Hij wist niet dat hij allang door Portillo was afgeschreven.

Om zijn risico te spreiden, had Portillo een tweede schip gekocht – de *Wei River* – voor een zelfde soort zwendelzaak, maar dan zonder Wilson. Onder zijn nieuwe cliënten bevond zich een koper uit Griekenland die vijf containers wilde kopen voor iets minder dan één miljoen dollar. Portillo toonde de benodigde documenten om te bewijzen dat de lading zich reeds aan boord bevond van de *Wei River* in Houston en dat de tocht naar Nederland voor 24 februari was gepland. In werkelijkheid stond de *Wei River* nog steeds in het droogdok in Houston.

Toen begon Portillo te denken dat als het zo goed liep met twee schepen, dat het nog beter zou moeten gaan met drie schepen. Dus schafte hij zich de *Infanta* aan en overhandigde zijn agenten – die ze op hun beurt weer aan de speculanten toonden – dezelfde documenten die ook voor de lading van het andere schip waren gebruikt.

Niet lang daarna gebruikte hij ook nog eens de namen van zes andere schepen – schepen waar hij overigens niets van afwist, alsof hij ze zomaar uit zijn hoed te voorschijn had getoverd – waarbij hij gebruik maakte van vervalste documenten om aan te tonen dat de in het vooruitzicht gestelde ladingen zich aan boord van de schepen bevonden op weg naar hun bestemming.

Met tientallen miljoenen dollars op het spel, duldde Portillo niet dat ook maar iemand hem in de weg stond. Wilson zou aangepakt moeten worden. En wat de politie betreft was Portillo ervan overtuigd dat er geen echte internationale samenwerking bestond tussen de diverse politieorganisaties, die zijn werk anders knap lastig hadden kunnen maken. En in die veronderstelling had hij geen ongelijk. Het zou maanden in beslag nemen voordat de vele opsporingsdiensten in Europa en de Verenigde Staten – die alle op de een of andere manier betrokken waren bij de fraudezaak van Portillo – begonnen met het uitwisselen van gegevens. En zelfs toen was een aantal ervan niet bereid om alle informatie met de andere diensten te delen.

Maar op langere termijn, en dat wist Portillo heel goed, was er bij dit soort zaken net zoals bij Marlboro-sigaretten, sprake van een uiterste verkoopdatum. Hij kon het groeiende legioen van teleurgestelde klanten – en veelgeplaagde agenten – maar tijdelijk van zich afhouden. Met zijn uitvluchten – en ook met zijn geluk – zou het uiteindelijk gedaan zijn.

Een agent in Californië verkocht voor 1,6 miljoen dollar aan niet-bestaande handel aan een zakenman in Hongkong. Een maand later, toen de sigaretten nog steeds niet waren aangekomen liet de zakenman zich niet langer zoethouden en zijn toon veranderde gelijdelijk aan van klagend in zeer boos. Gelukkig voor Portillo was de Californische tussenpersoon handig genoeg om het tij te doen keren; hij wist zijn cliënt tot bedaren te brengen en bovendien de man voor nog eens zo'n 800.000 dollar extra op te lichten.

Tegelijkertijd nam een andere speculant alle documenten die hij van een agent had gekregen mee naar zijn bank om er een krediet-brief mee te bemachtigen. De bank bestudeerde de papieren aan-dachtig en trof er veertig opvallende ongerechtigdheden in aan, waardoor het wat haar betrof buiten kijf stond dat er hier sprake was van zwendel. De cliënt wilde er echter niets van weten. De bank-functionarissen bleven urenlang op hem inpraten tot hun gelaats-kleur blauw wegtrok. Maar hij stond erop dat ze hem zouden uitbe-talen. En dat deden ze dan ook.

Om te voorkomen dat hij gepakt zou worden, bedacht Portillo een ideale uitweg – een gezonken schip. En er bestaan gegronde redenen om aan te nemen dat hij van plan was om de *Lisa Marie* te laten zinken.

Volgens een bepaalde theorie werden de vijftig lege containers naar Puerto Cabello vervoerd om volgeladen te worden met drugs – of wapens – die hij ergens ter hoogte van de kust van Zuid-Afrika wilde laten afladen. Zodra de containers weer leeg waren, zou hij het schip laten kelderen.

Van de opbrengst uit de sigarettenfraude en de verkoop van de drugs of wapens, en bovendien nog het verzekeringsgeld dat hij zou kunnen incasseren, zou Portillo de rest van zijn leven in weelderige luxe kunnen doorbrengen. Op dat tijdstip kon de Mexicaanse kolo-nel, aangezien Hector Portillo immers toch niet echt bestond, spoorloos verdwijnen. Misschien zou hij dat gedaan hebben of weer opgedoken zijn in een andere gedaante – wellicht als de neef van de een of andere *presidente* – en zich weer met andere fraudezaken zijn gaan bezighouden.

Al zijn plannen zouden misschien ook gelukt zijn, als ze David Wilson niet hadden vermoord.

Men beweert dat Hector Portillo in een eerdere verschijning – dit keer als Michael Smith Austin – betrekkingen met het Pentagon zou hebben onderhouden. Hij zou volgens welingelichte bronnen bij Defensie hebben geprobeerd om contracten in de wacht te slepen voor de bevoorrading van de ruimtevaartindustrie.

Later verklaarde Austin – toen hij reeds ontmaskerd was – tegenover de FBI dat hij connecties had – en nog steeds heeft – met de CIA.

Het komt echter niet als een verrassing dat noch de CIA noch de FBI openlijk toe wil geven hem te kennen.

Volgens zijn verklaringen begonnen zijn betrekkingen met de CIA toen hij als kolonel Rodriguez, een Nicaraguaanse legerofficier, in de Iran-Contra-affaire verwikkeld was.

Er werd inderdaad een kolonel Rodriguez genoemd in de dossiers over de Iran-Contra-affaire die bij de senaatszittingen in de VS werden onthuld. En in een Amerikaans televisieprogramma over de Iran-Contra-affaire verscheen daadwerkelijk een man voor de camera's die beweerde dat hij de betreffende kolonel Rodriguez was. Hij leek in het geheel niet op Portillo, maar dat heeft niet noodzakelijkerwijs iets te betekenen. De man op de televisie zou al dan niet de echte kolonel Rodriguez geweest kunnen zijn. Het is een feit dat Portillo – als kolonel Gomez – toen hij in 1988 in de Dominicaanse Republiek werd gearresteerd, zich onder andere schuldig heeft verklaard aan fraude en het handelen in valse paspoorten. Redelijkerwijs mocht worden verwacht dat hij vervolgens in staat van beschuldiging zou worden gesteld en een proces zou moeten ondergaan. Hij zou dan na een eventuele bekentenis tot gevangenisstraf worden veroordeeld in de Dominicaanse Republiek.

Maar op het laatste moment werd hij echter door de Dominicaanse autoriteiten op vrije voeten gesteld.

De officiële verklaring luidde dat hij werd vrijgelaten op grond
van 'instructies van de gerechtelijke instanties'. Niemand weet echter precies wat dat betekent. En het gerechtshof gaf verder geen verklaring. Portillo beweerde dat hij iemand een miljoen dollar had
gegeven om hem uit Santa Domingo vandaan te krijgen. Later zou
hij echter ook verklaren dat hooggeplaatste vrienden – niet nader te
noemen Amerikanen – zijn vrijlating hebben bewerkstelligd als
dank voor zijn hulp bij de Iran-Contra-affaire.

Als hij inderdaad connecties heeft gehad met de CIA – en vooral
wat de CIA betreft is dit niet onwaarschijnlijk, want hoe meer u
over deze organisatie te weten komt, hoe meer u zult beseffen dat bij
deze dienst alles mogelijk is, vooral op het gebied van het aankno-
pen van de meest onwaarschijnlijke betrekkingen – ziet het er niet
naar uit dat dat hem dit keer zal helpen. De politie van Lancashire
stelde een grootschalig onderzoek in naar de moord op David Wilson in de ochtend van zes maart, en naarmate het onderzoek vorderde en steeds gecompliceerder werd, werden er steeds meer
rechercheurs ingeschakeld. Op een gegeven ogenblik – gedurende
een periode van bijna zes maanden – werkten er zelfs meer dan honderd rechercheurs full-time aan deze zaak.

Op vijftien juli, zo'n zeventien weken na de moord op David
Wilson, werd Hector Portillo in New York gearresteerd toen hij van
plan was om 3,2 miljoen dollar in contant geld neer te tellen voor
een appartement in de Trump Towers. Hij is daarna in Lancashire
officieel aangeklaagd wegens samenzwering tot moord.

De Marlboro-sigarettenzwendel zou honderden miljoenen dollars
hebben kunnen opleveren.

Sommigen beweren dat elk van de honderd containers die Portillo te koop aanbood wel vijf keer was verkocht. De klanten stonden
immers te trappelen om zaken te kunnen doen met agenten in Bulgarije, Polen, Italië, Denemarken, de Verenigde Staten, Hongkong,

Oostenrijk, Zweden, Griekenland, Rusland – onder wie een klant die beweerde een vertegenwoordiger van het Russische leger te zijn – de Verenigde Arabische Emiraten, China, Nederland, België, Duitsland, Engeland, Frankrijk, Australië, Singapore, Jamaica en Bermuda.

Om al het geld dat binnenstroomde te kunnen verwerken, opende Wilson – op naam van Alamosa Ltd. – rekeningen in verscheidene landen. Hij had geld gesluisd via Zwitserland, België, Nederland, Luxemburg, Duitsland en Engeland. Het grootste bedrag stond op de rekening van de Bank of Greece in Rotterdam. Maar het grootste verloop kende de rekening, op naam van een in St. Kitts geregistreerde holding company, die was ondergebracht bij de Credit Suisse te Zürich. Daar ging het grootste deel van het geld uiteindelijk naar toe.

Drie weken voor de moord – op het tijdstip dat Wilson besloot om de zwendel van Portillo aan te geven – ondernam Portillo stappen om het geld uit Zwitserland weg te krijgen. Hij zocht contact met een professionele bende witwassers die vanuit Engeland opereerde; hij onderhandelde met hen en nam ze later ook in dienst.

Tegen een vergoeding sluist deze organisatie elke hoeveelheid geld op een betrouwbare wijze door naar iedere willekeurige bestemming voor iedereen die een beroep op hen doet. Ze beschikken over een compleet ondergronds banksysteem, dat alle facetten van het witwassen aankan, en verlenen bovendien nog extra diensten, zoals smokkelen, drugs- en wapenhandel, en het leveren van valse paspoorten en documenten.

Hun staat van dienst is indrukwekkend. Het is bijvoorbeeld bekend dat leden van deze groep enige jaren geleden wapens voor zes miljoen dollar aan Sierra Leone verkochten. De regering werd door een coup ten val gebracht, waardoor de lading uiteindelijk nooit werd afgeleverd. Het geld voor de wapens werd, na aftrekking van de onkosten, teruggegeven aan een hooggeplaatst persoon, wiens dood later in de kranten werd aangekondigd. Diezelfde persoon dook later op in Europa waar hij van het met de wapenhandel verdiende geld leefde.

Er zijn goede redenen om aan te nemen dat Portillo zich van de hulp van deze groep verzekerd had bij het opzetten van zijn wapen- of drugshandel in Puerto Cabello en bij zijn plannen om zijn schepen te doen zinken.

Het is bekend dat Portillo binnen twee dagen na David Wilsons vliegreis naar Venezuela de overnachting regelde voor zeven tot negen personen in Zürich.

Het is eveneens bekend dat dezelfde zeven à negen personen van Zürich naar New York vlogen en dat minstens drie van hen op dezelfde vlucht zaten. Toen ze arriveerden in de internationale aankomsthal van JFK, sloten ze zich opzettelijk aan bij drie verschillende rijen voor douanecontrole. Zoals de Amerikaanse wet dat vereist, gaven ze alle drie op dat ze geld het land invoerden. De betreffende formulieren werden ingevuld en aangezien de enige voorwaarde voor het invoeren van meer dan 10.000 dollar in de VS, het declareren van het bedrag is, werd hen verder geen strobreed in de weg gelegd.

De drie hadden een gezamenlijk bedrag van 700.000 dollar gedeclareerd. Maar niemand van de douanebeambten van Kennedy Airport was het opgevallen dat de drie grote bedragen afkomstig waren van dezelfde vlucht. Pas toen de Britse autoriteiten de Amerikaanse douane om bepaalde inlichtingen vroegen werden de Amerikanen op dit feit geattendeerd.

Het overvliegen van het geld van Zürich naar New York is echter niet wat dit tot een witwasgeschiedenis maakt.

Het verhaal heeft nog een staartje.

Niemand weet precies hoeveel geld Portillo ooit heeft weten te bemachtigen. Slechts een klein gedeelte is boven water gekomen. Als hij al tientallen miljoenen dollars achterover heeft gedrukt, dan heeft niemand het totnogtoe kunnen ontdekken. In elk geval leefde Portillo – of Austin, geboortenaam Sporn – volgens de Amerikaanse autoriteiten bepaald niet als een multimiljonair. En toch hebben vier onafhankelijke bronnen bevestigd dat zijn bankrekening van de Credit Suisse ooit 80 tot 90 mijoen dollar hebben bevat.

Sommige mensen die nauw bij deze zaak waren betrokken, twijfelen eraan of er ooit zo'n groot bedrag op de rekening heeft gestaan. Het totale bedrag dat officieel als vermist te boek staat – het door de gedupeerden opgegeven bedrag die zich bij de politie hebben gemeld – komt niet hoger uit dan twintig miljoen dollar. Andere mensen die eveneens nauw bij deze zaak waren betrokken zijn ervan overtuigd dat er sprake was van meer geld.

Hoeveel geld was er nu eigenlijk en waar is het gebleven?

Een plausibele verklaring voor de verschillen in de omvang van het bedrag zoals dat door de verschillende partijen werd opgegeven, is dat vele betrokkenen geen legale claims kunnen indienen, aangezien ze deze bedragen niet wettelijk kunnen verantwoorden.

En dat is een gemeenschappelijk kenmerk van veel oplichterszaken.

En het is ook een gemeenschappelijk kenmerk van witwaspraktijken.

Het is waarschijnlijk dat Portillo zich met beide soort zaken tegelijk bezighield. Hij lichtte mensen op terwijl hij anderen – die tot een zeer selecte groep behoorden – de gelegenheid bood om gigantische bedragen aan zwart geld wit te wassen.

Dit was niet alleen een zwendel die mislukte vanwege een moord; het was ook een zeer grootschalige, handig gespeelde witwasoperatie – met uitgebreide voorzieningen om de grote jongens van dienst te kunnen zijn.

Portillo stal zoveel mogelijk geld van speculanten en waste zoveel mogelijk geld wit voor zijn belangrijke vrienden als hij maar kon, waarbij hun geld aan het einde van de cyclus in de een of andere vorm te voorschijn kwam – misschien in de vorm van echte sigaretten die hij had gekocht op de parallelle markt, misschien als onterecht opgestreken verzekeringspremie voor niet-bestaande lading, of misschien door het geld gewoonweg van de ene anonieme bankrekening door te sluizen naar de andere.

Maar als er alleen maar sprake was van een gewone oplichterszaak, waar is het geld dan gebleven?

Wanneer u deze zaak echter bekijkt als een goed doordachte witwasoperatie, dan verklaart dat waarom tot nu toe niemand de ontbrekende twintig à negentig miljoen dollar heeft weten te vinden. En het is niet waarschijnlijk dat dat ooit zal gebeuren.

HOOFDSTUK 6

Het opzetten van witwasoperaties

'De moraal van onze klanten gaat ons niet aan.'
– BANKIER UIT HONGKONG

Kant-en-klare bedrijfjes die geregistreerd staan in gebieden waar veel mensen nog nooit van hebben gehoord, kunnen worden overgenomen van bedrijfsvestigingsagenten die ze beschikbaar stellen zoals McDonalds hamburgers verkoopt.

Er zijn altijd voldoende van deze bedrijfjes in de aanbieding. Het overnemen van zo'n bedrijf neemt net zoveel tijd in beslag als nodig is voor het invullen van een formulier. En voor het gemak van hun klanten accepteren de agenten zelfs creditcards.

Wettelijk gezien is een bedrijf een op zichzelf staande entiteit die door een statuut wordt erkend en een bepaalde doelstelling heeft, meestal – maar niet altijd – het voeren van een bedrijf. Andere doelstellingen kunnen zijn het bezitten van bedrijfsmiddelen, het opstellen van contracten, of het op zich nemen van financiële verplichtingen. Bij een naamloze vennootschap neemt het bedrijf zélf de geldelijke verplichtingen op zich, ze worden in dat geval dus niet gespreid over management, aandeelhouders of vruchtgebruikers.

Hoewel iedere onderneming over een geregistreerd kantoor dient te beschikken, hoeft dit niet noodzakelijkerwijs de plaats te zijn waar het bedrijf zijn activiteiten ontplooit. Het is wel het wettig verplichte adres waar de communicatie met de buitenwereld – waaronder officiële instanties – plaatsvindt.

Elke onderneming moet haar directieleden openbaar maken. De directieleden hoeven echter zelf geen aandeelhouder te zijn. In veel gevallen zijn het inwoners van het land van registratie, die niet meer te doen hebben dan het opstrijken van een commissie voor het bevestigen van een koperen naamplaat aan hun deur en het opstellen van het jaarverslag. De directeuren hoeven niet noodzakelijkerwijs te weten wie het vruchtgebruik heeft van de onderneming. Aangezien de aandelen van bedrijven soms uitgegeven worden in de 'aan toonder'-vorm, is de bezitter van de aandelen tevens de eigenaar van het bedrijf.

Bij de oprichting van een bedrijf wordt het vennootschappelijk kapitaal openbaar gemaakt, dat is de nominale waarde van de aandelen vermenigvuldigd met de hoeveelheid aandelen die het bedrijf mag uitgeven volgens de eigen statuten. Met andere woorden, een bedrijf kan zichzelf machtigen om één miljoen aandelen uit te geven met een nominale waarde van tien dollar per stuk en daarmee beweren dat het vennootschappelijk kapitaal tien miljoen dollar bedraagt. Dat lijkt indrukwekkend, wanneer u dat op het briefhoofd van het bedrijf ziet staan, maar in wezen betekent het niets. Een bedrijf dat overal rondbazuint over tien miljoen dollar aan vennootschappelijk kapitaal te beschikken, kan in werkelijkheid maar een paar aandelen hebben uitgegeven en zodoende over slechts enkele dollars beschikken.

Deze kant-en-klare bedrijfjes hebben vaak onschuldig klinkende namen, zoals Acme Trading en Ajax Holdings; en vaak ook krijgen ze een naam die lijkt op die van bekende bedrijven: Kingfisher International, een Iers bedrijf dat niet in eigen land is gevestigd, en op geen enkele wijze geassocieerd hoeft te zijn met het Engelse Kingfisher PLC dat de eigenaar is van de British Woolworth-keten; Casenove de Vries Financial Brokers of Panama hoeft niet noodzakelijkerwijs verbonden te zijn met de internationale effectenmakelaars Casenove; evenmin hoeft Hilton Construction Inc. nauwe betrekkingen te onderhouden met de hotelketen van dezelfde naam. En iedereen die ook maar iets van het begrip laster snapt, zou het natuurlijk nooit in z'n hoofd halen om iets anders te beweren dan dat de gelijkenis op puur toeval berust.

Verder hoeft een 'handelsmaatschappij' niet per se handel te drijven, een 'financieringsmaatschappij' hoeft zich niet per se met
financieringen bezig te houden en een 'holding company' hoeft niet
noodzakelijkerwijs de houdster te zijn van een andere maatschappij.
De London-New York Financial Exchange SA, geregistreerd op de
Britse Virgin Islands, heeft niet noodzakelijkerwijs iets te maken
met de financiële markt die opereert tussen Londen en New York;
Piccadilly Properties Ltd (Delaware) heeft niet per se iets te maken
met onroerend goed in het hart van Londen; evenmin heeft Palm
Beach Management Inc. (Panama) noodzakelijkerwijs iets te
maken met iemand in Florida. De letters 'RE' aan het eind van de
naam van een buitenlands bedrijf betekenen niet automatisch dat
het hier een herverzekeringsmaatschappij betreft; de woorden 'fund
management' betekenen niet dat het bedrijf daadwerkelijk fondsen
beheert; evenmin betekenen de woorden 'trust company' dat het
om een bank gaat.

Kant-en-klare bedrijfjes worden vaak geassocieerd met het woord
'belastingparadijs'. Er liggen zo'n vijftig bekende, druk bezochte
belastingparadijzen verspreid over de hele wereld – van Liechtenstein, Luxemburg en Monaco in Europa tot Nauru en Vanuatu, die
ergens verdwaald liggen in de Stille Oceaan, aan de andere kant van
de wereld.

Veel Europeanen – met name de Britten – denken bij het woord
'belastingparadijs' meestal aan de nabijgelegen Kanaaleilanden Jersey en Guernsey en het eiland Man in de Ierse Zee. Deze gebieden
die onder de Engelse Kroon vallen, hebben een lokaal bestuur met
eigen grondwetten. De banken worden er zelfstandig beheerd, de
brievenbusfirma's zijn er goedkoop en er is bepaald geen gebrek aan
potentiële directeuren.

De autoriteiten van deze eilanden beweren vol trots dat de wetten op het witwassen van zwart geld de afgelopen jaren veel strikter
zijn geworden, en dat de riante mogelijkheden voor witwassers waar
de eilanden ooit berucht om waren, nu definitief tot het verleden
behoren. Eigenlijk bedoelen ze alleen maar dat personen die hier-

naar toe komen met een koffer vol geld, de bankiers ervan moeten overtuigen dat het geld niet van verdachte herkomst is.

Het is nu zo, dat de banken op het eiland Man alle stortingen van boven de 25.000 dollar moeten melden. En hoewel de Financial Supervision Commission zelfs in die gevallen niet meteen in actie hoeft te komen, worden deze transacties toch in de dossiers opgenomen. De informatie-uitwisseling tussen de banken en de FSC is vertrouwelijk, maar als gevolg van de angst van de autoriteiten van Man voor witwaspraktijken – met name die waar drugs bij betrokken zijn – komt het voor dat er gegevens naar de Engelse autoriteiten worden doorgestuurd.

Natuurlijk zijn er nog steeds bedrijven met aandelen aan toonder te koop en de bedrijfsvestigingsagenten zoeken er nog steeds gevolmachtigde directeuren aan, en er kan rustig worden gesteld dat iedere gevolmachtigde directeur die geld doorsluist naar andere banken op instructie van een hem onbekend iemand, heel goed de medeplichtige kan zijn van een witwasser. Het gaat er alleen om of hij te goeder trouw is of niet. Uit recente zaken is wel voldoende gebleken dat er bij witwasoperaties erg veel geld via deze rechtsgebieden wordt gesluisd. Het eiland Man en de Kanaaleilanden vormen al geruime tijd het doelwit van mensen die hun zwarte geld wit willen wassen; onder hen beruchte figuren als Jean-Claude 'Baby Doc' Duvalier.

In september 1986, acht maanden nadat Haïti's president-voor-het-leven naar de Franse Rivièra werd verbannen, stortten zijn advocaten 41,8 miljoen dollar aan Canadese schatkistpromessen op de bankrekening van hun cliënt bij een filiaal van de Royal Bank of Montreal in Toronto. Binnen enkele dagen werden de schatkistpromessen overgebracht naar een rekening afkomstig van Jersey die bij de Hongkong and Shanghai Bank in Montreal was ondergebracht.

Daar koppelden de vertegenwoordigers van Duvalier de eigendomspapieren los van het geld – wat een gebruikelijke truc is om opsporing te bemoeilijken – waarbij de eigendomspapieren werden opgeslagen in een kluis in Londen, terwijl de schatkistpromessen naar een andere bank in Montreal werden overgebracht.

Twee maanden later werden de schatkistpromessen overgebracht naar een rekening van de Royal Trust Bank of Jersey, een filiaal van de Canadese tak van de Royal Trust Company. Om de zaken nog verder te compliceren: die specifieke rekening maakte deel uit van een grotere die op naam stond van de Manufacturers Hanover Bank of Canada bij een filiaal in Toronto van de Royal Bank of Montreal. Kort daarna werd het geld overgemaakt naar twee rekeningen bij de Royal Trust Bank in Jersey op naam van de daar geregistreerde brievenbusfirma Boncardo Ltd.

Als vrijwel geheel onzichtbare eigenaar van Boncardo Ltd ontving Duvalier cheques aan toonder, die getrokken waren op de rekeningen van Boncardo. Deze methode verliep meer dan een jaar zonder problemen, totdat in februari 1988 de Franse politie – na aanklachten wegens verduistering door de Haïtiaanse regering – de villa van Duvalier binnenviel en documenten in beslag nam, die leidden tot de ontdekking van beide bankrekeningen op New Jersey.

De agenten van Duvalier haalden daarop prompt het geld weg uit New Jersey en brachten het onder op Zwitserse rekeningen van twee Panamese brievenbusfirma's, Minoka Investments en Modinest Investments. Ongeveer een week later werd er 30,8 miljoen dollar overgemaakt van de Credit Suisse in Genève naar de Royal Bank of Montreal. Er werden Canadese schatkistpromessen gekocht die een agent van Duvalier onder zijn hoede nam. Hier eindigde het spoor voor degenen die hoopten het kapitaal nog te kunnen traceren. De schatkistpromessen werden ondergebracht bij twee naburige banken, maar niet voor lang. Toen het onderzoek in Frankrijk zich intensiveerde, werd besloten om het geld door te sluizen naar het veiligere Luxemburg.

Maar op dat moment lachte het geluk Duvalier toe en kon hij in het bezit blijven van zijn kapitaal.

De regering die hem was opgevolgd, had de tegoeden opgespoord en laten bevriezen. Maar ook dit regime kwam op zijn beurt ten val door een coup, die in september 1988 door generaal Prosper Avril werd gepleegd. Avril liet de zaak tegen Baby Doc verwateren, waardoor alle sporen die naar de oorspronkelijke 41,8 miljoen dollar leidden, werden uitgewist.

In New Jersey haalden de autoriteiten hun schouders op en vroegen zich af, heeft er nu iemand daadwerkelijk een wet overtreden? In het Verenigd Koninkrijk zijn de statuten voor witwaspraktijken alleen van kracht als er sprake is van drugshandel of terrorisme. Bovendien bestaan er volgens deze autoriteiten geen wetten die het overbrengen van geld van het ene rechtsgebied naar het andere kunnen verhinderen, zelfs niet als dat alleen maar gedaan wordt om het geld uit handen te houden van een derde partij. Ze benadrukken graag dat ze absoluut geen witwassers op hun eiland willen hebben. Maar uiteindelijk moeten ze toegeven dat ze nooit met zekerheid kunnen vaststellen of er sprake is van witwaspraktijken en wie de betrokkenen zijn.

Dezelfde reactie krijgt u op het nabijgelegen Guernsey. 'Dat soort zaken hoeven we hier niet', krijgt u hier te horen en u ziet ze huiveren alleen al bij de gedachte aan het woord 'buitenlands'. En als het ware om hun imago wat op te vijzelen, spreken ze over zichzelf als 'financieringscentrum'.

Hoe het ook zij, er staan daar meer dan 14.000 naamloze vennootschappen geregistreerd – per hoofd omgerekend, meer dan tien keer zoveel als in Engeland. Maar in tegenstelling tot Engeland verstrekken de autoriteiten van Guernsey alleen maar informatie over de namen van de directie en de aandeelhouders van een bedrijf. De jaarverslagen worden niet gepubliceerd. Evenmin worden er gegevens verstrekt over de vruchtgebruikers.

Klaarblijkelijk pakken ze het daar erg goed aan, nu de banken van een eiland dat vroeger alleen maar bekend was om zijn runderras, een kapitaal van 27 miljard pond beheren.

Wanneer er zoveel belangen op het spel staan, is het begrijpelijk dat plaatselijke wetgevers beseffen dat zelfs maar een hint in de richting van het aanscherpen van de regels, een grootschalige kapitaalvlucht tot gevolg zou kunnen hebben in de richting van Jersey.

Natuurlijk denkt men er in Jersey net zo over. En op het eiland Man is het al niet anders. Alle drie de eilanden ontkennen in alle toonaarden dat hun economie erop vooruit is gegaan sinds de komst van de witwasindustrie. Maar wat voor de één een witwaspraktijk is, is voor de ander een financieel instituut, volledig voorzien van alle vormen van dienstverlening.

Eind februari 1993 kondigde de Colombiaanse politie aan, dat ze tijdens een vijftien maanden durend offensief tegen de drugshandel en witwaspraktijken 5,9 miljoen dollar in beslag had genomen en 250 mensen had gearresteerd. Het geconfisqueerde geld is natuurlijk niet meer dan een druppel op een gloeiende plaat, en ondanks de arrestaties, hoewel het om behoorlijke aantallen gaat, zijn de belangrijkste figuren van beide kartels buiten schot gebleven. Via de 900 in beslag genomen rekeningen bij de vijf grootste banken van het land, konden de autoriteiten het geld van het kartel volgen langs fictieve import-exportbedrijven en wisselkantoren in zestien verschillende landen. Hieronder bevonden zich opmerkelijk genoeg landen als Joegoslavië, Pakistan, Rusland, Tsjechoslowakije, Hongarije en Bulgarije.

Het privé-bankwezen functioneert nog steeds in het voormalige Joegoslavië, waar men torenhoge rentetarieven van tien tot vijftien procent aanbiedt – die volslagen uit de pas lopen met de rest van Europa. Een van deze banken, Jugoskandic, wordt geacht te beschikken over vier miljoen spaarrekeningen waarop in het totaal twee miljard dollar aan harde valuta is uitgezet. Zo'n hoge rente te betalen over zo'n groot bedrag is een kostbare aangelegenheid. Hoewel we hier niet willen beweren dat Jugoskandic op enigerlei wijze betrokken is bij illegale praktijken, bevinden zich daar particuliere banken die erom bekend staan harde valuta te gebruiken – in opdracht van het socialistische regime – om er de handel in drugs mee te financieren. Hiermee wordt dan geld verdiend om wapens aan te kopen die in de burgeroorlog worden gebruikt. Het geld wordt witgewassen via Oostenrijkse brievenbusmaatschappijen in een spel dat 'triangular trade' wordt genoemd. De brievenbusfirma koopt een produkt – in dit geval wapens – in Hongarije of Bulgarije met bestemming Montenegro of Servië. Vermomd als legale zakentransactie en beschermd door het strikte bankgeheim, kunnen de Oostenrijkse autoriteiten er op geen enkele wijze achter komen of iemand de VN-regels aan zijn laars lapt.

Onlangs heeft de Panamese regering toegegeven dat wapenhandelaren die vanuit Tsjechië opereerden pogingen hadden ondernomen om de Bosniërs voor zo'n 21 miljoen dollar aan wapens te leveren – 26.800 machinegeweren, 128.000 magazijnen, 5000 pistolen en 17 miljoen kogels – waarbij Panama als de derde zijde van de driehoek zou worden gebruikt. In dit geval werden de wapens nooit verscheept. De handelaren hadden gewoon pech. Maar deze mislukte onderneming is een indicatie voor de vele andere die wel met succes zijn uitgevoerd.

Zolang er landen bereid worden gevonden om de derde partij te spelen en geld wit te wassen, zullen de mislukte deals een uitzondering blijven.

In Pakistan bijvoorbeeld zijn de banken erg blij met aanbiedingen van grote hoeveelheden contant geld. Toen de deviezencontrole in 1991 werd afgeschaft – waarmee de banken toestemming kregen om ook bankrekeningen in vreemde valuta in hun pakket op te nemen – nam door een presidentieel decreet het bankgeheim ongekende vormen aan. De centrale bank ging zelfs zo ver om de Pakistaanse bankiers op te dragen om geen vragen te stellen naar de herkomst van stortingen van buitenlands geld. Sindsdien stroomden miljarden dollars letterlijk het land binnen.

De situatie wordt nog verergerd doordat Pakistan deel uit maakt van het vruchtbaarste deel van de 'Gouden Sikkel' – de papaverstreek die zich uitstrekt over Pakistan, Afghanistan en Iran. Bijna zeventig procent van de beste heroïne ter wereld komt naar Europa via Pakistan.

Het blijkt dat de maankop (Papaver somniferum) al vanaf de negentiende eeuw – toen het daar werd aangeplant door Engelse

kolonisten om legaal opium te kunnen exporteren – het belangrijkste landbouwgewas was van de bewoners van het Mahaban Geberg-
te in het noordwesten van Pakistan. Het gebied is zeer geschikt voor
deze teelt, met zijn dunne aarde, steile hellingen en een optimale
neerslag – en het grondbezit staat van oudsher in hoog aanzien bij
de bewoners van Pushton. Buiten de agrarische sector zijn er verder
weinig mogelijkheden in deze streek.

Drugshandelaren uit het nabijgelegen dorp Gandaf – de Pakistaanse versie van Medellin – kost het weinig moeite om de boeren
ertoe te bewegen om de maankop op hun kleine stukjes grond te
verbouwen, aangezien dit hen tien keer zoveel oplevert als de
tabaks- of fruitteelt.

Door het kweken van de basisprodukten, het verschaffen van
heroïnelaboratoria voor de verwerking ervan en het aanbieden van
bankfaciliteiten aan drugshandelaren, is Pakistan bezig om een
gevaarlijke macht te worden in een toch al onstabiel gedeelte van
de wereld.

Maar vooral het wegvallen van de zeer strenge controle, voedsel-
schaarste, hyperinflatie en de hieruit voortvloeiende wanhoop in
het voormalige Oostblok hebben geleid tot een enorme toename
van allerlei vormen van misdaad.

Harde valuta worden door het volk als het enige tegenmiddel
gezien tegen hun – overigens begrijpelijke – pessimistische levens-
opvattingen. Het is niet alleen het paspoort dat toegang biedt tot de
zwarte markten in eigen land, het biedt ook meteen toegang tot de
vrije markten over de hele wereld. En dit is een duidelijke weerleg-
ging van de Wet van Gresham. Hier heeft het goede geld het slechte verdreven. In de hele voormalige communistische wereld zijn de
plaatselijke deviezen waardeloos. Niemand wil roebels, koruna's,
forints, leva's, of zloty's hebben. Om aan harde dollars te komen
heeft heel Oost-Europa zichzelf omgevormd tot een gigantische witwasmachine.

De Tsjechische regering in Praag gaf in 1990 officieel toestemming tot de oprichting van 150 nieuwe banken. De meeste, zo niet

alle, stelden niet veel meer voor dan een koperen naamplaat aan een kantoormuur. En er bestaat daar geen fraudeopsporingsteam.

Polen is een nog mooier voorbeeld. Officieel proberen de Polen hun land om te vormen tot het Spanje van Oost-Europa – door het ter beschikking stellen aan westerse fabrikanten van een grote hoeveelheid goedkope arbeidskrachten en een economische infrastructuur die gebaseerd is op industrie en landbouw. Privé zijn de Polen wanhopig op zoek naar harde valuta en houden ze zich op grootschalige wijze bezig met de witwasindustrie.

Het Polen van vandaag de dag is een land waar zakenlieden rondlopen met koffertjes vol geld. Creditcards en cheques zijn daar nog steeds een uiterst zeldzame verschijning. Het is een land met een betrekkelijk stabiel klimaat, waar de nationale valuta zonder probleem in buitenlandse kunnen worden omgewisseld en dat een infrastructuur kent voor geldtransport naar het buitenland. Tegelijkertijd is het een land dat gehinderd wordt door een volslagen verouderd financieel systeem – men schat dat ongeveer een derde van alle transacties via het alternatieve circuit plaatvindt – waar banken nog niets begrepen hebben van samenwerking, waar bankiers onervaren en naïef zijn, en waar toezicht op de naleving van de financiële wetten ontbreekt.

Met andere woorden, het huidige Polen is de vervulling van de droom van iedere witwasser.

Volgens het weekblad Polityka openen veel van de belangrijkste financiële instellingen van Polen maar wat graag hun poorten voor witwassers vanwege het gebrek aan kapitaal en het onvermogen bepaalde schulden te kunnen innen. Bovendien levert de kapitaalinjectie een belangrijke bijdrage tot de solvabiliteit van de banken. Ze hebben de Colombiaanse drugsbaronnen met open armen ontvangen. Ze hebben de Turkse drugsmafia met open armen ontvangen. En ze hebben de PLO met open armen ontvangen. Enkele jaren geleden werd een PLO-fonds van 50 miljoen Engelse pond gestort bij de Bank van Warschau, dat sindsdien uit het oog is verdwenen.

De regering onder Lech Walesa heeft geprobeerd om hier een einde aan te maken door het invoeren van een wet in 1992 die banken verplicht om de identiteit vast te stellen van personen die een bedrag van meer dan 12.500 dollar storten. Waarop een bankier uit Warschau sniert: 'Ze hadden net zo goed het hele volk kunnen vragen om een stuk van Paderewski te fluiten.'

In Hongarije is het al even droevig gesteld, zo niet erger, doordat ze er daar al langer mee bezig zijn. Het bankgeheim is daar heilig; daar wordt hoegenaamd aan niemand informatie verstrekt.

En dan is er Bulgarije nog.

Toen de regering in Sofia aankondigde 1600 staatsbedrijven van de hand te willen doen, werd daarbij aangetekend dat zij, in tegenstelling tot andere voormalige communistische landen, geen enkele vorm van geschreven schuldbekentenissen zou accepteren, er kon uitsluitend met contant geld worden betaald. De Bulgaren, die van Europese en Amerikaanse adviseurs te horen kregen dat daarmee hele horden witwassers zouden worden aangetrokken, verklaarden dat dit zou worden tegengegaan door de investeerders te vragen naar de herkomst van hun geld – alsof een Colombiaanse drugsbaron ooit zou toegeven dat hij Balkan Airlines wilde kopen met vijftig miljoen dollar afkomstig uit de handel in crack!

Even terzijde, de Bulgaren waren de eersten uit het voormalige Oostblok die de mogelijkheden van witwaspraktijken beseften. Tijdens het bewind van Todor Zhivkov – hij was 35 jaar lang aan de macht, van 1954 tot 1989 – handelde de regering in drugs, waste de winsten wit via brievenbusmaatschappijen die toegang hadden tot Zwitserse banken, en gebruikte vervolgens het geld om er op grote schaal illegale wapentransacties mee te financieren.

Zhivkov opereerde op de markt via het staats-import-exportbedrijf Kintex. Dit bedrijf dat in 1968 werd opgericht, werd volledig door de KDS, de Bulgaarse veiligheidsdienst, gecontroleerd. Het verkocht heroïne en ruwe opium aan Turkse drugshandelaren – belangrijke leveranciers voor de Westeuropese markt – waarna de winst weer gebruikt werd voor de financiering van de wapenhandel.

Kintex werd zeer bekwaam in het aanwenden van drugsgelden voor de wapenhandel en leverde onder meer wapens aan de Nigerianen waarmee ze de burgeroorlog in Biafra konden beëindigen; de christelijke milities werden voorzien van wapens, hetgeen in 1975 leidde tot de escalatie van de Libanese burgeroorlog; en in directe schending met verschillende wapenembargo's werden ook wapens geleverd aan de Zuidafrikanen. Bovendien was het bedrijf de belangrijkste wapenleverancier van de PLO. Deze transacties leverden de Bulgaren naar schatting twee miljard dollar per jaar op aan de zo fel begeerde harde valuta.

De omvang van Kintex' connecties met de georganiseerde misdaad in het Westen, werd pas in het begin van de jaren tachtig duidelijk. De Italiaanse politie deed een inval in een drugsfabriekje van de mafia in de provincie Trapani, op het westelijke puntje van Sicilië, en ontdekte een laboratorium dat tot haar stomme verbazing volgepakt was met Bulgaarse machinewerktuigen en ruwe opium. Dit laboratorium alleen al was in staat om jaarlijks een hoeveelheid van 4,5 ton zuivere heroïne te produceren. Uitgaande van de groothandelsprijzen in die tijd kwam dat neer op een bedrag van 1,125 miljard dollar. In de eropvolgende jaren werden op Sicilië en het vasteland van Italië niet minder dan 15 raffinaderijen ontdekt, het merendeel drijvend op Bulgaarse grondstoffen en installaties.

Op dat moment had de CIA voldoende bewijsmateriaal verzameld om de betrokkenheid van Kintex bij de internationale drughandel aan te kunnen tonen. Toen de regering-Reagan officieel protest aantekende, liet Zhivkov – voornamelijk om de Amerikanen tegemoet te komen – alle amateur-drugsdealers in zijn land oppakken. De Bulgaarse overheid nam tonnen marihuana in beslag en verzekerde dat het nu afgelopen was met de drugshandel. Maar Kintex ging gewoon door met zijn praktijken.

Vijf jaar later, na aanhoudende Amerikaanse protesten, bracht Kintex de overheid al te zeer in verlegenheid. Dus hief Zhivkov het bedrijf volledig op. In plaats daarvan richtte hij een opvolger op, het staats-import-exportbedrijf Globus. De KDS had het er nog steeds voor het zeggen. En de voornaamste doelstellingen waren nog steeds de drugshandel, de wapenhandel en het witwassen van kapitaal. De enige daadwerkelijke verandering was de locatie van het bedrijf.

En hier verschijnt de Shakarchi Trading Company op het toneel. De oprichter ervan, Mamoud Shakarchi, was een zeer succesvolle Libanese bankier, die om zichzelf, zijn gezin en zijn zakelijke belangen veilig te stellen voor de burgeroorlog die in zijn vaderland woedde, naar Zwitserland verhuisde, waar hij het import-exportbedrijf Shakarco oprichtte. Zijn beide zonen Mohamed en Marwan traden weldra toe tot het bedrijf. In 1980 splitste Mamoud het bedrijf in tweeën. Marwan kreeg het deel met de naam Shakarco, terwijl Mohamed zijn deel de Shakarchi Trading Company noemde.

Volgens verscheidene bronnen stond Shakarchi sr. tot aan zijn dood in 1985 in sommige kringen bekend als 'Le Blanchisseur' (de witwasser). Hij werd dan ook door verschillende autoriteiten in de gaten gehouden – Amerikaanse en Europese – die hem ervan verdachten Kintex-Globusfondsen, waaronder Siciliaans drugsgeld, te hebben witgewassen via Turkije, Zwitserland en Bulgarije. Maar Mamoud Shakarchi heeft altijd elke betrokkenheid ontkend. Later, toen Amerikaanse en Zwitserse rechercheurs het spoor van een omvangrijke witwasoperatie in Los Angeles naar Europa volgden, waarbij ze bij de Shakarchi Trading Company terechtkwamen, begonnen de verdenkingen die eerst op Mamoud Shakarchi vielen zich nu op Mohamed te laden. Had hij domweg de witwaspraktijk van zijn vader overgenomen? Net als zijn vader ontkende hij alle aantijgingen. Maar het werd hem niet gemakkelijk gemaakt.

In februari 1987 nam de Zwitserse politie 100 kg Turkse heroïne in beslag die rechtstreeks met de Italiaanse mafia in verband kon worden gebracht. De politie kon vaststellen dat de drugswinsten vanuit Bulgarije naar Zwitserland waren overgebracht, waar ze werden witgewassen via de Shakarchi Trading Company. Minstens 1,3 miljard Zwitserse franc – ongeveer 1,7 miljard gulden – werd witgewassen door 31 stortingen op de rekening van de Shakarchi Trading Company bij de Union Banque Suisse te Lugano.

Mohamed Shakarchi bleef hardnekkig ontkennen ook maar iets van de zaak af te weten. Toen de druk op hem toenam, gaf hij uiteindelijk toe dat zijn familie wel eens geld had witgewassen, maar dan uitsluitend voor de CIA.

Volgens hem had het bedrijf, Argin Corporation, dat als dekmantel voor de CIA fungeerde, in een periode van zeven jaar 25 miljoen dollar witgewassen via de kantoren van Shakarchi om de mujahedin in Afghanistan te steunen bij hun strijd tegen (toen nog) de Sovjetunie.

De uitspraken van Mohamed werden bij herhaling door de CIA ontkend.

Dat wil zeggen, totdat in 1989 de Amerikaanse ambassadeur van Zwitserland in een korte persconferentie de betrekkingen van Shakarchi met de CIA bevestigde.

In datzelfde jaar uitte het Amerikaanse ministerie van Buitenlandse Zaken zijn ongenoegen over de uitverkoop die gehouden werd door drie van de belangrijkste bankcentra ter wereld.

In het *International Narcotics Control Strategy Report*, dat verscheen tijdens de regering-Bush, werden de Bahama's genoemd als de belangrijkste doorvoerroute van cocaïne en marihuana naar de Verenigde Staten, waarbij de eilanden tevens werden veroordeeld voor het feit dat ze zichzelf in een witwasparadijs hadden omgevormd. Hongkong werd genoemd als het grootste witwascentrum van het Aziatische gebied en ervan beschuldigd het belangrijkste doorvoercentrum voor Zuidaziatische heroïne in zijn omgeving te zijn. Panama werd genoemd als het belangrijkste land voor het witwassen van de opbrengsten van de Zuidamerikaanse cocaïnehandel.

Dat bericht haalde de kranten.

Een document dat nog verder ging in zijn onthullingen, maar de kranten niet haalde, werd verspreid onder de medewerkers van de US Drug Enforcement Agency. In dit verslag dat niet voor publicatie was bestemd, werden in het totaal achttien belangrijke doorvoerroutes en opslagplaatsen voor illegale drugsfondsen in kaart gebracht. De lijst waarop de grootste witwasindustrieën ter wereld stonden aangegeven, vermeldde onder andere Hongkong, Liechtenstein, Luxemburg, de Kanaaleilanden, Andorra, Zwitserland, Singapore, de Verenigde Arabische Emiraten, de Cayman Islands, Mexico en Panama. Vier Amerikaanse steden werden eveneens vermeld: New York, Los Angeles, Miami en Houston. En vervolgens wees de DEA met de beschuldigende vinger naar het noorden – naar Montreal, Toronto en Vancouver.

Hongkong is een voor de hand liggende kandidaat.

Al sinds de tijd dat het kustgebied met zijn eilanden, Hongkong, aan Engeland werd afgestaan als herstelbetaling voor de Opiumoorlog in 1842, is deze Britse kroonkolonie een van de belangrijkste handels- en smokkelcentra ter wereld.

Het is vandaag de dag een centrum voor mensen die hun zaken groots willen aanpakken, dat steunt op het moderne vliegverkeer, elektronische communicatie en oosterse mystiek. Het kent een belangrijke goud-, diamant- en aandelenmarkt die meer weg heeft van Las Vegas dan Wall Street. Het is een paradijs voor brievenbusfirma's – waar bedrijfsvestigingsagenten als beschermengelen ongehinderd hun gang kunnen gaan en de kandidaat-directeuren met hun koperen naamplaten aan de muren het geheel luister bijzetten. Wapensmokkelaars, zwarthandelaren en georganiseerde bendes hebben Hongkong altijd al gebruikt om hun geld wit te wassen. En de Chinezen ook sinds Mao aan de macht kwam.

Maar de grootste schok die Hongkong ooit heeft meegemaakt, kwam toen de heroïnehandelaars zich er vestigden. Net op het moment dat er in Hongkong strengere wetten op het bankgeheim werden ingesteld en de overheidsbemoeienis verminderde, nam de drugshandel explosief toe met als direct gevolg een ongekende stijging van het welvaartsniveau. Van 1978 tot 1981 verviervoudigden zich de prijzen van onroerend goed. De banken verdronken in hun eigen liquide middelen.

Het was een soort Disneyland op zijn oosters!

De zeepbel zou gemakkelijk uiteengebarsten kunnen zijn toen de

Britten erin toestemden om Hongkong terug te geven aan de Chinezen. En volgens sommigen gebeurde dat ook. De magnaten in Hongkong werden bang. Niemand wist hoe de wereld er vijftien jaar later uit zou komen te zien; 1997 leek angstvallig dichtbij. Het kapitaal vluchtte hals over kop in westelijke richting, waar het meestal op de de Amerikaanse en Canadese vastgoedmarkt belandde. Gedurende de eropvolgende jaren werd de situatie steeds nijpender. Rijke mensen vertrokken naar het buitenland dat hen met open armen ontving. Arme mensen trachtten al hun bezit van de hand te doen om een weg naar de vrijheid te kunnen kopen. De prijzen kelderden enorm.

En toen deden de wetten van vraag en aanbod de hele zaak omkeren.

De westerse banken die naar de kolonie kwamen om mensen te helpen hun geld het land uit te krijgen, hadden ongewild voor een infrastructuur gezorgd die een tweede intocht tot gevolg zou hebben. Door de zeer lage prijzen en het nog steeds overvloedig aanwezige zwarte geld, werden nieuwe mogelijkheden voor het zakenleven gecreëerd. Beijing liet voldoende positieve geluiden horen om de westerse bankiers ervan te overtuigen dat het zakenleven onder de communisten er net zo rooskleurig uit zou zien als onder de kapitalisten. Dus stelden de westerse bankiers hun mening over 1997 bij. Ze kwamen plotseling tot het inzicht dat ze zich nu op het juiste moment op de juiste plaats bevonden en dat ze nu hun geld moesten investeren in een betere toekomst. En dus, terwijl het binnenlandse geld naar buiten stroomde – aangemoedigd door diezelfde banken – stroomde het buitenlandse geld naar binnen. Het Hongkong dat uit zijn as herrees na de crisis van 1982, is nu na New York en Londen het op twee na grootste financiële centrum ter wereld. De brievenbusfirma's zijn er over het algemeen goedkoper dan in Europa en het Caribisch gebied. Bankiers worden verondersteld vragen te stellen, maar nemen die moeite meestal niet. Waarom zouden ze ook? De kolonie is volgestouwd met meer dan 400 banken. Het is duidelijk dat hier veel gekocht wordt, en wel zoveel dat de hoeveelheid aan kleine dollar-coupures die in Hong-kong in omloop is, ruimschoots die van welk Europees land dan ook overtreft.

Even voorbij de Pearl River-delta ligt het kleine, verdorven broertje van Hongkong, de Portugese kolonie Macau. Zo zou Las Vegas eruit hebben gezien wanneer Dzjengis Khan Columbus zou hebben achtervolgd tot in de Nieuwe Wereld.

Bijna tachtig procent van het jaarinkomen van Macau is afkom-stig van het gokmonopolie dat goed is voor één miljard dollar per jaar en door Hongkong wordt gecontroleerd – en dat gebruikt wordt om jaarlijks honderden miljoenen dollars te kunnen witwassen. Chinese bendes zijn niet de enige opvallende aanwezigen in Macau, ook de regering van Noord-Korea heeft er een consulaat, dat daar schaamteloos gebruik maakt van de voordelen van het comfortabe-le – en zeer anonieme – op westerse leest geschoeide bankstelsel.

Het vooruitzicht van Chinese overheersing in 1999 lijkt weini-gen daar te kunnen afschrikken. De Portugezen hebben de banken van Macau opgedragen om de identiteit vast te stellen van mensen die 'aanzienlijke transacties' verrichten en om 'onvrijwillige betrok-kenheid bij witwassen of enige andere criminele activiteit zorgvul-dig te vermijden'. Verder gaan ze niet. Ze willen de Chinezen niet voor het hoofd stoten.

In feite lijkt niemand er al te zeer op gebrand om iets aan de situ-atie in Hongkong en Macau te veranderen – de Chinezen nog het minst van allen. Bijna de helft van hun inkomsten aan buitenlandse valuta verloopt via Hongkong. En zo gaan de zaakjes hun gang. Mis-schien wordt hier gedacht dat als de Chinezen bij wijze van spreken een paar gigantische diamanten overhandigd krijgen, ze er geen belang meer bij hebben om verandering in de situatie te brengen. Omdat het meeste geld dat via Hongkong en Macau wordt witge-wassen buitenlands is, zal iedereen uit eigen belang proberen om de status quo te handhaven. Wanneer er zoveel geld op het spel staat, is het niet verwonderlijk dat witwassers zoveel waarde hechten aan politieke stabiliteit – en dat ze garanties willen hebben dat de Chinezen niet met hen doen wat Fidel Castro in 1959 met Meyer Lansky en zijn kameraden deed.

Politieke stabiliteit vormt geen probleem voor de naaste buur van Amerika.

Op het eerste gezicht komt het een beetje als een verrassing om Canada aan te treffen op de lijst van de DEA. Maar dan hoort u het land door de Amerikaanse douane omschreven worden als de '1ste mei van de witwasindustrie'. En bij nadere beschouwing blijkt Canada precies te voldoen aan het witwas-evangelie volgens Lansky.

Canada kent met zijn hecht verankerde democratie een gezond bankstelsel, een hoogontwikkeld communicatiesysteem en een grote toegankelijkheid tot de belangrijkste drugsmarkt ter wereld. De Canadees-Amerikaanse grens – bijna 8000 km lang – is de langste niet-verdedigde grens ter wereld. Er vindt nauwelijks surveillance plaats, maar waar er wel sprake is van controleposten passeert het verkeer – in elk geval wat de Amerikaanse en Canadese burgers betreft – vrijwel ongehinderd in beide richtingen. Het enige wat de grens absoluut niet kan overschrijden is de Amerikaanse federale jurisdictie. Heel af en toe vangen de douanebeambten, als ze geluk hebben, een smokkelaar. Enkele jaren geleden hielden de Canadezen twee Mexicaanse witwassers aan die de grens bij Surrey (British Colombia) probeerden over te steken. Omdat het tweetal zo ver van huis was en in het geheel niet op doorsnee-toeristen leek, werd hun gevraagd de kofferbak van hun auto te openen. Toen ze dat deden, viel het een zeer scherpzinnige douanebeambte op dat het reservewiel niet bij de auto paste. Hij sneed het open en vond 800.000 dollar.

Maar dat was een uitzondering. Een auto met een passend reservewiel, een nummerplaat uit New York en ski's op het dak, bestuurd door een goedgekleed paartje dat op een vrijdagmiddag op weg is naar Noord-Ontario, zal in juli misschien iemands aandacht trekken, maar tijdens het winterseizoen is de kans vrijwel nihil dat ze aangehouden zullen worden.

Vóór 1989 – toen het witwassen van zwart geld in Canada nog niet strafbaar was gesteld – dacht bijna niemand na over contant geld. De regering onder Mulroney probeerde hierin verandering te brengen door de banken ertoe te bewegen verdachte transacties van contant geld te melden. Het werd echter niet verplicht gesteld. De banken zouden dan op basis van vrijwilligheid de geldstorters naar de herkomst van hun geld vragen. En omdat er verder niets gebeurt als ze dit nalaten, 'vergeten' ze het soms.

Dit soort laksheid die vaak samengaat met alle op vrijwilligheid gebaseerde systemen, gecombineerd met een modern, internationaal georiënteerd bankstelsel hebben ertoe geleid dat de Canadese banken al jarenlang aanzienlijke financiële belangen hebben in belastingparadijzen zoals het Caribisch gebied.

Bruce 'Peewee' Griffin, een wegens drugssmokkel veroordeelde man uit Florida, onderhield goede contacten met een van Canada's grootste financiële instellingen, de Bank of Nova Scotia – ook wel bekend als de Scotiabank – in de hoofdstad van de Bahama's, Nassau. Volgens de FBI heeft hij van 1975 tot 1981 meer dan 100 miljoen dollar witgewassen via de Scotiabank, waarvan bijna een kwart in een zeer drukke periode van vier maanden in 1979. Hij had er verscheidene bankrekeningen, allemaal op naam van op de Bahama's geregistreerde brievenbusmaatschappijen. Om zijn geld bijeen te krijgen, liet hij het overmaken naar de Scotiabank op de Cayman Islands, naar een rekening op naam van een daar geregistreerde brievenbusfirma met de naam Cobalt Ltd. Vandaar werd het geld langs een aantal Newyorkse filialen van deze bank gesluisd, voordat het werd gespreid over een aantal Amerikaanse bedrijven die door Griffin werden beheerd. Toen Griffin in 1983 uiteindelijk werd aangeklaagd samen met honderd handlangers, telde zijn bezit onder meer raceauto's, raceboten en een ranch in Texas waar hij paarden fokte.

Zoals indertijd in de kranten breed werd uitgemeten, was de Bank of Nova Scotia berucht om haar complete onverschilligheid ten aanzien van de herkomst van grote bedragen die op rekeningen werden gestort en om haar afwijkende bankpraktijken. De bank hield er opzettelijk een minimale registratie op na om de anonimiteit van de geldstorters te kunnen garanderen. Verder kregen de employés vaak fooien van hun cliënten toegestopt – voor het getoonde begrip – van soms wel duizenden dollars. In 1984 veroordeelde een Amerikaanse rechtbank in Miami de Scotiabank tot het betalen van een boete van 1,8 miljoen dollar wegens de weigering om de gedagvaarde stukken te overhandigen aan de kamer van inbeschuldigingstelling.

Een van Griffins handlangers was de advocaat Nigel Bowe, die op de Bahama's werkzaam was. Bowe was degene die Griffin introduceerde bij de premier van de Bahama's, Lynden Oscar Pindling. Heel toevallig had de heer Pindling ook nog geld bij de Bank of Nova Scotia uitstaan. Later werd een onderzoek naar hem ingesteld op grond van de verdenking dat hij maandelijks voor 100.000 dollar aan drugsgeld werd omgekocht. Pindling had veel van zijn succes te danken aan de man die hem aan de macht hielp, zijn vriend en mentor Meyer Lanski.

HOOFDSTUK 7

Eilanden onder de zon

*'We hebben geen natuurlijke bronnen van inkomsten
en we moeten zien te overleven.'*
– De premier van Aruba, NELSON ODUBER

Het feit dat er geen Meyer Lanskystraat door het hart van Nassau loopt – of in enige andere hoofdstad van het Caribische gebied is te vinden – moet als een van de grootste nalatigheden van onze geschiedenis worden beschouwd.

Lansky was niet alleen de grondlegger van de naoorlogse georganiseerde misdaad, hij heeft ook de Caribische ogen – en portefeuilles, kluizen en geheime bankrekeningen – geopend voor de aantrekkelijkheden van een belastingparadijs. Hij toonde de verschillende eilanden hoe ze er de grootste witwasindustrie ter wereld op poten konden zetten.

Of ze dit nu al of niet openlijk willen toegeven, alle zijn ze hem dank verschuldigd.

In het Caribisch gebied wonen zo'n 31 miljoen mensen, van wie bijna twee derde Spaanstalig is. Nog eens zo'n twintig procent spreekt Frans of Creools. De regio kent als gevolg van de scheiding van de eilanden door water, cultuur, geschiedenis en politiek weinig homogeniteit. Barbados is gemakkelijker te bereiken vanuit New York dan vanaf Curaçao. De gemakkelijkste route van Kingston (Jamaica) naar Santo Domingo (Dominicaanse Republiek) loopt via Miami. Een van de weinige gemeenschappelijke kenmerken van de meeste eilanden is dat ze in de achtertuin van Amerika liggen. Tegen het einde van de Tweede Wereldoorlog was suikerriet het belangrijkste landbouwgewas van de regio, en de Verenigde Staten vormde hiervoor de belangrijkste afzetmarkt. Sindsdien is het met de export naar de VS gestaag achteruitgegaan en hetzelfde geldt voor de bauxiet- en olie-inkomsten. Maar de eilanden behoren nog steeds tot Amerika's achtertuin. De VS vormt nog steeds het belangrijkste afzetgebied. Alleen zijn verdovende middelen nu het belangrijkste verkoopprodukt.

Het is geen toeval dat een machtige Siciliaanse familie – de Caruana-Cuntrera-clan – die de georganiseerde misdaad in Venezuela controleert, zwaar in onroerend goed in het Caribische gebied heeft geïnvesteerd. Toen Pasquale, Paolo en Gaspare Cuntrera september 1992 in hun woning in Caracas werden gearresteerd – wegens een tien jaar oude aanklacht van heroïnesmokkel – werden ze aan Italië uitgeleverd. Deze mannen, die aan het hoofd stonden van een wereldwijde witwasindustrie en die ervan verdacht werden achter de moord op een Siciliaanse rechter en een openbare aanklager in 1992 te staan, lieten daarbij een organisatie achter die volgens sommigen twee derde van alle grond en twee derde van alle bedrijven op Aruba (vlak boven de kust van Venezuela) in handen had.

Ook het La Costa-kartel heeft zich op Aruba gevestigd, dat waarschijnlijk na het Cali- en het Medellin-kartel de grootste organisatie voor cocaïnesmokkel ter wereld is, en dat de aandacht op zich vestigde, toen zestien bendeleden in Miami werden aangeklaagd wegens afpersing, drugshandel en witwassen van zwart geld. Ze hadden naar verluidt sinds 1980 80 ton cocaïne en zo'n 114.000 kg marihuana de VS binnengesmokkeld, waarmee ze naar schatting 800 miljoen dollar hadden verdiend. Daar kwam een einde aan toen hun baas, Randolph Habibe, in 1993 in staat van beschuldiging werd gesteld. Habibe werd ook aangeklaagd wegens een (mislukte) poging om een ander lid van het kartel – José Rafael 'El Mono' Abello – te bevrijden, die nu in Oklahoma een gevangenisstraf van 30 jaar uitzit wegens drugssmokkel. Om een indruk te geven van de hoeveelheid geld waarover deze groepen kunnen beschikken: voor het ontsnappingsplan dat door Habibe werd uitgedacht, werd een budget van twintig miljoen dollar uitgetrokken.

Een van de redenen waarom eilanden als Aruba kwetsbaar zijn voor bendes als die van Caruana-Cuntrera's en van La Costa is dat kleine regeringen – lokale eilandbewoners die het op moeten nemen tegen internationaal georganiseerde criminele syndicaten – over weinig middelen beschikken om de strijd aan te kunnen gaan. Hun op de toeristenindustrie gebaseerde economieën kennen een intensieve geldomloop, en het is bijna alsof ze expres opgezet zijn voor mensen die hun geld willen verbergen. Misdaadfamilies zoals de Caruana-Cuntrera's werd geen duimbreed in de weg gelegd toen ze grote stukken grond op het eiland aankochten via hun casino's en hotels. En wat de Caruana-Cuntrera's en La Costa op Aruba hebben verricht, hebben andere organisaties op Bonaire, Curaçao en Sint-Maarten uitgevoerd.

De grotere en meer belangrijke eilanden, waaronder Haïti, de Dominicaanse Republiek en Jamaica, zijn veranderd in 'aircraft carriers' (vliegdekschepen) – de term die bij de DEA in Washington voor deze landen wordt gebezigd – doordat de drugsbendes ze gebruiken als tussenstation voor de cocaïnevluchten op de VS.

Hoewel er geen cocaplanten worden geteeld in het Caribisch gebied, vervoeren de schepen en vliegtuigen uit Midden-Amerika het produkt ervan via deze route. Hetzelfde geldt voor het geld dat met de drugs wordt verdiend. Met name Haïti werd door een vertrouwelijk Amerikaans senaatsrapport uit 1993 als hoofdschuldige aangewezen. In dit rapport werd ook de politiechef van Port-au-Prince, luitenant kolonel Michel François – de op één na machtigste militair van het land – ervan beschuldigd jaarlijks meer dan honderd miljoen dollar aan drugs gerelateerde steekpenningen te incasseren. Het drie pagina's tellende document, dat werd samengesteld uit dossiers van de CIA en getuigenissen, vermeldt dat er meer dan duizend Colombianen in Haïti zijn gevestigd, van wie de meesten onder direct gezag staan van Fernando Burgos Martinez, een Colombiaanse drugshandelaar die daar sinds 1984 in alle openheid

leeft. Hij wordt wel omschreven als de plaatselijke manager en witwasser die toezicht houdt op de maandelijkse doorvoer van één of
meer ton Colombiaanse cocaïne. Volgens sommigen bedraagt zijn
jaarlijkse omzet 200 miljoen dollar. Volgens anderen ligt het dichter
in de buurt van de 500 miljoen dollar.

Zijn betalingen aan overheidsfunctionarissen moesten de vrije
doorgang via de luchthaven van Port-au-Prince garanderen. Het
rapport citeert iemand die ooit voor Burgos Martinez heeft gewerkt:
'Haïti was onze parkeerplaats.'

In de meer toeristische gebieden, zoals Jamaica, worden de autoriteiten niet graag over één kam geschoren. Uit angst voor de gevolgen voor de toeristenindustrie beweert men hier dat insinuaties als
zou het Caribisch gebied overspoeld worden met drugsgeld, volkomen ongegrond zijn. Ironisch genoeg is Jamaica het enige eiland dat
een grootschalige marihuanateelt kent.

Totdat Castro van zich deed spreken, waren de Cubanen de
ondernemers van het Caribisch gebied. En in veel opzichten is dat
nog steeds zo, al drijven ze op het ogenblik hun handel in de Dominicaanse Republiek, Puerto Rico en Miami – een stad die voor 40
procent uit Cubanen bestaat. Nadat een groot deel van de buitenlandse inkomsten ingeruild werden voor ideologie, heeft Castro
sindsdien geprobeerd het verlies goed te maken door een vrijplaats
in te stellen voor drugstransporten via de Golf van Mexico naar de
VS.

Berichten over Cubaanse betrokkenheid bij de drugshandel trokken in 1960 voor het eerst de Amerikaanse aandacht. Er was toen
nog nauwelijks bewijsmateriaal voorhanden om deze beschuldigingen te onderbouwen. Tien jaar later, toen er steeds meer verhalen
over mogelijke betrokkenheid de ronde deden, was er nog steeds
geen bewijsmateriaal om de beschuldigingen hard te maken. Maar
in 1982 veroordeelde een Amerikaans gerechtshof vier Cubaanse
functionarissen wegens drugssmokkel naar de VS, waarbij bewezen
werd dat Castro de vrije doortocht voor Colombiaanse kartels had
aangeboden in ruil voor harde valuta. Het *Wall Street Journal*

berichtte in 1984 dat de Colombianen zo'n half miljoen dollar voor elke scheepslading aan Castro betaalden voor het gebruik van de Cubaanse territoriale wateren om onderschepping door de Amerikaanse kustwacht en douane te voorkomen.

In reactie hierop hebben de VS in toenemende mate de verantwoordelijkheid over de drugstransporten bij de scheepvaartmaatschappijen gelegd, die vaak, zoals wel moet worden vastgesteld, het slachtoffer zijn van drugssmokkelaars. Toen de Amerikanen marihuana aan boord van een vrachtschip van Evergreen Line ontdekten, legden ze het Duitse bedrijf een boete op van 29 miljoen dollar. Het resultaat ervan was dat Evergreen ophield met het vervoeren van goederen van Jamaica naar de VS.

De mogelijkheid dat Castro iets te maken zou hebben met cocaïnesmokkel, haalde de krantekoppen opnieuw in 1989 toen de Cubaanse generaal Arnaldo Ochoa Sanchez – de op twee na hoogst geplaatste militair van het land, na Castro en zijn broer Raoul – werd veroordeeld wegens handel in drugs.

Ochoa werd in de beklaagdenbank gezet in een voor de televisie geënsceneerd showproces, waarin hij samen met dertien andere hoge militairen en ambtenaren openlijk werd beschuldigd van handel in drugs. Ze hadden allen geld verdiend in Angola – door goud, diamanten en ivoor mee naar huis te nemen, toen ze nog dienst deden in het Afrikaanse expeditieleger van Cuba – dat ze volgens de aanklager in verdovende middelen hadden geïnvesteerd. Wat niet naar voren kwam in het proces was het feit dat zes van hen – onder leiding van Ochoa – geld hadden geïnvesteerd in een komplot tegen de gebroeders Castro. Deze zes werden ter dood veroordeeld en meteen na de korte procesvoering door een vuurpeloton geëxecuteerd.

Nu begonnen de Amerikaanse agenten hun geheime contacten in Cuba te hernieuwen.

Het duurde een volle twee jaar voordat ze succes konden boeken. De man die ze uiteindelijk konden overhalen om het harde bewijs te leveren, was de Cubaanse legermajoor Luis Galeana. In oktober

1991, toen zijn vliegtuig op weg naar Moskou een tussenlanding maakte in Madrid, liep Galeana over naar de Amerikanen en belandde in de armen van DEA-agenten die hem bij de doorgangs-hal van de luchthaven Barajas opwachtten. Twee dagen later bevond hij zich in een veilig pand in Washington DC.

Galeana, die op het Cubaanse ministerie van Binnenlandse Zaken werkte, beschikte over vertrouwelijke informatie – gestaafd door zes rolletjes microfilm – over de cocaïnesmokkel die in een tijdsbestek van twee jaar van Cuba naar Texas en Louisiana had plaatsgevonden en die door Castro was gesponsord.

Dat waren dezelfde scheepsladingen die Castro Ochoa had pro-beren aan te smeren.

De Amerikanen begrepen dat Castro na het stopzetten van de Russische subsidiëring iets moest ondernemen om de Cubaanse eco-nomie voor totale ineenstorting te behoeden. Zijn mogelijkheden waren echter uiterst beperkt. Dus richtte hij zijn aandacht op drugs, een voor de hand liggende branche vanwege de hoge winstmarge, de goede contacten met Zuid- en Midden-Amerika waarover Castro beschikte en de gunstige ligging van Cuba vlak onder de VS.

Tegelijkertijd probeerde hij wat ruilhandel te drijven met de wei-nige nucleaire geheimen die de Russen hem hadden vergund. Castro steunde niet alleen Saddam Hoessein tijdens de Golfoorlog, maar heeft ook Iran hulp aangeboden bij de ontwikkeling van zijn nucle-aire projecten. Kennelijk heeft hij ook China en Noord-Korea benaderd om nucleaire kennis te ruilen voor olie.

Castro's adviseur is de internationale financier, geldwitwasser en vluchteling, Robert Vesco.

Na een aanklacht wegens fraude in de Verenigde Staten in 1972 ging Vesco er heimelijk vandoor met wat er overgebleven was van de 224 miljoen dollar die hij van investeerders in Bernie Cornfeld's International Overseas Services had gestolen. Eerst ging hij naar Costa Rica en vervolgens naar de Bahama's waar hij in de voetspo-ren trad van Meyer Lansky en zich aansloot bij Lynden Pindling. Toen de heren gebrouilleerd raakten, keerde Vesco terug naar Costa

Rica. Na een welkome ontvangst zag men hem ook daar ten slotte liever gaan dan komen en vertrok hij naar Nicaragua.

In 1983 dook hij op in Cuba, waar hij nu nog steeds woont in een strandhuis even buiten Havana, officieel onder bescherming van het ministerie van Binnenlandse Zaken. Er wordt wel beweerd dat hij een miljard dollar aan Castro heeft betaald om uitlevering aan de VS te voorkomen. Maar ingewijden zeggen dat dat getal schromelijk overdreven is en dat Vesco nooit over zo'n bedrag heeft beschikt.

Vesco verdient zijn brood als adviseur, waarbij hij de Cubanen helpt bij het ontduiken van het Amerikaanse handelsembargo, en Castro duidelijk maakt hoe hij het beste een internationaal drugsconcern op poten kan zetten en zichzelf actief met de drug- en wapensmokkel in kan laten, zonder zelf op te vallen, zodat zijn gastheren niet in verlegenheid gebracht zullen worden.

Volgens de verklaringen van Galeana – die een aantal zaken verduidelijkten, zoals bijvoorbeeld de status van Vesco – was Castro erg bang geworden toen de Amerikaanse autoriteiten een aanklacht tegen generaal Noriega indienden. Bovendien was hij razend op Carlos Lehder Rivas – de Colombiaanse drugsbaron met wie hij in 1987 persoonlijk had onderhandeld over de verscheping van drugs – die zich bereid verklaarde om tegen zijn voormalige 'vrienden' te getuigen.

Voordat Galeana overliep, kon Castro terugvallen op de bekentenis van generaal Ochoa, die inhield dat laatstgenoemde en anderen verantwoordelijk waren voor de drugssmokkel naar de VS, die 'voor ons eigen persoonlijke gewin en buiten medeweten en goedkeuring van onze superieuren in de Cubaanse regering werd uitgevoerd'.

Als er ook maar iemand geweest is die Ochoa's bekentenissen geloofde – en dat zullen er niet velen geweest zijn – dan moet de getuigenis van Vesco hen wel van mening doen hebben veranderen. Hij ging in detail in op het gebruik van de territoriale grenzen van Cuba – zowel in de lucht als ter zee – op het bijtanken en reparaties die door het leger werden uitgevoerd, op het gebruik van militaire radarfaciliteiten en communicatiemiddelen. Hij gaf ook aan hoe de Cubaanse luchtmacht en marine hier een belangrijke rol bij speelden.

Dergelijke activiteiten zijn absoluut ondenkbaar in een dictatuur zoals die van Cuba zonder uitdrukkelijk medeweten van ofwel Fidel ofwel zijn broer Raoul – de Cubaanse minister van Defensie – of beiden.

Er werden snel plannen gesmeed, gebaseerd op wat Galeana had onthuld, om de omverwerping van het bewind van Castro te bespoedigen. Er werd door hoge functionarissen van de regering-Bush voorgesteld om Castro te beschuldigen van handel in drugs en witwassen van zwart geld – precies zoals bij Noriega was gebeurd – en vervolgens deze beschuldigingen via de radio naar Cuba uit te zenden. Dit zou er dan toe moeten leiden dat hooggeplaatste legerofficieren die bang waren geworden na de executie van Ochoa, een coup zouden gaan plegen die tot de val van Castro moest leiden.

Uiteindelijk werd het plan door het Witte Huis verworpen om nooit opgehelderde redenen.

Het is in het Caribisch gebied eerder regel dan uitzondering dat politici beweren dat het drugprobleem niet zozeer door het aanbod als wel door de vraag veroorzaakt wordt. En de grootste vraag naar drugs komt uit de Verenigde Staten. De bezorgdheid van de politici geldt vooral de destabilisatie van de Caribische economieën als gevolg van een volslagen uit de hand gelopen situatie – de drugsverslaving in Amerika. Met andere woorden, hun grootste en belangrijkste buur die altijd werd gezien als de schutspatroon van het Caribisch gebied, vormt nu hun grootste bedreiging.

Maar hun argumenten worden ontkracht door het feit dat dezelfde politici niet bereid zijn het risico van totale isolering aan te gaan door rechtmatig te handelen. Ze hebben de produktie van suikerriet vervangen door die van kant-en-klare brievenbusfirma's en verlenen mensen maar al te gemakkelijk toestemming om in het bank- of verzekeringswezen te kunnen opereren. Ze pikken een graantje mee door het beschikbaar stellen van grote groepen aspirant-directeuren; het instellen van een bank- en transactiegeheim; het zorgen voor een vrije omloop van de geldstroom; het garanderen van een beetje politieke stabiliteit; en door het verzorgen van een grote toegankelijkheid – zowel op persoonlijk als elektronisch gebied – door middel van moderne telefoonnetwerken, faxmachines en luchthavens met vaste lijndiensten op Noord-Amerika en Europa.

Het gaat volgens hen om hun overleving.

Enkele jaren geleden richtte het ministerie van Financiën op de Bahama's het Financial Services Secretariat op 'om alle vormen van investering en financiële dienstverlening te identificeren en aan te moedigen'.

Anders gesteld, op de Bahama's is men bereid – tegen een commissie – alle benodigde vormen van financiële dienstverlening aan te bieden aan mensen die hun geld willen laten onderduiken. Om deze doelstellingen beter te kunnen verwezenlijken, werd in 1990 de International Business Companies Act doorgevoerd, die al snel de bijnaam 'kant-en-klaar standaardregistratiepakket' kreeg. In minder dan 24 uur kunt u voor slechts 100 dollar de eigenaar worden van een bedrijf op de Bahama's – met betrouwbaar klinkende Europese namen, zoals British Mercantile Financial Asset Management Holdings – waarvan het bedrijfskapitaal niet veel meer voor hoeft te stellen dan enkele aandelen aan toonder van een andere brievenbusmaatschappij, die op haar beurt wereldwijd weer een aantal rekeningen kan hebben uitstaan, waarlangs het geld kan worden gesluisd, als water door een trechter.

Om dit nog eens te verduidelijken, een telefoontje naar een bedrijfsvestigingsagent op de Bahama's verliep letterlijk zo:

'Ik zou graag een bedrijf willen overnemen en ik zou dankbaar zijn wanneer dit zo snel en zo discreet mogelijk zou kunnen gebeuren.'

'Dat is geen enkel probleem meneer.'

'Ik heb jullie lijst met beschikbare namen gezien, weet u, maar geen van alle lijkt erg geschikt voor mijn doeleinden.'

'Dat kan makkelijk worden geregeld. Wanneer u het bedrijf koopt, kunnen we het iedere naam geven die u maar wilt, zolang er geen ander bedrijf bestaat met die naam.'

'Ik dacht aan iets in de geest van commerciële handelsbank.'

'Dat is geen enkel probleem.'

'Misschien zoiets als Manhattan County First Fiduciary Trust?'

'We zullen die naam graag voor u uitzoeken, of elke andere die u kiest, en hem voor u laten vastleggen.'

'Bent u ook in staat mij te introduceren bij een welgezinde bankier die me kan helpen bij het regelen van mijn zaken, zoals bijvoorbeeld transacties met contant geld?'

'Ja natuurlijk.'

Dit antwoord hoeft ons niet te verbazen, als we bedenken dat het Caribisch gebied overbevolkt is met bankiers die geen vragen stellen wanneer er grote sommen geld worden gestort. Ze worden geacht dat wel te doen. Maar wat mensen geacht worden te doen en wat ze daadwerkelijk doen om hun brood te kunnen verdienen zijn vaak twee totaal verschillende dingen.

Dat werd nooit duidelijker dan enkele jaren geleden, toen een filiaal van een internationale bank haar deuren opende aan het einde van een landingsbaan op het eiland Anguilla. Het is nu gesloten – deze keer was het een beetje te opvallend, zelfs voor Caribische normen – maar de hut met de naam van de bank brutaalweg tegen de voorkant geschilderd, deed gedurende een aantal jaren goede zaken, waarbij het zijn diensten verleende aan piloten in particuliere dienst die alleen maar op het eiland landden om geldstortingen te verrichten en meteen weer vertrokken. Dit was een 'drive-in'-bank in Caribische stijl, waarbij de vliegtuigmotoren tijdens de operatie gewoon draaiende konden blijven.

Boeven hoeven geen banken meer te beroven. Ze kunnen ze tegenwoordig gewoon kopen.

St. Kitts en Nevis zijn twee piepkleine Engelstalige eilandjes die behoren tot de de Leeward Islands, ongeveer 1900 km ten zuidoos-

ten van Miami. Het is een populaire aanlegplaats voor cruisesche-
pen; de plaatselijke economie steunt op het toerisme en de teelt van
suikerriet, katoen en ananas. Maar de 44.000 inwoners van de twee
eilanden hebben de laatste jaren begrepen dat er veel geld kan worden verdiend met de verkoop van banken.

Een van deze kant-en-klare financiële instellingen – zoals deze
worden aangeprezen door een Canadese firma in British Columbia
– is de Keystone Bank Ltd. Volgens de catalogus is deze gevestigd in
de 'belastingvrije kerkelijke soevereiniteit' van het Dominion of
Melchizedek'. Waar dat precies ligt, wordt verder in de brochure
niet vermeld. Eerlijk gezegd zouden ze wel een wat minder verdacht
klinkende plaats hebben kunnen bedenken. Hoe dan ook, het
eigendom van de Keystone Bank Ltd gaat gepaard met het bezit van
de Keystone Trust Company, dat kennelijk het belangrijkste deel
van de bedrijfsmiddelen uitmaakt.

Voor slechts 15.000 dollar – te betalen aan het Canadese bedrijf –
bent u de trotse bezitter van een stapel officiële, eventueel in te lijs-
ten papieren en van een koperen naamplaat aan de muur van een of
andere bedrijfsvestigingsagent ergens op St. Kitts.

Omdat de bank op Nevis is gevestigd hoeven er geen financiële
jaarverslagen door de trustmaatschappij te worden opgesteld. Directeuren, aandeelhouders en volmachtgevers kunnen van iedere
nationaliteit zijn en overal ter wereld wonen. De waarde van de
aandelen kan bij elk willekeurig bedrijf worden genoteerd, en aandelen aan toonder zijn toegestaan. Een bedrijf kan fungeren als toe-
zichthouder, en vergaderingen van aandeelhouders zijn niet noodzakelijkerwijs verplicht. Een trustmaatschappij mag fuseren met
andere maatschappijen en kan dan bijvoorbeeld het beheer van de
Keystone Bank Ltd op zich nemen.

Kortom, voor 15.000 dollar plus een jaarlijkse commissie van 450
pond, te betalen aan de plaatselijke overheid, kunt u uw eigen bank
beheren en zoveel contant geld in de geldla stoppen als u maar wilt.

Dit is niet slechts de droom van de witwasser, het is een telkens
weer terugkerend visioen.

Er zijn in het hele Caribische gebied talloze bedrijfsvestigingsagenten die met banken lopen te leuren. Een van hen, Jerome
Schneider van de WFI Corporation in Californië, prijst zijn banken
aan op congressen in heel de VS. Zijn verkooppraatjes komen erop
neer dat investeerders 'macht en invloed kunnen uitoefenen' met
hun eigen buitenlandse bank. Voor minder dan 10.000 dollar levert
hij zijn klanten 'een officieel erkende, particuliere internationale
bank in het Caribisch gebied, plus een dochtermaatschappij voor de
bedrijfsvoering op de Bahama's, plus de professionele diensten van
een organisatie voor management, eveneens op de Bahama's'.

Als Schneider eenmaal een bank aan zijn cliënt heeft verkocht,
trekt hij verder er zijn handen van af. De WFI houdt zich niet bezig
met bedrijfsmiddelen of bestuurlijke dienstverlening voor de bedrijven die zij verkoopt. Dus toen bleek dat Daisy Johnson Butler uit
Houston (Texas) het bedrijf European Overseas Bank Ltd van
Schneider had overgenomen – dat op Grenada was gevestigd – en
het gebruikte om 60 investeerders in het totaal één miljoen dollar
lichter te maken, kon Schneider zijn handen in onschuld wassen en
verklaren dat hij er niets mee te maken had. Hij beweerde zelfs dat
toen hij van Butlers misbruik van de bank vernam, hij direct de
autoriteiten op Grenada heeft gewaarschuwd om de registratie van
de bank ongedaan te maken.

Wat Schneider doet is het afstropen van het Caribisch gebied, op
zoek naar eilandautoriteiten die bereid zijn om hem een stapel ver-
gunningen voor het oprichten van banken te verkopen. Naar schatting heeft hij er in zeventien jaar tijd zo'n 1000 gekocht en verkocht.

Een favoriete plek – een kleine overstap vanaf St. Kitts – is het
Britse gewest Montserrat. Toen de plaatselijke bevolking ontdekte
dat er een bloeiende markt bestond voor banklicenties, gingen ze
zaken doen en al spoedig volgde een invasie van witwassers met hun
geld. Op een gegeven moment telde het eiland – met een bevolking
van 10.000 inwoners – 350 officieel erkende banken.

Een aantal had enigszins bekend klinkende namen: Chase Overseas Bank Ltd, Deutsche Bank (Suisse) Ltd, Fidelity Development Bank Ltd, Manufacturers Overseas Bank Ltd en Prudential Bank and Trust Ltd. Er droeg er zelfs een de naam World Bank Ltd. Natuurlijk waren het nooit meer dan koperen naamplaten op een geregistreerd adres. Hoewel toch gezegd moet worden dat dit niet het geval was met de Zürich Overseas Bank. Tijdens een proces dat werd aangespannen tegen een aantal leden van een financierings-maatschappij uit Detroit, die Zürich Overseas van WFI hadden overgenomen, bleek dat ze wel degelijk over een echt kantoor beschikten – namelijk een tafel in de Chez Nous-bar in Plymouth.

Het bankstelsel op Montserrat werd niettemin goed genoeg bevonden door de Panamese witwassers die hier banken opkochten om kapitaal voor de drugskartels en hun voormalige president Manuel Noriega wit te wassen. Het was goed genoeg voor de Israëlische agenten van de Mossad, die hun bank op Montserrat gebruikten om geld wit te wassen voor een wapentransactie met de Colombiaanse kartelleiders halverwege de jaren tachtig.

Het was kennelijk ook goed genoeg voor Robert Graven, alias broeder Eduardo, van de Circles of Light Church. Hij wist, opere-rend vanuit Montserrat met als missie het voeden van de hongeren-de kinderen overal ter wereld, 30.000 Amerikanen over te halen om in het totaal drie miljoen dollar te sturen naar de First American Bank op het het eiland. De FBI wist in samenwerking met de Engel-se politie uiteindelijk vast te stellen dat de missie van broeder Edu-ardo op Montserrat vooral het spekken van zijn eigen bankrekening tot doel had, waarna hij wegens fraude in Philadelphia veroordeeld werd.

De vraag naar deze banken was zo groot, dat er een hele thuisin-dustrie van groothandelaren in Montserrat-banken ontstond. De hele situatie is onlangs zo uit de hand gelopen, dat Engeland genoodzaakt was om de grondwet van Montserrat te amenderen, hetgeen nog nooit eerder was gebeurd. De verantwoordelijkheid voor de financiële industrie werd de lokale politici uit handen geno-men en aan een door Hare Majesteit aangewezen gouverneur toegewezen. Zijn eerste stap was het intrekken van de 311 bankvergunningen.

De witwassers waren nu genoodzaakt verder te trekken. Maar ze hoeven nooit ver te reizen. Het is nu eenmaal een feit dat elk belastingparadijs dat het aandurft om mensen weg te jagen die hun kapitaal willen laten onderduiken, zijn eigen economische graf graaft.

De British Virgin Islands (BVI) bestaan uit 36 stipjes land – met namen als Tortola, Virgin Gorda, Anegada en Jost Van Dyke – die oprijzen uit de blauwe wateren ten noordoosten van Puerto Rico en ten westen van de Leeward Islands. De bevolking van 12.000 inwoners is cultureel verbonden met Groot-Brittannië, maar constitutioneel onafhankelijk. Deze groep onderhoudt zeer nauwe betrekkingen met haar zuiderbuur, de US Virgin Islands. En wel in die mate, dat de dollar er de officiële munt is.

Het weer is er schitterend en er wordt Engels gesproken. En toen de jonge Ierse accountant Shaun Murphy van de BVI hoorde – en er de mogelijkheden voor een ploeterende witwasser van onderkende – was zijn besluit snel genomen.

Deze zachtaardige man met een licht accent installeerde zich daar met een kleine praktijk die zich bezighield met het oprichten van brievenbusfirma's en het helpen van cliënten bij het laten onderduiken van hun geld. In het begin sluisde Murphy, wanneer er zich een cliënt aandiende die kapitaal wilde witwassen, het geld via een tamelijk rechtlijnige keten. Hij richtte een bedrijf op voor zijn cliënt op de BVI, dat hij gebruikte om een rekening te openen bij een Engelse bank op het eiland Man en stortte daar het contante geld. Daarna richtte hij een tweede bedrijf op, opende er een bankrekening voor bij een Zwitserse bank in Panama, waarop vervolgens het geld werd overgeboekt. Vervolgens richtte hij een derde bedrijf op, waarvoor hij een bankrekening opende bij een Engelse bank op de BVI. Daarvandaan kon het geld overal ter wereld naar zijn cliënt worden overgemaakt.

Het was op zichzelf een goede methode. Maar na een tijdje vond

Murphy dat het allemaal nog te doorzichtig was. Hij meende dat hij zijn klanten een nog betere service kon verlenen – met zoveel mogelijk aftappunten – door het geld zodanig onder te brengen dat het nagenoeg niet meer te traceren zou zijn.

Dus hing hij een grote wereldkaart aan de muur achter zijn bureau, en zat er in zijn kantoorstoel uren achter elkaar peinzend naar te staren, terwijl hij allerlei vreemde plaatsen uitzocht om bankrekeningen te openen. Voor een bepaalde cliënt richtte hij 40 verschillende bedrijven op en opende 90 verschillende rekeningen in 40 verschillende plaatsen op de wereld. Dat was dezelfde cliënt die ooit een Samsonite-koffer met 2,3 miljoen dollar naar hem wierp vanuit een vliegtuig. Het kostte de plaatselijke bank alleen al twee dagen om het geld te tellen.

Murphy was pas tevreden als hij zijn transacties zo complex mogelijk kon laten verlopen. Zelfs zijn eigen bedrijf, Offshore Formation, was niet duidelijk aantoonbaar zijn eigendom. Het waren twee andere maatschappijen die er de houdster van waren: Romulus waarvan hij in het geheim de eigenaar was, en Remus die in het geheime bezit was van zijn vriend Cyril Romney, die ook nog eens premier van de BVI was.

Murphy ontwikkelde zich tot een doorgewinterde witwasser die beschikte over goede contacten, en het duurde niet lang voordat hij mensen tot klant mocht rekenen als Ben Kramer, die samen met zijn vader Jack een bekende speedbootbouwer was in Noord-Miami.

Ben Kramer was ook een grote drugsdealer.

Als oude bekende in de speedbootrace van Miami naar Bimini, had Kramer een vrijwel waterdichte methode ontwikkeld om drugs de VS binnen te smokkelen. Hij liet drie speedboten deelnemen aan de race, waarvan er een het altijd begaf. De boot van Kramer bleef dan stil op het water ronddobberen, terwijl de rest van de deelnemers uit het zicht verdween. Op dat tijdstip kwam er een moederschip langszij, dat de uitgevallen speedboot vol met drugs laadde. Toen dat eenmaal was gebeurd, verscheen de reddingsboot van Kramer om de speedboot terug te slepen naar Miami.

Nauwkeurig afgestelde speedboten krijgen vaak motorpech. Niemand keek dan ook raar op iedere keer wanneer een van Kramers boten uit het water werd gehesen, op een trailer werd geladen en vervolgens werd weggereden. In een periode van vijf jaar smokkelde Ben Kramer met zijn boten voor 200 miljoen dollar aan cocaïne naar de VS.

Professioneel als hij was – op het gebied van boekhouding, niet op dat van drugs – richtte Shaun Murphy twee brievenbusfirma's op voor de Kramers. Een ervan was een zogenaamd kledingbedrijf – het had zelfs een adres in de Saville Row – dat eigenlijk verder niet bestond. Het tweede was geregistreerd op de Nederlandse Antillen en heette Lamborghini. Het had echter niets met auto's te maken, hoewel Murphy en Kramer iemand die dat wel dacht, nooit op andere gedachten probeerden te brengen.

Murphy koos met opzet namen voor de twee bedrijven, die iets vertrouwelijks hadden, zodat Kramer ze als officiële sponsors kon opvoeren voor zijn speedboot-raceteam. Het drugsgeld werd in de bedrijven gestoken, die de speedboten financierden, die op hun beurt voor de drugsmokkel zorgden, die weer op zijn beurt de bedrijven financierde. Op een gegeven ogenblik kocht Murphy voor Kramer ook nog een autoverhuurbedrijf in Florida en wat onroerend goed in Los Angeles.

Tegelijkertijd richtte Murphy voor Kramer een bedrijf op in Liechtenstein met de naam Cortrust. Kramer vulde snel de bankrekeningen van Cortrust aan met drugsgeld, dat al even snel terugkeerde naar Kramer via diverse brievenbusmaatschappijen, in de vorm van leningen, om er een splinternieuwe jachthaven van te bouwen en grotere schepen mee te financieren.

Geheel buiten hun betrekkingen met Murphy om, raakten de Kramers betrokken bij het onderzoek naar de moord op Don Aranow. Hij was de man die de beroemde Cigarette- en Blue Thunder-speedboten had gebouwd. En dat betekende het begin van het einde van het verhaal voor de Kramers.

Murphy's bouwwerken stortten ineen als gevolg van een ander

voorval dat hiervan geheel losstond. Zijn naam werd genoemd in verband met een grootschalig witwas-onderzoek naar de Brinks-Mat-goudroof, en toen de Britse politie hem opspoorde, bekende hij onmiddellijk alles. Het werd direct duidelijk dat hij belangrijke cliënten in de VS had en na zijn verhoor over de Brinks-Mat-zaak werd hij naar de VS overgebracht.

Hij vertelde de DEA niet alleen alles wat hij van de Kramers wist, maar hielp hen eveneens bij 70 afzonderlijke aanklachten tegen andere drugsdealers en witwassers. De DEA raakte zo op hem gesteld, dat ze hem gedurende drie jaar bleven uithoren. Als dank voor zijn hulp kreeg hij 200.000 dollar, een nieuwe identiteit en een nieuwe woonplaats, bijna zo mooi als op de BVI – in het Middellandse-Zeegebied.

De Cayman Islands bestaan uit een kleine eilandenketen ten noordwesten van Jamaica; het is vanaf Miami een gemakkelijke vliegreis van 90 minuten.

Ooit het toevluchtsoord van Edward Teach – de piraat Blackbeard – staan de eilanden de laatste twintig jaar bekend als 's werelds meest geliefde financiële toevluchtsoord. De eilanden die ook wel worden aangeduid als 'het Genève van het Caribisch gebied' – Grand Cayman, Cayman Brac en Little Cayman – kennen een overvloed aan zandige stranden, zon en bankgeheim. Tegelijkertijd is er een nijpend tekort aan regelgeving en belastingheffing.

Georgetown, de hoofdstad van Grand Cayman, is de trotse bezitter van 550 banken – één op elke 50 inwoners – met een bedrijfskapitaal van meer dan 400 miljard dollar. De meeste banken, dat moet worden toegegeven, stellen niet veel meer voor dan een koperen naamplaat aan de muur van een of ander kantoor – het zijn administratiecentra waar leningen en stortingen worden geregistreerd, maar waar verder niets anders gebeurt dan het uitwisselen van formulieren. Er zijn geen kassiers, geen kluizen en er worden geen gratis badkamerweegschalen weggegeven bij de opening van een nieuwe spaarrekening. Minder dan vijftien procent van de banken die op de Cayman Islands zijn gevestigd, krijgt ooit contant geld te zien.

De Cayman Islands, die oorspronkelijk een gebiedsdeel van Jamaica vormden, verkozen in 1962 de status van Britse kroonkolonie toen Jamaica zich onafhankelijk verklaarde. Net als Hongkong regelen de Cayman Islands hun eigen zaakjes zelf. Er is een Britse gouverneur in residentie, maar die doet in de praktijk weinig meer dan lintjes doorknippen bij de openening van nieuwe supermarkten. De Bank of England heeft hoegenaamd geen zeggenschap over de banken op de Cayman Islands.

In 1976 werd de Confidential Relationships Preservation Law aangenomen die – net zoals de gedragscodes voor banken in Zwitserland – het verstrekken van informatie over iemands bankzaken of financiële relaties tot een strafbaar feit maakt. Het zal dan ook geen verbazing wekken dat de meeste grote Amerikaanse banken hier een kantoor hebben. Het blijkt dat een groot percentage van de 25.000 op de Cayman Islands geregistreerde bedrijven en trusts in vruchtgebruik zijn van Amerikanen. Of deze bedrijven en hun bijbehorende bankrekeningen ooit worden aangemeld bij de IRS – zoals de Amerikaanse wetgeving dat vereist – is weer een ander verhaal. De meeste doen het dan ook niet. Immers, wanneer een rijk persoon graag belastingen betaalt over zijn inkomen, heeft hij absoluut geen behoefte aan een brievenbusmaatschappij op de Cayman Islands om zijn geld te laten onderduiken. Om deze reden richtte Oliver North hier een nepbedrijf op. Om dezelfde reden opende Agha Hasan Abedi hier een kantoor van de BCCI waarbij hij geld via de Cayman Islands sluisde om zich op illegale wijze in te kopen bij de First American, de grootste bank van Washington DC.

Er bestaan bilaterale verdragen tussen de VS en een aantal eilandbesturen – inclusief die van de Cayman Islands en de Bahama's – die Amerikaanse onderzoekers toestaan een kijkje te nemen achter de financiële schermen. Het Mutual Legal Assistence Treaty, dat in 1988 werd geratificeerd, stelt dat de Royal Cayman Islands Police haar medewerking zal verlenen, indien de autoriteiten van

de VS om inlichtingen verzoeken over specifieke fraude- of drugszaken.

Twee jaar later, na aanhoudende Amerikaanse druk, stelden de
bankiers op de Cayman Islands een gedragscode op, waarbij men
overeenkwam dat verdachte stortingen van meer dan 10.000 dollar
zouden worden geweigerd. De bedoeling was om een einde te
maken aan de stroom mannen in glimmende pakken met gouden
kettinkjes en diplomatenkoffertjes vol geld. Maar 'verdachte stortingen boven de 10.000 dollar' sluiten niet bij voorbaat verdachte
stortingen van minder dan 10.000 dollar uit, of niet-verdachte stortingen van welk bedrag dan ook. Dus trokken de mannen in hun
glimmende pakken met gouden kettinkjes eenvoudigweg andere
kleren aan.

Op papier klonk het allemaal erg mooi. In de praktijk was het
maar een schot in het duister. Een duidelijke zwakheid in de overeenkomst was dat het aan de politie van de Cayman Islands werd
overgelaten of er wel of niet zou worden samengewerkt met de
Amerikanen. En in de gevallen van belastingfraude krijgen de
Amerikanen altijd nul op het rekest omdat dit nu eenmaal geen
misdaad is op de Cayman Islands.

Bovendien staan de rechtschapen eilandbewoners voor een lastig
dilemma: het toestaan dat slechteriken hun geld kunnen laten
onderduiken is big business. Als een eilandbestuur hier een einde
aan zou willen maken, zou dat betekenen dat het financieel op z'n
neus zou moeten vallen om zijn gezicht te redden ten aanzien van de
yankees. Bovendien zou het alleen maar tot gevolg hebben dat de
witwassers op het volgende eilandje zouden neerstrijken waar de
politici wat meer boter op hun hoofd hebben.

Bijvoorbeeld op eilanden zoals Sint-Maarten van de Nederlandse
Antillen.

Daar is het heel gemakkelijk om grote hoeveelheden contant
geld in te voeren, de douanecontrole laat het in alle opzichten afweten en de bankiers hebben er wel wat beters te doen dan het stellen
van lastige vragen. Volgens schattingen bezitten lege vennoot-

schappen op de Nederlandse Antillen bijna 40 procent van alle Amerikaanse landbouwgrond die in buitenlands bezit is.

Vanwege de nauwe betrekkingen met Nederland, is het gemakkelijk om geld van Sint-Maarten door te sluizen naar een Rotterdamse bankrekening op naam van een in Panama geregistreerde scheepvaartmaatschappij op Malta. Het kapitaal wordt overgemaakt naar Singapore waar het terechtkomt op de rekening van een in Liechtenstein geregistreerde verzekeringsmaatschappij op het eiland Man, die het geld weer overmaakt op een bankrekening in Los Angeles van een in Hongkong geregistreerd vastgoedbedrijf dat vanuit Monaco opereert. Met de juiste timing kan deze klus binnen een half uur worden geklaard.

Om over het geld te kunnen beschikken, leent de witwasser het domweg van zichzelf. In de handel staat dit bekend als de 'Dutch sandwich' of teruglening. Hij loopt een officieel erkende financiële instelling binnen en onderhandelt over een af te sluiten lening, waarvoor hij het bedrijf in Hongkong garant laat staan, dat op zijn buurt de transactie dekt met het in LA witgewassen geld.

Bij een praktische variatie op dit thema zijn twee projectmaatschappijen betrokken, die op het ogenblik vrijwel ongehinderd in de Verenigde Staten kunnen opereren – één in de omgeving van Washington DC en de andere in Zuid-Florida. De kantoren worden bemand door Amerikanen die als agenten optreden namens een groep buitenlandse bedrijven in kennelijk respectabele handelscentra zoals Liechtenstein of Luxemburg. Deze bedrijven zijn gespecialiseerd in leningen aan projectontwikkelaars, die anders moeilijk aan leningen zouden kunnen komen via de gebruikelijke kanalen. En in een aantal gevallen is de Amerikaanse staf van deze kantoren zich er totaal niet van bewust dat het uitlenen van fondsen deel uitmaakt van een witwasoperatie.

Hun cliënten komen aanzetten met grootse plannen, zoals bijvoorbeeld de aanleg van een winkelcentrum. Ze zijn op zoek naar, laten we zeggen, een zeven jaar lopende lening van zeven miljoen dollar. Maar om de een of andere reden zijn de cliënten niet in staat om de financiering van het project van de grond te krijgen via de gebruikelijke bankkanalen. Ofwel omdat het hele plan een beetje te gewaagd in de oren van de bankier klinkt, ofwel omdat er nog geen sprake is van een vertrouwensrelatie met een grote financiële instelling.

In dit geval verschaffen dit soort maatschappijen de lening van tien miljoen dollar, die binnen zeven jaar moet worden terugbetaald. Van die extra drie miljoen dollar moeten de projectontwikkelaars een nulcouponobligatie van de Amerikaanse schatkist aanschaffen, die ze meteen laten overschrijven naar het projectontwikkelingsbedrijf. Vervolgens worden ze naar een bank gedirigeerd waar ze een kredietbrief aanschaffen ter waarde van de rente van de zeven miljoen dollar over de totale periode van zeven jaar, waarbij het winkelcentrum als onderpand wordt gebruikt. De kredietbrief wordt eveneens op naam gezet van de maatschappij.

De projectontwikkelaars ontvangen het geld dat ze nodig hebben om hun winkelcentrum te kunnen aanleggen en de projectmaatschappij ontvangt een obligatie ter waarde van drie miljoen dollar, plus gegarandeerde betaling van de rente, en bovendien de eigendomsakte van het winkelcentrum als er iets mis zou gaan bij de uitvoering van het project.

Met andere woorden, de witwassers lopen absoluut geen risico.

Aan het eind van de zeven jaar betalen de projectontwikkelaars de hoofdsom terug en zijn ze de eigenaar van een winkelcentrum, terwijl de witwassers tien miljoen dollar – met rente – aan sprankelend helder witgewassen geld in handen hebben.

HOOFDSTUK 8

Zonder een cent in Zwitserland

'De Zwitsers wassen witter.'
– T-SHIRT-TEKST IN ZÜRICH

Lugano is een Italiaanse stad die permanent ingekapseld zit in het Zwitserse kanton Ticino, ongeveer net zoals een twee-koppige muis in een fles met sterk water. Op het eerste gezicht lijkt Lugano, dat gelegen is aan de oevers van een groot, kalm meer dat dezelfde naam draagt, op weinig meer dan een uit zijn krachten gegroeid spoorwegstation aan de hoofdlijn van de St.-Gotthardspoorweg. Er zijn een aantal nette hotels te vinden. Er bevinden zich ook een aantal goede restaurants. Maar het is geen Lausanne – een mondaine poedelplaats. En het is geen Genè-ve of Zürich – ontmoetingsplaatsen voor het internationale zaken-leven. En nooit en te nimmer zal iemand deze plaats verwarren met Gstaad of St. Moritz – de beau-monde komt er nu eenmaal niet om zich te vermaken. De plaatselijke bevolking ziet Lugano als het Rio de Janeiro van Zwitserland en mijmert verder over hoe de nabijgelegen rotspunten sprekend lijken op – nou ja, een beetje lijken op – Corcovado. Maar het strand kan zich maar moeilijk meten met Copacabana. En bovendien, de Zwitsers doen niet aan de samba.

In het verleden was de belangrijkste reden waarom mensen hier uitstapten, dat Lugano zo'n uitstekende plaats was om geld te laten onderduiken. Hieraan zou enkele jaren geleden een einde zijn geko-men, toen de Zwitsers nieuwe bankregels instelden om fraude, belastingontduiking en vooral het witwassen van zwart geld tegen te gaan. Sindsdien is Lugano nog steeds zo'n uitstekende plaats om geld te laten onderduiken.

Er bevindt zich een goed lopend casino aan de overkant van het meer, aan de Italiaanse kant, dat regelmatig door veerdiensten wordt aangedaan. Vooral tijdens de zomermaanden is het niet ongebruikelijk om goedgeklede mannen en vrouwen van de vroege ochtendboot bij de Debarcadero Centrale te zien afstappen, om hun ontbijt van croissants en espresso bij een van de cafés aan het Piazza Manzoni te nuttigen, of wat verder aan de Riva Giocondo Albertolli, vlak bij het weelderige Parco Civico aan de oever van het meer. Het kan nauwelijks toevallig zijn dat veel van de cafés leeglopen wanneer de banken opengaan.

Volgens de Londense *Financial Times*, wordt veertig procent van al het bedrijfskapitaal op de hele wereld in Zwitserland beheerd – een ontzagwekkende hoeveelheid geld. Maar er bevinden zich dan ook meer dan honderd banken in Lugano, en nog eens drie keer zoveel in heel Ticino. Het is bovendien zo dat er hier meer banken zijn dan in het dichterbevolkte en meer toegankelijke kanton Genève. Het is zelfs zo dat Lugano tot de steden behoort met de grootste hoeveelheid banken per hoofd van de bevolking ter wereld – meer dan twee keer zoveel als Zwitserlands bekendste bankiersstad Zürich.

Hoewel iedere bank in Lugano onderworpen is aan de Zwitserse bankregelementering – die hier al even nauwgezet wordt nageleefd als elders in het land – zorgen de gemakkelijke bereikbaarheid vanuit Italië en de nabije ligging van een casino met een gevestigde reputatie ervoor, dat de banken extra aantrekkelijk zijn voor personen die op zoek zijn naar bijzonder 'discrete' relaties. En omdat discretie zo'n opvallende kwaliteit is, zult u weldra merken dat u niet zomaar een bank kunt binnenwandelen en verkondigen dat u wat geld wilt laten onderduiken.

'Ik zou graag een geheime bankrekening willen openen', verzoekt u op vastberaden toon. '*Un compte secret.*'

De mevrouw bij de eerste bank kan nauwelijks haar ergernis over zoveel overduidelijke onhandigheid verbergen. 'In dat soort zaken zijn we niet geïnteresseerd', krijgt u op bitse toon te horen.

Het verzoek wordt herhaald – op een wat gedemptere toon – bij een tweede bank. 'Ik zou graag een geheime bankrekening willen openen.' *'Un compte secret.'*

De juffrouw daar is evenmin erg meegaand. 'U bedoelt misschien *un compte anonyme?* Ik kan u misschien een andere bank aanbevelen waar u wel terecht kunt.'

Dat doet ze.

Maar u krijgt alweer nul op het rekest.

'We nemen geen nieuwe privé-bankzaken aan', legt een derde man uit aan de steeds minder zelfbewuste klant. 'Misschien kunt u het ergens anders proberen.'

De employé bij de vierde bank is nog onvriendelijker, ondanks een toenemend schuchtere toon. 'Er bestaat hier helemaal niet zoiets als een geheime bankrekening. Ik moet u helaas teleurstellen. Geheime Zwitserse bankrekeningen bestaan alleen in films.'

Maar bij de vijfde bank, wanneer de op fluistertoon naar voren gebrachte wens is uitgesproken dat u graag wilde praten over de 'diverse voordelen van het privé-bankieren', knikt de met speciale zaken belaste kassier met zijn hoofd en dirigeert de toekomstige klant naar een reeks met dik tapijt belegde kantoorruimtes achter een gesloten deur. Daar stelt een onberispelijk geklede gentleman zichzelf voor, en vraagt beleefd of signor Frans, Italiaans, Engels of Duits wenst te spreken. Signor stelt voor in het Engels te converseren. De gentleman knikt en biedt met in vrijwel vlekkeloos, aandachtig bestudeerd Engels een kop koffie of thee aan. Na het serveren van twee koppen espresso sluit de gentleman zijn kantoordeur en vraagt op welke wijze hij signor van dienst kan zijn.

Signor vertelt dat hij geïnteresseerd is in het aangaan van een 'discrete particuliere bankrelatie. Misschien iets in de geest van *un compte anonyme.'*

'Ik moet u wel waarschuwen', begint de gentleman, 'dat dit soort faciliteiten door de jaren heen erg geromantiseerd is. De zogeheten geheime Zwitserse bankrekening, zoals u die misschien kent van James Bond-films, bestaat uitsluitend in de pulpfictie en de bioscopen.'

'Maar waar', probeert signor, 'denkt u dat ze dat idee dan vandaan hebben gehaald?'

Hij denkt even na. 'Misschien hebben ze de bestaande Zwitserse regels voor het bankwezen verkeerd geïnterpreteerd. Wat we wel hebben is een code die alle bankrekeningen beschermt. Alles van een gewone bankrekening tot de spaarrekening van uw kind. Het is in Zwitserland bij de wet verboden dat iemand die bij de bank werkt of ooit gewerkt heeft, wat voor informatie dan ook verstrekt over een bankrekening. Het is zelfs bij de wet verboden om te zeggen dat een bepaalde bankrekening bestaat.'

'U bedoelt dat u de wet zou overtreden als u me zou vertellen dat uw vrouw een bankrekening heeft bij deze bank?'

'Dat klopt.'

Maar dat is maar de helft van het verhaal.

Het Zwitserse zwijgen is – in vrijwel alle gevallen – niet alleen 24-karaats goud, het is ook nog ingelegd met diamanten, robijnen en saffieren. Iedere bankrekening is beschermd, soms tot in het extreme. Neem bijvoorbeeld het geval waarin iemand overlijdt en zijn nabestaanden proberen uit te vinden of hij soms geld heeft weggestopt op een bankrekening waar ze niets van afweten. De enige reactie die ze van een Zwitserse bankier zullen krijgen, is een lege blik en een koele vermaning dat de bankcode niet toestaat dat er wat voor informatie dan ook wordt verstrekt over bankrekeningen. Hoewel er in dit geval nog wel meer achter steekt dan alleen het gehoorzamen van de wet. Banken houden angstvallig hun zaken verborgen achter de strikte wetten op het bankgeheim, omdat het ze is toegestaan zich het geld toe te eigenen dat op bankrekeningen staat die langer dan twintig jaar onaangeroerd zijn gebleven. Wanneer u sterft en niemand iets afweet van uw *compte anonyme*, kan de bank uw geld opeisen. Naar schatting liggen er ieder moment op Zwitserse bankrekeningen tientallen miljarden dollars waar geen aanspraak op gemaakt wordt, stilletjes te wachten.

In banktechnisch opzicht heeft de gentleman dus gelijk.

Wat hij er niet bij heeft verteld, is dat in Zwitserland niet alle bankrekeningen in gelijke mate worden beschermd – sommige worden geacht gelijker te zijn dan andere.

Banken over de hele wereld beschikken over speciale faciliteiten voor klanten die bereid zijn om extra te betalen voor een dergelijk voorrecht. De geheime bankrekening is een standaardprodukt in de huidige financiële-dienstverleningsindustrie. Aangeprezen als zeer exclusief, en daardoor navenant van prijs, is het volop verkrijgbaar in New York, Londen, Parijs en Rome, waar het bankgeheim niet erg veel om het lijf heeft. Wanneer u het echter hebt over vertrouwelijk bankzaken doen in Zwitserland moet het accent op 'vertrouwelijk' worden gelegd.

'In heel bijzondere gevallen zou een bankrekening op zeer speciale wijze behandeld kunnen worden', geeft de gentleman toe.

'Net als bij de film!'

'Zo ver zou ik niet willen gaan. Ik ben bang dat het gebruik van een soort geheimtaal midden in de nacht om toegang te krijgen tot een *compte anonyme*, niet meer dan een romantisch sprookje is. En bedenk wel, dat bankrekeningen overal ter wereld met nummers worden aangegeven. De stelling dat iemand informatie zou kunnen krijgen door op te bellen en op hese toon het bankrekeningnummer 12345 te fluisteren, is gewoonweg belachelijk. Ik mag wel zeggen dat er nergens ter wereld door ook maar één bank informatie wordt verstrekt, alleen maar omdat iemand een nummer kent.'

'Dat wil ik wel geloven', zegt signor, 'maar hoe zit het dan met die "bijzondere gevallen"? En de "zeer speciale wijze"?'

'Daarmee bedoel ik dat bepaalde cliënten bepaalde wensen hebben op het gebied van bankzaken, waar we dan aan tegemoetkomen.'

'Zoals het laten onderduiken van geld.'

'Als u dat zou willen doen, bent u waarschijnlijk in het verkeerde land. In het huidige Zwitserland bestaat een heel nauwkeurig omschreven gedragscode, die van ons verlangt dat we ons uiterste best moeten doen om erachter te komen met wie we zaken doen. Op het ogenblik openen we alleen nog bankrekeningen voor personen die zich kunnen legitimeren en ons een bevredigende uitleg kunnen geven omtrent de herkomst van het geld dat ze bij ons willen deponeren.'

Wat hij probeert uit te leggen, is dat het Zwitserse bankgeheim feitelijk niet meer is wat het geweest is.

Ooit waren er twee zeer verschillende soorten bankrekeningen – waarvoor ook verschillende formulieren bij het openen ervan werden gebruikt. Formulier A, het standaardformulier, bevatte de naam van de vruchtgebruiker. Op formulier B – het betere werk – werden geen namen vermeld. Dit type bankrekening kon ook door een advocaat of een accountant die als agent optrad, worden geopend. En hoewel de agent op het formulier moest vermelden dat hij de naam van zijn cliënt kende, hoefde hij deze informatie niet aan de bank te verstrekken. Het mooie van de B-versie was dat door het gebruik van een advocaat als tussenpersoon er een dubbele wand van geheimhouding werd opgetrokken. Het bankgeheim van de Zwitserse wetgeving, gecombineerd met het zwijgrecht van de advocaat in de relatie met zijn cliënt, betekende dat de eigenaar en het geld op de rekening nooit met elkaar in verband gebracht zouden kunnen worden. Om het helemaal mooi te maken, kon een bankrekening volgens de B-versie geopend worden op naam van een buitenlandse holding company, die beheerd werd door gevolmachtigde directeuren, zodat zelfs de Zwitserse advocaat die namens u handelde uw naam niet zou kennen. En als dat bedrijf nog weer eens het eigendom was van andere buitenlandse bedrijven die weer door andere gevolmachtigden werden beheerd, zou de oorspronkelijke vruchtgebruiker van het geld nagenoeg niet meer te traceren zijn. Het enige gevaar schuilt daarin, dat onder deze omstandigheden de rekening niet meer rechtstreeks kan worden beheerd en het bedrijfsvermogen aan verscheidene tussenpersonen moet worden toevertrouwd. Aan de andere kant heeft een persoon die zoveel moeite doet om een gecompliceerd netwerk op te bouwen om zijn identiteit te verhullen meestal de middelen – meer specifiek, de macht – om ervoor te zorgen dat de tussenpersonen die dankzij hun handtekening bepaalde rechten kunnen doen laten gelden, zich ter-dege bewust zijn van de risico's van eventueel wanbeheer.

Maar de bankrekeningen volgens de B-versie werden in juli 1992 bij de wet afgeschaft.

'Ach kom toch', dringt signor aan, 'ik ben er zeker van dat de natuurkundige wetten ook van toepassing zijn op het bankwezen. Leegtes worden opgevuld. Hoe kun je op het ogenblik een rekening openen zonder dat er namen worden genoemd?'

De gentleman is natuurlijk op zijn hoede. 'Luister, zelfs als we gebruik zouden maken van een systeem dat op cijfers is gebaseerd, dan moet u wel begrijpen dat iemand bij de bank altijd de naam kent die met dat nummer is verbonden. Het komt erop aan hoeveel, of hoe weinig mensen ooit in staat zullen zijn om uw naam in ver-band te brengen met uw bankrekening.'

'Hoe weinig is weinig?'

'Misschien drie. Misschien vier. Alleen de hoogste functionaris-sen van de bank. Maar het is redelijk om ervan uit te gaan dat iemand moet weten van wie het geld is. Hoe zou u er anders bij kun-nen komen als u het nodig heeft? Hoe zouden we er anders zeker van kunnen zijn dat het geld niet verdwijnt in de zakken van een onbevoegd persoon? We moeten onze klanten en onszelf tegen alle mogelijke voorvallen indekken.'

Het ingedekt zijn tegen alle mogelijke voorvallen, is de belang-rijkste ongeschreven wet die voor alle bankzaken waar ook ter wereld geldt. Hun cliënten tegen deze mogelijke voorvallen beschermen, is wat de Zwitsers al eeuwenlang doen.

De bankiers begonnen met het aanbieden van het bankgeheim tegen commissies aan de aristocraten tijdens de Franse Revolutie. *Les comptes anonymes*, zoals we ze vandaag de dag kennen, werden door de invloedrijke bankiers aan het eind van de negentiende eeuw uitgevonden – een methode om nieuwe bankzaken uit de hele wereld aan te trekken. De gedachtengang was als volgt, dat wanneer mensen geld wilden verbergen, om wat voor reden dan ook – belastingontduiking, fraude, politieke instabiliteit, en wat dies meer zij – de Zwitsers bereid waren hun deze diensten tegen een bepaalde commissie aan te bieden. In 1934 werd het bankgeheim bij de Zwitserse wet vastgelegd, vooral doordat een grote groep rijke Duitsers bereid was te betalen voor de bescherming van hun kapitaal tegen de dreiging van het opkomende nazisme. Maar pas op het moment dat een leger van thriller-auteurs – onder wie Ian Fleming – deze gepantserde bankrekeningen onsterfelijk begonnen te maken, ontsteeg de mythe de werkelijkheid.

In 1977 begon het masker voor het eerst ernstige barsten te vertonen. De directeur van het kantoor van Credit Suisse in Chiasso, aan de Italiaanse grens, had meer dan 500 miljoen dollar geïnvesteerd voor een groep Italiaanse cliënten. Toen de investeerders met hun geld waren verdwenen, bleek dat de plaatselijke directeur niet erg moreel te werk was gegaan. Om de deuk die het nationale imago had opgelopen te herstellen, riepen de Zwitserse autoriteiten de banken bijeen om samen een gedragscode op te stellen. De achterliggende gedachte van deze gedragscode was, dat het de verantwoordelijkheid van de bank en haar directeuren was om te weten met wie ze te maken hadden.

Toen kwam de Kopp-affaire.

In november 1986 nam de Amerikaanse federale overheid na een tip drie koffers in beslag op het Los Angeles International Airport, die bestemd waren voor Zwitserland en werden vergezeld door de Turkse drugsdealer Dikran Altun. In deze koffers bevond zich een bedrag van twee miljoen dollar, dat later bekend werd als het La Mina-geld. Altun moest de koffers afleveren bij Jean en Barkev Magharian, twee in Syrië geboren broers die al gedurende verscheidene jaren winsten van het Medellin-kartel aan het witwassen waren. Een Zwitsers onderzoek onthulde dat de gebroeders Magharian misschien wel twee miljard dollar voor hun opdrachtgevers hadden witgewassen, daarbij gebruikmakend van twintig verschillende bankrekeningen in Zürich. Een van de betrokken banken –

wederom de Credit Suisse – gaf uiteindelijk toe dat ze soms, als er valse bankbiljetten werden ontdekt in de stapels geld die door de broertjes werden aangeleverd, deze valse briefjes terugstuurden, maar nooit de moeite hadden genomen om de politie te waarschuwen. Verder kwam nog boven water dat de directeuren van de Credit Suisse door een internationale controlecommissie waren gewaarschuwd dat de gebroeders Magharian met bedenkelijke zaken via hun rekening bezig waren. Ook toen ondernam de bank niets.

Wetten op bankgeheim bestaan vandaag de dag – in verschillende vormen – in zo'n 50 landen. Dat komt neer op ongeveer een kwart van alle soevereine staten ter wereld. Maar nergens heeft het meer cachet dan in Zwitserland. Misschien is het daarom geen toeval dat de Zwitserse bankiers en hun cliënten zoveel van witwassen van zwart geld afweten.

The Economist berichtte in januari 1992 dat vier Hongaren, die zo'n twee miljoen Duitse mark hadden willen witwassen, een afspraak gemaakt hadden op het hoofdkantoor van de Credit Suisse aan de Paradeplatz te Zürich. Ze werden ontvangen in de gigantische marmeren ontvangsthal door twee mannen die zich voorstelden als functionarissen van de bank. Een van hen nam de koffer mee naar een ander vertrek om het geld te tellen, terwijl de andere de Hongaren aanbood om koffie te gaan drinken. Toen de eerste man niet meteen terugkwam, verontschuldigde de tweede zich en zei dat hij even wilde gaan kijken waarom de andere zolang wegbleef. De vier Hongaren zitten nu nog steeds in hun koffiekopjes te staren.

Een week later overhandigde een Canadese zakenman zo'n 3,3 miljoen Zwitserse franc om het bij de Credit Suisse te laten witwassen. Het baarde de Credit Suisse grote zorgen dat de oplichters opnieuw zomaar de bank konden binnenkomen en gebruik konden maken van de ontvangsthal. Er moet hierbij worden gezegd dat de bank er op geen enkele wijze zelf bij betrokken is geweest. Desalniettemin is hun koffie wat aan de dure kant.

Naarmate het onderzoek naar de Magharian-zaak vorderde,

kwam er bewijs boven water dat hen in verband bracht met de Shakarchi Trading Company. In 1985 had Mohamed Shakarchi de vooraanstaande zakenman dr. Hans Kopp uitgenodigd om te participeren in een handel in edele metalen en edelstenen. Vier jaar later, toen bekend werd dat de gebroeders Magharian fondsen hadden witgewassen via Shakarchi's handel met goudstaven, kreeg Hans Kopp een erg persoonlijk – en erg paniekerig – telefoontje van de Zwitserse minister van Justitie die hem tipte over een op handen zijnd onderzoek. Hij verbrak onmiddellijk alle betrekkingen met Shakarchi. Het probleem lag echter daarin dat de Zwitserse minister van Justitie toevallig ook nog zijn vrouw Elisabeth was.

Een schandaal volgde – dat in de pers nog eens aangewakkerd werd na de arrestatie en veroordeling van de gebroeders Magharian wegens witwassen van zwart geld – waardoor mevrouw Kopp in een onhoudbare positie terechtkwam. Hoewel er nooit enig bewijs werd geleverd dat haar man op wat voor manier dan ook bij illegale activiteiten van de Shakarchi Trading Company betrokken was, werd Elisabeth Kopp gedwongen om ontslag te nemen als eerste vrouwelijke lid van de federale regering van Zwitserland.

Ironisch genoeg werkte het ministerie van Justitie ten tijde van het ontslag van mevrouw Kopp aan twee nieuwe wetten die een eind moesten maken aan de criminele geldstroom naar de Zwitserse banken.

De eerste wet stelde het witwassen strafbaar en legde zware straffen op aan aanverwante misdrijven zoals handel met voorkennis, marktmanipulatie en belastingfraude. Hoewel belastingvlucht naar het buitenland hierin niet werd opgenomen, stelde de wetgeving ook het knoeien met documenten strafbaar als dat tot doel had om in het buitenland belasting te ontduiken.

De tweede wet maakte een einde aan alle 32.000 bankrekeningen volgens de B-versie. Onder druk van diverse buitenlandse mogendheden – waaronder de Verenigde Staten – werd nu in Zwitserland verplicht gesteld dat agenten en vertegenwoordigers de vruchtgebruikers van de bankrekeningen aan de bank bekendmaken. Een advocaat moet nu een beëdigde verklaring ondertekenen dat zijn cliënt geen misbruik maakt van de Zwitserse bankwetten en dat het geld in kwestie niet afkomstig is van criminele activiteiten. De nieuwe wetten maakten eveneens een machtige veiligheidsbuffer ongedaan, door te stellen dat iedere advocaat die namens een cliënt als beheerder van bedrijfsmiddelen optreedt, niet mag weigeren informatie te verstrekken over dit onderdeel van hun relatie. Met andere woorden, dit aspect van hun betrekkingen valt niet langer onder het zwijgrecht dat normaalgesproken geldt voor de relatie tussen advocaat en cliënt.

Onder de nieuwe statuten moet een cliënt die een rekening wil openen, een vertrouwelijke transactie aan wil gaan, een bankkluis wil huren, of een transactie van meer dan 10.000 Zwfr in contant geld wil verrichten, zich op behoorlijke wijze kunnen legitimeren.

Verder heeft de Federale Bank Commissie een aantal richtlijnen aan de banken verstrekt. Ze wil dat bankiers opletten: bij plotselinge activiteit van een lang met rust gelaten bankrekening; bij geld dat meteen wordt opgenomen nadat het is gestort; bij transacties die ongewoon zijn voor een bepaalde cliënt; en bij klanten die weigeren informatie te verstrekken. Bankiers wordt ook gevraagd om goed op te letten wanneer er rekeningen worden geopend van meer dan 25.000 Zwfr (33.000 Hfl; 607.000 Bfr) in contant geld, terwijl het personeel achter de kassa verondersteld wordt om iedereen te ondervragen die grote bedragen in andere valuta wil omwisselen.

Het zal duidelijk zijn dat sommige banken meer oplettend zijn dan andere. Een aantal drijft het zelfs tot in het extreme door – een typisch trekje van het Zwitserse volk dat meer bekend staat om zijn chocolade dan om zijn gevoel voor humor. Toen de Compagnie de Banque et d'Investissement – nu de Union Bancaire Privée geheten – nieuwe kantoren liet bouwen in Genève vroeg deze aan de gemeente om de straatnaam te veranderen, aangezien deze wel eens verkeerde verwachtingen zou kunnen wekken. De gemeenteraad stemde ermee in. Nu heet de straat Place Camoletti. Vroeger heette deze: Rue de la Buanderie – Washokstraat.

In het huidige Zwitserland kunt u niet langer gebruikmaken van een overduidelijk valse naam, tenzij u over een vals paspoort beschikt. Zelfs met een namaakpaspoort is het gemakkelijker en minder gevaarlijk om de volgende trein naar Oostenrijk te nemen, waar het de banken weinig kan schelen wie u bent, omdat ze rekeningen op welke naam dan ook zullen openen. Dat noemen ze een wachtwoord, wat erop neerkomt dat u uw rekening elke naam kunt geven die u maar wilt – van Bill Clinton tot Donald Duck. Hoewel deze rekening maximaal 10 miljoen Oostenrijkse schilling mag bevatten – ruwweg zo'n 1,6 miljoen gulden; 29,4 miljoen Bfr – bent u welkom op al uw rekeningen op naam van Sneeuwwitje en de zeven dwergen. Samen met uw andere favoriete Disney-figuren kunt u nu over zoveel bankrekeningen beschikken dat u er wel een heel fors bedrag op kwijt kunt. Manuel Noriega had een zekere voorkeur voor Oostenrijkse banken, net zoals Imelda Marcos. Het enige probleem is dat er geen buitenlandse valuta op deze rekeningen kunnen worden gestort – uitsluitend schillingen worden toegelaten – dus naar Wenen vertrekken met een zak vol gebruikte twintig-pondbiljetten heeft weinig zin.

Dat heeft het wel in Zwitserland.

Ondanks de nieuwe wetgeving is het storten van gebruikte briefjes van twintig pond geen misdaad. U hoeft de banken er alleen maar van te overtuigen dat het geld niet afkomstig is van criminele activiteiten.

Het enige waar u zich een beetje zorgen over hoeft te maken is de huidige Zwitserse neiging om andere landen bij te staan bij zeer specifieke vormen van onderzoek naar criminele activiteiten.

Vooropgesteld dat een buitenlandse mogendheid de extreem sceptische Zwitserse justitiële macht ervan kan overtuigen dat het geld op een bepaalde bankrekening van fraude afkomstig is – ook belastingfraude, maar geen belastingvlucht – en dat er in dat land reeds gerechtelijke stappen zijn ondernomen tegen de vruchtgebruiker van het geld, dan zijn de Zwitsers bereid om beslag te leggen op de bankrekening.

Zo waren de Zwitsers ook de eersten om een verdrag met de Verenigde Staten te sluiten voor het aanpakken van de drugswinsten. Als de DEA weer bezig is met een heksenjacht, dan hoeven ze niet op medewerking van de Zwitserse autoriteiten te rekenen. Maar wanneer het Amerikaanse ministerie van Justitie harde bewijzen op tafel legt die aantonen dat het geld op een Zwitserse bankrekening uit de drugshandel afkomstig is, dan zullen de Zwitsers maatregelen treffen volgens hun zeer strikte richtlijnen.

De samenwerking met buitenlandse autoriteiten werd een controversiële kwestie, om het maar eens zachtjes uit te drukken, waartegen de meeste Zwitserse bankiers zich hevig verzetten. Ze benadrukten dat elke aantasting van het bankgeheim zou leiden tot een verlies van vertrouwen in het Zwitserse bankstelsel. Als voorbeeld van de onvermijdelijke gevolgen van zo'n maatregel noemden ze de zaak-Marcos. Door de banken te dwingen het bestaan van de bankrekeningen van Ferdinand en Imelda te onthullen, en vervolgens de tegoeden te bevriezen, wekte de regering de indruk dat het bankgeheim niet langer op adequate wijze gewaarborgd werd in dat land. Het onmiddellijke gevolg was een grootschalige kapitaalvlucht uit Zwitserland naar Luxemburg, Liechtenstein en het Caribisch gebied.

Het lijkt er echter op dat de machthebbers niet erg gevoelig zijn voor dat argument. Op verzoek van de Haïtianen hebben de autoriteiten van Bern de privé-rekeningen van Baby-Doc Duvalier opgespoord en bevroren. Toen de Amerikanen de Zwitsers vroegen of ze de zaken van Manuel Noriega eens onder de loep wilden nemen, waren ze inschikkelijk genoeg om zijn fondsen te laten bevriezen. Hetzelfde gebeurde ook toen de nieuwe Roemeense regering inlichtingen wilden inwinnen over het vermogen van Nicolai Ceausescu; toen de Indonesische regering om hulp vroeg bij het opsporen van de tegoeden die president Sukarno hier had ondergebracht; toen de Amerikanen het bewijs leverden dat een enorme hoeveelheid geld naar Zwitserland was overgeheveld door de Colombiaanse drugskartels.

'En daarom', verduidelijkt de gentleman, 'zult u zeker begrijpen —

151

en er hopelijk ook begrip voor hebben – dat we niet geïnteresseerd zijn in het herbergen van crimineel kapitaal.'

'Dat begrijp ik zeker', knikt signor. 'Maar dat is bij mij niet het geval.'

De gentleman is beleefd genoeg om hier niet tegen in te gaan. 'Natuurlijk niet.'

Signor neemt zijn meest vertrouwwekkende gelaatsuitdrukking aan. 'Laten we zeggen dat ik mijn kapitaal op een rustige manier wil beleggen. U begrijpt wel, zonder mezelf in te laten met al dat... laten we zeggen internationale geharrewar.'

Om de een of andere vreemde reden neemt hij onmiddellijk aan dat 'internationaal geharrewar' belastingontduiking betekent. 'Als u uw belasting niet in de Verenigde Staten betaalt, is dat nauwelijks iets voor de Zwitserse regering om zich druk over te maken. Hoewel ik u er niet aan hoef te herinneren dat sommige landen, waaronder de Verenigde Staten en Groot-Brittannië, wetten hebben die verplichten om tegoeden van bankrekeningen bij de belasting aan te geven. Maar vanzelfsprekend gelden deze wetten niet in Zwitserland.'

Zonder hem verder met kleine details lastig te willen vallen – zoals het feit dat 'internationaal geharrewar' ook een arrestatiebevel door de FBI kan betekenen – vervolgt signor: 'Hoe zou iemand die zo'n rekening zou willen openen het precies aan moeten pakken? Hoe zou de leegte die door het afschaffen van de B-versie is achtergelaten, opgevuld kunnen worden?'

'Voor het soort particuliere faciliteiten waaraan u refereert, denk ik in alle eerlijkheid dat er sprake moet zijn van een voldoende hoog bedrag.'

'Wat zou u zeggen van...' signor verzint zomaar een bedrag... 'twee komma vijf?'

Als vanzelfsprekend aannemend dat het om een getal van zeven cijfers gaat, vraagt hij zich af: 'Zwitserse francs?'

Zelfverzekerd verduidelijkt signor: 'Dollars.'

'Hmmmm.' Dat blijkt in goede aarde te vallen. 'Ja dat valt absoluut binnen de marge die we voor dit soort zaken hanteren.'

Dan volgt een minder subtiele hint. 'Er kan een zekere hoeveelheid contant geld mee gemoeid zijn.'

'Hm', zijn wenkbrauwen fronsen zich. 'Tja.' Lange pauze. 'Contant geld kan bepaalde problemen opleveren.'

'Oh...' Signor reageert zakelijk. 'Maar dat hoeven niet per se onoverkomelijke problemen te zijn.'

Hij denkt een ogenblik na. 'We hebben ons nu eenmaal aan bepaalde regels te houden. Nu neem ik aan dat deze niet inhouden dat we zomaar allerlei nieuwe klanten moeten gaan beledigen, alleen maar vanwege die ene crimineel die, wanneer wij hem hier als klant weigeren, gewoon ergens anders zijn zaken voortzet. Maar contant geld, en het spijt me om dit te moeten zeggen, kan toch wel het nodige ongemak opleveren. En grote hoeveelheden contant geld zijn, eerlijk gezegd, niet erg wenselijk.'

'Dat begrijp ik.' Signor leunt voorover. 'Maar toch is Zwitserland een van de grootste wisselcentra voor bankbiljetten ter wereld. Ik heb ergens gelezen dat er dagelijks 1500 kg aan vreemde valuta op de luchthaven van Zürich wordt ingevoerd. Die paar extra bankbiljetten kunnen toch niet zo'n probleem vormen.'

Met twee en een half miljoen dollar als aanvangsstorting en nog meer in het vooruitzicht, ziet hij niet graag zijn cliënt naar de bank aan de overkant van de straat lopen. 'Als we er volledig verzekerd van konden zijn dat...'

'U bedoelt, als het geld afkomstig zou zijn van, laten we zeggen, een aantal ondernemingen in het Midden-Oosten? Of een gelukkig avondje in het casino aan de overkant van het meer?' Signor verbergt zijn grijns. 'Zou dat de zaak er... gemakkelijker op maken?'

Zich terdege bewust van het feit dat andere bankiers gretig op het aanbod in zouden gaan – hoewel niet wetend dat al vier banken signor de deur hebben gewezen – stelt hij voor: 'Als we op de een of andere manier een bevredigende verklaring kunnen vinden voor de herkomst van het geld, dan ben ik er zeker van dat we de zaak op een bevredigende wijze kunnen afronden.'

'En kan dat ook mondeling?'

Hij blijft signor lang aankijken. 'We zouden eventueel nog wat aanvullende schriftelijke verklaringen kunnen verlangen, afhankelijk van het verloop van het gesprek. Facturen misschien. Of contracten. Ondertekende handelsovereenkomsten. Wat papierwinkel komt altijd van pas. En het kan ook voorkomen dat er een discreet onderzoek plaatsvindt. Maar staat u mij alstublieft toe te verzekeren dat alles wat besproken wordt, strikt vertrouwelijk blijft. We zouden bepaalde vragen kunnen stellen. Wanneer we echter tevreden zijn met de verklaringen over de herkomst van het geld en overtuigd zijn van de integriteit van onze cliënt, komen de gegeven antwoorden nooit meer over onze lippen.'

Hoe geruststellend is het om te weten, dat met weinig meer dan een paspoort, goed voorbereide antwoorden op de voorspelbare vragen, een handvol faxen als indekking en een smak geld, bijna iedereen gebruik kan maken van de beroemdste witwasmachine ter wereld, in weerwil van het feit dat sommige Zwitsers u graag zouden willen doen geloven dat zulke faciliteiten in dat land nu definitief tot het verleden behoren.

HOOFDSTUK 9

Het Brinks-Mat-goud

'Goud heeft geen geweten.'
– Hoofdcommissaris BRIAN BOYCE, Scotland Yard

Zaterdagochtend 26 november 1983, kort voor zonsopgang, verschaften tussen de zes en acht gewapende mannen zich met geweld toegang tot de zwaarbewaakte opslagplaats Brinks-Mat bij afdeling 7 van het International Trading Estate, dat zich op ruim een kilometer afstand bevindt van de hoofdlandings-baan van de luchthaven Heathrow.

De ervaren criminelen wisten de bewakers snel te overmeesteren – ze sloegen hen in de handboeien, blinddoekten hen, en bonden hun voeten vast met tape. Vervolgens mishandelden ze de bewakers op brute wijze – ze sloegen hen, dreigden hen dood te zullen schieten, goten benzine over hen heen en hielden brandende lucifers dichtbij, om de bewakers angst aan te jagen.

De bende dreigde een bloedbad te zullen aanrichten als ze niet snel met de nummers op de proppen kwamen van de cijfersloten die de ondergrondse gewelven afsloten.

Eén uur en vijfenveertig minuten later was de bende alweer verdwenen. Met hen verdwenen ook 6400 goudstaven – met een geza-menlijk gewicht van ongeveer 3500 kg. Aangezien de goudprijs op de Londense markt de nacht ervoor op rond 258 dollar per ounce was afgesloten, werd de totale waarde van de buit op 26.369.778 Engelse pond geschat (ca. 72 miljoen gulden of 1300 miljoen Bfr).

Binnen twee weken had Scotland Yard vier van de mannen in hun kraag gegrepen. Een jaar later zaten drie van deze vier opgesloten in

155

de gevangenis. Een van hen was Mickey McAvoy een 38-jarige professionele crimineel die in het milieu bekendstond als 'The Bully'. Een andere was de 41-jarige Brian Robinson, eveneens een professionele misdadiger wiens organisatorisch talent hem de bijnaam 'The Colonel' had bezorgd. Ze kregen beiden 25 jaar. Het enige wat ze nog over hadden was het geheim van de bewaarplaats van het goud.

Een jaar later, na de grootste speurtocht in de Britse geschiedenis had de politie nog steeds niets gevonden.

McAvoy stond er niet alleen voor.

Brian Perry had een minitaxibedrijf in Oost-Londen. Hoewel bekend was dat hij gedurende het grootste deel van zijn volwassen leven contacten had onderhouden met criminelen, had hij zelf nooit ernstige wetsovertredingen begaan.

John Lloyd hield zich eveneens op in de periferie van de Oostlondense criminele wereld. Hij leefde samen met een typisch gangsterliefje – Jeannie Savage – wier eerste man voor 22 jaar achter de tralies was opgeborgen wegens een gewapende overval.

McAvoy nam contact op met hen. Zij waren degenen aan wie hij zijn deel van de buit zou toevertrouwen totdat hij weer op vrije voeten zou worden gesteld.

Perry en Lloyd riepen de hulp in van een maat van hen, Kenneth Noye.

Deze gedrongen, 36-jarige man met de bouw van een bokser en een gebroken neus, pretendeerde het op eigen houtje te hebben gemaakt; hij deed zich voor als een respectabel zakenman uit Kent met belangen in het transport- en bouwbedrijf. Maar in tegenstelling tot Perry en Lloyd had Noye een strafblad. Hij had al verscheidene malen straffen uitgezeten wegens heling, winkeldiefstal, het molesteren van een politieagent, het land binnensmokkelen van een pistool en verboden wapenbezit. Ten tijde van de roof – maar volkomen ervan losstaand – werd Noye door de Britse douane en de commiezen in de gaten gehouden in verband met een lopend onderzoek naar goudsmokkel en belastingfraude.

Perry en Lloyd waren volledig op de hoogte van Noye's talenten op dit gebied, en wilden hem er daarom bij betrekken. Met zoveel geld in het vooruitzicht kostte het weinig moeite om hem over de streep te trekken.

Een van zijn contactpersonen was John Palmer, een 34-jarige juwelier. Enkele jaren daarvoor had Palmer, die als een playboy leefde, een goudhandel in Bristol opgezet met de naam Scadlynn Ltd. Zijn partner was zijn kameraad Garth Chappell – van ongeveer dezelfde leeftijd – die eerder was veroordeeld wegens zwendel, en bovendien door de douane en de dienst van accijnzen en invoerbelasting was beboet wegens ontduiken van de BTW. In 1984 had Palmer echter het bedrijf overgedaan aan Chappell, zodat hij zijn handen vrij had om zijn keten van kleine juwelierswinkels in Bristol, Bath en Cardiff te kunnen beheren.

Noye kwam al snel op het idee dat het Brinks-Mat-goud gemakkelijk via zijn bedrijf in Bristol kon worden witgewassen – dat was dezelfde route die eerder door andere criminelen was gebruikt, als gevolg waarvan de douane en de dienst van accijnzen een onderzoek naar hem hadden ingesteld. Maar hij vond het niet verstandig om het Brinks-Mat-goud naar Scadlynn over te brengen zolang de originele serienummers er nog op zaten. Dus riep Noye de hulp in van Palmer (die over een eigen smelter beschikte) bij het moeizame karwei van het omsmelten en -gieten van het goud van McAvoy.

De bedoeling was om het omgegoten goud – zonder serienummers – naar Scadlynn te sturen, waar het opnieuw omgesmolten, maar nu ook gemengd zou worden met koperen en zilveren munten om het op schroot te laten lijken. Vandaar zou het worden doorgestuurd naar de officiële keuringsdienst van de overheid in Sheffield, waar iedere staaf zou worden gewogen, getaxeerd en echt verklaard. Scadlynn kon het dan aan erkende goudhandelaars doorverkopen. Die zouden dan, als tussenpersonen, de onzuiverheden eruit smelten en het op de Britse juweliersmarkt brengen.

Als alles precies volgens plan zou verlopen, zou het absoluut onmogelijk zijn om het goud dat te voorschijn zou komen in het

Londense Hatton Garden-juweliersdistrict, in verband te brengen met de gestolen goudstaven van de Brink-Mat-opslagplaats.

Noye, die de onderneming tot in de kleinste details had voorbereid – hij was ervaren genoeg om te weten dat hij zich zou moeten indekken bij iedere stap die hij nam – vloog op dinsdag 22 mei 1984 naar Jersey, een van de Kanaaleilanden, met 50.000 pond in nieuwe biljetten van vijftig. Hij had een ontmoeting met de functionarissen van de Charterhouse Japhet Bank in de Bath Street in St. Helier, en besprak met hen de mogelijkheid om 11 goudstaven van één kilo aan te schaffen. Ze zeiden dat ze hem hierbij van dienst konden zijn. Voor de bankfunctionarissen leek het een normale zaak.

Maar Noye was uiterst voorzichtig. Hij liet telkens weer blijken dat hij absoluut niet wilde dat in de certificaten van de goudstaven de serienummers zouden worden genoteerd. Hij bleef maar herhalen dat in dat geval de deal niet door zou kunnen gaan.

Pas nadat de functionarissen hem volledig gerustgesteld hadden, en hem verzekerden dat op de certificaten dat soort gegevens absoluut niet vermeld stonden, liet hij de 50.000 pond als aanbetaling bij hen achter. Hij keerde terug naar Londen en regelde het zo dat het uitstaande saldo naar Jersey zou worden overgemaakt.

Acht dagen later vloog Noye terug naar St. Helier om zijn goud en de certificaten zonder serienummers op te halen. Hij haalde het goud op bij het Charterhouse en bracht het tijdens een vijf minuten durende wandeling over naar het filiaal van de TSB (de Trustee Savings Bank) in de New Street, waar hij een grote kluis huurde. Daarin deponeerde hij de elf goudstaven.

Hij keerde die middag terug naar Engeland met alleen maar de certificaten.

Het was niet toevallig dat zijn nieuwe aanwinst in afmetingen en goudgehalte overeenkwam met het het gestolen goud.

Evenmin had hij zomaar elf goudstaven gekocht.

Hij koos dat aantal om twee weldoordachte redenen: ten eerste omdat elf kilo nog net licht genoeg is om zonder al te veel moeite in een diplomatenkoffertje mee te kunnen nemen; en ten tweede omdat de waarde ervan rond de 100.000 pond ligt – een mooi rond bedrag.

Eenmaal in het bezit van de juiste papieren om zijn aankoop van de elf staven aan te kunnen tonen, was Noye van plan om bij iedere reis van Londen naar Scadlynn juist dit aantal van Palmers omgesmolten goudstaven mee te nemen. De certificaten van Jersey gaven Noye de nodige rugdekking, mocht hij door de politie aangehouden en ondervraagd worden over de herkomst van het goud.

Maar zonder het zich te realiseren had hij door zijn overdreven voorzichtigheid juist argwaan gewekt bij zijn eerste bezoek aan Jersey, namelijk toen hij zich wat al te bezorgd had getoond over de serienummers op de certificaten. De employés van Charterhouse bespraken de kwestie onderling, en volgens de gebruikelijke procedures waarschuwden ze de politie in alle stilte. Tijdens het tweede bezoek van Noye werd hij geschaduwd. Reeds lang voordat zijn vliegtuig in Engeland was geland had de politie van Jersey haar Britse tegenhanger gewaarschuwd.

Toen Palmer al het goud had omgesmolten, werd het door Noye naar Bristol gebracht, waar Scadlynn er de gangbare prijs per ounce plus BTW voor berekende – toentertijd vijftien procent. De afspraak was dat Scadlynn voor zijn diensten de niet opgegeven BTW kon behouden. De rest zou worden gestort op een van de bedrijfsrekeningen bij een plaatselijk filiaal van de Barclay's Bank in Bedminister. Toen het tijd werd om Noye en de anderen te betalen, werd het geld contant opgenomen, in plastic vuilniszakken gepropt en naar Londen vervoerd. Gedurende de vijf eropvolgende maanden zou Scadlynn meer dan tien miljoen pond storten, vervolgens weer opnemen en uiteindelijk naar Noye, Perry en Lloyd sturen.

Als er al iemand bij de bank de minste verdenking koesterde, was er in ieder geval niemand die de moeite nam om de politie te waarschuwen.

Met behulp van een vals paspoort op naam van Sydney Harris, stortte Noye zijn deel van het geld bij de Bank of Ireland te Croydon, waar hij een regeling had getroffen dat het geld onmiddellijk naar het Dublinse filiaal van de bank zou worden overgemaakt. De vriendin van McAvoy, Kathy Meacock, maakte eveneens gebruik van hetzelfde filiaal en hanteerde hetzelfde systeem van stortings-schema van om de andere dag. Hetzelfde gold voor Jeannie Savage.

Ook nu nam niemand bij de bank de moeite om de politie te waarschuwen.

Er verschijnen een aantal nieuwe spelers op het toneel.

Brian Perry had een maat, de gezette ex-bajesklant Gordon John Parry, die in zijn levensonderhoud probeerde te voorzien met de handel in onroerend goed. Wanneer Parry een das en colbert droeg leek hij op een echte zakenman – hij was er een duidelijk voorbeeld van hoe kleren de man kunnen maken. Wanneer hij zijn vrijetijds-kleding droeg, bleek onmiddellijk dat hij van het ruige soort was dat door vallen en opstaan had geleerd om door het leven te komen.

Perry haalde Parry erbij, en Parry haalde Michael Relton erbij, een corrupte advocaat die hem enkele jaren eerder tevergeefs had proberen te verdedigen tegen een aanklacht van handel in drugs. Parry kreeg drie jaar. Met hulp van Relton stortte Gordon Parry 793.500 pond in contanten die afkomstig waren van Scadlynn bij de Bank of Ireland in Balham, waarna het geld meteen weer overge-maakt werd naar het filiaal van de bank in Douglas (Man).

Alles bij elkaar werd er zo'n 1,5 miljoen pond witgewassen via Balham.

Om het spoor nog meer te verdoezelen, haalde Gordon Parry een klein bedrag weg van het eiland Man en zette het op een tweede rekening bij de Bank of Ireland in Balham. Vervolgens nam hij het geld in kleine bedragen op en zond het naar weer een andere buiten-landse bank.

En al die tijd leverde Noye goud aan Scadlynn, Scadlynn smolt het om, waarna het verkocht werd en het geld weer naar Londen werd gestuurd.

Begin augustus 1984 opende Gordon Parry met behulp van Rel-

·tons aanbeveling als advocaat, een rekening bij de Hongkong and Shanghai Bank te Zürich waarop hij 840.435 pond stortte. Een week later dook een onbekende man op bij het hoofdkantoor van die bank in de City van Londen met een sporttas waarin 500.000 pond zat gepropt. Hij gaf de bank instructies om het geld over te maken naar Zürich en liep weg zonder verder nog wat te zeggen. Hij liet zelfs de sporttas achter.

Twee weken later – in de periode van woensdag 29 augustus tot vrijdag 31 augustus – bevonden Perry, Parry, Relton, de juwelier John Elcombe (een vriend van Parry) en Elcombe's vrouw Ann zich allen in Zürich. Dat was – zoals ze later voor de rechtbank zouden verklaren – puur toeval. Om hun bewering te staven dat ze niet van plan waren geweest elkaar te ontmoeten, wezen ze erop dat ze in verschillende hotels verbleven.

Nog toevalliger was dat ze allen bankrekeningen hadden geopend bij hetzelfde filiaal van de Hongkong and Shanghai Bank. Bij elkaar werd een bedrag van 490.000 pond gestort, waarbij de banktegoeden in Zürich in het totaal op iets minder dan één miljoen pond neerkwamen.

En de toevalligheden bleven zich maar voordoen.

Op donderdag 30 augustus gingen Perry en Parry naar het nabijgelegen Vaduz (Liechtenstein) waar ze ieder een rekening openden bij de Bank of Liechtenstein, waar ze elk 45.000 pond op stortten. Vervolgens machtigden ze elkaar voor elkaars rekening. In plaats van nummers kregen de bankrekeningen hier namen. Parry noemde de zijne 'Glad', waarschijnlijk naar z'n moeder Gladys. Perry noemde de zijne 'Como', een verwijzing naar de populaire zanger.

Parry kocht nu een brievenbusmaatschappij op Jersey met de naam Selective Estates. Vervolgens opende hij een bedrijfsrekening bij Barclay's op Guernsey, en liet geld overmaken van het eiland Man naar Guernsey. Daarvandaan maakte Selective Estates het over naar de Hongkong and Shanghai Bank te Zürich, waar Parry een tweede rekening opende, deze keer onder de naam 'Burton', als hommage aan de zojuist overleden acteur Richard Burton.

In de eropvolgende maand stortte John Elcombe 65.000 pond contant geld op zijn rekening in Zürich, waarbij Gordon John Parry medeondertekenaar was. Dezelfde dag nog wandelde Parry de Bank of Liechtenstein binnen met een koffer waarvan hij dacht dat er 400.000 pond in zat. Bij natelling bleek tot zijn verbazing dat het werkelijke bedrag 500.000 pond was. Op 24 september stortte Elcombe 435.000 pond op zijn rekening, waar op 4 december nog eens 640.000 pond aan toe werd gevoegd.

Scadlynn bleek een vruchtbare melkkoe voor contant geld, die onverwacht produktief was. Ze verkochten het goud even snel als ze het om konden smelten. Op een gegeven ogenblik bracht het bedrijf zoveel geld naar Barclay's dat deze extra kassiers in dienst moesten nemen om Scadlynns zaken te kunnen afhandelen.

Uit de manier waarop iedereen ervan leefde, viel absoluut niet af te leiden dat dit eigenlijk het geld van Mickey McAvoy was.

Scotland Yard besloot, nadat ze door de politie van Jersey was getipt over de bezoekjes van Noye aan St. Helier, om hem af en toe in de gaten te houden. Toen hij vaak werd gesignaleerd in het gezelschap van Brian Reader – een voortvluchtige crimineel van wie men dacht dat hij zich in Spanje ophield – besloten ze de zaak wat nader te gaan bekijken. Toen ze schrokken van wat ze zagen, staakten ze het routinematige surveilleren en riepen de hulp in van het C-11-team van de Metropolitan Police – een brigade die gespecialiseerd is in undercover-werk en surveillance van dichtbij.

Vroeg in de koude en donkere avond van 26 januari 1985, klommen twee rechercheurs over de omheining van het huis van Noye en installeerden zich op het terrein voor de nacht. Een van deze officieren was John Fordham een veteraan die al negen jaar deel uitmaakte van de C-11.

Maar ergens rond 18.45 uur werd Fordham ontdekt door een van de rottweilers die het terrein bewaakten. Twee anderen honden kwamen eveneens aangesneld. Ze dreven Fordham in het nauw. Op dat moment kwam Noye eraan, misschien in het gezelschap van

Reader. En Noye had een mes bij zich met een lemmet van tien centimeter.

Fordhams lichaam werd door de politie gevonden met elf steekwonden, voornamelijk in de rug. Noye werd ogenblikkelijk gearresteerd. Reader werd enkele kilometers verderop aangehouden. De twee werden wegens moord aangeklaagd. De politie beweerde dat Reader Fordham tegen de grond had gehouden terwijl Noye op hem instak. Zowel Noye als Reader ontkende de aanklacht. Noye beweerde uit zelfverdediging te hebben gehandeld. Reader beweerde dat hij er in het geheel niet bij betrokken was geweest. En tot grote verbazing van de politie werden beiden tien maanden later door een jury van de Central Criminal Court vrijgesproken.

Er was echter voldoende bewijsmateriaal voorhanden om ze in verband te kunnen brengen met het witwassen van het Brinks-Mat-goud – de politie had een kleine opslagplaats van goudstaven bij Noye thuis gevonden – en ze werden vervolgens wegens heling aangeklaagd. Binnen drie dagen had de politie ook Palmer en Chappell gearresteerd en een inval uitgevoerd bij Scadlynn.

John Elcombe was niet op de hoogte van de dood van Fordham.

Die zaterdag vertrokken hij en zijn vrouw uit Londen naar Zwitserland in de Mercedes van Gordon Parry met 710.000 pond in briefjes van vijftig in de kofferbak. Ze hadden dat jaar al eerder een reis naar Zürich gemaakt – op zeven januari – om 453.000 pond te storten. Ze kenden de route goed en dachten dat ze ook dit keer wel zonder problemen de reis zouden kunnen afleggen.

Voor de Elcombes leek het een erg gemakkelijke manier om wat geld bij te verdienen.

Maar toen ze bij Limburg de Duitse grens wilden oversteken bij Aken, werden ze door een Duitse douanebeambte aangehouden die vroeg of ze iets aan te geven hadden. Elcombe en zijn vrouw zeiden van niet, behalve een bedrag van 45.000 pond – dat was hun spaargeld – dat ze naar Zwitserland brachten.

Het zesde zintuig van de douanebeambte waarschuwde hem dat

er iets niet klopte. Hij bestudeerde de paspoorten van de Elcombes en de autopapieren, en kondigde vervolgens aan dat hij de auto wilde doorzoeken.

John en Ann Elcombe hadden geen andere keus dan af te wachten en te hopen dat het geld goed verborgen was.

Dat was het niet.

De douanebeambte opende de kofferbak, lichtte routinematig de bodembekleding op en ontdekte de 710.000 pond. De Elcombes probeerden zich er nu uit te bluffen door te verklaren dat ze antiquairs waren die vanuit België opereerden en dat dit toch echt hun spaargeld was. Maar ze waren al op een eerste leugen betrapt, zodat ze werden meegenomen voor een officieel verhoor.

Het geld werd uit de auto gehaald en bovenop het bureau van een grenskantoortje gestapeld, waarna het werd geteld. Om de een of andere reden vond de beambte het nodig om de serienummers van willekeurig gekozen bankbiljetten op te schrijven. Vervolgens stelde hij het hoofdkantoor in Wiesbaden op de hoogte van zijn vondst en vroeg zijn superieuren wat hij nu verder moest doen. In Wiesbaden kwam men na enig overleg tot de conclusie dat de Duitse Interpol gewaarschuwd moest worden. Deze besloot op haar beurt dat de Britse autoriteiten op de hoogte gebracht moesten worden.

En dus stuurde de Duitse Interpol een telex naar de Britse Interpol met de vragen: zijn jullie op zoek naar John of Ann Elcombe? Is er recentelijk een grote hoeveelheid geld gestolen? Staat de Mercedes die bij de grens van Aken wordt vastgehouden te boek als gestolen?

De Britse Interpol stuurde de vragen door naar Scotland Yard en men voerde een vluchtig onderzoek uit. Het antwoord op de drie vragen luidde nee. Dus informeerde Scotland Yard de Britse Interpol, die weer de Duitse Interpol inlichtte, die weer de Duitse douane- en immigratiedienst in Wiesbaden inlichtte, die uiteindelijk de Duitse grenspost bij Aken inlichtte. Het geld werd weer in de kofferbak van de Mercedes geladen en de Elcombes konden hun weg vervolgen.

En dat zou heel goed het einde van het verhaal kunnen hebben betekend, ware het niet dat een rechercheur van Scotland Yard de verschillende telexen nog eens wat aandachtiger bekeek. Het viel hem op dat de auto waarin John Elcombe reed, op naam stond van een zekere Gordon John Parry. En om de een of andere reden deed de naam Gordon John Parry een belletje bij hem rinkelen. Het was alsof hij de naam al eens eerder had gehoord; maar hij kon zich niet meer precies herinneren waar en wanneer.

Hij dacht er een lange tijd over na, tot hij zich laat op de avond realiseerde dat die naam op de een of andere manier in verband stond met het Brinks-Mat-onderzoek. Hij telefoneerde ogenblikkelijk de afdeling die zich met deze zaak bezighield. De medewerkers daar konden hun oren nauwelijks geloven toen ze de naam Elcombe hoorden en belden onmiddellijk de Britse Interpol op, die de Duitse Interpol moest vragen om hem te arresteren.

Maar op dat tijdstip waren de Elcombes allang verdwenen.

Duidelijk aangeslagen door het grensincident, namen de Elcombes de nodige tijd om naar Zürich te komen. Pas de vrijdag erna, op 1 februari, stortte John Elcombe 100.000 pond op zijn eigen rekening en 608.000 op een nieuwe rekening, die als enige aanduiding het nummer 720.3 had. Het verschil van 2.000 pond tussen het bedrag waarmee ze uit Engeland vertrokken en wat ze deponeerden op de rekeningen werd afgeschreven als onkosten, zoals bijvoorbeeld de nacht die ze doorbrachten in de royal suite van het Dolder Grand Hotel om hun zenuwen te kalmeren – dat het bed herbergde waarin onder andere internationaal bekende persoonlijkheden als Dr. Henry Kissinger hadden geslapen.

Drie dagen later, op maandag 4 februari stortte iemand 493.970 pond op de 'Glad'-rekening van Parry. Een week later – als direct gevolg van de dood van John Fordham en het angstige moment aan de grens bij Aken – maakte John Elcombe 1,6 miljoen pond van zijn rekening over naar rekening 720.3. Vervolgens zegde Parry zijn 'Glad'-rekening op en stortte het op de 720.3-rekening, waarmee het totale tegoed op 2,6 miljoen pond kwam.

Michael Relton was al net zo bedrijvig als de anderen. Op vrijdag 26 april arriveerde hij in Liechtenstein, om een zogenaamde 'Rode-Kruis-rekening' te openen.

Het idee achter zo'n rekening, die door advocaten en belasting-specialisten een 'stichtingrekening' wordt genoemd, is dat de fond-sen door een organisatie worden beheerd – vaak met de naam van een liefdadigheidsinstelling om te suggereren dat het geld voor een goed doel wordt gebruikt – onder toezicht van een advocaat.

Hoewel het gebruikelijk is dat in de statuten van de stichting wordt vastgelegd wie de begunstiger is van de liefdadigheidsinstel-ling, hoeft deze begunstiger niet noodzakelijkerwijs de vruchtge-bruiker van de rekening te zijn. Niemand wordt geacht te weten wie dat is, zelfs de bankdirecteuren niet. De ware identiteit van de vruchtgebruiker wordt dubbel beschermd door het bankgeheim en het zwijgrecht van de advocaat.

Dit is nu juist het soort rekening waar Robert Maxwell gebruik van heeft gemaakt in Liechtenstein, zodat hij achteraf kon beweren dat hij noch zijn familie enige zeggenschap heeft gehad over de fondsen die hij daar had ondergebracht, en dat hij noch zijn familie er het vruchtgebruik van kon genieten.

Strikt genomen is dit juist. Maar beheerder van kapitaal zijn of vruchtgebruiker ervan, zijn twee verschillende dingen. En het pant-ser dat een Rode-Kruis- of stichtingrekening omhult is zo ondoor-dringbaar, dat iedereen die over het vruchtgebruik van zo'n reke-ning liegt, altijd vrijuit gaat, omdat het onmogelijk is het tegendeel te bewijzen.

Als advocaat kende Relton de mogelijkheden van de Rode-Kruis-rekeningen door en door; en hij opende de zijne onder de naam Moet Foundation, een verwijzing naar zijn favoriete cham-pagnemerk Moët et Chandon. Zijn advocaten, of medewerkers van de bank hadden de naam echter verkeerd verstaan, waardoor de rekening werd geregistreerd als Moyet Foundation.

Hoe dan ook, Relton en Parry stortten 3.167.409,25 pond op de rekening van de Moyet Foundation. Jammer genoeg voor hen had

Parry zojuist wat onroerend goed aangekocht – de Gowles Barn Farm, vlak bij Sevenoaks in Kent – waarvoor hij betaalde met een wissel van de Credit Suisse die getrokken was op de 720.3-rekening. En in zijn haast om het tegoed van de 720.3-rekening over te brengen naar de Moyet Foundation had Parry niet de moeite genomen om na te gaan of zijn wissel van 151.126 pond al overgeboekt was.

Dat was niet het geval.

Dus toen de Credit Suisse de cheque aan de Bank of Liechtenstein presenteerde, stond er geen geld meer op de rekening. Normaalgesproken zou de bank de cheque hebben geweigerd, maar omdat de managers wisten waar het geld zich bevond, maakten ze uit eigen beweging het benodigde geld van de Moyet Foundation-rekening over naar de 720.3-rekening.

Als Parry niet met een ongedekte cheque zou hebben betaald, zou de politie nooit achter het geheim van de stichtingrekening zijn gekomen en nooit de Brink-Mat-gangsters met het geld hebben geassocieerd.

In de vijftien maanden die tussen de goudroof en de dood van John Fordham verwijderd lagen, had de bende die nu het goud beheerde het meeste ervan reeds uitgegeven. De politie schatte dat er minder dan vijf miljoen pond van overbleven was. Wat niemand van de bendeleden wist, was dat het team van de Metropolitan Police op dit tijdstip 200 rechercheurs op de Brink-Mat-zaak had gezet. De grootste roofoverval in de Britse criminele geschiedenis werd gevolgd door een van de grootste zoektochten in de geschiedenis van de Britse politie.

Zich niet beseffend hoe dicht de politie hen al op de hielen zat, begonnen Gordon Parry en Michael Relton plannen te maken om in hun oude dag te kunnen voorzien. Want de goudvoorraad zou toch ooit uitgeput raken. Dus investeerden ze fors in onroerend goed.

Met het bedrijf Selective Estates als paraplu, richtten ze de dochtermaatschappij Blackheath Ltd op, dat voor honderd procent hun eigendom was. Parry en Relton – nu opererend uit naam van het bedrijf Blackheath – deden hun eerste aankoop in Cheltenham, een ontwikkelingsproject voor woningbouw ter waarde van 350.000 pond.

Om het te kunnen financieren, liet Relton de Hongkong and Shanghai Bank in Zürich 300.000 dollar overmaken naar de Southeast Bank in Sarasota (Florida), waar hij een bankrekening had. Southeast maakte vervolgens 200.000 dollar over naar zijn persoonlijke rekening bij de Midland Bank in Londen. Daarna stuurde hij 104.000 pond van de 174.029 pond die hij nog verschuldigd was naar de British Bank of the Middle East, een Londens filiaal van de Hongkong en Shanghai Bank, die op haar beurt weer 103.700 pond overmaakte naar de advocaten die optraden namens de verkopers van het Cheltenham-project. Ten slotte 'leende' Blackheath 250.000 pond van de British Bank of the Middle East, waarvoor het geld van de 'Burton'-rekening garant stond.

Toen ze de smaak eenmaal te pakken hadden gekregen na hun eerste deal met het Cheltenham-project, gingen ze ermee door, waarbij ze ook Jersey, Guernsey en Man in hun witwaspraktijken betrokken. Alles bij elkaar investeerden ze zo'n 2,1 miljoen pond in de stille overtuiging dat iedereen die hun netwerk zou willen blootleggen, keer op keer het hoofd zou stoten. Want ze sluisden het geld immers via zes verschillende landen. Relton wist dat als de politie op de een of andere manier iets op het spoor zou zijn gekomen, het jaren zou duren voordat de gerechtelijke bevelen in de zes verschillende rechtsgebieden zouden worden verkregen om toegang te hebben tot de verscheidene bankrekeningen. En er bestond zelfs de mogelijkheid dat de politie nul op het rekest zou krijgen bij het indienen van haar aanvraag.

In feite was Relton zo overtuigd van zijn eigen onaantastbaarheid dat hij en Parry hun blik vestigden op Londen Docklands in het zuiden van de stad, dat toentertijd tot de belangrijkste ontwikkelingsprojecten voor woningbouw in Europa behoorde.

Ze kochten de New Caledonian Wharf, Upper Globe Wharf,

Globe Wharf, Cyclops Wharf en Lower Kings and Queens Wharf. In al deze gevallen verliepen hun witwasoperaties volgens hetzelfde schema. Ze leenden geld van de ene bank, onder garantie van geld dat op andere rekeningen stond, sluisden het geld door via diverse banken, waarna het uiteindelijk te voorschijn kwam als een legitiem ogende lening die gedekt werd door het aangekochte onroerend goed. Al met al investeerden ze meer dan 5,4 miljoen pond in de Docklands. Door het meeste ervan te verkopen tijdens een hausse in de vastgoedprijzen – in elk geval op papier – konden ze hun inzet verdubbelen.

Relton en Parry, die over voldoende intellectuele capaciteiten beschikten om dit soort spelletjes te kunnen spelen, richtten nu een Panamees bedrijf op – Melchester Holdings – en stelden een plan op om een nachtclub van Parry aan hemzelf terug te kunnen verkopen.

Eerst haalden ze ruim 300.000 pond van de 'Burton'-rekening en overhandigden het bedrag aan een Londense advocaat die namens Melchester Holdings opereerde. Hij stortte het bedrag op zijn cliëntenrekening. Toen alle administratieve handelingen eenmaal waren verricht, stuurde de advocaat het geld naar Relton, waar het op zijn cliëntenrekening werd gestort. Toen de documenten waren ondertekend, schoof Relton het geld door naar Parry, zodat deze de aankoop kon afronden.

Alsof ze nog niet genoeg aan de deal verdiend hadden, verkocht Melchester de club door aan een vriend van Parry voor 100.000 pond, die weer terechtkwam op de 'Burton'-rekening.

Op dinsdag zeven februari 1984 liep een man – wiens identiteit nog steeds niet door de politie is achterhaald – een kleine handelsbank binnen in de City van Londen en overhandigde de manager daar 304.000 pond in contanten, in de veronderstelling dat de bank als agent optrad voor de Mercantile Overseas Bank op het eiland Man. Volgens zijn instructies moest het geld naar het hoofdkwartier van de bank in Douglas worden overgemaakt.

Een bevestiging van de overboeking werd de volgende dag bij de Mercantile geregistreerd. Maar volgens de bank, omdat niemand er daar ook maar iets van afwist, werd het geld tijdelijk opgeslagen op een voorlopige rekening, waar het bleef liggen totdat iemand het geld zou claimen. In dit geval werd het geld door Mercantile Overseas aangeduid als Mangrove Settlement Account nr. 691.343.

Op 2 maart kocht een man, die zichzelf Patrick Clark noemde, een wissel van 300.000 pond tegen contante betaling bij de Bank of Ireland in Ilford, die op naam gezet werd van John Lloyd.

Dezelfde dag nog ontving een functionaris van de Mercantile Overseas Bank in Londen een telefoontje van een totnogtoe onbekende man, die hem vroeg een enveloppe af te halen bij een onbekende man in het Tower Hotel, vlak bij de Tower van Londen aan de Theems. De bankfunctionaris vertelde de politie later, dat toen hij de ontvangsthal binnenliep, er een volslagen onbekende man op hem afkwam die hem een enveloppe overhandigde en erbij vertelde dat deze aan Douglas moest worden overhandigd, waarna hij weer verdween.

Hoewel er nu drie weken voorbij waren gegaan sinds de eerste anonieme storting, en hoewel er geen aanwijzingen waren dat beide stortingen op enigerlei wijze met elkaar verband hielden, en hoewel er ook ander kapitaal dat niets met de Brinks-Mat-affaire te maken had het bankgebouw binnenkwam, en hoewel er steeds nieuwe rekeningnummers aan de niet-gerelateerde stortingen werden toegekend, werd deze wissel van 300.000 pond op naam van John Lloyd – puur toevallig – bewaard als Mangrove Settlement Account nr. 691.343-B.

Twaalf dagen later, woensdag 14 maart, stortte Kenneth Noye 300.000 pond bij de Mercantile Bank, waar het werd geregistreerd als Belleplaine Settlement Account nr. 690.227.

Op maandag 30 april – 47 dagen na de eerste storting van 300.000 pond door Noye – deponeerde hij nog eens 300.000 pond bij de bank. Ook nu weer, geheel toevallig, werd het bij de bank geregistreerd als Belleplaine Settlement Account nr. 690.227-B.

Een volgend bedrag van 200.000 pond dat Noye overbracht naar Mercantile Overseas kwam terecht op de Belleplaine Settlement Account nr. 690.227-C.

En al die tijd, zo hield de bank vol, wist niemand aan wie het geld toebehoorde.

Toen gebeurden er nog gekkere dingen. Het geld dat op deze rekeningen stond – dat zoals werd beweerd het eigendom was van een, volgens de bank, onbekende persoon – werd kennelijk zomaar op eigen initiatief van de bank overgeboekt. Op woensdag 4 juli werd 104.366 pond van de Belleplaine Settlement Account afgehaald en overgemaakt naar de Mangrove Settlement Account nr. 691.343-C. De vrijdag erna haalde de bank nog eens 200.000 pond af van de Belleplaine-rekening en boekte het over naar de Mangrove Settlement Account nr. 691.343-D. Zeventien dagen later werd nog eens 105.000 pond van een andere bank naar de Mangrove Settlement Account nr. 691.343-C2 overgeboekt.

Wederom gebeurde dit alles op eigen initiatief van de bank.

De volgende dag, dinsdag 24 juli, bracht Noye 200.000 pond in contanten naar de Royal Bank of Canada te Londen, die als agent optrad voor Mercantile Overseas en verder niets met deze zaak te maken had. Hij wilde dat het naar Douglas zou worden overgemaakt. En de bank op het eiland Man zette het geld automatisch op Belleplaine Settlement Account nr. 690.227.

Op vrijdag tien augustus stortte een man, wiens identiteit nu nog steeds niet door de politie is achterhaald, nog eens 200.000 pond via de Royal Bank of Canada, die vervolgens op de Mangrove Settlement Account nr. 691.343-E terechtkwam.

De laatste storting – door een tot nog toe onbekende man in Londen – van 112.223 pond vond plaats bij de Mercantile Overseas in Douglas, waar de rekening de naam Mangrove Settlement Account nr. 691.343-F kreeg toebedeeld.

Toen de politie eind 1986 eindelijk al deze tegoeden wist te achterhalen, konden ze het meeste van wat volgens hen aan Noye toebehoorde, in beslag nemen.

Maar er ontbrak nog 975.000 pond.

De verklaring van de bank kwam erop neer dat op een dag in november 1986 – een maand na de arrestatie van Relton – een man met een Duits accent die zichzelf Captain Schulz noemde, het bankfiliaal in Douglas was binnengelopen en zijn geld had verlangd. De bankemployés begrepen absoluut niet waar hij het over had, totdat hij de datums waarop hij beweerde het geld te hebben gestort, de hoogte van het bedrag, en de overboekingen die hij had geregeld, wist te noemen. Doordat hij in staat was de de bank ervan te overtuigen dat het geld dat op de nr. 691.343-serie van de Mangrove Settlement Account uitstond van hem was, willigden ze zijn verlangens in en maakten de 975.000 pond zomaar over naar Duitsland.

Op dat ogenblik had de politie Parry en Noye gearresteerd en de bankrekeningen in vier landen, en op de Kanaaleilanden en Man laten bevriezen. Bovendien hadden ze 1,5 miljoen pond op de bankrekening van Noye in Dublin ontdekt, maar op de een of andere manier hadden ze de 2,5 miljoen pond die Jeannie Savage daar verstopt had over het hoofd gezien. Haar geld bleef daar gedurende vijf jaar onaangeroerd liggen. Ze liet het daar staan, waarbij ze door rente te trekken de oorspronkelijke 2,5 miljoen pond geleidelijk zag aangroeien tot 4,1 miljoen – pas toen wist de politie beslag te leggen op het geld. Uiteindelijk ontdekten ze ook nog andere bankrekeningen van onder meer Brian Perry, Gordon John Parry, de Elcombes en John Lloyd.

Van de oorspronkelijke 26 miljoen pond was nu bijna 21 miljoen pond teruggevonden.

Maar alles veranderde toen John Fordham stierf.

Er was een politieagent gedood.

De hoofdcommissaris van de Metropolitan Police gaf het Brinks-Mat-onderzoek een nog hogere prioriteit en er werd duidelijk harder aan de zaak gewerkt. Bovendien stelde hij een speciaal team samen uit leden van het hoofdkorps, dat vervolgens met het onderzoek naar de witwaspraktijken werd belast.

Een van de mannen die ervan werden verdacht deelgenomen te hebben aan de overval was de professionele crimineel John Fleming, die naar Spanje gevlucht was. Hij werd daar gesignaleerd; en met medewerking van de Spaanse autoriteiten werd hij daar door Britse undercover-agenten in de gaten gehouden. Ze installeerden zich zo dicht bij zijn huis, dat ze iedere beweging van hem konden volgen. Ze luisterden ook zijn telefoongesprekken af. Maar in die tijd bestond er nog geen uitleveringsverdrag met het Verenigd Koninkrijk. Het enige wat ze dus konden doen, was waarnemen en bewijsmateriaal tegen hem verzamelen.

En Fleming had gewoon kunnen blijven waar hij was – zich veilig wanend omdat ze niets tegen hem konden ondernemen – als zijn paspoort niet zou zijn verlopen.

Omdat er in Londen een arrestatiebevel tegen hem was uitgevaardigd, kon hij onmogelijk zijn paspoort laten verlengen bij het plaatselijke Britse consulaat. En Fleming wist dat hij zonder geldig paspoort niet in Spanje kon blijven. Dus vluchtte hij het land uit.

Hij vertrok naar het Caribisch gebied – met de Britse rechercheurs op zijn hielen – en toen hij ontdekte dat hij daar niet kon blijven, koos hij voor Latijns-Amerika. Toen ook dat mislukte, maakte hij een grote vergissing door naar de Verenigde Staten te reizen.

Hij werd, op verzoek van de Engelse autoriteiten, onmiddellijk door de Amerikanen gearresteerd, waarna de uitleveringsprocedure begon. Fleming bracht de eropvolgende maanden door in een gevangenis in Florida, terwijl hij in beroep ging tegen zijn uitlevering. Hij verloor. En enkele uren na het vonnis werd hij gehandboeid en op het vliegtuig naar Londen gezet.

Ditmaal was het geluk aan de zijde van Fleming.

Het verlopen paspoort had Scotland Yard gedwongen te vroeg in actie te komen. Er wordt nu aangenomen dat als Fleming in Spanje was gebleven, de politie voldoende tijd had gehad om voldoende bewijsmateriaal tegen hem te verzamelen voor een onherroepelijke veroordeling. Ze moesten hem echter aanhouden op het moment dat de Amerikanen hem uitwezen, en hun aanklacht – en zijn vermeende deelname aan de Brinks-Mat-roofoverval – uitsluitend baseren op wat er tot dan toe aan bewijsmateriaal voorhanden was. Aangezien dat onvoldoende was om de rechter en de jury te overtuigen, ging John Fleming vrijuit.

Maar tijdens het afluisteren van zijn telefoongesprekken in Spanje was de politie achter de relatie van Fleming met Patrick Bernard Arthur Diamond gekomen, die op Man een dienst voor het oprichten van bedrijven leidde met de naam Comprehensive Company Management (Manx). De politie hoorde Fleming meerdere keren aan Diamond vragen om geld over te maken naar Spanje. Dus ging Scotland Yard zich met Diamond bemoeien, en werd zijn telefoon met medewerking van de politie van Man eveneens afgeluisterd.

Hoewel geen van de anderen die betrokken waren bij het onderzoek betrekkingen leek te onderhouden met Diamond, was het eiland Man te klein om deze schakel zomaar als toevallig af te kunnen doen. Bovendien had Diamond gevoel voor zwarte humor. Hij had onlangs een aantal bedrijven opgericht – die uiteindelijk bij het Brinks-Mat-goud betrokken werden – met namen zoals 'G. Reedy Holdings' en 'Inventive Inventories Inc.'.

Scotland Yard, die hem nauwlettend in de gaten hield, ontdekte dat Diamond iemand was die van uitgaan hield en bijna ieder weekeinde naar Londen reisde. Dus werd hij iedere keer dat hij zich in Londen vertoonde door rechercheurs geschaduwd. De meeste avonden volgden ze hem naar nachtclubs die door mensen uit de onderwereld werden gefrequenteerd.

Alle contacten die hij legde, werden nauwkeurig bijgehouden.

Op een zekere vrijdagavond liet Diamond zich inchecken bij het Westbury Hotel in de Conduit Street in het Londense West End, waar hij een jonge Amerikaan trof die zich onder de naam Stephen Marzovilla had ingeschreven.

De rechercheurs drongen het hotel binnen, nieuwsgierig naar een mogelijk nieuwe speler in het spel en hielden hem vanaf die tijd eveneens in de gaten – hoewel een haastige navraag bij de FBI geen informatie opleverde wat de naam Marzovilla betreft. De telefoons van beide kamers werden afgeluisterd.

Die zaterdagnacht, toen Diamond en Marzovilla uitgingen, werden ze gevolgd door een surveillanceteam, terwijl een tweede team de kamer van Marzovilla binnendrong.

Bij het doorzoeken van de bezittingen van de Amerikaan werden twee interessante – hoewel kleine – dingen gevonden: een levensbeschrijving waarin Marzovilla's beroep als loodgieter en gegevens over vrouw en kinderen, inclusief geboortedatums stonden vermeld. Verder werden twee stiletto's ontdekt die verstopt zaten in een geheim vakje van zijn toilettas.

Voor de politie is zo'n stamboom een aanwijzing dat de verdachte zich een nieuwe identiteit probeert aan te meten. Het was dus zeer waarschijnlijk dat Marzovilla niet zijn echte naam was.

Wat de stiletto's betreft, meenden ze dat die later nog wel eens van pas zouden kunnen komen.

Die maandag werd, voordat Diamond weer naar huis vertrok, een telefoongesprek tussen hem en Fleming opgenomen, waarin ze spraken over een bezoek van 'The Pizza Man' dat later in de week plaats zou vinden. Aangezien Diamond duidelijk op Marzovilla zinspeelde, betekende het dat Fleming hem eveneens kende.

De rechercheurs hielden zich de volgende vijf dagen bezig met het schaduwen van Marzovilla, waarbij ze ontdekten dat hij er een appartement in Chelsea op na hield aan de modieuze en dure Cheyne Walk, en dat hij gebruik maakte van verscheidene bewaarkluizen in het centrum van Londen.

Er werd nu besloten om hem te arresteren.

Maar dat moest met de grootst mogelijke voorzichtigheid gebeuren. Ze wilden hem niet laten merken dat het hun in werkelijkheid om Diamond, Fleming en de bewaarkluizen te doen was. Evenmin wilden ze hem laten weten dat ze hem ervan verdachten een schuilnaam te gebruiken. Dus verzonnen ze een bijzonder scenario.

Marzovilla liet zich op vrijdag uit het Westbury Hotel uitschrijven en nam vervolgens een taxi naar de luchthaven om naar Spanje te vertrekken. Ze lieten hem eerst nog inchecken en doorlopen naar de beveiligingsdienst. Daar wachtte de luchthavenpolitie volgens de instructies op het moment dat zijn handbagage door het röntgenapparaat was gevoerd. Op dat moment namen ze hem terzijde. Ze zeiden dat ze iets hadden gezien dat niet helemaal in orde leek. Hij antwoordde dat hij niet wist waar ze het over hadden. Ze doorzochten zijn tas. Hij wachtte af. Toen ze zijn toilettas doorzochten vonden ze de stiletto's.

Terwijl hij op Heathrow werd vastgehouden wegens poging tot het aan boord van een vliegtuig brengen van gevaarlijke wapens, kreeg de Metropolitan Police gerechtelijke toestemming om de bewaarkluizen te openen. Ze troffen hierin onder andere 100.000 dollar, een Amerikaans paspoort en andere identificatiebewijzen aan – waaronder een rijbewijs – op naam van Craig Jacobs. Die naam werd meteen doorgegeven aan de FBI die daarop antwoordde dat Craig Jacobs een bekende schuilnaam was van Scott Nicholas Errico, een man die wegens drugssmokkel was veroordeeld, maar ervandoor was gegaan na op borgtocht te zijn vrijgelaten. De FBI had wegens deze zaak een opsporingsbevel tegen hem uitgevaardigd.

Maar dat was nog niet alles.

Errico werd ook nog door de FBI gezocht wegens drie moordzaken.

De politie, die zich nog steeds niet in de kaart wilde laten kijken, stelde hem formeel in staat van beschuldiging wegens het bezit van verboden wapens op een luchthaven. Om de gevangene over te kunnen brengen van Heathrow naar het Cannon Row-politiebureau in Londen, werd hij in de boeien geslagen en begeleid door een abnormaal grote politie-escorte. Er waren in feite zoveel mensen op de been, dat zelfs Marzovilla opmerkte dat er wel erg veel gewapende bewakers waren om slechts één man met maar twee kleine messen in bedwang te houden.

Op dat ogenblik moet hij hebben vermoed dat ze hem door hadden, omdat hij, toen ze eenmaal op het politiebureau waren aangekomen, weigerde om mee te werken aan het nemen van vingeraf-

176

drukken. Doordat het zijn goed recht was om dit te weigeren, kon de politie er verder weinig aan doen.

En ook de volgende twee dagen bleef hij bij zijn leugen: hij was loodgieter en heette Marzovilla.

Zijn hardnekkige vasthouden aan dat verhaal bracht de politie enigszins in verlegenheid. Ze moesten onomstotelijk zien te bewijzen wat ze al wisten, namelijk dat Marzovilla en Errico één en dezelfde persoon waren. Het makkelijkst zou dat kunnen gebeuren door het nemen van vingerafdrukken, maar ze konden hem niet dwingen om mee te werken zonder de rest van het onderzoek in gevaar te brengen door het bekendmaken van het tot dan toe ontdekte bewijsmateriaal.

Toen stelde een van de rechercheurs voor om een truc te gebruiken die zo simpel was – zonder enige twijfel de oudste truc uit het boekje – dat de anderen dachten dat hij volslagen gek geworden was. Het was een foefje dat eigenlijk alleen maar in de allerslechtste films voorkomt, en zelfs daar blijkt het meestal niet te werken.

Maar de rechercheur hield voet bij stuk en wilde het per se proberen. Uiteindelijk werd onder veel hilariteit – en een flinke dosis scepsis – toestemming verleend.

Na een uitzonderlijk langdurig verhoor vroeg de betreffende rechercheur of Marzovilla soms een kop koffie wilde hebben. Marzovilla zei dat hij dat wilde. Maar een poosje later keerde de rechercheur terug en verontschuldigde zich voor het feit dat er geen heet water was. 'Het spijt me', zei hij, 'is een glas water ook goed?' Marzovilla zei: 'Graag.' Hij pakte het glas op, dronk wat en zette het terug op tafel. Zodra hij dat deed, griste de rechercheur het weg.

Zelfs Marzovilla was bereid om toe te geven dat ze hem hadden beetgenomen. Het gerechtelijk laboratorium ontdekte een aantal puntgave vingerafdrukken op het glas, en de FBI bevestigde dat Stephen Marzovilla, alias Craig Jacobs, in werkelijkheid Scott Nicholas Errico was. Niet zozeer loodgieter als wel professionele huurmoordenaar.

Hoewel Errico meer dan achttien maanden lang zijn uitwijzing bleef aanvechten, daarbij aanvoerend dat de moorden op een schip buiten de Amerikaanse territoriale wateren hadden plaatsgevonden, besliste het gerechtshof anders en werd hij uitgeleverd aan de Verenigde Staten. Daar werd hij schuldig bevonden en kreeg hij een levenslange gevangenisstraf opgelegd.

De zakentransacties van Errico hielpen de politie bij het leggen van de link met Diamond. De twee beheerden samen het bedrijf Castlewood Investment. Zodra de Britse politie het bewijs had verkregen dat Diamond zaken deed met een reeds eerder veroordeelde drugssmokkelaar, droegen de autoriteiten van Man Diamond op om alle dossiers van Castlewood Investments te overleggen. De dossiers, tezamen met de verklaringen die Diamond tegenover de politie aflegde toen hij uiteindelijk werd gearresteerd, leidden het spoor naar Michael Levine, een advocaat in Miami. Scotland Yard lichtte de DEA in, die de bankrekeningen van Levine onderzocht en ontdekte dat Diamond tien miljoen dollar via deze connectie had witgewassen.

Veel van het geld werd door Diamond op de simpele, klassieke manier voor Levine witgewassen – die directe contacten onderhield met de Colombiaanse drugskartels. De Amerikaanse douane verlangt bijvoorbeeld van iedereen die het land binnenkomt met contant geld of cheques aan toonder van meer dan 10.000 dollar om dit aan te geven. Dus vloog Diamond telkens naar Miami met een cheque aan toonder ter waarde van 250.000 dollar die getrokken was op de rekeningen van een van zijn vele bedrijven, en vulde hij de benodigde formulieren in voor het declareren van de cheque. Wanneer hij eenmaal met een kopie van de formulieren kon bewijzen dat hij zoveel geld in het land had ingevoerd, vernietigde hij de cheque. Levine gaf hem vervolgens 250.000 dollar in contanten, die Diamond vervolgens weer meenam naar het buitenland. In het zeldzame geval dat hij zou worden aangehouden door de Amerikaanse douane, was hij in staat om de vereiste papieren te tonen.

In de loop van enkele jaren had Diamond negentig bedrijven voor Levine opgericht. Hij kocht voor Levine eveneens Strangers

Key, een van de kleine eilanden van de Bahama's. Toen Levine echter ontdekte dat het eiland niet groot genoeg was voor een landingsstrook – met andere woorden te klein om er met een vliegtuig drugs mee te smokkelen – verkocht hij het weer.

Diamond werd in maart 1986 gearresteerd, waarna hij bekende betrekkingen met Fleming te hebben onderhouden. Hij gaf ook toe in totaal negentien miljoen dollar te hebben witgewassen voor Levine. Als gevolg van zijn benarde positie besloot Diamond om samen te werken met de DEA en tegen Levine te getuigen.

Voor zijn aandeel in de Brinks-Mat-affaire werd een boete tegen Diamond geëist in een Amerikaanse civiele procedure, waarbij volgens de anti-afpersingsstatuten (RICO) de opgelegde boete het driedubbele kan zijn van het bedrag van de aangerichte schade. Omdat het Brinks-Mat-goud 26 miljoen pond waard was, werd de boete door het gerechtshof op 78 miljoen pond gesteld.

Een aantal andere zaken zijn nu ook in verband gebracht met de Brinks-Mat-affaire, als gevolg waarvan 29 personen voor de rechter zijn gebracht. Door geknoei met de jury en bedreigingen is de procesvoering echter danig in de war geschopt. In een bepaalde zaak moesten er vier afzonderlijke processen worden gevoerd, en in alle vier moest de jury worden beschermd.

De meeste bendeleden zijn in de gevangenis terechtgekomen. Ondanks het feit dat Kenneth Noye werd vrijgesproken van de moord op John Fordham, kreeg hij 14 jaar voor zijn manipulaties met het goud. Parry kreeg tien jaar. Perry negen, Relton twaalf en Jeannie Savage vijf. John Lloyd wachtte begin 1994 nog steeds op zijn proces – meer dan tien jaar na de misdaad. De Elcombes werden vrijgesproken. De mysterieuze Duitser, kapitein Schulz, is nog steeds op vrije voeten, hoewel de politie hem heeft opgespoord en in de gaten houdt. Het geld dat hij meenam van Man kon gevolgd worden naar Duitsland, waar het eerst naar een bank in Kiel, vervolgens naar een bank in Hamburg en uiteindelijk naar een vestiging van de National Westminster in Oost-Londen werd overgemaakt.

Relton is nu weer op vrije voeten en Noye wordt binnenkort vrijgelaten. Een aantal van de kleinere criminelen is eveneens op vrije voeten.

De twee die nog voor een langere periode hun straf zullen moeten uitzitten zijn Mickey McAvoy en Brian Robinson. Hun straf zit er pas op in 2011, hoewel er een mogelijkheid bestaat van voorwaardelijke vrijlating in 2004.

Intussen is hun geld verdwenen.

De twee mannen die de grootste roof uit de Britse geschiedenis hebben gepleegd – en die 25 jaar moeten uitzitten – moesten dus machteloos toekijken hoe een groep kleine criminelen hun buit erdoor joeg.

Het is zeer waarschijnlijk dat ze erg verbitterd zijn.

En volgens de politie is het eveneens zeer waarschijnlijk dat wanneer hun straf er eenmaal op zit, de witwassers de 26 miljoen pond die ze erdoor hebben gejaagd duur zullen moeten betalen.

Het verhaal heeft nog een merkwaardig staartje.

Toen het Amerikaanse onderdeel van de zaak was afgehandeld, had de Drug Enforcement Administration 380 miljoen dollar aan drugsinkomsten in beslag genomen. Vervolgens schreef de Amerikaanse regering een cheque uit voor de helft van dat bedrag om de Metropolitan Police te bedanken.

Dit heet 'delen in de bedrijfsmiddelen', iets wat de Amerikanen doen om de internationale samenwerking in de oorlog tegen drugs aan te moedigen. Maar aan het geld wordt een voorwaarde verbonden. Het kan overal aan gespendeerd worden – uitrusting, wapens, opleiding en opsporing – maar het moet wel te maken hebben met de strijd tegen drugs.

Hiertegen maakten de Britten bezwaar. Of zoals een hooggeplaatste politiefunctionaris het uitdrukte: 'De Metropolitan Police moet niet worden gezien als een stelletje premiejagers.' Vanuit Whitehall kwam het besluit dat het geld naar de schatkist moest gaan.

Nee, zeiden de Amerikanen, zo zit deze deal niet in elkaar. Het gaat naar de politie en die moeten het gebruiken in de strijd tegen drugs.

Verhitte debatten werden gevoerd op het ministerie van Binnenlandse Zaken.

Kom nu toch, drongen de Amerikanen aan, we hebben de voorwaarden erg ruim gesteld. Jullie zijn vrij om het op allerlei mogelijke manieren in te vullen. Jullie kunnen van alles doen met het geld, zolang het maar aan de doelstellingen van het winstdelingsprogramma voldoet.

Na maandenlang geruzie over en weer, zei de regering dat ze de gift alleen kon accepteren als er geen voorwaarden aan zouden worden verbonden.

Dus zeiden de Amerikanen sorry, en hielden hun 190 miljoen dollar.

HOOFDSTUK 10

De cocaïne-connectie

'Hij ziet er niet zo gevaarlijk uit.'
'Jij hebt hem nog nooit zien glimlachen!'
– ACHTER DE RUG VAN PABLO ESCOBAR GEFLUISTERD

Geld en drugs zijn onlosmakelijk met elkaar verbonden. Het overgrote deel van het zwarte geld dat in de wereld in omloop is, is zonder enige twijfel afkomstig van de illegale drugshandel. Het eclatante succes van de internationale drugs-smokkelaars – vooral degenen die in heroïne, cocaïne en crack han-delen – is eveneens zonder enige twijfel direct gebaseerd op het ver-mogen om hun winsten wit te wassen.

Zoals bij elk bedrijf wordt een gedeelte van de omzet opnieuw gebruikt voor de produktie- en distributiekosten. Maar wat de drugshandel betreft, is dit maar een klein percentage, aangezien de winstmarges bij de groothandelsprijzen wel op kunnen lopen tot 500 à 1000 procent. Dat heeft tot gevolg dat de dealers kolossale winsten op hun bankrekeningen kunnen bijschrijven, die ze – na het geld wit te hebben gewassen – in legale ondernemingen investe-ren om uiteindelijk weer andere criminele activiteiten te kunnen financieren.

Met een onstuimige vaart en kracht die elke legale bedrijfstak overtreft, vormt de drugshandel een vloedgolf die fragiele econo-mieën met zich mee sleurt. In kleine, stoffige stadjes zoals Atoka (Oklahoma) en Roma (Texas) zijn de vastgoedprijzen omhoogge-schoten tot recordbedragen toen rijke, kooplustige Mexicanen zich daar vestigden. Ze hebben de plaatselijke economie volledig de das omgedaan. In kleine landen zoals Bolivia, Peru, Ecuador en Colombia heeft de drugsinfrastructuur zich ontwikkeld tot een kankergezwel, die zowel het politieke als het rechterlijke systeem heeft aangetast.

Volgens sommigen is de drugseconomie zo allesoverheersend, dat drugshandelaren tot de invloedrijkste personen van de wereld zijn gaan behoren. De hoeveelheid geld die ze hebben weten te bemachtigen en beheren, heeft zulke monsterachtige proporties aangenomen, dat veel derde-wereldlanden op geen enkele manier hun economieën draaiende zouden kunnen houden als ze geen inkomsten zouden hebben uit de drugshandel. De gigantische hoeveelheid dollars die dankzij de cocaïne-industrie nog steeds naar Colombia stroomt, vormt de enige reden waarom de lokale peso tot de meest stabiele munteenheden van Noord- en Zuid-Amerika behoort.

Voor dergelijke landen zijn de drugseconomieën de officieuze vorm van Amerikaanse ontwikkelingshulp. Als het mogelijk zou zijn om in die gebieden een definitief einde te maken aan de drugsinkomsten, zouden Colombia, Bolivia en Ecuador alleen nog op de been kunnen worden gehouden door een massale import van harde valuta – nu in de vorm van pure liefdadigheid door het Westen. Zelfs een olieproducerend land als Venezuela zou het waarschijnlijk niet kunnen redden zonder hulp.

Tijdens de Cartagena-top, begin 1990, bood de Amerikaanse regering aan om in vijf jaar tijd 1,5 miljard dollar te schenken aan een groep landen voor de uitvoering van herbeplantingsprogramma's voor landbouwgewassen. Colombia, Bolivia en Peru wezen het aanbod af omdat ze dit bedrag ontoereikend vonden. De Boliviaanse regering verklaarde dat zij minstens de helft van het totale bedrag nodig had om zo'n plan te kunnen laten werken. De Peruanen zeiden dat ze minstens één miljard dollar nodig hadden, en zelfs als ze het hele bedrag zouden krijgen, was een goed resultaat nog geenszins verzekerd.

En zelfs als Amerika het volle bedrag zou uitbetalen en Bolivia en Peru al hun cocaplanten zouden vernietigen en alle drugshandel

zouden uitbannen, dan nog zou het effect op de wereldmarkt verwaarloosbaar klein zijn. Op de vraag zou dan onmiddellijk worden
ingesprongen door verschillende andere cocaproducerende landen.

De geldbedragen waar het om gaat, zijn nauwelijks te bevatten
met het gewone verstand. Enkele jaren geleden moest de inmiddels
overleden leider van een Colombiaans cocaïnekartel, Pablo Escobar, veertig miljoen dollar afschrijven omdat het weg lag te rotten in
een Californische kelder. Hij kon het niet snel genoeg in het witwascircuit krijgen. Hij stopte er al zoveel geld in dat de machinerie
overbelast werd en de stoppen van het systeem doorsloegen.

Toen hij voor de eerste keer werd gearresteerd – en het gerucht de
ronde deed dat hij wel eens aan de VS zou kunnen worden uitgeleverd – bood Escobar aan om persoonlijk de staatsschuld van Colombia af te lossen in ruil voor zijn vrijlating.

Alle pogingen om de internationale consumptie van drugs te verminderen of zelfs maar op de een of andere manier beheersbaar te
maken, zijn mislukt – en niet alleen mislukt, ze zijn jammerlijk mislukt.

De Amerikaanse douane, in een gezamenlijke inspanning met de
kustwacht en de US Navy – die met tot de tanden toe bewapende
kruisers met geleide projectielen aan boord in de Golf van Mexico
en de Caribische Zee patrouilleerden om vliegtuigen en schepen op
te sporen die drugs aan boord hebben – gaf 1,1 miljard dollar uit in
de periode 1992-1993 in een poging om drugssmokkelaars te onderscheppen. Dat resulteerde volgens een geheim rapport van de
Nationale Veiligheidsraad in een volslagen mislukking. Geconfronteerd met dat rapport, moest minister van Justitie, Janet Reno, toegeven dat de gehele operatie die zeer veel geld had gekost, geen
resultaat had opgeleverd. 'Ik heb sinds ik hier in functie ben, niets
gezien wat erop zou kunnen duiden dat het een succesvolle onderneming is geweest.'

Nu er meer drugs op straat worden aangeboden dan ooit tevoren,
is het niet verwonderlijk dat veel politiemensen het gevoel krijgen

184

met een verloren strijd bezig te zijn. Hoe zou je ooit een twaalfjarige zwarte of Latijnsamerikaanse jongen in Harlem ervan kunnen overtuigen dat hij naar school moet gaan om een vak te leren waarmee hij later tien dollar per uur kan verdienen, terwijl hij de afgelopen twee jaar crack aan zijn vrienden heeft verkocht en daarbij duizend dollar per dag heeft opgestreken?

De oorsprong van het probleem ligt bij de economieën van de derde-wereldlanden. Er is meer geld te verdienen met het kweken van maankoppen (voor de opiumproduktie) of cocaplanten dan met de sinaasappel-, katoen-, bananen- of koffieteelt.

Suikerriet, bijvoorbeeld, wordt geoogst, geraffineerd, verpakt, verscheept, verkocht en uiteindelijk in de supermarkten aangeboden voor één tot anderhalve dollar per kilo. Heroïne doorloopt vrijwel hetzelfde proces – oogst, raffinage, verpakking, verscheping, marketing en groothandel – alleen wordt er hier geen winkelprijs doorberekend. En de groothandelsprijs voor heroïne is 30.000-35.000 dollar per kilo. Waarom zou iemand die de keus wordt gelaten – en ook maar een klein beetje verstand van rekenen heeft – in 's hemelsnaam suikerriet gaan verbouwen?

Bovendien komen de drugsdollars uit het buitenland – ze worden in de plaatselijke economie ingevoerd, versterken de betalingsbalans, verminderen de druk op de nationale reserve aan dollars en vormen een krachtige impuls voor het verhogen van de plaatselijke levensstandaard.

In de derde-wereldlanden lopen erg veel mensen rond die maar niet inzien hoe het in hun belang kan zijn om de drugshandel te bestrijden; in het industriële Westen daarentegen lopen erg veel goedbedoelende mensen rond die er geen flauw benul van hebben hoe het is om in de rest van de wereld te moeten leven.

Enkele jaren geleden poogde een groepje van deze weldoeners om een herbeplantingsprogramma van de grond te krijgen in het gebied langs de Afghaanse grenzen, waar de maankop het belangrijkste landbouwgewas is. Ze vonden dat de plaatselijke bevolking maar orchideeën moest gaan kweken. Niet alleen waren de de Afghanen

hiertegen om economische redenen, maar de westerse missionaris-
sen hadden er in het geheel niet bij stilgestaan dat de grond er volledig ongeschikt is voor deze teelt.

En zelfs als er orchideeën op de maan wilden groeien, hoeft een
boer geen universitaire graad in economie te hebben behaald om te
beseffen dat als hij zijn maankoppen oogst om aan de toenemende
vraag op de opiummarkt te kunnen voldoen, hij in ieder geval zijn
gezin kan voeden, en dat wanneer hij sorghum, suikerriet of tabak
verbouwt, hij en zijn gezin honger zullen moeten lijden.

De prijzen op de legale goederenmarkt zijn de afgelopen twintig
jaar enorm gekelderd, terwijl de schuldenlast van de derde-wereldlanden omhoog is geschoten. Misschien is het ooit zinnig geweest
om programma's op te stellen waarmee de drugsgewassen in de derde
wereld vervangen konden worden door maïs, alfalfa en tomaten; dat
was toen er nog een bloeiende markt bestond voor maïs, alfalfa en
tomaten. Maar die tijd is voorbij. Preken afsteken tegen Bolivianen
– of Colombianen, Peruvianen, Thailanders of Cambodjanen –
over de simpele geneugten van de beetworteleteelt is gewoonweg
onzin. Het is net zo onzinnig als een straatjochie in New York ervan
proberen te overtuigen dat een loodgietersopleiding voor hem de
meeste perspectieven biedt.

Volgens een bepaalde bron in Washington ligt de oorzaak van de
huidige crisis in het agressieve uitleenbeleid van Amerikaanse en
Europese banken aan ontwikkelingslanden in de jaren zeventig en
tachtig. Het onvermogen om deze schulden in te lossen heeft het
hele westerse bankstelsel ontwricht. Aangezien de cocaïne-industrie de grootste werkgever is in Bolivia, Colombia en Peru, kan het
nauwelijks enige verbazing wekken dat de opbrengsten van de
drugshandel terugkeren naar het Westen in de vorm van schuldaf-
lossingen van Latijns-Amerika.

Deze fondsen – nu witgewassen – zijn dezelfde fondsen die langzamerhand de ook liquiditeit van de westerse banken zijn gaan garanderen.

Ironisch genoeg keert het drugsgeld dat van de valleien van Peru via verscheidene ministeries van Financiën in Latijns-Amerika stroomt, weer terug naar de directieraad van de grote westerse banken.

Naarmate de cocaproduktie in landen als Peru over de afgelopen vijf jaar met het zes- tot zevenvoudige is toegenomen, zijn de inkomsten uit de drugshandel – in elk geval die winsten die hun weg hebben gevonden naar landen die lid zijn van de Bank for International Settlements – gegroeid van 350 miljard naar 500 miljard dollar.

Naar verluidt behoort ongeveer de helft hiervan toe aan de grote drugskartels. Een rapport uit 1990 aan de leiders van de zeven grootste industrielanden onthulde dat 50 tot 70 procent van de opbrengst van alle drugshandel ter wereld via het westerse bankstelsel wordt witgewassen. De drugsdealers die alleen in Amerika en Europa opereren, wassen volgens schattingen jaarlijks zo'n 100 miljard dollar per jaar wit – een bedrag dat hoger is dan het bruto nationaal produkt van 90 procent van alle landen die op dit moment vertegenwoordigd zijn in de Verenigde Naties.

Nu moeten officiële cijfers altijd met een korreltje zout genomen worden omdat het overal ter wereld een gewoonte van overheidsinstellingen is om bedreigende situaties flink te overdrijven om vervolgens met een gladgestreken gezicht overdreven hoge budgetten te kunnen claimen. Maar nu er een wereldwijde toename van drugsinkomsten zichtbaar wordt, treden twee onmiskenbare feiten aan het licht:

Ten eerste – schokkend genoeg – wordt er vandaag de dag over de hele wereld meer geld besteed aan illegale drugs dan aan voedsel.

En ten tweede heeft steekproefsgewijs medisch gerechtelijk onderzoek in de Verenigde Staten aangetoond dat vrijwel ieder bankbiljet dat in omloop is, microscopisch kleine sporen van cocaïne draagt. Met andere woorden, vrijwel ieder Amerikaans bankbiljet dat in omloop is, is op een gegeven ogenblik gebruikt bij een drugsdeal.

Drugshandel in het algemeen en cocaïnehandel in het bijzonder vormen momenteel de ruggegraat van verschillende Latijnsamerikaanse economieën.

De Medellin- en Cali-kartels worden vaak aangeduid als de enige succesvolle multinationale ondernemingen van de regio. Maar ze zijn dan ook bezig met een bedrijfstak waar de winstmarge enorm hoog is. Ongeveer twintig procent van de groothandelsprijs bij export naar het Westen, wordt besteed aan onkosten – teelt, omkoping, smokkelen en afschrijving van drugs die onderweg worden gestolen of geconfisqueerd. De rest – een verbluffend grote marge van tachtig procent – is pure winst.

Als men ervan uit gaat dat de schatting van de Amerikaanse overheid op waarheid berust, namelijk dat er jaarlijks voor zo'n 200 miljard dollar aan drugs alleen al in de VS wordt ingevoerd – ruwweg een derde van de totale import in het land – dan betekent dat, dat het overgrote deel van de 160 miljard dollar weer terugkeert naar de drugsbaronnen, waarmee ze op de lijst van de rijkste mannen ter wereld kunnen worden geplaatst. Minstens drie Colombiaanse kartelleiders worden tot de vijf rijkste mannen ter wereld gerekend, waarbij ze slechts de sultan van Brunei en koning Fahd van Saoedie-Arabië voor moeten laten gaan. Zelfs hun luitenants worden geacht rijker te zijn dan de koningin van Engeland.

Maar een heel klein deel van de mondiale cocaïneproduktie vindt plaats in Colombia – slechts zo'n tien procent. De kartels halen het grootste deel van hun produkten uit Peru en Bolivia. De chemicaliën die voor de produktie nodig zijn, kopen ze in Duitsland, Brazilië en, verrassend genoeg, de Verenigde Staten. Aangezien ongeveer tien procent van de Colombiaanse werkende bevolking op de een of andere manier bij de handel in verdovende middelen is betrokken, is het niet verwonderlijk dat Pablo Escobar Gaviria – oprichter van het Medellin-drugskartel – een tijdlang de grootste en belangrijkste werkgever van het land kon zijn.

Medellin, hoofdstad van de provincie Antioquia ergens aan de westelijke kant van Centraal-Colombia, ligt op 250 kilometer afstand van Bogotá. De stad die in 1675 werd gesticht, ligt in een dal, zo'n 1500 m boven zeeniveau. Het is de op één na grootste stad (1,6 miljoen inwoners) en tevens het belangrijkste industriële centrum van het land. De lokale fabrikanten produceren staal, textiel, rubber, elektronica en tabak.

Gedurende de jaren tachtig en het begin van de jaren negentig was het de gevaarlijkste stad van het westelijk halfrond. Veel misdaden werden toen niet – en worden nog steeds niet – onderzocht omdat de politie voortdurend werd geïntimideerd. Zelfs de DEA, die daar ooit een kantoor had, verliet de stad om veiligheidsredenen. Ze wilden hun medewerkers in leven houden.

Escobar was een stevige man van 1,68 m, met krullend zwart haar, die af en toe een zwarte snor droeg. Ondanks zijn onschuldig voorkomen, was hij een meedogenloze, koelbloedige moordenaar die jarenlang werkte aan een Robin Hood-achtig imago.

Hij vertelde de mensen dat hij in afschuwelijke armoede was opgegroeid. Dat is niet waar. Hij werd in december 1949 geboren in Rionegro en groeide op in Envigado, een arbeiderswijk in Medellin. Zijn moeder was onderwijzeres. Zijn vader was een redelijk succesvolle boer.

De tiener Escobar was zijn carrière begonnen als kleine crimineel. Na het verlaten van de middelbare school begon hij als leerling van een kleine smokkelaar die handelde in kleine elektrische apparaten, gestolen uit loodsen aan het Panamakanaal. Hij werkte zich omhoog via zwaardere misdrijven, maar verdiende nooit echt veel geld tot aan het begin van de jaren zeventig, toen hij een plaatselijke industrieel ontvoerde. Vanaf dat moment kwam hij in de drugshandel terecht.

In september 1974 werd hij gearresteerd en veroordeeld wegens de smokkel van 39 kg cocaïne; maar hij kocht een aantal mensen om, waardoor hij na drie maanden alweer vrijkwam en alle aanklachten tegen hem werden ingetrokken. In de vijf jaren erna werd hij meermalen gearresteerd wegens het dealen van drugs, waarna hij ook telkens weer werd vrijgelaten.

In het begin verdween er alleen nog maar bewijsmateriaal.

Later verdwenen er ook getuigen, agenten en rechters.

Toen Carlos Mauro Hoyos, de minister van Justitie van Colombia, er voor het eerst voor pleitte om drugshandelaren uit te leveren aan de VS, werd hij in het centrum van Medellin vanuit drie auto's vol handlangers van Escobar door machinegeweren neergemaaid. In 1989 beraamde Escobar het plan – dat hij vervolgens ook ten uitvoer bracht – om een vliegtuig van Avianca op te blazen; hierbij kwamen 107 inzittenden om het leven. Hij was betrokken bij de moord op een rechter van het hooggerechtshof en tientallen gewone rechters. Hij organiseerde een campagne van bomaanslagen die tegen regeringsfunctionarissen en leden van concurrerende bendes in Medellin waren gericht, waarbij 300 bommen tot ontploffing werden gebracht en evenzoveel doden vielen. En begin 1993 richtten zijn mannen een bloedbad aan, waarbij 178 lokale politieagenten werden vermoord. In het totaal was Escobar rechtstreeks verantwoordelijk voor enkele duizenden moorden.

Zijn weg naar de top begon hij samen met een oude jeugdvriend, Jorge Luis Ochoa Vasquez.

Ochoa had samen met zijn broers Juan en Fabio een smokkelroute opgezet naar de VS, waarvoor hij zijn in Miami gevestigde import-exportbedrijf Sea-8 Trading gebruikte. Ochoa werd naar Miami gestuurd om het cocaïnenetwerk over te nemen, dat door een van zijn ooms op poten was gezet. Rond 1978 bracht Ochoa wekelijks 100 kg drugs naar de VS. Maar de DEA kreeg hem al snel in de gaten en zette een valstrik om hem te vangen. Hij ontsnapte op een haar na en vluchtte terug naar Colombia. Zijn jongere broer Fabio nam toen zijn zakelijke belangen in Miami over.

Weer terug in Medellin begon Jorge zijn eigen ambities te verwezenlijken. Hij gaf opdracht tot de moord op zijn oom en nam zijn plaats in als leider van het familiebedrijf. Voor Escobar was het aangaan van een zakelijke relatie met Ochoa een natuurlijke manier om hun beider belangen uit te breiden – hoewel ze in dat stadium op nog betrekkelijk kleine schaal opereerden.

Carlos Enrique Lehder Rivas was de nieuwste partner van Escobar.

Hij werd geboren in de provincie Quinido, 290 km ten zuiden van Medellin en vertrok op vijftienjarige leeftijd met zijn moeder naar de Verenigde Staten. Hij was ongeveer even oud als Escobar en Ochoa. Tien jaar later zat hij opgesloten in een federale gevangenis wegens het in bezit hebben van 100 kg marihuana. Hij deelde zijn cel met de drugsdealer George Jung uit Massachusetts. Jung, die zeven jaar ouder was dan Lehder, leerde hem alle kneepjes van de marihuanahandel kennen. Toen Lehder vernam dat Jung duizenden kilo's het land binnen had gesmokkeld vanuit Mexico, vroeg hij zich af waarom iemand zich met de marihuanasmokkel zou bezighouden, terwijl cocaïne veel makkelijker te smokkelen was en bovendien veel meer opleverde.

In 1976 werd Lehder op vrije voeten gesteld en uitgewezen naar Colombia. Hij vestigde zich in Medellin waar hij een autohandel begon en contact opnam met Jung, die al weer was vrijgelaten uit de gevangenis. Omdat hij door zijn voorwaardelijke invrijheidstelling geen recht had op een paspoort, stuurde Jung zijn vriend en handlanger Frank Shea naar Medellin. Het bezoek resulteerde in een overeenkomst waarbij Lehder cocaïne zou leveren aan Jung en Shea, die het vervolgens via het oude marihuananetwerk van Jung zouden distribueren.

Lehder wendde zich tot Escobar en Ochoa voor het leveren van de drugs, waarmee het Medellin-kartel zijn marktaandeel wist uit te breiden.

Escobar, die een theorie had ontwikkeld dat de Noordamerikaanse en Europese markten het best konden worden veroverd door ze voortdurend te overspoelen met drugs, had een bepaald verliespercentage ingecalculeerd – van ladingen die door de politie werden ontdekt. Maar hij was er absoluut zeker van dat het grootste gedeelte van de drugs zijn bestemming zou bereiken. En doordat hij een hoog winstpercentage van dat deel opstreek, was hij verzekerd van succes.

Om zijn zaken te consolideren, creëerde hij een bepaald imago voor zichzelf. Hij opende de poorten van zijn ranch in Puerto Triunfo aan de Magdalena-rivier en toonde het publiek 'Pablo's Zoo': een aantal giraffen, kamelen en een kangoeroe. Bovenop de poort was een klein vliegtuig aangebracht, waarvan hij opschepperig beweerde dat het hetzelfde vliegtuig was waarmee hij zijn eerste lading coke naar de VS had vervoerd.

Hij trad op als weldoener, waarbij hij rondreed in de auto die ooit van Al Capone was geweest, en zijn drugshandel met rechts-populistische politiek in stand probeerde te houden. Van iedere vliegtuiglading die werd verhandeld, moest van hem twee kilo apart worden gehouden om de armen van Medellin te voeden, te kleden en te huisvesten. Hij ondersteunde de lokale voetbalteams en liet honderden huizen bouwen. In 1982 kozen de inwoners van Medellin hem als plaatsvervangend lid van het Huis van Afgevaardigden van Colombia.

Jorge Ochoa vluchtte in juni 1984 naar Madrid, nadat hij van de moord op de minister van Justitie was beschuldigd. Hij leefde met zijn gezin onder valse naam in een gigantische villa in een buitenwijk, waarbij hij een luxueus leventje leidde van het geld dat hij in Europa witwaste. Hij besteedde zijn geld aan hele wagenparken en aan grond voor bouwprojecten. Maar vijf maanden nadat hij zich in Spanje had gevestigd, werd hij door de politie gearresteerd.

In de VS was een arrestatiebevel tegen Ochoa uitgevaardigd wegens drugshandel, en dus werd een officieel verzoek om uitlevering ingediend. In de eropvolgende twintig maanden vocht Ochoa, die zich gemakkelijk de allerbeste advocaten kon permitteren, zijn uitlevering aan. Toen het duidelijk werd dat hij niet direct zou worden uitgeleverd, wilden de Amerikanen het in het geheim met hem op een akkoordje gooien. De DEA vertelde aan Ochoa's advocaten dat ze wilden dat hij een getuigenverklaring zou afleggen over de betrokkenheid van het sandinistische bewind in Nicaragua bij de drugssmokkel. Als hij daarin zou toestemmen, zo beloofde de Amerikaanse regering, dan zou hun uitleveringsverzoek door de Spaanse autoriteiten worden afgewezen.

Ochoa's antwoord luidde dat hij niets van een dergelijke betrokkenheid afwist. Natuurlijk loog hij, en de Amerikanen wisten dat ook, omdat ze bewijs in hun bezit hadden dat aantoonde dat Ochoa hoogstpersoonlijk had onderhandeld met een hooggeplaatste sandinistische regeringsfunctionaris om een laboratorium voor de verwerking van cocaïne in Nicaragua te kunnen bouwen. Omdat hij weigerde mee te werken hernieuwden de Amerikanen hun pogingen om Ochoa uitgeleverd te krijgen. Maar de Spaanse rechtbank hoorde van de geheime onderhandelingspogingen van de DEA en besliste ten gunste van Ochoa. De rechtbank verklaarde dat de Amerikanen uitsluitend om politieke redenen in hem geïnteresseerd waren – met de bedoeling om de sandinisten in discrediet te brengen – en wees het uitleveringsverzoek af. Ochoa werd in juli 1986 naar Colombia uitgewezen, waar hij zes weken lang in een cel werd vastgehouden.

Omdat uitlevering aan de Verenigde Staten waarschijnlijk het enige is waar de zogeheten *los extraditables* daadwerkelijk bang voor zijn, hebben Ochoa's vriendjes van het kartel gedreigd om de politieke leiders een voor een te elimineren als hij zou worden uitgeleverd aan de Amerikanen. De regering weigerde toe te geven aan dreigementen en pleitte ervoor om Ochoa te laten vervolgen. In plaats daarvan werd hij 'per ongeluk' vrijgelaten.

Ochoa, die gedurende vijf jaar voortvluchtig was, werd in 1991 opnieuw aangehouden. Op dat moment had Ochoa er eindelijk genoeg van gekregen. In afwachting van zijn proces gooide hij het op een akkoordje met de regering en wist zijn gevangenisstraf te beperken tot negen jaar. Hij stemde er ook mee in om een deel van zijn bezittingen af te staan en een boete te betalen van 9.500 dollar – hoogstwaarschijnlijk nog minder dan wat hij dagelijks aan rente ontvangt van zijn witgewassen kapitaal.

Carlos Lehder ging het aanmerkelijk slechter af.

De man die cocaïne in profetische bewoordingen omschreef als 'de atoombom van de derde wereld', werd gevangengenomen tijdens een schietpartij met Colombiaanse regeringstroepen bij zijn villa in de jungle in 1987, en werd vervolgens vrijwel meteen uitgewezen naar de Verenigde Staten.

Zijn proces in Florida werd aangekondigd als een van de belangrijkste gerechtelijke vervolgingen uit de Amerikaanse justitiële geschiedenis.

In de dagbladen werd hij gepresenteerd als narco-terrorist, terwijl de roddelbladen hem omschreven als *el loquito Carlos* – gekke Karel. Elk facet van zijn leven, echt of verzonnen, werd in de media breed uitgemeten. Er werd bijzondere aandacht besteed aan het feit dat hij ooit zijn eigen politieke partij had opgericht – de antisemitische, neonazistische Latijnsamerikaanse Nationale Beweging – die een aantal kleine succesjes kende bij de lokale Colombiaanse verkiezingen. In navolging van Escobar, had ook Lehder goedkope huizen laten bouwen voor bewoners van krottenwijken.

De openbare aanklager verklaarde dat Lehder in 1978 het kleine eilandje Norman's Cay op de Bahama's had aangekocht, de landingsbaan er had laten vernieuwen en het had gebruikt als tussenstation om cocaïne van Colombia in de Verenigde Staten te kunnen invoeren. Zijn voormalige piloot getuigde dat ze de drugs naar de luchthaven van Ft. Lauderdale vlogen, waar ze de vracht uitlaadden zonder enige bemoeienis van de douane en koffers vol contant geld weer inlaadden – wederom zonder dat iemand lastige vragen stelde – waarna ze weer terugvlogen naar Norman's Cay voor de volgende lading. Een andere getuige vertelde hoe Fidel Castro Lehder bij Robert Vesco had geïntroduceerd, en hoe Vesco de principes van het witwassen aan Lehder had uitgelegd.

De verdediging van Lehder probeerde de jury ervan te overtuigen dat deze 39-jarige coke-verslaafde – die een jacht en negentien auto's bezat, opschepte over zijn oneindige hoeveelheid vrouwen, en een naakt standbeeld van een gehelmde John Lennon in zijn privé-discotheek had staan – alleen maar iemand was die niet goed werd begrepen.

Hij werd niettemin schuldig bevonden en veroordeeld tot een levenslange gevangenisstraf plus 135 jaar.

Vervolgens gaf Escobar zich over.

De overheid wilde hem zo graag aanhouden dat ze bereid was om op alle voorwaarden van hem in te gaan. In het begin van de zomer van 1991 verklaarde hij dat hij bereid was om zich in verzekerde bewaring te laten stellen, in afwachting van zijn proces wegens moord en drugshandel, maar alleen op twee voorwaarden: hij wilde de garantie dat hij niet aan de Verenigde Staten zou worden uitgeleverd; en hij moest worden gedetineerd in een gevangenis die speciaal voor hem was ontworpen.

De regering accepteerde zijn voorwaarden.

Dus werd het Amerikaanse verzoek om uitlevering afgewezen, en werd de Envigado-gevangenis volgens zijn aanwijzingen gebouwd in de heuvels die uitkeken op Medellin. De gevangenis werd opgetrokken in *hacienda*-stijl, compleet met zwembad, tennisbaan en sauna. Om tegemoet te komen aan al zijn wensen werd het gebouw ook volgestopt met telefoons en faxmachines. Het werd hem zelfs vergund om zijn eigen plastisch chirurg toe te laten die hem een facelift liet ondergaan.

Voor Escobar betekende de gevangenisstraf een normale voortzetting van zijn zakelijke transacties. Hij zat veilig opgeborgen in een gevangenis die de Colombiaanse overheid jaarlijks een half miljoen dollar kostte, en die bewaakt werd door vijftig van zijn eigen gewapende mensen – met een beveiligingssysteem dat bedoeld was niet alleen om Escobar erbinnen te houden, maar ook om mogelijke moordenaars erbuiten te houden.

Een jaar later, vlak voordat zijn proces zou beginnen, werd hem verteld dat hij overgebracht zou worden naar een gewone gevangenis. Hij weigerde. Er kwamen onderhandelaars naar hem toe, waarbij een gijzelingssituatie ontstond. Het leger werd erbij geroepen en in de verwarring die ontstond, wist Escobar te ontvluchten. Een grootscheepse zoektocht door leger en politie, waarbij 15.000 woningen werden doorzocht, leverde niets op. Het ministerie van

Buitenlandse Zaken van de Verenigde Staten achtte Escobar nu zo gevaarlijk, dat er een prijs van twee miljoen dollar op zijn hoofd werd gezet. Gecombineerd met de 1,4 miljoen die de Colombiaanse overheid reeds als beloning voor zijn aanhouding had uitgeloofd, werd Pablo Escobar de meest gezochte man ter wereld.

Na zich zeventien maanden te hebben schuilgehouden, stierf Pablo Escobar zoals hij de afgelopen twintig jaar had geleefd – op gewelddadig wijze.

Op twee december 1993, de dag na zijn 44ste verjaardag, lokaliseerde de Bloque de Bosqueda – het door de CIA getrainde en door de DEA opgerichte elitekorps van de Colombiaanse veiligheidspolitie – hem in een buitenwijk van Medellin. Hij was een telefoongesprek met zijn zestienjarige zoon aan het voeren. Het korps drong op gewelddadige wijze het huis binnen. Hij werd meteen door een spervuur van kogels neergemaaid, die een einde maakten aan zijn leven.

Hij was dermate ambitieus dat hij graag zou worden herinnerd als een zakenman die ooit tachtig procent van de Amerikaanse cocaïnemarkt in handen had. Hij kraaide van plezier toen hij zichzelf op de lijst zag staan van de rijkste mannen ter wereld in zowel het Forbes- als het Fortune-magazine.

Zijn persoonlijke rijkdom werd op meer dan 3 miljard dollar geschat, hetgeen aan William Bennett – de 'drugstsaar' van de regering-Bush – de uitspraak ontlokte: 'Hij was rijker dan Ross Perot en machtiger dan Dzjengis Khan. Ze zeggen dat hij onoverwinnelijk is.'

Pablo Escobar dacht dat ook. Maar hij zat er behoorlijk naast!

Hij was netzomin onoverwinnelijk als dat hij Robin Hood was.

Internationaal gezocht wegens onder meer drugshandel, moord en ontvoering, is hij de man wiens nagedachtenis wordt beheerst door het belachelijk maken van het Colombiaanse rechtssysteem, het vermoorden van zijn vijanden, het afslachten van onschuldige mensen, het veroorzaken van een lange en uitputtende politieke crisis in zijn land, en het aanrichten van grote schade in de rest van de wereld, waarbij hij vele slachtoffers heeft gemaakt met de drugs die hij verhandelde.

Cali vormt het hart van het landbouwgebied van Colombia.

De stad is een eeuw ouder dan Medellin – maar heeft een iets kleiner inwonertal van 1,4 miljoen – en ligt in het westelijke deel van het land, in het hart van de Cauca-vallei, aan de Cali-rivier niet ver van de monding naar de Atlantische Oceaan. Het is een belangrijk distributiecentrum van koffie, vee, grondstoffen, textiel, chemicaliën, tabak en papierprodukten.

Volgens alle rapporten is het drugskartel dat vandaaruit opereert, niet echt een kartel, het is in ieder geval niet te vergelijken met dat van Medellin. Het werd ogenschijnlijk opgericht door Gilberto Rodriguez Orejuela – een bankier met de bijnaam 'de Schaker' – als consortium van afzonderlijke drugshandelaren. Zijn rechterhand is zijn broer, de advocaat Miguel Rodriguez Orejuela. Hun luitenants zijn de zeer gewelddadige Jose Santacruz Londono – 'de Student' – en een voormalig kidnapper, Geraldo Moncada, die wordt aangesproken als Don Chepe.

Hoewel Pablo Escobar en zijn handlangers tot de bekendste drugscriminelen van Colombia gerekend kunnen worden, behoren de leden van de Cali-bende zonder twijfel tot de gevaarlijkste. Een tijdlang overtroffen ze Escobar wat het plegen van zinloos geweld betreft. Later werden ze verstandiger en pakten ze de zaken subtieler aan door bijvoorbeeld hun geld aan omkoperij te besteden. Toen ze eenmaal van tactiek waren veranderd, werden ze door Amerikaanse functionarissen beschouwd als de hoogst ontwikkelde criminele organisatie ter wereld.

Zij traden voor het eerst voor het voetlicht in november 1975, toen de politie op een lokaal vliegveld 600 kg cocaïne in beslag nam, die ze aantrof in een vliegtuigje dat daar zojuist geland was. De twee piloten werden gearresteerd. In dat weekend werden veertig mensen vermoord.

Enkele jaren later vingen spionnen van Escobar het bericht op, dat de op het nippertje verijdelde arrestatie van Jorge Ochoa in Miami het gevolg was van inlichtingen die het Cali-kartel aan de Amerikanen had verstrekt. Een golf van moorden volgde. De Orejuela's en hun handlangers namen onmiddellijk wraak. Het bloed van de beide kartels werd zelfs in de straten van New York vergoten, in een poging van de Medellin-leiders om de Cali-dealers te verdrijven. Gilberto Orejuela werd gearresteerd en belandde in de gevangenis, maar hij werd al spoedig vrijgelaten – hetgeen Escobar deed concluderen dat hij een deal met de regering had gesloten. Er vielen nog meer slachtoffers aan beide zijden. Op een gegeven moment lag het gemiddelde aantal moorden op tien tot vijftien per dag.

Onlangs nog heeft Orejuela geholpen bij de oprichting van de burgerwacht PEPES – Personen Vervolgd door Pablo Escobar – die wraakzuchtig en hardnekkig de autoriteiten heeft geholpen bij de jacht op zijn hoofdrivaal. Het resultaat ervan was dat de overheid een gedoogbeleid voerden ten aanzien van de Cali-bende, waarbij zij hun houding rechtvaardigden door de Orejuela-aanhangers niet als terroristen te beschouwen, in tegenstelling tot de Escobar-aanhangers.

In plaats van zich bezig te houden met public relations zoals het Medellin-kartel dat deed, heeft het Cali-kartel zich vooral met meer pragmatische zaken beziggehouden – zoals het omkopen van de rechterlijke macht tijdens processen van hun leden. Niet lang geleden, toen een overduidelijk schuldige drugscrimineel vrijgesproken werd door een rechter in Cali, ontstond er in Bogotá zo'n commotie, dat er beroep werd aangetekend en de zaak bij het hooggerechtshof belandde, dat de vrijspraak onmiddellijk nietig verklaarde. De kranten publiceerden het verhaal. Maar de politie van Cali nam niet de moeite om de man opnieuw te arresteren.

Rond die tijd stelde een rechter in Bogotá drie witwassers uit Cali op vrije voeten, omdat de openbare aanklagers zich in de ene zaal bevonden terwijl de advocaten van het kartel de rechtszaak naar een andere hadden verplaatst. Kennelijk waren de openbare aanklagers niet geïnformeerd. De rechter riep op tot het overleggen van de bewijsstukken, en toen daar geen reactie op volgde, liet hij de witwassers gaan.

Al even sterk was het verhaal van de Colombiaanse rechter Esperanza Rodriguez-Arevalo die door de Amerikaanse douane werd aangehouden toen zij naar Miami vloog met een kilo onversneden heroïne in haar bagage. Het Cali-kartel had haar ervan overtuigd, dat ze minstens 250.000 dollar kon verdienen door de drugs daar te verkopen, meer dan ze ooit in haar hele ambtsperiode als rechter zou kunnen verdienen.

Een van de topfiguren bij het Cali-kartel was Gustavo Enrique Pastrana Gomez, die attaché bij de Colombiaanse ambassade in Uruguay was. Hij werd eind 1993 gearresteerd, nadat de DEA in Miami hem in een hinderlaag had gelokt, en aangeklaagd wegens witwassen van zwart geld. Naar verluidt heeft hij Cali-fondsen witgewassen door middel van de aankoop van polopaarden en autowasserijen in Argentinië. Gomez, die de neef van een prominente Colombiaanse politicus is, schepte op tegen een Amerikaanse undercover-agent dat hij wekelijks twee miljoen dollar kon witwassen via zijn netwerk van contacten bij banken in Montevideo.

Op een gegeven ogenblik ontving het kartel maandelijks vijftig miljoen dollar alleen al uit New York, hoewel het toch nog maar steeds een klein deel uitmaakte van de totale hoeveelheid aan drugsinkomsten. In beslag genomen computergegevens leidden na een negentien maanden durende undercover-operatie tot de arrestatie van de plaatselijk leider Ramiro Herrera – broer van Pacho Herrera, een leidend figuur van het Cali-kartel. Behalve het arresteren van 37 andere Cali-leden, die eveneens in de Verenigde Staten waren gestationeerd, nam de politie ook nog eens 1300 kg cocaïne en zestien miljoen dollar in contanten in beslag.

En zelfs dat is nog maar een onbeduidend voorval in de geschiedenis van dit kartel, dat in 1990 de bende van Escobar had overtroffen als 's werelds grootste cocaïneleverancier. Gilberto en Miguel Orejuela, die op z'n minst even rijk zijn als Escobar ooit is geweest, zijn meer ontwikkeld en meer vindingrijk. Onlangs heeft Gilberto geprobeerd om een eigen satelliet te kopen om te voorkomen dat de CIA hun telefoongesprekken en hun faxcommunicatie zou kunnen onderscheppen. Het misdaadgeld is handig witgewassen via een voetbalclub, verschillende banken en een farmacieketen.

Ze houden zich ook aanmerkelijk meer op de vlakte dan Escobar. Hoewel gezegd moet worden dat de Orejuela's er niet voor terugdeinzen om openlijk hun loyaliteit aan hun eigen handlangers te betuigen. Toen een 51-jarige groentenimporteur uit Zuid-Florida werd gearresteerd wegens cocaïnesmokkel, hielden Gilberto en Miguel in het openbaar een vurig pleidooi voor zijn vrijlating.

Harold Ackerman, die door de DEA werd omschreven als de allerhoogste medewerker van het Cali-kartel die ooit in de VS werd gearresteerd, trok eind 1991 voor het eerst de aandacht van de Amerikaanse overheid na een inval in een loods in Miami, waarbij vijftien ton kartelcocaïne werd ontdekt, die verstopt zaten in uitgeholde palen. In april 1992 ontdekten agenten nog eens zes ton cocaïne in een lading broccoli en okra's in Ft. Lauderdale.

Het onderzoek leidde vervolgens tot de arrestatie van een aantal Colombianen die in Zuid-Florida werkzaam waren, en bovendien tot de aanhouding van Jaime Garcia-Garcia, een 43-jarige witwasser voor het Cali-kartel in Bogotá. De Colombiaanse politie, die samenwerkte met de DEA, legde bovendien beslag op 600.000 dollar in contanten, vier vliegtuigen, een geheime wapenvoorraad, een computernetwerk en 101 bankrekeningen – 94 in Latijns-Amerika en zeven in de VS.

Ackerman beweerde dat hij door linkse paramilitaire groeperingen in Colombia gedwongen werd om drugs te verkopen en dreigden om zijn gezin te ontvoeren als hij niet zou meewerken. De jury die het verhaal aanhoorde, weigerde het te geloven en verklaarde hem schuldig.

Onder veel bijval van het opgehitste publiek, schreven de gebroeders Orejuela een open brief naar de DEA, waarin ze voor zijn onschuld pleitten en het bureau beschuldigden van 'ongegronde en permanente agressie'. De DEA reageerde door de broers – tegen wie door de federale overheid meerdere arrestatiebevelen zijn uitgevaardigd – uit te nodigen om naar Florida te komen, waar ze hun zaak persoonlijk konden bepleiten.

Merkwaardig genoeg hebben beide broers het aanbod afgeslagen.

De Colombiaanse overheid trad in 1992 op tegen de kartels door een belasting van tien procent te heffen op al het contante geld dat het land binnenkomt en plaatselijk wordt gedeponeerd. Het is de banken eveneens toegestaan om hun commissies bij het omgaan met contant geld met één derde te verhogen. Als reactie hierop weken de kartels uit naar Venezuela, dat al snel in een nieuw crimineel pretpark werd omgetoverd. Achttien maanden na de overheidsmaatregelen bleek dat 75 procent van alle Colombiaanse cocaïne via Venezuela werd getransporteerd; dat de Venezolaanse banken meer dan veertien miljard dollar aan drugsgelden beheren; en dat er vandaag de dag meer geld via Venezuela wordt witgewassen dan het land aan olie-inkomsten heeft.

Hoge politiefunctionarissen in Caracas hebben de Colombiaanse drugscriminelen ervan beschuldigd in de afgelopen tien jaar één miljard dollar in Venezuela te hebben witgewassen – waarvan de helft in de afgelopen drie jaar. Het meeste geld is afkomstig uit de VS in de vorm van contant geld, cheques en overboekingen via de bank. Het wordt witgewassen via wisselkantoren langs de Colombiaanse grens.

Er is een officieel verzoek aan de regering-Clinton ingediend om in te gaan op beschuldigingen van het witwassen van drugsgeld via de Chase Manhattan Bank, de Bank of America, de International Bank, de Bank Atlantic en de Bank of New York. Er worden ook vier grote Venezolaanse banken genoemd – de Banco Provincial, de Banco Internacional, de Banco de Maracaibo en de Bancor – met daarbij nog een filiaal van de Colombiaanse Banco Tequendama.

Venezuela, dat van Colombia wordt gescheiden door een lange grens die dwars door een onherbergzaam gebied loopt, is een waar paradijs voor cocaïnesmokkelaars. Het is vrijwel onmogelijk om in de grensstreek te patrouilleren, die bestaat uit berggebied in het noorden en vlakten en jungles in het zuiden. Venezuela en Colombia zijn bedrijvige handelspartners, waarbij banken uit het ene land filialen hebben in het andere. De communicatienetwerken tussen beide landen functioneren erg goed, waardoor het elektronische geldverkeer gemakkelijk plaats kan vinden. De financiële markten zijn eveneens behoorlijk ontwikkeld. De valutahandelaren deden er goede zaken. Dat gold ook voor de aandelenmarkt van Caracas, die door de narco-economie in een soort reusachtige witwasmachine werd veranderd. Evenzo deden de banken goede zaken met korte-termijn-schatkistpromessen.

Tot voor kort was het in Venezuela niet verplicht om grote trans-acties in contanten te melden, zelfs niet wanneer de banken en makelaars goede redenen hadden om aan te nemen dat het geld afkomstig was uit de handel in drugs.

De wetten in Venezuela zijn sindsdien verbeterd. Maar de hou-ding van laissez-faire, die nog steeds kenmerkend is voor grote delen van de Venezolaanse financiële gemeenschap, blijft nog algemeen in vrijwel heel Latijns-Amerika.

Argentinië, bijvoorbeeld, staat klaar om in te springen voor Venezuela. Het land, waarvan drugscriminelen ooit meenden dat het te ver uit hun route lag, wordt nu door hen met andere ogen bekeken, waarbij vooral de pas verworven economische stabiliteit goede mogelijkheden biedt om geld wit te wassen. De in- en uitvoer van geld en goederen verloopt heel gemakkelijk in Argentinië. De grens met Bolivia vormt voor smokkelaars nauwelijks een pro-bleem. En de sterk aantrekkende markten van Buenos Aires bieden vrijwel onbegrensde mogelijkheden voor mensen die geld willen investeren. Tijdens het oude regime stelden de rijke Argentijnen hun geld veilig in het buitenland. Nu wordt veel daarvan het land weer binnengevoerd. Die toestroom van geld, gepaard met investe-ringen uit het buitenland – die in gang werden gezet door de privati-sering van voormalige staatsbedrijven – maken dat de invoer van drugsgeld in het land nauwelijks opvalt. Bovendien zorgen de cultu-rele banden van Argentinië met Europa – Spanje vanwege de gemeenschappelijke taal, en Italië, doordat de helft van de Argen-tijnen van Italiaanse afkomst is – voor een vrijwel onbelemmerde toegang tot de Europese markten, valuta en criminele expertise.

Peru is de grootste cocaproducent ter wereld. Een overeenkomst tussen drugsbaronnen en maoïstische guerrillastrijders heeft de cocaïnehandel daar groter gemaakt dan ooit. Naar schatting kauwt zo'n tien procent van de gehele bevolking – meer dan twee miljoen inwoners – regelmatig op cocabladeren. De belangrijkste streek voor produktie is de Opper-Huallaga-vallei, waar de hoeveelheid banken die in dollars handelen vergelijkbaar is met die van veel kleine Amerikaanse steden. Op iedere willekeurige dag verwisselt zo'n drie tot vijf miljoen dollar van eigenaar in de Oconastraat – het hart van de informele deviezenmarkt van Lima.

Aan de overkant van de grens, in Bolivia, neemt de markt in cocabladeren en cocapasta een volle tachtig procent van de nationale inkomsten aan dollars voor zijn rekening. Gedurende verscheidene jaren was de Boliviaanse drugsbaron Jorge Roca Suarez de belangrijkste leverancier van cocapasta voor Pablo Escobar.

Roca voerde zijn wereldwijde operaties uit vanuit een herenhuis met negentien kamers in San Marino (Californië). De bende van Escobar verwerkte de pasta tot poeder, smokkelde het naar de Verenigde Staten, verkocht het en gebruikte een deel van het geld om Roca te betalen. Roca verdiende in de loop van een aantal jaren vijftig miljoen dollar voor het leveren van meer dan een ton cocapasta per week.

In het begin vervoerde hij het geld terug naar Bolivia met hulp van koeriers. Later ontdekten zijn huishoudster en zijn zuster dat ze contant geld Bolivia binnen konden smokkelen door het in apparatuur te verstoppen. Ze speelden het klaar om 200.000 dollar in een paar luidsprekerboxen, 400.000 dollar in een stofzuiger en twee miljoen dollar in een koelkast te verstoppen. Roca werd uiteindelijk gearresteerd en veroordeeld wegens cocaïnefabricage, illegale gelduitvoer, belastingontduiking en witwassen van zwart geld. Hij werd veroordeeld tot 35 jaar dwangarbeid.

Jammer genoeg vormen mensen als Roca niet het eigenlijke probleem, en lost zijn veroordeling tot langdurige gevangenisstraf eigenlijk niets op.

Volgens de Boliviaanse wet is het volkomen legaal om cocaplanten te kweken. De Bolivianen kauwen de bladeren, roken ze en verwerken ze in gerechten. En dat deden ze reeds voordat de Inca-cultuur zich hier manifesteerde.

Hoewel derivaten van de coca er verboden zijn, heeft de regering uit traditionele overwegingen de Yunga-streek van La Paz aangewezen als het gebied waar cocaplanten verbouwd mogen worden.

Om de traditie in de hand te houden, heeft de overheid geprobeerd om de struiken elders te vernietigen. Maar het spuiten met verdelgingsmiddelen heeft inmiddels grote delen van het land onvruchtbaar gemaakt en het kan nog jaren duren voordat er weer andere landbouwgewassen kunnen groeien. De CIA heeft aangeboden om via satellieten inlichtingen te verschaffen om de cocaplantages op te sporen. Maar er zijn beperkingen aan de informatie die via satellieten kan worden doorgegeven en er kunnen alleen maar bepaalde gebieden mee worden bestreken. Cocastruiken worden pas waargenomen als zeer grote oppervlakken ermee worden bedekt. Kleinere plantages kunnen niet altijd worden waargenomen. Dus komen er in de praktijk voor iedere grotere plantage die wordt opgeruimd, een aantal kleinere in de plaats.

De Bolivianen hebben ook geprobeerd om de duizenden chemische laboratoria op te sporen en te vernietigen, die verspreid liggen over het hele land, en waar de bladeren tot cocaïne worden verwerkt.

Het is makkelijker om een naald in een hooiberg te vinden.

En dan is er nog Mexico.

Vandaag de dag wordt vijftig tot zeventig procent van alle cocaïne die de Verenigde Staten wordt binnengesmokkeld, via Mexico vervoerd. Het land is ook de primaire leverancier van ruwe opium, die na raffinage wordt omgezet in zuivere heroïne die voor consumptie geschikt is. Bovendien is Mexico de belangrijkste leverancier van marihuana voor Amerika.

Met een 3200 km lange grens, die op zijn best zeer slecht bewaakt wordt, en op zijn slechtst helemaal niet, is het niet moeilijk te begrijpen dat Mexico de voordeur is geworden die toegang biedt tot 's werelds grootste drugsmarkt.

De politiekorpsen functioneren er slecht, omkoperij is er schering en inslag, een groot deel van het justitiële apparaat is volslagen corrupt – letterlijk duizenden functionarissen van het ministerie van Justitie en federale agenten zijn in de afgelopen jaren ontslagen wegens het samenzweren met drugscriminelen – en voor het overige deel heeft de overheid zich machteloos getoond.

In Washington – met name bij de DEA – overheerst de mening dat 'Mexicanen de ergste zijn'.

Hand in hand met het produceren van drugs en de smokkelarij, zijn ook de witwasmogelijkheden in Mexico toegenomen. De grens met de VS is vergeven van de *casas de cambio* – grenswisselkantoren – die door de Mexicaanse overheid niet worden verplicht om er een degelijke boekhouding op na te houden, of personen die grote geldtransacties verrichten naar hun identiteit te vragen. Maar dit geldt evenmin voor de Mexicaanse banken. Er is geen noemenswaardige controle van geld dat het land in of uit wordt gevoerd.

Evenmin gelden er in Mexico wetten die het maken van winst uit de verkoop van drugs strafbaar stelt. Met andere woorden, de autoriteiten hebben niet het recht om uit drugsverkoop afkomstige bezittingen in beslag te nemen. Als ze een dealer die drugs vervoert in zijn vliegtuig aanhouden, dan kunnen ze zijn vliegtuig confisqueren. Maar als hij drugsgeld gebruikt om een chic hotel in Puerto Vallarta te kopen – zelfs wanneer hij veroordeeld is – mag hij dat behouden.

De situatie is dermate uit de hand gelopen, dat sommigen menen dat de VS het Noordamerikaanse Vrijhandelsakkoord nodig heeft, enkel en alleen om het drugsgeld dat in zuidelijke richting verdwijnt weer terug te krijgen.

Richard Nixon heeft de zaken er niet beter op gemaakt toen hij in juli 1969 aankondigde dat zijn regering een nieuwe politiek zou voeren in de strijd tegen drugs. Misschien zou hij het wel de status van 'totale crisissituatie' hebben toegekend, als Amerika niet ook nog eens verwikkeld was geraakt in de oorlog in Vietnam.

De cocaïne was juist begonnen haar intrede te doen in de Amerikaanse cultuur. Nixon trad dit probleem met een kinderlijke naïveteit tegemoet, en kwam tot de conclusie dat marihuana en cocaïne even gevaarlijk waren. Als zondebok koos hij Mexico uit.

Vervolgens liet hij de surveillance van Amerika's zuidgrens opvoeren en dwong de Mexicaanse regering tot het vernietigen van de hennepvelden. Hij slaagde erin om amateur- en gelegenheidssmokkelaars de voet dwars te zetten – jongens die marihuana uit eigen kweek verkochten. Maar hij schiep daarmee wel enorme mogelijkheden voor professionele criminelen – de volwassenen die zich ook met cocaïne bezighielden. Doordat cocaïne in poedervorm wordt geconsumeerd, is het veel makkelijker te smokkelen dan balen marihuana, en daardoor minder riskant. Bovendien ligt de winstmarge van dit produkt veel hoger. Het resultaat van Nixons totale oorlog tegen drugs, was dus het creëren van een enorm competitief voordeel voor de gevaarlijkste van beide drugs.

Tegen de tijd dat Jimmy Carter zijn intrede deed in het Witte Huis, begonnen de zaken volslagen uit de hand te lopen. Vele Amerikaanse steden veranderden van groothandelsmarkten voor marihuana in belangrijke handelscentra voor cocaïne. Het werd één groot feest voor groothandelaars, straatdealers, pooiers, smokkelende piloten en bestuurders van speedboten, en corrupte federale agenten.

Voor de witwassers was het als de wederkomst van de Heer op aarde.

Toen het CBS-televisieprogramma '60 Minutes' de omvang van het probleem bij de kijkers thuis bracht en toonde hoe verder volkomen respectabele zakenlieden een graantje mee probeerden te pikken van deze criminele praktijken, gaf Carter zijn goedkeuring aan de oprichting van een speciaal team dat uit verschillende diensten was samengesteld – Operation Greenback.

De douanebeambten en IRS-agenten, die vanuit Miami opereerden, probeerden individuen die grote sommen geld bij de bank deponeerden te identificeren en te benaderen. Ze stelden altijd de vraag: 'Waar heeft u het geld vandaan?' Wanneer de verdachte antwoordde dat het in Amerika verdiend geld was, sprak de IRS van 'belastingontduiking'. Als de verdachte zei dat het geïmporteerd was, dan nam de douane het over en definieerde het als 'smokkelen'. Veel personen konden niet met een goede verklaring komen waar hun geld vandaan kwam – omdat het overduidelijk drugsgeld was – en verdwenen daarom in de gevangenis. In andere gevallen besloten mensen bij wie veel contant geld en maar weinig plausibele verklaringen werden gevonden, om de autoriteiten een handje te helpen bij hun onderzoek in de hoop dat erkentenis van overheidswege zou zorgen voor strafvermindering.

Het succes van Operation Greenback – 215 aanklachten, het beslag leggen op 38,8 miljoen dollar aan valuta en 14,6 miljoen dollar aan bezittingen, plus 120 miljoen dollar aan boetes – gaf de aanzet tot de oprichting van andere gecoördineerde operaties door verschillende diensten, waaronder de oprichting in 1984 van de Organized Crime Drug Enforcement Task Force.

Ronald Reagan benoemde George Bush als nationale voorvechter in de strijd tegen drugs. Maar de vice-president, met al zijn goede bedoelingen, voelde niet veel voor een strenge financiële aanpak. Binnen een jaar nadat hij de taak op zich had genomen, degradeerde hij Operation Greenback van een gecoördineerd team met een hoofdkwartier in Washington tot een kleinere eenheid die vanuit het kantoor van een officier van justititie in Miami werd geleid.

Het onvermogen van Bush om het probleem op te lossen, bleek onder meer uit de cijfers van de geldoverschotten. De federale regering ziet toe op de hoeveelheden geld binnen het bankwezen. Een geldoverschot betekent dat er in een bepaald gebied meer kapitaal wordt aangetroffen dan onder normale omstandigheden zou worden verwacht. Toen Bush Operation Greenback devalueerde, schoot het geldoverschot alleen al in Jacksonville en Miami omhoog met 5,2 miljard dollar.

Net zoals toen Nixon gepreoccupeerd raakte met de Mexicaanse grens, gingen de witwassers, toen Washington zijn krachten bundelde in Zuid-Florida, op zoek naar groenere weiden – in dit geval Zuid-Californië. Het geldoverschot in Los Angeles, dat snel omhoogschoot naar drie miljard dollar, was het directe gevolg van die verhuizing.

In weerwil van het overvloedige bewijs van het tegendeel, meende de regering-Reagan dat witwassers zich niet meer met contant geld bezighielden. Er werd in die dagen zelfs op papier vastgelegd dat professionele criminele financiële managers hun bankzaken uitsluitend nog elektronisch afhandelden. Voor de vuilniszakken vol contant geld die dagelijks op het scherm tijdens het avondnieuws verschenen bij iedere drugsarrestatie, haalde het Witte Huis zijn schouders op en beweerde dat witwassers altijd wel een kleine hoeveelheid contant geld op zak hebben, zoals alle ondernemers.

Terwijl Reagan en Bush hard de andere kant opkeken, verscheen de crack.

Deze kristallijne vorm van cocaïne, die goedkoper is dan heroïne en cocaïne en net als hasj wordt gerookt, heeft een straatwaarde van tien tot twintig dollar voor één dosis. Nu de Noordamerikaanse cocaïnemarkt verzadigd raakte – en de cocaïneprijzen daalden – zagen de kartels crack als een financieel godsgeschenk. Eén ons cocaïne is goed voor meer dan duizend porties crack, waardoor de winst kon worden verdubbeld.

Halverwege de jaren tachtig sleepten beide Colombiaanse kartels de crack aan met tonnen tegelijk.

De goedkope zakjes – van vijf en tien dollar – trokken een nieuwe groep consumenten aan, zodat de markt voor de kartels kon worden uitgebreid. Omdat deze nieuwe handel niet meer dan een paar dollar beginkapitaal vereist, verscheen een nieuwe klasse van verkopers op straat – zwarte Amerikaanse tieners.

Er was eens een tijd dat sport de enige mogelijkheid was voor een jonge zwarte Amerikaan om uit het ghetto te ontsnappen en terecht te komen in de duurdere – en veiligere – blanke wijken. Als iemand honkbal of American football – of beter nog basketball – kon spelen, had hij kans op onderwijs en de mogelijkheid om door te stoten naar het professionele circuit. Slechts een klein percentage van de jongeren schopte het ooit zo ver, maar er was hoop dankzij de professionele sport. En in sommige gevallen bleek die hoop voldoende te zijn.

Crack bracht daar verandering in.

Toen George Bush het presidentschap aanvaardde, probeerden functionarissen van de DEA en de douane hem ervan te overtuigen dat elke serieuze poging om een einde te maken aan de produktie van illegale drugs niet alleen zeer duur, maar ook zeer nutteloos zou zijn.

In Laos, bijvoorbeeld, zo argumenteerden ze, werkten militaire leiders en hoge regeringsfunctionarissen openlijk en op grote schaal samen bij de opiumproduktie. Een zeer geheim document van het Amerikaanse ministerie van Buitenlandse Zaken onthulde, om het argument nog eens wat meer te onderbouwen, dat de drugshandel in Laos een dermate groot deel van de lokale economie in beslag neemt, dat deze de facto deel uitmaakt van de overheidspolitiek.

De president werd ook op de hoogte gesteld van een toenemende betrokkenheid van Syrië bij de teelt, raffinage en handel van drugs.

De CIA heeft herhaaldelijk aan Bush verkondigd dat de Syrische overheid meer dan één miljard dollar per jaar verdiende – dat is twintig procent van het nationale inkomen – uit de opium- en hasj–industrie in de Bekaä-vallei in Libanon. Het belangrijkste afzetgebied was – en is nog steeds – Amerika. Als boosdoeners werden door de CIA de broer van de Syrische president, de minister van Defensie en het hoofd van de militaire inlichtingendienst aangewezen.

Maar Bush had de Syriërs nodig tijdens Operation Desert Storm, en later ook aan de onderhandelingstafel bij de vredesbesprekingen in het Midden-Oosten. Dus kneep de Amerikaanse overheid, in ieder geval op korte termijn, een oogje dicht waar het ging om de heroïne van de Bekaä-vallei die jaarlijks goed was voor een omzet van één miljard dollar.

De functionarissen die uit ervaring wisten wat de oorlog tegen drugs nu eigenlijk voorstelde, drongen er bij Bush voortdurend op aan om zijn fondsen beschikbaar te stellen voor het gevecht aan het financiële front. De reactie van de president was een aanval op twee fronten. Thuis wilde hij het drugsgebruik ontmoedigen door middel van educatie, waarmee hij hoopte dat de straatdealers van het toneel verdwenen. Wat het buitenland betreft, wilde hij Amerikaanse troepen de bergen van Colombia insturen. Een grote arrestatiegolf zou hun eerste prioriteit moeten zijn.

De massale golf bleek niet veel meer om het lijf te hebben dan een tijdelijke hoogwaterstand. Tussen 1989 en 1991 werden in het totaal 26 kartelleden gearresteerd en uitgewezen naar de Verenigde Staten. Eventjes leek het erop dat de Colombiaanse autoriteiten echt van plan waren om de kartels aan te pakken. Toen kwam er een einde aan dit alles. De wetgevende macht in Bogotá vaardigde een wet uit die uitlevering ongrondwettig verklaarde. Toen richtte de aandacht van de president zich weer op de buitenlandse politiek en Saddam Hoessein. Tenslotte moest de Golfoorlog nog steeds worden gevoerd. De oorlog tegen drugs was toen al verloren.

HOOFDSTUK 11

La Mina

'Drugsgeld vermengt zich vrijelijk met de levenskracht van de wereldeconomie, als een virus in de bloedbaan.'
— TIME MAGAZINE

Maart 1986. Ze wisten dat ze hem konden vertrouwen. Hij was een Argentijn die in Uruguay woonde, een handelaar in edelmetaal die zaken deed op de juweliersmarkt in Los Angeles, respectabel genoeg op het eerste gezicht, begin veertig, met een goede reputatie en beschikkend over de juiste contacten. En hebzuchtig.

Hij was de perfecte partner. Dus benaderden de Colombianen Raul Vivas met een rechttoe-rechtaanvoorstel. Ze wilden dat hij hun persoonlijke witwasser werd. Hij zou daarbij een volle vijf procent commissie opstrijken.

Vijf procent van 500 miljoen dollar per jaar is een hoop geld. Vivas hoefde er niet lang over na te denken. Vijf procent van 500 miljoen dollar per jaar was meer dan waarvan hij ooit had kunnen dromen.

Hij zei, reken maar op mij.

En dat deden ze.

Omdat hij wist dat de eenvoudigste methode vaak de beste is, richtte hij een paar dekmantelbedrijven op in Montevideo. Het eerste, Letra SA, was een goudhandel. Het tweede, Cambio Italia SA hield zich zogenaamd bezig met de valutahandel. Toen de twee bedrijven eenmaal waren opgericht, vloog Vivas naar Los Angeles, waar hij een kantoor opende in het West Coast Jewelry Center –

South Broadway 610, met uitzicht op het Pershing Square – in het hartje van het juweliersdistrict.

Hij en zijn nieuwe vrienden hadden een plan uitgedacht, waarbij al het geld dat de Colombianen ontvingen uit hun coke- en crack-deals in de VS, via een dekmantelbedrijf in het Newyorkse juweliersdistrict zou worden gesluisd, waarna het vervolgens per koerier naar Los Angeles zou worden gebracht, en het uiteindelijk bij hun kantoor zou worden afgeleverd. Daar zou het geld geteld en gebundeld worden. Vivas zou vervolgens het geld gebruiken voor de aankoop van goud in allerlei verschijningsvormen – schroot, staven etc. – waarbij hij een hogere prijs dan normaal betaalde aan handelaren die bereid waren om grote hoeveelheden contant geld aan te nemen.

Met zijn gedegen kennis van deze markt was hij ervan overtuigd dat veel handelaren meer dan bereid zouden zijn om op zijn aanbod in te gaan.

Toen hij eenmaal zijn goud had, smolt hij het om en vermengde het met zilver om het op Zuidamerikaans goud te laten lijken wat het uiterlijk en het gewicht betreft, aangezien dit gewoonlijk van lagere kwaliteit is dan het Amerikaanse goud.

Letra SA in Montevideo verscheepte vervolgens met goud geplateerde loden staven van Uruguay naar Californië, waarbij het bedrijf de lading als Zuidamerikaans goud liet factureren. Zodra de lading was aangekomen, liet hij de geplateerde loden staven vernietigen, terwijl het goud van Raul – voorzien van alle benodigde papieren – naar New York werd gestuurd om op de vrije markt te worden verkocht. Het geld van die verkoop werd vervolgens overgeboekt naar Cambio Italia, die vervolgens Letra uitbetaalde, dat het geld uiteindelijk aan de Colombianen overhandigde.

Het was een perfecte methode.

En een tijdlang werkte het wonderbaarlijk goed.

Oktober 1987.

Eduardo Martinez Romero was een viespeuk.

212

Maar hij was een erg rijke viespeuk – net als al zijn vrienden – en hij leefde op een reusachtige, zwaar gefortificeerde ranch buiten Medellin.

Net zoals bij al zijn erg rijke en erg gore vrienden, was beveiliging een van de grootste onkostenposten van Eduardo.

Hij vertelde andere mensen niet veel over zichzelf, maar wanneer hij dat wel deed – wanneer hij er zin in had of zich daartoe verplicht voelde – zei hij dat hij een econoom was die internationaal opereerde. Een van die globetrottende zakenlieden die geld met geld verdienen. Soms schepte hij erover op dat hij in het bezit was van een waardevol marketingdiploma.

Niet dat hij zijn visitekaartjes in het rond strooide.

Maar als hij wel zo iemand was geweest, als hij een van die uitbundige, joviale types zou zijn geweest met wie u soms in het vliegtuig in de stoel naast u zit opgescheept – het soort dat zegt, bel me op de volgende keer dat u in de stad bent, dan gaan we samen lunchen – dan zou er op zijn visitekaartje te lezen zijn: Hoofdconsulent van Financiële Zaken van het Medellin Cocaïnekartel.

Hij was de belangrijkste witwasser van Pablo Escobar, Jorge Ochoa en José Rodriguez Gocha.

Om die reden kwam Jimmy Brown bij hem op bezoek.

Deze gedrongen, Newyorkse drugscrimineel van middelbare leeftijd, die beweerde over de juiste mafiacontacten te beschikken, maakte een afspraak met Eduardo op zijn ranch – iets wat niet eenvoudig voor elkaar te krijgen was – en vloog naar Colombia.

Toen Jimmy uiteindelijk ging zitten, oog in oog met Eduardo, wilde deze weten waarvoor hij kwam. Jimmy vertelde hem dat hij op avontuur uit was. Eduardo vroeg hem wat hij te bieden had. Jimmy antwoordde, ik ben witwasser. Eduardo haalde zijn schouders op en zei dat er voor hem niets wit te wassen viel. Jimmy drong aan en zei dat er altijd wel wat wit te wassen viel. Eduardo vertelde hem dat hij te laat was gekomen. En toen vertelde Eduardo hem zomaar alles over de operaties van Raul in Los Angeles.

Hij legde uit hoe alles zich afspeelde rond namaakgoudtransporten uit Zuid-Amerika. Hij onthulde hoe het goud langs verscheidene juwelierszaken in New York en Los Angeles werd gesluisd. Hij ging zelfs zo ver om uit te leggen dat het geld vanuit New York werd overgemaakt naar de Banco de Occidente in Panama-Stad in Panama.

Jimmy liet hem rustig door babbelen.

Eduardo snoefde dat het de beste en efficiëntste witwasmachine in de VS was. Hij beweerde dat Raul alleen al in de afgelopen dertig dagen twaalf miljoen dollar had witgewassen.

Toen grapte hij dat het net zo iets was als het bezitten van een goudmijn.

En hij noemde het 'de mijn' – *La Mina*.

Geenszins uit het veld geslagen ging Jimmy door met het bewerken van Eduardo. Hij stelde dat het onverstandig was voor het kartel om op één paard te wedden. Hij zei dat hij iets anders te bieden had. Hij deed een plan uit de doeken waarin de drugs via Atlanta (Georgia) aan de man zouden worden gebracht; de winsten zouden dan worden witgewassen via circuits die hij daar al had opgezet.

Eduardo bleef volhouden dat hij niet geïnteresseerd was. En toen Jimmy die nacht de ranch verliet, was er geen overeenkomst gesloten.

Maar iets wat Jimmy had verteld, moet hem aan het denken hebben gezet, aangezien hij twee dagen later Jimmy opbelde om te zeggen dat hij nog een andere bespreking wilde.

Deze keer werd Jimmy naar een nog beter beveiligde ranch gebracht. Het leek wel Fort Knox.

Deze keer kreeg hij de baas te spreken – Pablo Escobar.

Jimmy begon zijn hele verhaal weer af te steken.

Escobar luisterde aandachtig.

Jimmy dacht dat hij het voor elkaar had.

Op dat moment sprong een van Pablo's mannen plotseling op en schreeuwde dat hij onraad rook. Hij beschuldigde Jimmy ervan een undercover-agent te zijn van de Drug Enforcement Administration.

De hele sfeer was meteen bedorven.

Jimmy hield voet bij stuk. Niemand hoefde hem te vertellen dat hij oog in oog stond met de dood.

De leden van het kartel overlegden wat ze met Jimmy zouden doen.

Terwijl zijn leven aan een zijden draad hing, probeerde Jimmy zich eruit te bluffen. Hij zette zich schrap. Hij kon weinig anders doen. Hij moest Escobar ervan overtuigen dat hij degene was die hij beweerde te zijn. Hij hield voet bij stuk. En wachtte op het oordeel. Plotseling zei Escobar dat hij vond dat hij wel in orde was. Escobar zei tegen hem dat ze een plan zouden uitwerken.

Dus gingen Jimmy en het Medellin-kartel zakendoen, en tegen januari 1988 was er via hun gezamenlijke onderneming in Atlanta al twaalf miljoen dollar witgewassen en op een Panamese bankrekening van het kartel geplaatst.

Maar toen kwam er een kink in de kabel.

Een transport van één miljoen dollar in contanten werd onderschept door de Amerikaanse autoriteiten. God mag weten hoe ze het gevonden hebben. Maar ze vonden het. Ze ontdekten het en namen het in beslag, en Eduardo was razend. Hij eiste dat Jimmy met een redelijke verklaring op de proppen kwam. Dus zei Jimmy dat hij het inderdaad uit kon leggen en arrangeerde een ontmoeting met Eduardo op zeventien januari in Panama-Stad. Ze kwamen overeen dat ze elkaar zouden treffen op het hoofdkantoor van de Banco de Occidente.

Jimmy arriveerde met zijn partner, een in Cuba geboren en in Miami opgegroeide oplichter, die zichzelf Alex Carrera noemde.

Eduardo arriveerde met zijn legertje bodyguards.

Jimmy en Alex moesten wachten terwijl Eduardo in de bank rondparadeerde alsof hij de eigenaar was. Hij speelde de grote ster met veel machtsvertoon en kraaide van plezier toen hij met veel egards door de employés werd ontvangen.

Maar zodra ze alleen waren – toen alleen nog Eduardo, Jimmy en Alex aanwezig waren – veranderde zijn humeur. Eduardo richtte zich tot hen. Hij was kwaad om Jimmy's blunder van één miljoen dollar.

Jimmy argumenteerde dat dit nu eenmaal de prijs is die voor dit soort zaken moet worden betaald,

Eduardo wilde er niets van weten.

Jimmy zei dat hij wist dat het kartel het geld allang had afgeschreven.

Maar Eduardo bleef voortdurend herhalen, 'niets ervan, niets ervan'. Hij bleef maar volhouden dat dit geen manier van werken was. Hij waarschuwde dat hij het geld vergoed wilde zien.

Jimmy zei dat ze wel een oplossing zouden kunnen vinden.

Zeker, zei Eduardo, en schold vervolgens Jimmy en Alex uit omdat hun witwasoperaties te traag verliepen. Jullie zijn te langzaam. La Mina is veel sneller. Vertel me, zo eiste hij, vertel me precies hoe het witwascircuit in Atlanta in elkaar steekt.

Alex wist de vraag te omzeilen door de stellen dat dit noch het juiste tijdstip, noch de juiste plaats was om zulke gevoelige zaken aan de orde te stellen.

Eduardo bleef maar doorhameren over de details.

Nu viel Jimmy Alex bij, en zei dat dit niet het juiste moment was.

Om de een of andere reden nam Eduardo gas terug. Hij zei, oké, later. En de drie maakten een afspraak voor een volgende bijeenkomst.

Het volgende gesprek vond zeven weken later plaats, op 8 maart, in een suite van vijfhonderd dollar per nacht op Aruba. Eduardo, Jimmy, Alex en nog iemand die ze introduceerden als de man die de leiding had over de operatie in Atlanta, gingen zitten voor het gesprek.

Eduardo zou beter hebben moeten weten dan zomaar een vreemdeling bij deze ontmoeting te accepteren. Maar er was voldoende drank aanwezig, en naarmate Eduardo steeds dieper in 't glas keek, begon hij meer en meer op te scheppen over het succes van La Mina.

'Het is misschien niet goed om geld in het rond te verplaatsen, maar het is niet illegaal', zei hij. 'Als ze me zouden pakken, zou ik zeggen dat het me speet. Ik zou de belasting betalen, weglopen en het zou goed zijn, dat zou mijn schadepost zijn om dat geld te kunnen beschermen en er zijn veel goede manieren om dat te doen.'

'In de afgelopen 45 dagen', zo ging hij verder, 'heeft Raul 28 miljoen dollar witgewassen. En het allermooiste is nog dat het geld de witwascyclus in maar 48 uur doorliep.'

'Dat zijn twee dagen', herinnerde hij Jimmy en Alex en hun partner. 'En die twee dagen zijn twee keer zo snel als jullie het kunnen doen.'

Jimmy en Alex waren het ermee eens dat dat behoorlijk snel was.

'Daar kun je donder op zeggen', hield Eduardo aan.

'Dus dit is wat er gaat gebeuren. Jullie gaan La Mina evenaren en ons geld binnen twee dagen afleveren. En we gaan jullie ook korten op jullie commissie. Jullie gaan terug van zeven procent naar zes procent omdat jullie geld van ons hebben verloren.'

Jimmy en Alex protesteerden. 'Zo werkt deze deal niet', zeiden ze, 'reken maar niet op ons, niets ervan.'

Eduardo vertelde ze ronduit dat of ze het nu leuk vonden of niet, het voortaan zo zou zijn.

Jimmy en Alex probeerden op alle mogelijke manieren om Eduardo tot een compromis te bewegen. Maar hij gaf geen krimp. Hij bleef maar op dreigende toon herhalen, 'Er valt niet over te discussiëren.'

Dus deze ronde was voor Eduardo.

Jimmy en Alex wisten beiden dat dat ze er uiteindelijk weinig aan konden doen.

Er zat voor Jimmy en Alex weinig anders op dan zichzelf te troosten met het feit dat het nog altijd goedkoper was dan vermoord te worden.

Januari 1988.

Rond deze tijd begon Raul Vivas in ernstige problemen te geraken. Er werd zoveel contant geld in het systeem gevoerd, dat de goudhandelaren met wie hij zaken deed het niet meer aankonden. Hij moest uitbreiden. Dus haalde hij er nog wat mensen bij.

Een van hen was de 47-jarige Syriër Wanis Koyomejian – door vrienden Joe genoemd – die in 1980 naar de VS was gekomen. Hij had een bedrijf dat Ropex heette en gevestigd was in een aantal chique suites op de achtste verdieping van het International Jewelry Center.

Raul haalde er ook nog de gebroeders Andonian bij – Nazareth en Vahe – die een makelarij in de buurt hadden, op de tweede verdieping van een van de oorspronkelijke gebouwen van het juweliersdistrict, West 5th Street 220. De twee broers, die in Beiroet waren geboren, waren rond dezelfde tijd als Koyomejian naar de VS geëmigreerd.

Deze drie, zo redeneerde Raul, zouden de rest van het contante geld wel kunnen verwerken. Maar hij vond dat hij ook nog iemand nodig had om de extra hoeveelheid goud te hanteren die bij het bedrijf in LA binnenkwam. Dus besteedde hij die klus uit aan een paar vrienden die zich in Miami hadden gevestigd.

En al die tijd bleef het geld maar binnenstromen.

Het duurde niet lang, of Raul moest weer uitbreiden, dus besteedde hij nog meer werk uit aan vrienden in New York en Houston.

En nog steeds konden ze het allemaal maar nauwelijks bijbenen.

Op zijn zachtst gezegd was La Mina een bloeiend bedrijf.

Maart 1988.

Eduardo begon te lijden aan verbale diarree.

Hij hield ervan om op te scheppen. En elke keer wanneer hij Jimmy en Alex ontmoette, was het alsof hij zijn mond niet kon houden. Hij verklapte ze bijna alles. Hij was ze gaan vertrouwen en zag ze kennelijk zelfs als een soort kameraden.

Op hun beurt vertelden ze hem erg weinig.

Maar het zou ook niet erg verstandig geweest zijn om te bekennen dat Jimmy eigenlijk John Featherly heette, en dat Alex' eigenlijke naam Cezar Diaz was, en dat de witwasoperatie die ze voor Eduardo uitvoerden, volledig door de DEA werd gefinancierd.

Juni 1988.

Een hooggeplaatste functionaris van de Wells Fargo Banking Corporation in San Francisco kreeg de weinig verheven taak toebedeeld om geldstortingen bij de bank te controleren.

Hij zat in zijn kantoor, terwijl hij als een robot pagina na pagina van de computerafdrukken zat door te werken. Het leek een eindeloze stroom. Pagina na pagina, allemaal leken ze op elkaar. Totdat één ervan zijn aandacht trok.

Stortingen van contant geld.

Een goudhandel in Los Angeles – met de naam Andonian Brothers – had in minder dan drie maanden tijd bijna 25 miljoen dollar in contanten op een bankrekening bij een van de filialen van Wells Fargo gestort.

Dit was nu precies datgene waar hij op zoek naar was. En dus deed hij precies datgene wat hem was gevraagd te doen als hij zoiets zou ontdekken. Hij belde onmiddellijk met de belastingdienst.

September 1988.

Een beambte van de expeditie-afdeling van Loomis Armored Car Company in Los Angeles controleerde een vracht die zojuist uit New York was aangekomen met een vliegtuig van United Parcel Service.

Het was gewoon een routineonderzoek. Het betekende niet meer dan het vergelijken van de opschriften op de pakjes en kartonnen dozen met de vrachtlijst. Het controleren van de nummers. Nagaan of alles wat er hoorde te zijn er ook daadwerkelijk was.

Toen zag hij een doos die toevallig was opengescheurd. Volgens de vrachtbrief zou deze lading goudresten moeten bevatten, die door een edelsmid in New York naar goudhandel Ropex werden gestuurd, naar suite 970 van het International Jewelry Center, South Hill Street 550 in het centrum van Los Angeles.

Hij was niet bepaald onder de indruk van de opgegeven inhoud, aangezien Loomis vaak vrachten van grote waarde vervoerde. Maar wat hem dwars zat, was dat de zo kostbare lading zo slecht verpakt zat.

Hij boog zich voorover om de schade op te nemen en bekeek de inhoud.

In plaats van goud, was de doos volgepropt met geld. Stapels geld. Stapels groene briefjes in bundeltjes bij elkaar gepakt.

Omdat de vrachtbrief aangaf dat de lading uit goud zou moeten bestaan, lichtte hij zijn superieuren in, die vervolgen Ropex opbelden om te vragen waarom de vrachtbrief en de lading elkaar niet dekten.

Ropex verklaarde dat er sprake was van een misverstand. Ze zeiden dat er niets aan de hand was en dat ze ervan op de hoogte waren. Een kennis in New York, een edelsmid met wie ze zaken deden, had het geld opgestuurd om van de meer voordelige korte-termijn-rentetarieven in LA te kunnen profiteren.

De directie van Loomis antwoordde dat het in orde was, dat dit soort vergissingen nu eenmaal voorkomen. En ze stuurden de lading naar LA volgens de gebruikelijke procedures. Maar ze vonden de verklaring van Ropex volslagen onzinnig. Dus waarschuwden ze de FBI.

December 1988.

De FBI besloot om La Mina aan te pakken.

Ze installeerden verborgen videocamera's in gebouwen in het juweliersdistrict in Los Angeles en ook nog op een aantal specifieke plaatsen in New York. Ze luisterden telefoons af. Ze schaduwden mensen in LA, New York, Florida en Houston. Een heel leger van undercover-agenten die zich vermomd hadden als vuilnismannen, pakjesbezorgers, goudhandelaren, juweliers en zelfs daklozen, werd geïnstalleerd in de wijk rond Pershing Square.

Ze registreerden honderden uren aan geluids- en videobanden en visten duizenden documenten op uit de vuilnisemmers van de kantoren. Ze verzamelden facturen die de namen en adressen bevatten van contactpersonen in Canada, Mexico en Groot-Brittannië; ze ontdekten formulieren die de namen bevatten van collega-goudhandelaren; ze verzamelden documenten die verschillende vormen van transacties aantoonden; ze vonden geannuleerde cheques die hen weer op het spoor brachten van een aantal bankrekeningen.

De FBI-agenten gaven het La Mina-onderzoek de bijnaam 'Polar Cap'.

En Polar Cap ontwikkelde zich al snel tot de omvangrijkste opsporingsoperatie uit de Amerikaanse geschiedenis.

Februari 1989.

Het team dat La Mina uiteindelijk zou oprollen, bestond uit agenten van de FBI, de douane, de DEA, de IRS, het Bureau of Alcohol, Tobacco and Firearms, en de US Immigration and Naturalization Service. De dienst werd onder directe supervisie van een ervaren hulpofficier van justitie gesteld. Toen er eenmaal voldoende belastende feiten waren verzameld, gaf hij het team opdracht om alle betrokkenen te arresteren.

Toen het einde van de operatie in zicht kwam, hadden de FBI-agenten bewijsmateriaal gevonden voor 1035 bij deze zaak betrokken bankrekeningen bij 179 verschillende banken, die verspreid lagen over de hele wereld – in Midden-, Zuid- en Noord-Amerika en heel Europa.

Het werk waarmee Jimmy en Alex waren begonnen, culmineerde in 127 aanklachten en de uitlevering van Raul en Eduardo aan de VS. Beiden werden aangeklaagd en veroordeeld wegens meerdere delicten – waaronder het witwassen van zwart geld – en zitten momenteel nog steeds hun straf uit.

Gedurende iets meer dan twee jaar hadden Raul en Eduardo de leiding over een operatie waarbij zo'n 1,2 miljard dollar werd witgewassen.

Met behulp van bewijsmateriaal dat tijdens de operatie Polar Cap was verkregen, kon de Amerikaanse overheid wereldwijd bedrijfsmiddelen in beslag nemen en banktegoeden bevriezen. Bovendien konden door de civiele rechtbank zware boetes worden opgelegd aan buitenlandse banken met filialen in Amerika wegens hun betrokkenheid bij La Mina.

De bedoeling van de overheid was om de drugsbaronnen van het kartel duidelijk te laten weten dat Amerika openlijk de oorlog had verklaard aan witwassers.

Helaas – net zoals het verhaal van het kleine Hollandse jongetje dat zijn vinger in een gat in de dijk stak om de vloedgolf tegen te houden – is de stormvloed vijf jaar nadat Polar Cap zo'n enorm succes kende en de witwassers een harde slag werd toegebracht, veel te sterk geworden en het kleine Hollandse jongetje heeft geen vingers meer over om het tij nog te kunnen keren.

HOOFDSTUK 12

De mafia

'Vergeleken met de hedendaagse criminelen lijken de bendeleden
van Capone en de vroegere mafia op kruimeldieven.'
– Voormalig minister van Buitenlandse Zaken
van Amerika, GEORGE SHULTZ.

Nigeria, dat eens een belangrijke olie-industrie kende, is nu Afrika's belangrijkste centrum voor de handel in drugs. Een transporteenheid heroïne – ongeveer 700 gram – kan gemakkelijk vanuit Zuidoost-Azië voor minder dan 6000 dollar worden ingevoerd en kan net zo gemakkelijk aan een distributeur voor de Europese markt voor zo'n 120.000 dollar worden verkocht. De prijzen in Europa, die meer dan het dubbele zijn van het met drugs verzadigde Noord-Amerika zorgen voor een ongekende toename van de criminaliteit.

Hetzelfde geldt voor het witwassen. Voor iedereen die er voldoende vertrouwen in heeft om zijn geld te beleggen in de ontwikkelingslanden in Afrika, biedt dit werelddeel talloze mogelijkheden. Harde valuta zijn er koning. Maar in tegenstelling tot in vele andere landen met zwakke economieën – bijvoorbeeld Oost-Europa – zijn de Afrikanen hier allang van op de hoogte. Ze zijn al tientallen jaren bekend met de macht van harde valuta en maken gebruik van goed doordachte strategieën om minder ontwikkelde mensen ervan uit de buurt te houden.

En nergens in Afrika kent het witwassen zulke finesses als in de Nigeriaanse hoofdstad. In een wereld waar internationale fraude een geschikte manier is om aan buitenlands geld te komen, is de georganiseerde misdaad in Lagos zich zeer wel bewust van de aantrekkingskracht van zwart geld en heeft er dan ook zeer lucratieve zwendelmethodes voor uitgedacht.

Een officieel-uitziende brief, meestal voorzien van een antwoordadres in de Verenigde Staten of Europa, wordt gestuurd naar een vooraanstaande persoon – naar zijn huis, nooit naar zijn kantoor – met het vooruitzicht van een enorme commissie in ruil voor zijn hulp. De brief is ondertekend door iemand met een enigszins serieus klinkende titel – vaak iets van advocaat, of in een bekend geval, een Nigeriaan die beweerde van koninklijken bloede te zijn en verbonden te zijn met zo iets vaag bekend klinkends als 'Shell BP'.

De tekst begint met uit te leggen dat de prominente heer is benaderd op advies van een niet nader genoemde wederzijdse vriend. De afzender wijst erop dat hij als agent optreedt namens een officiële instelling – de Nigeriaanse nationale oliemaatschappij is hierbij favoriet – die bepaalde problemen heeft met uitstaande leningen. Een grote som geld die verschuldigd is aan de maatschappij wordt geblokkeerd op een Zwitserse bankrekening als gevolg van een of andere onduidelijke juridische verwikkeling, waardoor het geld niet rechtstreeks kan worden overgemaakt aan het bedrijf.

'De reden waarom ik u schrijf', zo vervolgt de brief, 'is het zoeken van een contactpersoon en het gezamenlijk verkennen van nieuwe handelswegen. We kijken vol verwachting uit naar een buitenlandse zakenpartner die ons behulpzaam kan zijn bij het overboeken van geld op bedrijfsrekeningen of een persoonlijke bankrekening. Het gaat om bedragen in de orde van grootte van enkele miljoenen Amerikaanse dollars.'

De agent legt uit dat als de prominente persoon bereid zou worden gevonden om het geld via zijn persoonlijke bankrekening te laten passeren – met andere woorden het wit te wassen – dan zou hij voor zijn diensten rijkelijk worden beloond. De overeenkomst bestaat eruit dat een derde partij het verschuldigde bedrag – bijvoorbeeld tien miljoen dollar – op de bankrekening van de prominente heer stort, waarvoor de prominente heer dan niet aansprakelijk zou zijn. Het enige wat hij hoeft te doen – zodra het geld beschikbaar wordt gesteld – is zeven miljoen dollar over te dragen aan de agent. De prominente heer kan dan de rest – drie miljoen dollar – in zijn zak steken wegens bewezen diensten.

De agent stelt voor om een keer een afspraak te maken met de prominente heer, die er gerust op is dat hem niet gevraagd wordt illegale dingen te ondernemen – hij treed immers alleen maar op als tussenpersoon bij een legale commerciële transactie – om de benodigde referenties en formulieren te kunnen tonen. De agent vraagt echter ook, omdat er altijd sprake is van een snel naderende deadline voor de betaling van het geld, of de prominente persoon – om tijd te besparen – zo vriendelijk wil zijn om direct alle bankgegevens en zijn persoonlijke machtiging voor de overboeking, geschreven op postpapier met zijn eigen briefhoofd, ondertekend en wel, te overleggen.

Het is wel duidelijk dat zodra de prominente heer al zijn gegevens aan de agent heeft afgestaan, hij verder nooit meer iets van de deal krijgt te horen. Het postpapier met briefhoofd, handtekening en bankgegevens worden naar Nigeria gestuurd, waar een tweede valse brief wordt opgesteld met de opdracht aan de bank van de prominente heer om zijn banksaldo over te boeken.

Deze vorm van zwendel komt zo vaak voor – en hebben de niet-corrupte instanties binnen de Nigeriaanse overheid dermate in verlegenheid gebracht – dat de Central Bank of Lagos advertenties in de *International Herald Tribune* heeft laten plaatsen waarin bedrijven worden gewaarschuwd tegen deze vormen van witwaszwendel. In reactie hierop hebben de zeer goed georganiseerde Nigeriaanse oplichters – zeer inventieve vernieuwers in het bedriegen van zelfs de meest achterdochtige amateur-witwasser – allerlei variaties op het thema van dit soort fraudezaken verzonnen.

Een rijke prooi wordt bijvoorbeeld gelokt met stapels achtergrondinformatie – brieven en contracten van bedrijven en banken worden vervalst om uit te leggen waarom en hoe het geld betaald moet worden op de bankrekening van een belangeloze persoon. In verleiding gebracht door de enorm hoge commissie, gaat de prominente persoon in op de deal. Maar deze keer vindt er op het laatste moment een vervelende vertraging plaats. De prominente heer wordt overstelpt met telexberichten, faxen en telefoontjes van zeer in verlegenheid gebrachte bankiers en advocaten, die uitleggen dat partij die het geld verschuldigd is er plotseling op staat dat het geld tegelijkertijd moet worden overgemaakt. Dus wordt er haastig een telefonische bijeenkomst belegd om ervan verzekerd te zijn dat wanneer de prominente heer zijn bank opdracht geeft om zeven miljoen dollar over te maken, de advocaten van de partij die het geld schuldig is, tegelijkertijd hun bank de opdracht geven om de tien miljoen dollar over te maken.

Heel toevallig valt de verbinding weg, zodra de prominente heer zijn bank de opdracht heeft gegeven om zeven miljoen dollar over te maken.

De Yakuza – het Japanse equivalent van de mafia – telt naar verluidt 165.000 leden. Hoewel deze schatting volgens sommige kenners van de misdaadwereld aan de lage kant is, moet de organisatie, in ieder geval volgens het Britse nieuwsblad de Guardian, over een aanzienlijke hoeveelheid mankracht beschikken, aangezien de jaarlijkse omzet meer dan zes miljard Engelse pond bedraagt.

Een van hun meest lucratieve activiteiten bestaat uit het afpersen van bedrijven. Ze benaderen naamloze vennootschappen en dreigen de volgende jaarvergadering van de aandeelhouders te zullen verstoren als het bedrijf niet over de brug komt met protectiegeld. Dit soort bedreigingen zijn zo algemeen geworden dat in 1991 zo'n 2000 Japanse bedrijven onderling besloten om zich te weer te stellen tegen de Yakuza door hun jaarvergaderingen op hetzelfde tijdstip te houden.

Begin 1970 ontdekten de Yakuza-leden dat de effectenhandel geweldige mogelijkheden bood om geld wit te wassen, dus richtten ze met behulp van Maleisisch-Chinese bendes makelarijen op in Maleisië en Singapore. Naarmate hun zaken zich uitbreidden, installeerden zij zich ook in Hongkong, Australië, Nieuw-Zeeland, Indonesië en de Filippijnen. Er wordt beweerd dat ze zich ook in de VS hebben gevestigd. Contant geld wordt aan de ene kant naar binnen gesluisd en aandelen in legale bedrijven die dividend uitkeren, komen aan de andere kant weer te voorschijn.

Toen zo'n aandelennetwerk van de Yakuza door de Maleisische autoriteiten werd opgerold – zonder dat er ooit een aanklacht tegen iemand werd ingediend – dook de complete bende op in Londen.

Meestal wassen ze hun geld wit volgens de beproefde methodes. Zo wassen ze bijvoorbeeld ieder jaar honderden miljoenen dollars wit via de vastgoedmarkt in Tokyo, waarbij ze dezelfde gebouwen opkopen en weer terug verkopen aan zichzelf. Ze drijven de prijzen kunstmatig omhoog, en dekken de hypotheken op die gebouwen met Amerikaanse schatkistcertificaten, die op de vrije markt van Hongkong worden gekocht.

Af en toe vertonen ze iets van de typisch Japanse flair en durven ze iets volslagen nieuws te ondernemen. Halverwege de jaren tachtig, toen ze te maken kregen met enorme overschotten aan contant geld vanwege hun drugsactiviteiten, richtte een van de Yakuza-syndicaten zijn aandacht op de bloeiende handel in luxe designers-artikelen uit Frankrijk.

Het eerste obstakel bestond uit het overbrengen van het geld naar Parijs. Een deel ervan werd overboekt via Aziatische banken met filialen in Luxemburg, Zwitserland en de Kanaaleilanden. De rest werd het land binnengesmokkeld met hulp van goedgeklede Japanse zakenlieden die als koeriers dienst deden – en bij wie de kans gering was dat hun diplomatenkoffertjes door de Franse douane doorzocht en in beslag genomen zouden worden.

Vervolgens huurden de bendeleden een appartement in de buurt van de Madeleine in het centrum van Parijs, plaatsten advertenties in Aziatische dagbladen en recruteerden zo'n 300 Chinese, Vietnamese en Japanse 'klanten'. Iedere morgen meldden alle klanten zich bij het appartement, waar ze 500 franc ontvingen en vervolgens naar winkels gestuurd werden – hoofdzakelijk Vuitton en Hermes, maar ook Chanel en Lancel – waar ze tientallen handtassen en sjaals kochten. Iedere middag werden de koopjes bij het appartement afgeleverd, waar ze voor vervoer werden verpakt. Nadat met succes een Franse douanebeambte was omgekocht, werden de goederen met behulp van valse papieren naar Japan verstuurd, waar ze door een dekmantelbedrijf van de Yakuza werden doorverkocht.

Het duurde zes jaar voordat ook maar iemand een klein beetje argwaan begon te koesteren. En dat kwam omdat de werknemers bij Vuitton zich verbaasden over het toenemende aantal sjofel geklede Aziatische klanten die zeer dure voorwerpen betaalden met gloednieuwe, knisperend-verse biljetten van 500 franc. Het management van Vuitton waarschuwde de politie, die al snel ontdekte dat deze goederen uit Frankrijk werden uitgevoerd – en daardoor waren vrijgesteld van BTW-heffing – maar dat nog nooit iemand de moeite had genomen om een teruggave van deze belasting aan te vragen. Vervolgens ontdekte de politie lange rijen van sjofel geklede Aziatische types die stonden te wachten voor een appartement in de buurt van de Madeleine. En allemaal hadden ze boodschappentassen vol met Franse designer-artikelen.

De autoriteiten begonnen in het voorjaar van 1992 met het verrichten van arrestaties, waarbij het aantal aangehouden mensen al snel opliep tot bijna honderd. De winkels zelf bleven buiten schot. Toen de Franse politie het appartement binnenviel, vond ze 450.000 dollar in contanten en voor bijna 1,3 miljoen dollar aan goederen – waaronder 2500 artikelen van Vuitton en Hermes die lagen te wachten op vervoer naar Japan. Ze vonden ook bankafschriften van plaatselijke bankrekeningen waarop in totaal zo'n 2,7 miljoen dollar was gestort.

Niemand kan met zekerheid zeggen hoeveel het syndicaat heeft witgewassen sinds 1985, maar de Franse douane kon wel vaststellen dat de bende alleen al in 1991 400 miljoen franc – zo'n 130 miljoen gulden; 2,4 miljard Bfr – had weten wit te wassen.

De Triade behoort tot de meest beruchte Chinese mafiabendes – het is de bloedbroederschap die in de zeventiende eeuw werd opgericht met als doel het omverwerpen van de Ching-dynastie. Toen hun rebellie uiteindelijk twee eeuwen later op een mislukking was uitdraaid, vluchtten veel van de leden naar Hongkong, Indo-China en Noord-Amerika.

De bendes, die in onafhankelijke eenheden opereren en verbonden zijn door een eed van broederschap, houden zich met van alles bezig, van drugshandel en witwassen van zwart geld tot het afpersen van bedrijven en inbraak. Ze vormen de drijvende kracht achter de 'Gouden Driehoek' in Zuidoost-Azië.

Het gebied van bergen en valleien strekt zich uit over de grenzen van Laos, Thailand en Myanmar (dat vroeger Birma werd genoemd) en levert jaarlijks meer dan 60 tot 120 ton heroïne op. Een kilo van deze door de Triade gedistribueerde drug heeft een groothandelswaarde van 400.000 à 600.000 dollar. Versneden tot een zuiverheid van zes procent, kan de straatwaarde gemakkelijk oplopen tot zes à tien miljoen dollar.

De Triade, die zonder enige twijfel 's werelds machtigste groep op het gebied van de heroïnehandel is, ziet haar marktaandeel gestaag toenemen. In 1997 zal Groot-Brittannië volgens plan een einde maken aan 150 jaar koloniale overheersing met de overdracht van Hongkong aan de Volksrepubliek China. Onzekerheid over de economische toekomst van Hongkong – en een oprechte angst voor het repressieve communistische regime – hebben de kapitalistisch ingestelde bendeleiders doen uitwijken naar andere gebieden, bij voorkeur naar steden met grote concentraties van Chinezen.

Eind 1992 schreef de *Toronto Globe and Mail* dat zeventien Triade-leiders een verblijfsvergunning hadden aangevraagd voor Canada. Alle verzoeken werden afgewezen, evenals veertien andere aanvragen die in de eerste maanden van 1993 waren ingediend. De ernst van het probleem wordt beschreven in een geheim rapport van de Royal Canadian Mounted Police die de Triade kenschetst als een bende die hevig verwikkeld is in drugscriminaliteit, gokken, afpersing, smokkelen, valsemunterij, gewapende berovingen en wit-wassen van zwart geld.

Een ander zeer geheim rapport van een gecombineerd team van verschillende Australische politieorganisaties – waaronder de National Crime Authority, de federale politie, de douane en verscheidene andere diensten – onthulde dat 85-90 procent van alle heroïne die het land binnenkwam, afkomstig was van Chinese groeperingen die nauwe banden onderhielden met de georganiseerde misdaad in Hongkong en China. Deze bendes werden bovendien geassocieerd met groepen die opereerden vanuit Vietnam, Libanon, Italië, Turkije, Roemenië en Nieuw-Zeeland en met een netwerk van Hells Angels in Australië, die de ruggegraat vormen van hun distributie-netwerk.

Het rapport – dat niet voor publicatie was bestemd – noemde de namen van honderden Chinese criminelen die in het land werk-zaam waren en van wie velen bekendstonden als vooraanstaande leden van hun plaatselijke gemeenschap. Er werd tevens voor gewaarschuwd dat deze mensen samen met hun handlangers een ondergronds Chinees banksysteem hadden opgericht om drugsgeld wit te wassen, en dat ze zich op grote schaal bezighielden met afper-singszaken. Het rapport concludeerde dat Australië slecht voorbe-reid was op deze dreigende situatie, als gevolg van een volslagen ver-keerde inschatting van de aard van de Chinese georganiseerde misdaad.

Vandaag de dag hebben de Chinese bendes vaste voet aan de grond gekregen in veel steden over de hele wereld – niet alleen in Hongkong, Sydney, Toronto en Vancouver, maar ook in San Fran-cisco, Los Angeles, New York en Londen. Ze beginnen zich ook te vertonen op plaatsen waar de Chinezen van oudsher geen banden hebben, zoals in Duitsland. Recentelijk heeft de politie daar inval-len uitgevoerd in 90 Chinese restaurants, 653 personen onder-vraagd, 102 ervan gearresteerd, en beslag gelegd op 24 valse pas-poorten, één miljoen dollar in contanten, grote hoeveelheden cocaïne en heroïne, en verscheidene wapens. Ze ontdekten eveneens plannen voor witwascircuits die, zoals de politie beweert, volgens 'mafia-principes' zijn opgezet.

In bepaalde opzichten vertoont de georganiseerde misdaad over de hele wereld bepaalde gemeenschappelijke kenmerken. Drugscriminaliteit gaat hand in hand met witwassen van drugsgeld, die beide weer voeding geven aan het terrorisme.

Afgezien van het feit dat ze beweren voor een politieke zaak te vechten, zijn organisaties als de IRA, de Baskische ETA en de PLO net zo bedreven wetsovertreders als de Yakuza en de Triade.

De Metropolitan Police van Londen heeft – via haar Special Branch – vaak laten weten dat de IRA niet in drugs handelt. De Ierse politie spreekt dat ronduit tegen en wijst op de zaken waarin de IRA bij marihuanasmokkel was betrokken. Er bestaan goede redenen om aan te nemen dat de IRA in willekeurig wat zou handelen, zolang ze er maar haar strijd mee kan financieren. Het is bekend dat IRA-leden worden ingezet als bewakers bij de internationale smokkel. En de drugssmokkel is tegenwoordig een gebruikelijke methode geworden om misdaadgeld in wapens om te zetten. De kans is dus groot dat de Ierse politie gelijk heeft.

Iedereen is het er over eens dat de IRA-leden over grote ervaring beschikken in het uitvoeren van gewapende overvallen – een lange reeks wapenfeiten toont dat aan – en dat bouwbedrijven, banken en postkantoren in Engeland tot hun favoriete doelwitten behoren. De IRA wordt verantwoordelijk gehouden voor zo'n 800 à 2500 gewapende overvallen per jaar.

De IRA-leden houden zich ook bezig met het afpersen van protectiegeld, waarbij ze tegen betaling afzien van brandstichting of bomaanslagen. Verscheidene Britse kranten hebben grote bedrijven in Noord-Ierland genoemd die tot wel twee miljoen pond per jaar aan 'verzekeringsgeld' aan de IRA afdragen. De veiligheidsdiensten die dergelijke zaken in de gaten houden gaan er in het algemeen van uit, dat alle grote Engelse bedrijven in Noord-Ierland die niet regelmatig worden geteisterd door bomaanslagen, zich op de een of andere manier hiertegen 'verzekeren'.

Om hun reserves aan te vullen, bezit de IRA ook nog pubs en nachtclubs in Noord-Ierland – sommige met vergunning, andere niet – alle voorzien van gokautomaten en jukeboxen.

Een deel van de grote hoeveelheid contant geld waarover ze beschikken, wordt witgewassen onder de dekmantel van legale bedrijven zoals bouwondernemingen, taxibedrijven en privé-bewakingsdiensten, die alle zorgen voor nog meer inkomsten. Het is zelfs bekend dat ze het eenmaal witgewassen geld hebben geïnvesteerd op de Londense aandelenmarkt. Enkele jaren geleden werd het bewijs geleverd dat de IRA begin jaren tachtig aandelen had gekocht in een Brits bedrijf – dat toen naar verluidt 200 miljoen pond waard was – waarbij ze voor de overname buitenlandse makelaars ingeschakeld hadden. De IRA liet toe dat het grootste deel van het bedrijf legaal opereerde, maar reserveerden een klein stukje voor zichzelf om over een periode van acht jaar dertig miljoen pond te kunnen witwassen.

Donaties vormen een andere bron van inkomsten voor de IRA. Macaber genoeg blijken de contributies toe te nemen met ieder uitgebreid gepubliceerd sterfgeval. Toen Bobby Sands na zijn hongerstaking stierf en IRA-leden in Gibraltar door de SAS werden doodgeschoten, vertaalden de sympathiebetuigingen zich in een toename van donaties. Ook de aanmelding van vrijwilligers neemt dan toe, waardoor de IRA over voldoende mankracht kan blijven beschikken voor kleine criminele activiteiten. Deze groep trouwe volgelingen neemt de kleinere fraudegevallen voor haar rekening – 50 verschillende personen kunnen elk gemakkelijk 50 verschillende namen gebruiken om steunfraude bij de Britse overheid te plegen, die per geval goed is voor 75 pond per week. Deze bedragen zijn klein genoeg om lange tijd onopgemerkt te blijven, maar groot genoeg om bij elkaar snel tot een groot bedrag uit te komen – 2500 bankrekeningen die de sociale voorzieningen uitmelken, komen neer op 187.500 pond per week, of 9,75 miljoen pond per jaar. Het gaat om soortgelijke bedragen, wanneer dit soort 'smurfen' geld witwassen via banken en bouwbedrijven in Groot-Brittannië. In het geval van de IRA zien de smurfen zichzelf niet als witwassers van zwart geld. Ze doen wat ze doen voor de zaak, wat er in de praktijk op neerkomt dat ze extra gemotiveerd zijn bij het uitvoeren van hun criminele activiteiten.

Een belangrijk deel van de buitenlandse inkomsten van de IRA is afkomstig uit de VS, waar het via NORAID wordt doorgesluisd. Volgens schattingen is deze bron goed voor zo'n één à drie miljoen pond per jaar. Wanneer men de grote Ierse populatie in Boston in beschouwing neemt, is het weinig verwonderlijk dat de Bank of Boston – die in 1985 zo duidelijk voor het voetlicht trad toen de Amerikaanse overheid uiteindelijk actie ondernam om alle financiële instituten op één lijn te krijgen wat betreft de meldingsplicht van transacties met contant geld – jarenlang heeft gefungeerd als het belangrijkste witwascircuit voor de Bostonse tak van de IRA.

Al begin jaren zeventig werd er een ad hoc-coalitie gevormd tussen de actieve leden van de IRA-tak in Boston en de lokale mafiabazen. De georganiseerde misdaad wilde marihuana, de IRA-sympathisanten werden de importeurs. De tussenpersoon, Joe Murray, was een grote, opvliegende kerel uit Boston, die een vissersbedrijf had in het nabijgelegen Charlestown. Murray, die het vertrouwen genoot van zijn Italiaanse vrienden, en bovendien de Ierse zaak in Ulster was toegewijd, smokkelde met vissersboten tonnen drugs het gebied van Boston binnen. Het geld dat hij daarvoor ontving – witgewassen via de Bank of Boston – werd uitgegeven aan wapens, die vervolgens op dezelfde schepen naar Noord-Ierland werden getransporteerd.

De Baskische ETA hield zich bezig met soortgelijke activiteiten als de IRA, en handelt in alles wat maar een beetje geld oplevert, om de zaak te kunnen steunen. Een belangrijk verschil met de IRA is dat de ETA, in plaats van zich heimelijk met afpersing bezig te houden, openlijk Spaanse bedrijven – in tegenstelling tot bedrijven die in Baskische handen zijn – een tien procent 'bevrijdingsbelasting' in rekening brengt. Elke onderneming in de Baskische provincie die weigert om hieraan mee te werken wordt snel en efficiënt buiten bedrijf gesteld.

Deze vorm van 'protectie' is nauwelijks verschillend van de tweede postzegel die in Beiroet ter ondersteuning van de PLO moet worden gekocht om daar een brief te kunnen versturen.

Papiergeld blijft nog steeds een belangrijke sleutel. En op het ogenblik heeft het een grote draagwijdte op de zwarte markten van Oost-Europa. Russische tussenpersonen hebben de wapenmarkten in Polen en Hongarije overspoeld met wapens, met alles van luchtdoelraketten tot kalasjnikovs. Onder invloed van de wetten van vraag en aanbod ligt de prijs van een vrijwel nieuw Russisch automatisch wapen nu op twee Engelse pond.

Dat terroristen zichzelf op dezelfde manier hebben georganiseerd als de professionele misdadigers, kan nauwelijks verbazing wekken, aangezien terroristen in dezelfde gevangenissen terechtkomen als de leden van de georganiseerde-misdaadbendes. Het spreekt vanzelf, wanneer er weinig anders te doen is om de tijd door te brengen, dat de gevangenen gegevens gaan uitwisselen.

Het is even vanzelfsprekend dat wanneer ze op vrije voeten komen, ze dan hun krachten bundelen.

In Rusland, waar de misdaad jaarlijks met 30 procent toeneemt, tieren mafia-achtige groeperingen welig. Naast het vermoorden van bankiers die weigeren om mee te werken, houden ze zich op grote schaal bezig met afpersing van protectiegeld, waarbij ze westerlingen die denken dat ze in Rusland wel even een goede slag kunnen slaan van hun geld afhelpen. Ze zijn ook actief in de autohandel, waarbij ze tienduizenden auto's – nieuwe, of vrijwel nieuwe – in Duitsland stelen, waarmee ze vervolgens naar Rusland terugrijden, waar deze voor harde valuta worden verkocht.

Maar de autodiefstal neemt maar een klein deel van hun misdadige activiteiten in beslag. Volgens bronnen van de Duitse politie hebben zich meer dan 300 verschillende georganiseerde Russische bendes in Duitsland gevestigd sinds het uiteenvallen van de Sovjetunie. En dat getal werd bevestigd door Russische inlichtingendiensten. Het gaat om professionele criminelen die gebruik maken van de onlangs opengestelde grenzen om zich met van alles en nog wat bezig te houden – van nucleair materiaal, dat ze verkopen aan de hoogste bieders uit de derde-wereldlanden, tot handel in drugs en afpersing.

Na enige aandrang geeft de Duitse politie toe dat ze niet opgewassen is tegen deze dreigende situatie. Bovendien kan ze vrijwel nergens in Rusland terecht voor assistentie. Het schort de politie daar aan uitrusting, organisatie en motivatie. Elke vorm van infrastructuur die door het communistische bewind werd opgelegd, is nu verdwenen.

Russische bendes hebben nu een markt gecreëerd voor vluchtelingen uit de armere voormalige Sovjet-republieken in het zuiden, die de Baltische Zee oversteken en in Scandinavië worden afgezet. Dezelfde Baltische handelsroutes worden ook gebruikt om geld via Scandinavische banken wit te wassen.

Tot voor kort werd verondersteld dat de Russische mafiabendes onafhankelijk opereerden van de meer gevestigde internationale syndicaten. Maar die opvatting moet nu worden bijgesteld. Een bende van Russische immigranten werd in mei 1993 samen met zeven leden van de Gambino-misdaadorganisatie aangeklaagd, nadat de politie een enorme zwendel met benzine en diesel op het spoor kwam. De 101 aanklachten die tegen hen werden ingediend, bestonden onder meer uit oplichting, afpersing, fraude met elektronisch geldverkeer en belastingontduiking. Ze worden er eveneens van beschuldigd meer dan 66 miljoen dollar te hebben witgewassen. De politie toonde zich vooral bezorgd over de 6,7 miljoen dollar 'mafiabelasting' die door de Russische bende aan de Gambino-familie werd betaald voor toestemming om in hun gebied te mogen opereren. Dit is een van de eerste aanwijzingen voor een handelsovereenkomst tussen de Russische en de Italiaanse mafia.

Hoewel de Russische immigranten in New Jersey niet rechtstreeks in verband konden worden gebracht met de georganiseerde misdaad in Rusland, zijn de Amerikaanse autoriteiten er altijd van overtuigd geweest dat de Russische gemeenschap in Brooklyn die connecties wel had. Die angsten werden bewaarheid toen een ton cocaïne in beslag werd genomen in de buurt van Sint-Petersburg.

De grootste drugsvangst aller tijden in Rusland – 1100 kg cocaïne zat verstopt in blikken met de opschriften 'aardappelen' en 'vlees' en werd vanuit Finland het land ingevoerd – heeft politiefunctionarissen in Europa en Amerika tot de overtuiging gebracht dat Rusland een hoofdrol is gaan vervullen op de drugsmarkt en als achterdeur is gaan fungeren voor de Europese drugsinvoer.

En wat nog verontrustender is, de tussenpersonen wonen allemaal in New York.

Cocaïne is vrijwel onbekend in Rusland, maar maankoppen worden in vrijwel alle ex-Sovjet-republieken gekweekt voor de opiumproduktie. Tot dusverre werden ze slechts verwerkt tot ruwe opiumachtige produkten en worden nog niet geraffineerd tot heroïne. Maar de handelsroute Colombia-New York-Sint-Petersburg-Europa vertoont twee alarmerende trends: het begin van samenwerking tussen de Colombiaanse en Russische misdaadkartels; en de aanvang van grootschalige heroïneproduktie in de hele regio.

Er bestaan ook gegronde redenen om aan te nemen dat de reusachtige velden van wilde hennep binnenkort zullen worden geoogst. In de zuidelijke republieken van het GOS komt het gewas in groten getale voor. Dit geldt ook voor grote oppervlakken van Siberië, waar de velden van wilde hennep tienduizenden vierkante kilometers kunnen beslaan.

De Russen beginnen nu de enorme mogelijkheden van de drugshandel te onderkennen; bronnen in Washington onthullen dat bepaalde Russische immigranten al begin jaren negentig contact hebben gezocht met de Colombiaanse kartels, omstreeks dezelfde tijd dat de Colombiaanse witwasser Franklin Jurado werd gearresteerd toen hij op weg was naar Moskou. Maar pogingen om een netwerk van de grond te krijgen is één ding. Het daadwerkelijk aantreffen van cocaïne in Sint-Petersburg met bestemming Europa kwam aan als een harde schok.

Het is al moeilijk genoeg voor de westerse autoriteiten om in het reine te komen: met het wegvallen van orde en gezag in de voormalige Sovjet-republieken; met de grote beschikbaarheid van grondstoffen, die de Russen tot belangrijke drugsleveranciers zullen maken; met hun behoefte aan harde valuta; met een groot kader aan hoog opgeleide chemici die werkloos zijn geworden als gevolg van de overgang van een geleide economie naar een vrije markteconomie; en met het openstellen van de Russische grenzen. Maar het zal wel heel erg moeilijk zijn om te verhinderen dat Rusland een tweede Colombia wordt.

Volgens David Vaness, hoofd van de afdeling georganiseerde misdaad bij Scotland Yard, is 'de minachting voor de wet en zinloos geweld bij deze criminelen heel erg groot. We moeten onze schattingen van de omvang van de dreiging iedere drie maanden bijstellen. En hoe meer we er over te weten komen, hoe meer ontmoedigd we raken. De Russische misdaadorganisaties zullen naar verwachting binnen vijf jaar de grootste leveranciers van drugs en illegale wapens van Groot-Brittannië zijn.'

Rusland is voorbestemd om een jungle in de sneeuw te worden.

Ex-KGB-agenten gebruiken momenteel de restanten van hun politienetwerken voor de valutahandel en het witwassen van zwart geld. Uiteindelijk zullen deze professioneel getrainde, hoog gekwalificeerde spionnen zich op efficiënte wijze met de drugscriminaliteit gaan bezighouden. Per slot van rekening is zo'n veertig procent van de landbouwgrond in de voormalige Sovjetunie geschikt voor de opiumteelt. De mafia zal het niet leuk vinden en de Colombianen ook niet. Maar er is erg weinig wat ze er aan kunnen doen. En als ze niets tegen hen kunnen beginnen, zullen ze vrijwel zeker proberen om tot samenwerking te komen.

De inlichtingendiensten van de Italiaanse politie beweren bewijs in handen te hebben gekregen dat er al twee topconferenties hebben plaatsgevonden – één in Warschau in maart 1991 en een andere in oktober 1992 in Praag – waarbij de leiders van de Russische mafia als gastheer optraden. Eregasten waren vertegenwoordigers van de Siciliaanse, Napolitaanse en Calabrische misdaadorganisaties. De onderwerpen van gesprek waren het witwassen van geld, drugs en de verkoop van nucleair materiaal.

Bij drugscriminaliteit, zoals die door de Colombiaanse kartels in de praktijk wordt gebracht, is er in wezen sprake van een industrie met maar één produkt. Hierbij vergeleken is de mafia een multinationaal concern met een grote hoeveelheid uiteenlopende belangen – prostitutie, wapenhandel, bescherming, afpersing, gokindustrie en drugshandel.

Met name waar het drugs betreft is de mafia in het voordeel. De Triade-organisatie handelt in heroïne en de Colombianen in cocaïne, maar de mafia heeft langdurige ervaring met beide produkten.

Ze scharrelt ook rond in de politiek. Tot voor kort was het de meest consistente politieke macht in Italië sinds 1945.

In eigen land bekend als 'La Piovra' – 'de octopus' – bestaat de mafia vandaag de dag uit drie nauw verweven groeperingen. Er is een traditionele, uit Sicilië afkomstige groep; er is de Camorra in Napels; en er is de Ndrangheta in Calabrië. In weerwil van enkele recente harde campagnes tegen de mafia – in elk geval volgens de procureur-generaal van het Italiaanse hooggerechtshof – blijft zij haar tentakels uitspreiden naar vrijwel iedere sector van de samenleving, waarbij ze haar invloed in iedere stad van het land laat gelden. In grote steden zoals Rome, Milaan en Napels betaalt bijna 60 procent van de winkels, bars en restaurants protectiegeld aan de mafia. Op Sicilië – met name in de hoofdstad Palermo – is dit 100 procent.

Het was de Siciliaanse tak die zich als eerste ook in Amerika vestigde. De Sicilianen arriveerden aan het begin van deze eeuw als tussendekspassagiers in de Verenigde Staten in gezelschap van grote aantallen andere Italiaanse immigranten die op de vlucht waren voor oorlog en honger. Verbonden door verwantschap, geboorteplaats en dialect, worstelden de Sicilianen zich door de jaren van drooglegging heen en kwamen ze terecht in de wereld van de afpersing, het gokken en de vakbondinfiltratie. Hun kinderen namen het familiebedrijf over, maar hadden genoeg geld om de derde generatie een goede opleiding te geven – dat waren de kleinkinderen van Don Corleone. Onder druk van hun ouders om meer te presteren dan zij, werden ze advocaat die de familiebelangen kon behartigen. Of ze behaalden hun diploma's aan respectabele handelsscholen en toonden hun ouders hoe ze contant geld om konden zetten in legale, belastingbetalende bedrijven.

Deze groep wordt in de Verenigde Staten aangeduid als Cosa Nostra en telde zo'n 7000 leden op het hoogtepunt van haar macht – in de jaren vijftig en zestig toen de politiemethodes veel minder effectief waren dan nu. Vandaag de dag opereren de groepen meer verspreid en zijn ze aanmerkelijk kleiner, hoewel ze nog steeds diep geworteld liggen in de samenleving en aanzienlijke invloed uitoefenen. Er wordt bijvoorbeeld beweerd dat de misdaadfamilies van New York veertig jaar lang de grootste commerciële verhuurders van woningen waren.

De mafia is eveneens de belangrijkste leverancier van heroïne in de Verenigde Staten.

Vijf jaar lang, van 1979 tot 1984, heeft een mafiabende de distributie van heroïne verzorgd via een netwerk van pizzeria's in een gebied dat zich uitstrekte van het industriële noordoosten tot het Midwesten. Volgens de oorspronkelijke opzet zouden de restaurants de heroïne distribueren en tegelijkertijd de zwarte inkomsten witwassen door ze te laten dekken door de bonnen van de pizzaverkoop. Maar al gauw werd heroïne het hoofdgerecht op de menukaart en er stroomde zoveel geld binnen, dat het niet meer in de geldla paste. Dus moesten er andere wegen worden gezocht om het drugsgeld wit te kunnen wassen.

Een van de mannen die deze taak op zich nam, was de vishandelaar Sal Amendolito. Enkele jaren daarvoor was hij werkzaam bij een financieel consultatiebureau in Milaan dat op illegale wijze geld van rijke Italianen naar Zwitserland overbracht. Toen er een einde aan die handel kwam, begon hij in Italië vis te importeren. Na een tijdje verhuisde hij naar de Verenigde Staten om vis naar Europa te exporteren. Rond 1980 werd hij opgezocht door zijn voormalige compagnon in Milaan – Sal Miniati – die vroeg of hij een Siciliaans bouwbedrijf wilde helpen. Het verhaal van Miniati kwam erop neer dat er een groot vakantieoord werd aangelegd met steun van Amerikaanse investeerders die toevallig allemaal pizzeria's beheerden. Hij legde uit dat ze een heleboel contant geld hadden dat naar Zwitserland moest worden overgebracht – om aandelen in hun project te kunnen kopen – het liefst zo onopvallend mogelijk. Momenteel lag er volgens Miniati negen miljoen dollar te wachten op transport. Miniati bood zijn oude vriend 90.000 dollar aan voor zijn diensten.

Amendolita stemde toe en de eerste levering – een rond bedrag van 100.000 dollar – vond plaats in juli. Om de stortingen onder de 10.000-dollar-limiet van de meldingsplicht voor transacties van contant geld te houden, opende hij bankrekeningen bij verscheidene banken. Een aantal dagen later kocht hij cheques aan toonder ter waarde van het bedrag dat op de bankrekeningen uitstond, min één procent commissie, waarna hij het geld op nieuwe bankrekeningen stortte, die hij bij vier verschillende banken had geopend. Vandaar werd het geld overgeboekt naar Zwitserland, waar Miniati het van hem overnam.

Zijn witwasmethode was nogal primitief om het maar eens zachtjes uit te drukken – het spoor was zo makkelijk te volgen dat zelfs een kind hier de was kon doen. Maar Amendolito besloot dat het prima functioneerde, zolang de geldbedragen maar klein genoeg bleven. Hij doorliep z'n witwascyclus meerdere keren met bedragen van 100.000 dollar. Eind juli kreeg Amendolito echter 550.000 dollar overhandigd in kleine coupures. En nu had hij een probleem. Zijn systeem kon deze hoeveelheid geld domweg niet aan.

Via een contactpersoon bij de Zwitserse investeringsbank Finagest werd hem verteld dat Conti Commodity Services van het World Trade Center hem wel kon helpen. Toen hij echter bij het kantoor van Conti arriveerde met vier kleine koffertjes die volgepropt zaten met geld, kreeg hij te horen dat ze daar niet over de faciliteiten beschikten om zoveel contant geld te kunnen verwerken en verwezen hem door naar de Chase Manhattan Bank, een verdieping lager. Daar kreeg hij hetzelfde verhaal te horen en werd hem aangeraden om een groter filiaal van de Chase Manhattan Bank uit te zoeken. Het hoofdkantoor van de bank lag binnen loopafstand, maar toen hij daar arriveerde, was de bank al bezig met sluiten. Hij werd uitgenodigd om de volgende dag terug te komen. De dag erna nam de Chase Manhattan inderdaad zijn geld aan en boekte het op een bankrekening van Finagest bij de Credit Suisse in Lugano.

Omdat hij niet van plan was ooit nog eens zoiets mee te maken, besloot hij op zoek te gaan naar een betere manier om grote hoeveelheden geld wit te kunnen wassen. Hij legde zich toe op het smokkelen van kapitaal uit de Verenigde Staten, dat hij vervolgens bij banken op de Bahama's onderbracht. Na een tijdje, toen de bedragen bij iedere transactie steeds groter werden, sloot Amendolito een overeenkomst met Miniati, waarbij een deel van het geld door koeriers rechtstreeks van New York naar Zwitserland zou worden gebracht.

Op dat moment vertelde Miniati dat een vriend van een vriend op Sicilië graag gebruik zou willen maken van de diensten van Amendolito. Om het groeiende aantal opdrachten aan te kunnen, opende Amendolito een kantoor in de Madison Avenue, installeerde een telmachine en voegde nog een bank op Bermuda toe aan zijn lijst van afzetmogelijkheden voor geld. Maar Amendolito had de slechte gewoonte om te veel met zijn vingers in de koektrommel te graaien. Toen een aantal van zijn cliënten uit Sicilië erachter kwam dat hij bij elke deal steeds meer geld voor zichzelf begon achter te houden – en nog een schepje bovenop de vier procent commissie deed die hij inmiddels had weten te bedingen – waren ze niet bepaald aangenaam verrast, en suggereerden ze beleefd dat het gezonder voor hem zou zijn als hij het terug zou betalen. In plaats daarvan besloot hij dat het gezonder voor hem was om zich uit de voeten de maken.

De mafia verving Amendolito door een Italiaanse bankier – Antonio Cavalleri – die de leiding had over een kantoor van de

Credit Suisse in het alpendorp Bellinzona. Hij was het brein achter de oprichting van het bedrijf Traex dat zich op papier bezighield met de handel in onroerend goed en ruwe grondstoffen. In werkelijkheid deed het niets anders dan het witwassen van het zwarte geld uit het pizzeria-netwerk. Met hulp van een employé die bij Swissair werkte, werd bijna tien miljoen dollar uit New York overgevlogen om op een bedrijfsrekening van Traex bij het filiaal van Cavalleri te worden gestort.

De mafialeden meenden dat niemand iets in de gaten had. Maar ze vergisten zich. Begin 1979 – toen het pizzeria-netwerk nog maar net van de grond was gekomen – ontdekte de Italiaanse douane op de luchthaven van Palermo een koffer met daarin 497.000 dollar. Het onderzoek dat daarna volgde leidde tot de ontdekking van vijf bedrijvige heroïnelaboratoria op Sicilië. De Amerikanen hoorden ervan en wilden meer weten. Dankzij de informatie die door de Italianen werd verstrekt, had de FBI rond de tijd dat Cavalleri bezig was met zijn koeriersdiensten via Swissair, Amendolito opgespoord, een aantal van zijn transacties gevolgd en zijn kantoor in de Madison Avenue ontdekt. Vanaf dat tijdstip was het gemakkelijk om telefoongesprekken af te luisteren, wat weer andere verdachten opleverde.

Ironisch genoeg was het de tot nu toe niet verdachte employé van Swissair die 'em begon te knijpen bij het smokkelen. De mafia verving hem door Franco Della Torre, een witwasser die al eens voor de organisatie had gewerkt in Zwitserland. Hij arriveerde in New York in het bezit van de nodige referenties – reizend als vertegenwoordiger van Traex – en opende daar een rekening bij de makelarij Merrill Lynch, via welke hij gedurende de eerste vier maanden van 1982 vijf miljoen dollar wist wit te wassen. Tegen het einde van april opende hij nog een Traex-rekening bij de makelarij EF Hutton en waste in minder dan tien weken tijd 7,4 miljoen dollar wit door middel van elf afzonderlijke stortingen.

Bezorgd dat zo'n onderneming wel eens ongewenste aandacht zou kunnen trekken, opende hij een tweede rekening bij EF Hutton –

deze op naam van Acacias Development Company – waarlangs hij in de volgende tien weken nog eens 8,2 miljoen dollar heeft weten wit te wassen.

De bedrijven van Della Torre waren degelijk opgezet. Net zoals bij Amendolito liet zijn boekhouding een makkelijk te volgen spoor na. Merrill Lynch en Hutton hielden alle transacties op papier bij.

In 1983 kwam Amendolita weer boven water. Hij was in New Orleans wegens fraude gearresteerd. Tegen die tijd zat de FBI Della Torre al op de hielen. Er werd een speciale eenheid opgericht – ongeveer gemodelleerd naar Operation Greenback – die geleid werd vanuit het bureau van Rudolph Guiliani, toen nog een jonge, gedreven procureur van het zuidelijk district van New York. Hij opende de aanval op twee fronten tegelijk – de drugsdealers en de witwassers ieder afzonderlijk. Omdat niemand van de verdachten er erg efficiënte witwasmethodes op na hield, bleek het spoor gemakkelijk te volgen.

De rechercheurs van de FBI, de douane, de DEA, de IRS en het Bureau of Alcohol, Tobacco and Firearms konden gezamenlijk voldoende bewijsmateriaal verzamelen om een aanklacht in te kunnen dienen tegen 39 verdachten wegens handel in drugs en witwassen van zwart geld. Sal Amendolito werd een regeringsgetuige, die belastende verklaringen tegen de anderen aflegde, maar zelf nooit werd aangeklaagd. Doordat een aantal van de aangeklaagden zich in Italië schuilhield – onder wie Della Torre – stonden slechts 22 verdachten daadwerkelijk terecht in New York. Na zeventien maanden van hoorzittingen, eindeloos aanhoren van afgeluisterde telefoongesprekken – 55.000 om precies te zijn, waarvan de meeste in het Italiaans waren gesproken – en de moord op één verdachte, werden de overgebleven 21 aangeklaagden schuldig bevonden. De rechter veroordeelde de vijf mafialeiders tot 20-45 jaar gevangenisstraf. Hij legde vier verdachten bovendien een boete op van 2,5 miljoen dollar, die voor de behandeling van heroïneverslaafden zou worden gebruikt.

De groep had 750 kg heroïne met een geschatte straatwaarde van

1,6 miljard dollar de Verenigde Staten binnengesmokkeld. Door van hun diensten gebruik te maken, werd ook een aantal vooraanstaande financiële instellingen gecompromitteerd – Merrill Lynch, EF Hutton en Chemical Bank te New York; de Handelsbank te Zürich; en vooral de Credit Suisse te Bellinzona. Een van de bankrekeningen bij de Credit Suisse werd in het geheim 'Wall Street 651' genoemd. De eigenaar was Oliviero Tognoli, een bekende industrieel, tot wie de mafiabazen zich heimelijk hadden gewend voor advies op financieel gebied. Bijna twintig miljoen dollar werd via deze rekening gesluisd.

Een aantal machtige personen werd voor langere tijd achter slot en grendel gezet, en de zaak werd alom aangeprezen als een overwinning van de 'good guys'.

Terugblikkend op deze zaak, kon worden vastgesteld dat er nog iets meer aan de hand was. De 'bad guys' hadden meer dan 50 miljoen dollar zwart geld witgewassen. Maar deze keer – voor het eerst bij een grote drugszaak – was de FBI in staat geweest om het geld te volgen.

Plotseling realiseerde men zich aan beide kanten dat de regels van het spel waren veranderd.

Ineens stond er meer op het spel dan ooit.

Italiaanse gangsters zijn al jarenlang in Latijns-Amerika te vinden – ze zijn hier met name betrokken geraakt als gevolg van de echtelijke banden tussen Cuntrera- en de Caruana-clans, die toezicht hielden op hun heroïne-imperium in de eens veilige thuisbasis in Venezuela.

De autoriteiten hebben echter stukje bij beetje hun machtspositie aangetast. In 1985 namen Britse en de Canadese politiekorpsen een lading heroïne in beslag ter waarde van 300 miljoen dollar, die vanuit Londen naar Montreal werd verzonden, waarbij een van de Caruana-leden opgepakt en veroordeeld werd. Twee jaar later werd de beide misdaadorganisaties nog een slag toegebracht door een gigantische hoeveelheid hasj in Newfoundland in beslag te nemen. Weer een ander familielid draaide daarvoor de bak in. Het jaar daarop werd nog een familielid gearresteerd wegens poging tot cocaïne-smokkel.

Deze laatste arrestatie was van bijzonder belang, omdat de autoriteiten tot dan toe alleen maar hadden vermoed, zonder het ooit te kunnen bewijzen, dat de twee misdaadfamilies banden onderhielden met de Colombianen. Nu werd duidelijk dat deze organisaties op geen enkele manier in de buurt van de kartels hadden kunnen werken zonder hun toestemming.

Een grote doorbraak volgde in datzelfde jaar, toen John Galatolo, een zakenman uit Zuid-Florida, werd veroordeeld wegens cocaïne-smokkel. Hij vertelde de DEA dat hij persoonlijk had bemiddeld bij een recente deal, die inhield dat hij voor de mafia 600 kg cocaïne van het Cali-kartel zou kopen. Volgens Galatolo werd de mafia door deze deal enorm geholpen om controle te krijgen over de cocaïne-distributie in Italië.

Oorspronkelijk wilden de Colombianen de mafia alleen in eigen land laten opereren, in de hoop dat ze zelf de cocaïnedistributie voor de rest van Europa zouden kunnen verzorgen. Maar Europa ligt ver weg van Latijns-Amerika en hoewel het Cali-kartel goed kon functioneren in Spanje – ze kenden de taal – bleek de markt van Noord-Europa moeilijker te veroveren. De transacties verliepen uiterst moeizaam en ladingen werden in beslag genomen. In februari 1990 werd een dieptepunt bereikt toen de Nederlandse politie drie ton cocaïne ontdekte, die verstopt zat in een lading vruchtesap.

Pragmatisch als ze waren, legden de Colombianen zich neer bij deze nederlaag. Ze hadden het goed georganiseerde Europese distributienetwerk van de mafia nodig en wendden zich dus tot deze experts. Gezamenlijk richtten ze dekmantelbedrijven op om de drugs te kunnen distribueren en openden bankrekeningen om het zwarte geld wit te kunnen wassen.

Om ze tegen te kunnen houden, zou er een internationale samenwerking moeten komen, die tot dusverre nog nooit eerder was vertoond.

De eerste aanwijzing dat zo'n onderneming kans van slagen zou kunnen hebben, kwam in april 1992 toen de FBI veertien personen in Florida arresteerde wegens drugssmokkel en witwassen van zwart geld. Op zichzelf genomen was het een van de vele arrestaties in die maand. Het unieke van deze zaak was echter dat er bewijs gevonden werd die de verdachten in verband brachten met zowel de Colombiaanse kartels als een Calabrische mafiagroepering in Toronto.

Vijf maanden later, op maandag 28 september gingen politieorganisaties van acht verschillende landen – Amerika, Groot-Brittannië, Canada, Colombia, Costa Rica, Spanje, Nederland en de Cayman Islands – over tot een allesvernietigende aanval op deze activiteiten van de kartel- en de mafialeden.

De operatie, die 'Green Ice' werd genoemd, was de eerste operationele internationale speciale eenheid die specifiek werd opgericht om witwassers aan te pakken.

Undercover-agenten deden zich voor als witwassers, eerst in San Diego in 1989, waarna ze vervolgens hun netwerk van contacten uitbreidden tot Texas, Florida, Illinois en New York. Ze beheerden een keten van winkels voor lederwaren – filialen van Trans Americas Ventures Associates, een dekmantelbedrijf van de DEA, dat goederen importeerde uit Colombia. Elke ton geïmporteerd leer werd genoteerd als twintig ton, waardoor voldoende valse facturen werden gecreëerd om drugsgeld wit te kunnen wassen en terug te sluizen naar banken in Colombia en Panama.

Het Cali-kartel was zo blij met de manier waarop de mensen van Trans America hun witwaspraktijken uitvoerden, dat ze hun vroegen uit te breiden naar het buitenland – eerst naar Canada en het Caribisch gebied, later ook naar Europa. De rechercheurs die bezig waren met deze undercover-activiteiten – de DEA, de FBI, de IRS en de douane – waren maar al te blij, evenals de verschillende buitenlandse politieorganisaties die bij het onderzoek werden betrokken naarmate het zich verder uitbreidde.

Na bijna drie jaar van undercover-activiteiten werden – in één grote, simultane schoonmaakoperatie over drie continenten – wereldwijd 200 mensen gearresteerd, onder wie 112 verdachten in de Verenigde Staten, drie in Groot-Brittannië, vier in Spanje en 34 in Italië. Onder de gearresteerde verdachten bevonden zich zeven hoofdpersonen – de financiële leiders van het Cali-kartel.

Ze kregen Rodrigo Carlos Polania te pakken, een voormalig inspecteur van de nationale bank van Colombia, en ook Jose 'Tony the Pope' Duran, die door de Italiaanse politie werd omschreven als de belangrijkste cocaïnedistributeur ter wereld. Een later verzoek van Interpol om uitlevering van vingerafdrukken leverde dossiers over hem op uit twintig verschillende landen, alle onder verschillende naam. Hij was naar Rome afgereisd om Pedro Felipe Villaquiran, zijn belangrijkste vertegenwoordiger in Europa, aan de mafiabazen te introduceren, en ook om Bettien Martens, een belangrijke Nederlandse witwasser, te ontmoeten. Zij werden eveneens gearresteerd.

De politie nam eveneens 750 kg cocaïne en meer dan 54 miljoen dollar in contanten in beslag.

Toen het net zich eenmaal begon te sluiten en er geen ontsnapping meer mogelijk was, werd een inval gedaan bij vijftien dekmantelbedrijven die zich bezighielden met het witwassen van zwart geld. Naast de inval bij een Paneuropese organisatie voor dierenbescherming en een Siciliaanse wijnexporteur, werd ook een tachtigjarige vrouw in Mantua aangehouden, die niet beschikte over enige ervaring op zakelijk gebied, maar desondanks tientallen miljoenen dollars voor haar neef had weten wit te wassen.

Duizenden dossiers werden aan beide zijden van de Atlantische Oceaan in beslag genomen. Zeer opmerkelijk was de vondst van een uitgebreide hoeveelheid computerbestanden, die gevonden werden in de kantoren van Rodriguez Orjuela, drugsbaron van het Cali-kartel, waarin de wereldwijde witwasoperaties gedetailleerd werden beschreven. Andere documenten wezen naar verscheidene gezamenlijke ondernemingen van de mafia en het Cali-kartel, zoals bijvoorbeeld de invoer van drugs in de Franse Rivièra en witwasoperaties in Duitsland.

Na – en grotendeels als gevolg van – Green Ice heeft de Italiaanse politie, met behulp van de Centrale Operationele Dienst, het ministerie van Binnenlandse Zaken en de Binnenlandse Veiligheidsdienst verscheidene personen gearresteerd, onder wie Giuseppe Madonia, de nummer twee van de mafia op Sicilië; Carmine Alfieri, een *capo* van de camorra; drie Siciliaanse broers die bekendstonden als de privé-bankiers van de mafia; Antonio Sarnataro, naar verluidt de belangrijkste witwasser van de camorra; en in mei 1993, Michele Zaza, die geacht wordt de absolute leider van de organisatie te zijn. Naast Zaza werden nog tien andere camorraleden gearresteerd aan de Franse Rivièra, waar de bende 1,3 miljard dollar in hotels, winkels en kleinschalige industrie had geïnvesteerd bij het opzetten van een witwasnetwerk. Tegelijkertijd werden nog eens veertig verdachten die allen connecties hadden met Alfieri, Sarnatoro en Zaza, opgepakt in Italië, België en Duitsland. Toen het succes van Green Ice in de kranten werd gepubliceerd, verklaarde de onderminister van Justitie, George Terwilliger, dat met deze operatie 'een spies door het hart van de illegale drughandel was gedreven'. In Colombia gaf ten minste één hooggeplaatst lid van het Cali-kartel toe, dat er sprake was van 'ontwrichting'.

HOOFDSTUK 13

De avonturiers

'De witwasmethodes veranderen voortdurend om de autoriteiten een stap voor te blijven en de "good guys" dreigen overweldigd te raken door de omvang van het probleem.'
— US NEWS AND WORLD REPORT

De arme stumper had ooit een echte naam, maar sinds hij zich in 1986 bij het bureau van de DEA in Seattle (Washington) vertoonde en daar zijn verhaal had verteld, heette hij voortaan CI-1. En wanneer de DEA eenmaal de Confident Informant-status (status van vertrouwelijke informant) aan iemand heeft toegekend, zit de ongelukkige voor de rest van zijn leven met dit nummer opgescheept.

Het verhaal van CI-1 begon als volgt: in een periode van drie dagen – van maandag 25 augustus tot en met woensdag 17 augustus 1986 – hadden twee broers uit Los Angeles de leiding over een bende die 23 ton Thai-weed van zeer goede kwaliteit de Verenigde Staten wilde binnensmokkelen.

CI-1 verklaarde: twee lokale vissersboten, geëscorteerd door een surveillance-vliegtuig voorzien van radarapparatuur om opsporing door de douane te verhinderen, ontmoetten het moederschip enige honderden kilometers buiten de kust van Zuidwest-Alaska, en brachten de lading aan land in Anacortes, een vissersplaatsje 60 km ten noorden van Seattle. De lading was zo omvangrijk dat er twee trailers tot de nok toe vol mee konden worden geladen. Dezelfde broers hadden hun zinnen gezet op een nog grotere vangst in de zomer van 1987.

Het verhaal van CI-1 eindigde zo: hij kreeg zijn toegezegde geld niet uitbetaald en was daarom uit op wraak.

Dus kreeg hij die kans van rechercheur Gary Annunziata. Hij plaatste een zendertje op het lichaam van CI-1 en liet hem deelnemen aan weer een andere drugssmokkelzaak.

Bill en Chris Shaffer waren uit op avontuur.

Ze groeiden op in Londen – hun vader werkte bij de Amerikaanse marine – maar na de middelbare school, in 1963, keerde Bill terug naar Amerika, waar hij een universitaire studie afrondde aan de Penn State University; vervolgens ging hij als onderwijzer in New Jersey werken.

Chris bleef nog een tijdlang in Europa, waar hij met zijn vriendin een beetje rondscharrelde. Na wat geld bij elkaar gespaard te hebben, kochten ze een zeilboot en zetten ze koers naar Australië. Daar begonnen ze een charterbedrijf en na enige tijd konden ze zich een 24 m lange sloep permitteren. Langzaam maar zeker groeide hun charterbedrijf uit tot een smokkelbedrijf. Ze smokkelden een aantal keren drugs het land binnen en verdienden daarmee op een zeer snelle en gemakkelijke manier geld. Het ging de eerste keren zo goed, dat ze besloten ermee door te gaan, iedere volgende keer met een steeds grotere lading.

Ondertussen had Bill zijn baan als onderwijzer opgegeven en was begonnen met het – op kleine schaal – dealen van cocaïne in Florida. Later kwam hij in Los Angeles terecht waar hij nog steeds op kleinschalige wijze drugs aan de man bracht. Het was een gemakkelijke manier om geld te verdienen waar betrekkelijk weinig risico aan was verbonden. Het was een eenvoudige manier om door het leven te komen in de periferie van de filmwereld.

Tegen de tijd dat Chris naar de Verenigde Staten terugkeerde, in 1983 – en zich in Los Angeles bij zijn broer aansloot – waren beiden al behoorlijk ervaren op het gebied van de drugshandel.

Ze vertelden andere mensen dat ze schatzoekers waren, experts op het gebied van berging van gezonken galjoenen. Chris richtte zelfs een maatschappij op in Londen – China Pacific Films – om fondsen te werven voor hun bergingswerk. In werkelijkheid was zijn enige doel het financieren van een schip voor smokkelwerk. In januari 1985 hadden de Shaffers voldoende geld verdiend om op Hawaï één miljoen dollar neer te kunnen tellen voor een vissersboot, die de naam *Six Pac* droeg. De voormalige kapitein van het schip, de Britse ex-koopvaardijschipper Terry Restall was bij de koop inbegrepen.

Het was een gelukkige ontmoeting. Restall had al jarenlang hasj gesmokkeld en kende alle kneepjes van het vak.

Binnen twee maanden stuurden de Shaffers Restall naar de Golf van Thailand, waar hij door twee Vietnamese vissersboten werd opgewacht met zeven ton marihuana aan boord. Restall bracht de lading over naar een ontmoetingsplaats op zo'n 1000 km buiten de kust van San Diego (Californië), waar het overgeladen werd op de vissersboot *Pacific Rose* en ten slotte aan land gebracht werd in de buurt van Santa Cruz.

Op zijn volgende tocht nam Restall acht ton mee.

Begin 1986 investeerden de Shaffers in een lading van vijf ton zonder zelf bij het transport betrokken te zijn. De lading werd echter door de douane bij Hawaï onderschept. Met een schok realiseerden de broers zich hoe kwetsbaar ze eigenlijk waren.

Bill en Chris, die zich nu plotseling zorgen begonnen te maken over het feit dat de autoriteiten hen wel eens op de hielen zouden kunnen zitten, gingen op zoek naar een schip dat nog nooit eerder bij Amerikaanse smokkelactiviteiten betrokken was geweest. Ze vonden de *Niki Maru*, een 33 m lang oliebevoorradingsschip, dat zich in een Japanse haven bevond. Ze kochten het en lieten het ogenblikkelijk voor 300.000 dollar aanpassen, zodat het op een Japans vissersschip zou lijken.

Het was de *Niki Maru* die de lading van 23 ton binnenbracht.

In februari 1987 vernam Gary Annunziata dankzij CI-1, dat de Shaffers een groot vissersschip in Seward (Alaska) hadden gekocht

– de *Stormbird* – dat ze naar Seattle lieten varen om het geschikt te maken voor drugssmokkel.

In september van dat jaar keek de DEA nauwlettend toe hoe de omgebouwde *Stormbird* de haven uitvoer met bestemming Alaska. Ze waren nu gereed om de hele bende te arresteren.

Maar Bill Shaffer had een soort zesde zintuig ontwikkeld – acute paranoia – hij kreeg de indruk dat hij in de gaten gehouden werd. Hij kocht snel een nieuw schip, de *Blue Fin*, en schreeuwde vervolgens in het rond dat de lading in Mexico aan land zou worden gebracht.

De onnozele CI-1 briefde dat laatste door aan Annunziata.

Een ander schip van Shaffer, de *Manuia*, bracht de lading drugs aan boord van de *Six Pac*, even ten zuiden van Hawaii, de *Six Pac* laadde de drugs over naar de *Stormbird* in het noorden van de Stille Oceaan en de *Blue Fin* nam uiteindelijk de lading over ten zuiden van Alaska. Tegen de tijd dat de *Stormbird* weer terug was in Ana-cortes op 21 september, nu zonder lading, had de *Blue Fin* reeds aangelegd in het 40 km in noordelijke richting gelegen Bellingham en daar 42 ton marihuana aan land gebracht.

En al die tijd hield de DEA Mexico in de gaten.

Omdat de drugshandel zich voornamelijk afspeelt in de erbij behorende subcultuur, bewegen de succesvolle dealers zich rond in de onderwereld en ontmoeten daar de mensen die ze nodig hebben – mensen die de drugs kunnen leveren, mensen die beschikken over de transportmiddelen en mensen die de distributie kunnen verzorgen; en specialisten – de mensen met kennis op het gebied van de inkoop en verkoop van drugs en het witwassen van de zwarte verdiensten.

De Shaffers wisten zich een weg te banen binnen deze subcultuur. Terwijl Bill overduidelijk de leider was – hij hield zich bezig met de planning en zorgde voor de financiële afwikkeling van de zaken – hield Chris zich bezig met de logistiek en het transport. Maar ze konden niet alles zelf doen en door de jaren heen ontwikkelden ze zich tot een grote organisatie die voornamelijk bestond uit vrienden en vrienden van vrienden.

Hoe groter de groep, hoe kwetsbaarder ze werden.

Ze kochten de drugs in Zuidoost-Azië, bij twee van de grootste drugshandelaren ter wereld.

Tony de Thai was ergens in de veertig. Hij sprak goed Engels en kende de weg in de duistere wereld van de internationale drugshandel. Niemand lijkt zijn echte naam te kennen. In elk geval is niemand bereid hem te noemen, als ze hem wel zouden weten.

Hij is een ondernemer die zijn drugshandel verbergt onder de dekmantel van een klein, maar succesvol imperium van vastgoedbedrijven en hotels. Vanwege zijn talrijke connecties is hij in elk geval de aangewezen persoon voor de aanschaf van Thai-weed van topkwaliteit.

Op een gegeven ogenblik nodigde hij Restall uit voor een ontmoeting in Bangkok om de Shaffers zijn produkten te kunnen tonen. Toen Restall arriveerde, nam Tony hem persoonlijk mee de jungle in, waarbij ze in noordelijke richting vertrokken naar Chang Mai en de grens overstaken van Laos.

Niemand vroeg hun wie ze waren of wat ze daar uitvoerden.

Toen ze in Laos arriveerden, werden ze ontvangen door een hooggeplaatste politiefunctionaris in uniform die hen begeleidde naar een zwaar bewaakte loods, waar Tony 200 ton marihuana van topkwaliteit had opgeslagen.

De tweede persoon – een tijdlang de grootste concurrent van Tony – was Brian Peter Daniels, een geëmigreerde Amerikaan. Van hem kochten de Shaffers de lading drugs van 1987.

Daniels, die van dezelfde leeftijd was als Bill en eveneens bezeten was van avontuur en vrouwen, woonde in Thailand en wedijverde een tijdlang met Tony om de titel van 's werelds grootste marihuana-leverancier. In slechts vier jaar tijd – tussen 1984 en 1988 – zou Daniels verscheidene honderden tonnen marihuana Amerika hebben binnengesmokkeld.

Elke baal marihuana was dicht verpakt in zwaar, donkerblauw

nylon canvas met daarop een Eagle Brand-sticker – een wit etiket, waarop een ruwe schets van een adelaar en de opvallende rode woorden 'Passed Inspection' waren aangebracht. Het Amerikaanse ministerie van Justitie is er niet zeker van of dit nu zijn manier was om te zeggen: 'Dit is het eigendom van Brian Daniels', of dat het slechts een beetje bravoure van zijn kant was. Volgens sommigen behoorde het 'Eagle Brand' niet exclusief toe aan Daniels.

Wat het ministerie van Justitie wel met zekerheid durft te stellen is dat Daniels – net als Tony de Thai – nooit op zo'n grootschalige manier had kunnen opereren zonder omvangrijke hulp van anderen.

De insiders houden vol dat de regeringen van Thailand, Laos en Vietnam voortdurend een oogje hebben dichtgeknepen bij de activiteiten van mensen als Tony en Daniels, omdat beiden altijd bereid waren om grote hoeveelheden steekpenningen te betalen in de vorm van de onmisbare harde valuta. In een aantal gevallen hebben mannen als Daniels – en in dit geval zeker ook Tony de Thai – zich in verregaande mate ingelaten met de plaatselijke autoriteiten. Ze beschouwen deze als partners en hebben een aandeel in de winst afgestaan om te kunnen beschikken over de medewerking van hoge functionarissen, plaatselijke krijgsheren, politiechefs en provinciale bestuurders. Het leger is eveneens van de partij. Een van de scheepsladingen van Shaffer werd bewaakt door Vietnamese legerofficieren in uniform, toen het werd overgeladen in de Golf van Tonkin.

Marihuana die afkomstig is uit Thailand en Laos, en doorgevoerd wordt via Vietnam, wordt bij de douane in Da Nang gewoon doorgewuifd wanneer de lading voorzien is van het juiste label.

Op het ministerie van Justitie in Amerika wordt het opschrift 'Passed Inspection' geïnterpreteerd als: iedereen heeft hiervan een graantje meegepikt.

Terwijl het geld bleef binnenstromen, installeerden de beide broers zich op verschillende plaatsen in Los Angeles. Ze hingen hoofdzakelijk rond in Malibu, maar huurden tevens meerdere huizen in de stad. Twee van Bills vrienden, die hij uit de tijd van New

Jersey had leren kennen, waren Ed en Eileen Brown. Zij produceer-de pornofilms en noemde zichzelf Summer. Op verzoek van Bill huurden de Browns een groot huis aan de Helena Drive in het modieuze Brentwood, zodat de Shaffers een plaats zouden hebben waar ze hun geld konden tellen. De Browns huurden ook nog een huis in de heuvels van Hollywood – ver genoeg van het andere huis vandaan – waar de Shaffers hun geld konden verbergen.

Als groothandelaren beperkten Bill en Chris hun leveranties tot twee distributie-groepen – één in Californië en de andere in New York.

De distributeurs in Los Angeles waren twee vreemde snuiters die bekendstonden als Greater en Lesser. Greater was een stevige, ex-footballspeler wiens echte naam Kenneth Tarlow was. Zijn vriend Lesser was lichter gebouwd en heette eigenlijk Dennis Specht.

Hun distributeur in New York werd gewoon Sonny genoemd. Op dat moment was die naam het enige wat ze van hem afwisten.

Het feit alleen dat de Shaffers zaken deden met Greater en Lesser en Sonny, was nog geen reden om ze te vertrouwen. Dus telkens wanneer er betaald moest worden, zonden ze hun eigen mensen om het op te halen en – nadat ze zich ervan hadden overtuigd dat ze niet gevolgd werden – om het vervolgens in Brentwood af te leveren. Het geld werd daar geteld en in dozen verpakt en vervolgens voor opslag overgebracht naar het huis in de heuvels. Wanneer de dozen zich hoog genoeg hadden opgestapeld, vroegen de Shaffers aan vrienden zoals de Browns om het geld naar Zwitserland te brengen.

Bill werkte alle plannen uit op de voor hem kenmerkende manier, waarbij hij de taken verdeelde en inging op de allerkleinste details. De mensen die voor hem werkten, wisten alleen het aller-noodzakelijkste om hun taak te kunnen uitvoeren.

Op twintig oktober 1986 laadde hij persoonlijk een camper vol met veertig dozen bij het opslag-huis – in het totaal een bedrag van twintig miljoen dollar – en reed ermee naar Salt Lake City (Utah). Daar werd hij in een gecharterd Gulfstream II-straalvliegtuig opge-wacht door een kleine groep vrienden, onder wie de Browns.

255

Hij had reeds de brievenbusfirma Bi-Continental Computers opgericht en visitekaartjes laten drukken – compleet met officiële titels – voor al zijn vrienden. Hij deelde ook nog kleine reversspelden uit – die leken op bedrijfslogo's – zodat niemand op het laatste moment zich bij de groep zou kunnen voegen en net doen alsof hij bij het gezelschap hoorde.

Elk van de veertig dozen was gelabeld: 'Computer Related Equipment' (randapparatuur voor computers). En dit werd nog eens door de vrachtbrief van de piloot bevestigd. De volgende ochtend, nadat de vrienden van Shaffer in Zürich waren geland, overhandigde de piloot de papieren aan de douane. De dozen werden uitgeladen uit het vliegtuig en een volstrekt willekeurig gekozen doos werd opengemaakt.

Het was een grote schok voor de Zwitserse autoriteiten om in plaats van randapparatuur voor computers, keurig gestapelde en gebundelde bankbiljetten in briefjes van twintig en vijftig dollar aan te treffen.

De leidende douanebeambte was door het dolle heen. Hij riep de piloot op het matje en schreeuwde tegen hem: 'U heeft computerapparatuur gedeclareerd en nu ontdekken we dat uw lading uit bankbiljetten bestaat. Waarom heeft u die valse aangifte gedaan?'

De piloot wist daarop niets te antwoorden, dus wendden de Zwitserse autoriteiten zich tot de passagiers en beschuldigden hen ervan een valse aangifte te hebben gedaan.

Er zat voor de Browns weinig anders op dan toe te geven dat ze gelogen hadden.

Op dat moment legde de Zwitserse douanebeambte uit: 'We hebben geen enkel probleem met bankbiljetten, maar we hebben wel een probleem met computerapparatuur. Doe dus nooit en nooit weer dit soort valse aangiftes.'

De beteuterde Browns en de anderen beloofden dat ze het nooit meer zouden doen.

De Zwitserse douane stond toe dat ze de dozen in een busje laadden en volgens plan naar Liechtenstein vertrokken.

De DEA had de verkeerde kant op gekeken.

De zaak tegen de Shaffers was tot stilstand gekomen.

De drugs waren er uiteindelijk toch door gekomen en de meeste verdachten waren uit het zicht verdwenen. Hoe het ook zij, Annunziata had zijn handen vol aan andere criminelen – met name aan Brian Daniels.

Uit het onderzoek dat de DEA naar hem had verricht, was gebleken hoe de Shaffers op het laatste ogenblik Annunziata nog te slim af waren geweest. Deze was razend naar hulpofficier van justitie Mark Bartlett gelopen, vastbesloten om de zaak weer te openen.

Bartlett, voor in de dertig, 1,75 m, donkere haren, deed aan gewichtheffen en was bepaald niet wat politieagenten een 'ivorentoren-advocaat' noemen. Hij hield zich niet schuil op zijn kantoor. Hij ging de straat op. Hij maakte zijn handen vuil. Toen Annunziata hem vertelde hoe graag hij de Shaffers wilde hebben, gaf Bartlett het groene licht en kende de zaak de OCDEF-status toe (Organized Crime Drug Enforcement-status); en er zou dan een speciale eenheid worden opgericht.

Bartlett gaf de leiding in handen van Fran Dyer.

Dyer had er op 48-jarige leeftijd al 25 jaar op zitten als wetsdienaar. Hij was geboren in Boston, had blond haar, was ongeveer van dezelfde grootte als Bartlett, maar slanker, en had bij de inlichtingendienst van de Amerikaanse luchtmacht gediend tijdens de oorlog in Vietnam. Vervolgens was hij vijf jaar werkzaam geweest als detective in Seattle, voordat hij toetrad tot de afdeling crimineel onderzoek van de Internal Revenue Service.

Doordat ze niet konden beschikken over geconfisqueerde smokkelwaar als bewijsmateriaal, moesten Bartlett en Dyer – en Gary Annunziata totdat hij naar Maleisië zou worden overgeplaatst – hun aanklacht op andere manieren hardmaken. Om verzekerd te zijn van veroordeling moesten ze zich baseren op getuigenverklaringen, die gestaafd werden door documenten.

Op papier klinkt het gemakkelijk. In de praktijk duurde het meer dan drie jaar voordat de zaak rond was.

Voor de Shaffers leek het een mooi avontuur te worden.

De onderneming in 1987 leverde hen meer dan 35 miljoen dollar op. Alles bij elkaar verdienden ze zo'n 60 miljoen dollar.

En ze wisten het meeste ervan het land uit te krijgen.

Na het voorval in Zürich in oktober 1986, voerde Bill de vluchten op Zwitserland anders uit. Hij had een man ontmoet, Alex Major, die er een klein charterbedrijf voor straalvliegtuigen op na hield, waarmee hij nu in zee ging voor zijn vluchten op Europa.

Bill en Chris vlogen geen van beiden ooit zelf met het geld.

Op negen november 1987 vloog Major elf miljoen dollar over met een van zijn eigen vliegtuigen naar Zürich. Een maand later, op acht december, vloog Major nogmaals met zijn eigen toestel naar Zwitserland, deze keer met acht miljoen dollar aan boord.

Om niet te veel de aandacht van de autoriteiten te trekken, doorbrak Major op 24 januari 1988 zijn vaste patroon en huurde hij een Canadair 600-straalvliegtuig, waarmee hij zes miljoen dollar naar Zürich transporteerde. Het draaide uit op een zevendaagse charter die de Shaffers 130.000 dollar kostte. Vijf vrienden van Bill gingen in op zijn aanbod om te eten, te drinken en te fuiven, en alleen al in het vliegtuig werd er voor 18.000 dollar aan kaviaar, gerookte zalm en champagne geconsumeerd.

Op de vierde tocht van Major naar Zwitserland, op 27 februari, werd nog eens zes miljoen dollar overgebracht.

De Shaffers schakelden makelaars in om brievenbusfirma's op te richten in Liechtenstein en Zwitserland. Telkens wanneer er geld werd ingevoerd, kwam het bij deze makelaars terecht. Zij waren degenen die de stortingen uitvoerden, omdat Bill besloten had dat hij noch zijn broer ooit zelf naar de bank zou mogen gaan.

Via die makelaars beheerden de broers alleen al in Liechtenstein minstens zeventien verschillende brievenbusfirma's met rekeningen bij zeven verschillende banken. Uiteindelijk werden ook andere rekeningen geopend in Engeland, Frankrijk, Duitsland, Zwitserland, Ierland en Oostenrijk.

Ze gebruikten deze firma's voor het aanschaffen van aandelen en een groot herenhuis dat Bill in Santa Barbara (Californië) had ontdekt. Ze lieten de bedrijven eveneens hun kunstcollecties en hun sieraden en hun racewagens betalen, waarmee ze in heel Europa uitkwamen. Ze hadden onroerend goed in Engeland en hingen hun muren vol met dure schilderijen – Picasso's en Warhols. Bill kocht ook nog voor zichzelf een zeewaardig jacht ter waarde van 1,2 miljoen dollar via een brievenbusfirma die gevestigd was op het eiland Man.

Het uitgeven van geld was nog het grootste avontuur van allemaal.

Ironisch genoeg, werd het schip naar de piraat Henry Morgan genoemd.

Terwijl de Shaffers het ervan namen in Europa, staken Dyer, Annunziata en Bartlett in november 1989, zo'n 13.000 km verderop in Seattle, voor het eerst de koppen bij elkaar.

Na de gegevens die Annunziata en de DEA al hadden verzameld, te hebben doorgenomen, besloten Dyer en Annunziata eerst de kleine jongens aan te pakken – de bemanning van de schepen – in de hoop zich zo een weg omhoog te kunnen banen.

In april 1990 had Mark Bartlett een lange lijst van verdachten samengesteld en begaf hij zich naar de kamer van inbeschuldigingstelling. Er volgde een dagvaarding, waarbij Bill en Chris Shaffer en 27 anderen werden aangeklaagd – onder wie Terry Restall en de Browns – wegens samenzwering tot marihuanasmokkel. Er werd tevens een oude zaak uit 1983 heropend, waarbij Chris betrokken zou zijn geweest bij de invoer van marihuana in Noord-Californië.

De Shaffers waren nu officieel voortvluchtig.

Binnen enkele maanden keerde Bartlett terug naar de kamer van inbeschuldigingstelling om nog meer namen aan de lijst toe te voegen. Tegen het einde van 1990 had hij in het totaal 47 mensen aangeklaagd. Op dat tijdstip kwam er een telefoontje van advocaten uit Boston die zeiden dat ze namens twee compagnons van Shaffer optraden – één ervan was Restall – en een deal wilde afsluiten.

Dyer en Bartlett wisten dat ze voldoende bewijsmateriaal tegen de Shaffers hadden verzameld om ze met succes te kunnen vervolgen, maar de getuigenis van Restall vormde een zeer welkome aanvulling. Dus begonnen de onderhandelingen. Restall gaf zich over aan Fran Dyer in januari 1991. En Bartlett was bereid om, afhankelijk van de openhartigheid van Restall, aan de rechter te vragen minimaal vijf, maar niet meer dan tien jaar gevangenisstraf op te leggen.

Restall ging erop in, wetende dat hem anders 25 jaar boven het hoofd hing.

Dyer en Bartlett kregen nu ook de anderen in het vizier.

Autogek als hij was, reed Dennis 'Lesser' Specht rond in een zeer exclusieve Ferrari Testarosa in een speciale turbo-uitvoering. Er waren er slechts drie van gemaakt; en deze verscheen op de voorpagina van het *Road and Track Magazine*. Iemand herkende de auto en Dyer wist hem op te sporen via het blad. Toen hij Specht eenmaal had gevonden, was het makkelijk om ook Kenneth 'Greater' Tarlow te achterhalen.

Dyer vernam toen dat Sonny – een man van ergens achter in de vijftig – ooit aan een koerier van Shaffer had bekend dat hij altijd al in speelfilms had willen spelen. Hij zei dat hij het nooit zou kunnen maken in Hollywood, maar het was toch een beetje gelukt toen een vriendin die bij een advertentiebureau werkte hem een baantje als acteur voor televisiereclames had bezorgd. Dyer kwam erachter wat er echt werd verkocht, nam contact op met het bedrijf en ontdekte dat Sonny's eigenlijke naam Irwin Kletter was. Er werd onmiddellijk een arrestatiebevel tegen hem uitgevaardigd.

De Shaffers beseften het nog niet, maar hun dagen waren definitief geteld.

Toen CBS News in april 1987 in Genève verslag wilden doen van de verkoop van de sieraden van de hertogin van Windsor door Sotheby, werd een aantal van de aanwezigen geïnterviewd. Op een gegeven ogenblik werden de camera's gericht op een blonde man in een duur pak die samen met een wonderschone vrouw champagne stond te drinken. Toen hem gevraagd werd hoe hij heette, reageerde hij verbaasd en antwoordde: 'Bill Ryan.' Op de vraag of hij iets wilde kopen, antwoordde hij: 'Er zijn tijden dat je er gewoon voor moet gaan.'

Het bleek dat Bill en Chris er gewoon voor gingen in Londen, nu in het bezit van Britse paspoorten.

Ten minste één van de paspoorten was vervalst door iemand die naar Somerset House was gegaan en het geboortecertificaat van iemand had gekopieerd die al was overleden. Het andere was gestolen. Een derde – Duits – paspoort werd door Bill, op klaarlichte dag, voor 50.000 dollar aangeschaft tijdens een lunch met een, naar eigen zeggen, medewerker van de CIA in het Serpentine Restaurant in Hyde Park.

Zodra hij gegronde redenen had om aan te nemen dat de organisatie ook in Groot-Brittannië werkzaam was, richtte Fran Dyer zich tot Scotland Yard met verzoek om bijstand.

Dyer werd in april 1990 door de attaché van het ministerie van Justitie op de Amerikaanse ambassade aan Grosvenor Square in contact gebracht met de Metropolitan Police International en de Organized Crimes Branch. Binnen enkele uren werden de rechercheurs Rick Reynolds en Graham Saltmarsh op deze zaak gezet. En gedurende het grootste deel van de volgende drie jaar zou de telefoonverbinding tussen Londen en Seattle verscheidene uren per dag bezet zijn.

Reynolds en Saltmarsh waren degenen die de bezittingen van Terry Restall opspoorden en confisqueerden – waaronder een Engels landgoed in Fareham (Hampshire). Reynolds en Saltmarsh waren ook degenen die een bezoekje wilden brengen aan Bill Shaffer, maar zijn huis aan de Alexander Square in South Kensington werd leeg aantroffen. Het waren Reynolds en Saltmarsh die Shaffer bijna hadden gearresteerd in de buurt van het gebouw van Scotland Yard.

In maart 1991 liet Shaffer zich inschrijven in een suite van het

Dukes Hotel in het hartje van Mayfair, onder de schuilnaam Alan Abill. Hij hing de playboy uit en smeet met geld. Door deze – voor een voortvluchtige – domme strategie, trok hij veel aandacht. Op een middag vroeg hij de receptionist om rozen naar zijn suite te laten brengen – een heleboel rozen, voor 500 pond. De receptionist voerde zijn opdracht uit. Die nacht keerde Shaffer terug naar het hotel met de Britse actrice Cherie Lunghi aan zijn arm.

Onder verdenking dat hun gast niet was voor wie hij zich uitgaf, besloot iemand van de veiligheidsdienst van het hotel om een vriend bij Scotland Yard op discrete wijze te informeren. Maar de betreffende politiefunctionaris was afwezig en belde pas twee dagen later terug. Tegen die tijd had Shaffer het hotel alweer verlaten.

Rond deze tijd hadden Reynolds en Saltmarsh het bewijs verzameld dat er sprake was van valse paspoorten. Ze wendden zich tot de BBC voor hulp om de namen van de valse paspoorten te kunnen achterhalen.

Reynolds belde het produktiekantoor van 'Crimewatch' op en legde uit dat hij iets interessants had voor hun programma. De producer beloofde dat hij ernaar zou kijken. Tot die tijd was vrijwel alle aandacht gericht op criminelen in Engeland. Op donderdagavond twaalf september 1991, zorgde het programma 'Crimewatch' voor een doorbraak in de zaak, door hulp van de kijkers in te roepen voor de opsporing van twee Amerikaanse criminelen, waarbij hun foto's werden getoond.

Meer dan 70 mensen die meer of minder belangrijke informatie konden verstrekken, belden op.

Tien van de gesprekken leverden zinnige informatie op. Twee van de tien waren afkomstig uit andere landen van Europa. Eén ervan wist Bill Shaffer in Duitsland te lokaliseren.

Hoewel Bill nu beweert dat het leven als voortvluchtige een verschrikkelijke ervaring voor hem was, nam de zoektocht naar hem nog vier maanden in beslag. Deze eindigde op vijftien januari 1992, in de bar van het Sheraton Hotel in de buurt van de luchthaven van Frankfurt, waar hij door de Beierse staatspolitie werd gearresteerd.

Toen ze hem aanhielden, haalde hij zijn schouders op en zei: 'Gefeliciteerd. Vandaag is jullie geluksdag. Jullie hebben een grote klapper gemaakt.'

Dyer en Bartlett hadden gehoopt hem binnen een week naar Seattle te kunnen overvliegen. Maar Shaffer had andere plannen. Hij huurde een lokale advocaat in om zijn uitlevering aan te vechten – of in ieder geval zijn uitlevering lang genoeg te vertragen om over zijn positie te kunnen onderhandelen. Zijn probleem was dat noch Bartlett, noch Dyer er veel voor voelde om hierop in te gaan. Shaffer hield het zo lang mogelijk vol en bracht de volgende negen maanden door in een vieze, verouderde en streng bewaakte Duitse gevangenis. Hij moest 23 uur per dag in zijn cel blijven. Het ene uur dat hij eruit mocht, was om te luchten op een met vuilnis bezaaide binnenplaats. Het raam van zijn cel was voorzien van tralies en er zat geen glas voor, zodat regen en wind en de stank van de binnenplaats ongehinderd naar binnen konden komen. Eén lamp van 25 watt brandde dag en nacht.

Toen hij uitgeprocedeerd was, zetten de Duitsers hem op het vliegtuig, waar hij werd begeleid door Amerikaanse agenten. In de avond van zestien september 1992 landde het vliegtuig op Sea-Tac International Airport van Seattle.

Op dat moment hadden Dyer en Bartlett meer dan 45 personen in staat van beschuldiging gesteld en veertig verdachten achter de tralies gebracht, van wie het merendeel schuld had bekend. Bill zat intussen veilig opgeborgen in de Kent Corrections Facility vlak bij Seattle, gekleed in een sjofele, rode overall.

Maar Chris was nog steeds op vrije voeten.

Scotland Yard had hem in Ierland weten op te sporen. De Garda werd gevraagd om hem te arresteren, maar toen ze bij het huis kwamen waar hij was gesignaleerd, was hij er alweer vandoor. Er werd echter wel ontdekt dat een van zijn helpers een busje had gehuurd waarmee deze samen met Chris Shaffer naar Frankrijk was gereden. Nu wendden Dyer, Reynolds en Saltmarsh zich tot de Franse politie.

Chris, die op de hoogte was van de arrestatie van zijn broer, gaf later toe dat hij voortdurend in een toestand van paniek verkeerde. Hij veranderde om de zoveel dagen van hotel en keek voortdurend over zijn schouder.

In september 1992 ontdekte Dyer dat de Browns in Parijs woonden, in de buurt van de Jardins Luxembourg. Ervan overtuigd dat ze contact hadden met Chris, vroeg hij de Franse politie om hen aan te houden.

Om negen uur 's ochtends klopte een als arbeider verklede politieagent bij de Browns aan. Summer Brown begreep niet wat hij wilde en liep naar haar man. Op hetzelfde moment was Ed met Chris aan het bellen, die zich verscholen hield in een hotelletje een aantal straten verderop.

Ed zei tegen Summer dat hij wel even zou gaan kijken wat er aan de hand was, en tegen Chris vertelde hij dat hij zo meteen terug zou bellen, waarna hij de hoorn op de haak hing. Toen hij de deur opende kwamen de werklieden binnen, gevolgd door een aantal gewapende politieagenten.

De Browns werden in de boeien geslagen en de politie begon met het doorzoeken van het appartement. Toen begon de telefoon te rinkelen.

Chris was ongeduldig geworden, omdat Ed maar niet terugbelde, dus draaide hij zijn nummer. Waarom mag Joost weten, maar de politie liet het toestel gewoon overgaan. Volslagen over z'n zenuwen heen verliet Chris het hotel.

Op de rand van een zenuwinzinking, elke nacht van hotelkamer veranderend en bang voor zijn eigen schaduw, duurde het niet lang voordat Chris contact opnam met zijn advocaat in de Verenigde Staten om te onderhandelen over de voorwaarden van zijn overgave. Dyer en Bartlett gingen in principe akkoord met een strafvermindering als hij zichzelf zou aangeven; op 16 december 1992 – bijna drie maanden nadat zijn oudere broer in verzekerde bewaring was gesteld – reisde Chris af naar Amsterdam en vervolgens naar Seattle waar hij zich overgaf aan Dyer.

Volgens afspraak verklaarden de broers zich schuldig aan alle aan-

klachten. Ze stemden er ook mee in om een volledig en eerlijk overzicht te geven van al hun bezittingen, die vervolgens in beslag zouden worden genomen. In ruil daarvoor beloofde Bartlett om voor
Bill Shaffer niet meer dan vijftien jaar gevangenisstraf te eisen en
voor Chris Shaffer niet meer dan dertien jaar.

Terwijl Dyer en Bartlett zich haastten te verklaren dat ze de
Shaffers nooit voor het gerecht hadden kunnen slepen zonder hulp
van Reynolds, Saltmarsh en Scotland Yard, blijven er nog steeds
een aantal zaken onopgehelderd. Tot ergernis van velen – ondanks
vier jaar werk, 550 ondervragingen, 15.000 manuren en de hulp van
politieorganisaties in acht verschillende landen – heeft het speciaal
opgerichte team slechts de hand weten te leggen op zo'n twaalf miljoen dollar aan bezittingen van de Shaffers.

De Shaffers houden bij hoog en bij laag vol dat er niet méér is.

Bartlett waarschuwt dat als er ooit meer wordt gevonden, de
overeenkomst dan niet meer geldt – zelfs als ze weer op vrije voeten
zouden zijn gesteld – en dat kan 25-30 jaar gevangenisstraf betekenen.

Filosofisch tot het laatst toe, denken de Shaffers dat ze nog jong
genoeg zullen zijn wanneer ze worden vrijgelaten om een rijk leven
te kunnen leiden.

Als dat betekent dat er geld is verstopt – als ze het zo schoongewassen hebben, dat niemand het kan vinden – en als het geld er na
dertien tot vijftien jaar nog steeds is, dan komt dat erop neer dat het
beste avontuur voor de Shaffers nog niet voorbij is, dat het alleen
maar uitgesteld is en ergens in de toekomst op hen ligt te wachten.

HOOFDSTUK 14

Funny money

' *"Funny money" is een hoogontwikkeld, logisch alternatief econo-
misch stelsel dat gebruikt wordt door vele internationale criminelen, belastingontduikers, drugsdealers, terroristen en regeringen.
De moeilijkheid bestaat vaak daarin om uit te maken wat wat is.'*
– Voormalig rechercheur van het Britse fraude-
opsporingsteam, ROWAN BOSWORTH-DAVIES

Toen hij Koeweit plunderde, beval Saddam Hoessein zijn soldaten om alles wat ze aan auto's vonden mee te nemen. Een
aantal van de duurdere auto's – Rolls Royces, Mercedessen,
Lamborghini's, Porsches, BMW's en Ferrari's – werd geschonken
aan hoge functionarissen van de Ba'athpartij als persoonlijk
geschenk van Saddam, of werd geconfisqueerd voor regeringsge-
bruik. Toen de voormalige premier Edward Heath een bezoek
bracht aan Bagdad tijdens de Golfcrisis, werd hij rondgereden in
een in Koeweit gestolen Mercedes.

Vijftig van de meest uitgelezen auto's – waaronder een gepantserde Mercedes en een gepantserde BMW – werden naar het buitenland gebracht. Ze werden van Bagdad naar Amman gereden en vervolgens naar Genève overgevlogen met vrachtvliegtuigen van de
Royal Jordanian Airline, onder bescherming van de status van het
diplomatiek verkeer. Eenmaal in Zwitserland werden de auto's te
koop aangeboden en enkele uren na aankomst waren ze al in contant geld omgezet.

Maanden later, toen het land reeds was bevrijd, ontdekten de
Koeweiti's wat ze altijd al hadden vermoed – dat de Irakezen met

boodschappenlijsten de grens over waren gestormd. Het invasiele-ger was niet alleen voor auto's gekomen, het had volgens een nauw-gezet en vooropgesteld plan geplunderd. Het leger had opdracht gekregen om machinewerktuigen mee te nemen – hele fabrieken werden leeggeroofd – computers, hijskranen met reserveonderdelen en voorraden die opgeslagen waren in havens en op luchthavens. De soldaten kregen opdracht om 200.000 boeken uit de centrale bibliotheek van Koeweit-Stad mee te nemen, evenals boeken, meu-bilair en zelfs schoolborden uit de scholen. Ze hadden instructies gekregen om alles wat los en vast zat uit de ziekenhuizen mee te nemen, inclusief de medische apparatuur. Ze kregen het bevel om ervandoor te gaan met 3500 schoolbussen en het grootste deel van het openbaar vervoer van het land.

Een voor de hand liggend doelwit was de centrale bank van Koe-weit, waar Saddam de goudvoorraden en het contante geld stal. Na de oorlog werd hij echter gedwongen om al het geld terug te geven, aangezien het precieze bedrag van de reserves van de bank bekend was. Maar het invasieleger hield ook huis in privé-woningen en kantoren – tienduizenden ervan – waarbij kapitalen aan geld en sie-raden werden buitgemaakt, en niets daarvan werd ooit teruggege-ven. Een deel van het geplunderde goud werd omgesmolten en door Saddam verkocht op de traditionele markten van Jemen, Soedan en Mauretanië. De meeste sieraden werden uiteengehaald en verkocht in de *souks*. Het geld dat hiervan werd verkregen, wordt nog steeds gebruikt om hele horden smokkelaars uit Iran en Turkije te betalen, die van het begin af aan met succes het embargo hebben ontdoken.

Hoewel er incidenteel Iraakse olietransporten plaatsvinden naar Turkije en Jordanië – een directe schending van het embargo – werd het land niettemin de belangrijkste bron van inkomsten ontnomen. Er wordt verondersteld dat Saddam zijn volk voedt met de gestolen middelen uit Koeweit, en dat hij voldoende geld heeft weten wit te wassen om het land in leven te kunnen houden. Het is bijvoorbeeld bekend dat hij om alles wat er in Bagdad opdook aan edelstenen en edelmetalen na de Golfoorlog op te kunnen nemen, gewoon meer bankbiljetten liet drukken. Het effect van de inflatie op de Iraakse economie nam Saddam voor lief, omdat hij de gestolen middelen uit Koeweit nodig had om het embargo te kunnen weerstaan. En toch valt de hoeveelheid geld die hij uit Koeweit stal in het niets vergeleken bij wat hij systematisch stal – en succesvol wist wit te wassen – uit zijn eigen land.

In juni 1972 nationaliseerde Irak zijn olie-industrie. Saddam, die toen vice-president was, wist de heersende Nationale Revolutionaire Raad ervan te overtuigen dat de commissies die ze aan westerlingen afdroegen – volgens de overeenkomsten met lange looptijd – beter besteed waren aan de Ba'athpartij. Dus maakte hij zich de strategieën van Calouste Sarkis Gulbenkian eigen.

Gulbenkian, een Turk van Armeense afkomst, was de grondlegger van wat bekend zou worden als de Iraq Petroleum Company. In ruil voor zijn bewezen diensten verlangde hij een aandeel in de winst voor iedere druppel olie die werd geproduceerd. Deze commissie gaf de aanleiding tot zijn bijnaam, 'Meneer Vijf-Procent'. Toen hij in 1955 in Lissabon overleed, gingen de royalty's over op zijn zoon Nubar. Zo'n zeventien jaar later eiste Saddam de vijf procent van Nubar voor zich op uit naam van de Ba'athpartij. Saddam zorgde voor een gemeenschappelijk beheer van de fondsen, waarvoor hij, de minister van Defensie Adnan Khairallah en de minister van Olie Adnan Hamdani persoonlijk waren gemachtigd.

Volgens een document dat naar verluidt een getrouw overzicht geeft van deze fondsen, werd in 1972 51 miljoen dollar gestort bij een grote bank in Genève. Inclusief rente, groeide het bedrag op de rekening het volgende jaar aan tot 92 miljoen dollar en – toen de olieprijzen als gevolg van de Yom Kippoer-oorlog zich verviervoudigden – tot 327 miljoen in 1974. Tegen de tijd dat de oorlog tussen Iran en Irak uitbrak – Saddam had inmiddels in zijn land de touwtjes stevig in handen – stond er meer dan 1,69 miljard dollar op de bankrekening. Vandaag de dag kan vrij zeker worden aangenomen dat de fondsen die Saddam beheert zo'n 32 miljard dollar belopen.

Aangezien zijn machtsbasis wordt gevormd door de controle over

de enige partij die het land kent – hij en de huidige Iraakse Ba'athpartij met al haar doelstellingen zijn één en dezelfde – wordt een
deel van zijn geld besteed aan het kopen van toewijding. Saddam
betaalt rijkelijk voor loyaliteit. En bij die gelegenheden waarbij de
toewijding maar een beetje verflauwt, stopt hij met het uitschrijven
van cheques en worden er mensen vermoord. In 1979 gaf hij bevel
tot de executie van zijn oude vriend en medebeheerder van de fondsen, Adnan Hamdani. Tien jaar later later kwam zijn vriend Adnan
Khairallah op mysterieuze wijze om het leven bij een helikopteron-
geluk. De kennis van de volle omvang van het bedrag op de Zwitserse bankrekening verdween met hen in hun graf.

Een deel van het geld werd ook uitgegeven om tegemoet te
komen aan zijn grillen en nukken. Toen keizerin Farah Dibah – de
gemalin van de inmiddels overleden sjah van Iran – een aantal van
haar sieraden wilde verkopen, haalde Saddam 352 miljoen dollar uit
Zwitserland om ze voor zijn vrouw te kopen. Fara Dibah ontkent
dat, om begrijpelijke redenen. Maar twee betrouwbare en onafhankelijke bronnen bevestigen het verhaal.

Het overgrote deel van die vijf procent heeft Saddam echter
gebruikt om een gigantisch beveiligingsnetwerk op te bouwen voor
zichzelf, zijn familie en zijn meest loyale leden van de Ba'athpartij.
Het is bedoeld om hen onkwetsbaar te maken, wat er ook gebeurt.
Om zijn inkomstenbron beter te beschermen, heeft hij veel geld uit
Genève weggehaald en het langs een netwerk van bedrijven
gesluisd die hij overal ter wereld heeft laten oprichten. Een ervan,
Montana Management, een holding company die in Panama staat
geregistreerd, wordt beheerd door Midco Financial, een brievenbusfirma in Genève. In 1981 begon Midco – via Montana – met de
overname van het Franse mediaconcern Hachette SA. Op een
gegeven moment zou Saddam wel 8,4 procent van de aandelen van
Hachette in handen hebben gehad.

Een ander bedrijf van Saddam is El-Arabi Trading, waarvan het
hoofdkantoor in Bagdad is gevestigd, en dat zich een groot aandeel
verwierf in de Britse Technology and Development Group. In 1987

nam TDG het bedrijf Matrix-Churchill over, dat precisie-instrumenten vervaardigde. Enige jaren later kwam de Britse douane achter deze connectie, nam Matrix-Churchill onder de loep, deed een inval in het bedrijf en eindigde met het confisqueren van de onderdelen voor het zogenaamde superkanon dat voor Irak bestemd was.

De Amerikanen begonnen de activiteiten van Saddam nu ook beter in de gaten te houden. En in april 1991 had het Office of Foreign Asset Control van het Amerikaanse ministerie van Financiën 52 bedrijven en 37 personen opgespoord die rechtstreeks financiële banden met Saddam of zijn Ba'athpartij onderhielden. Van deze 52 bedrijven waren er 24 in Groot-Brittannië gevestigd – een aantal op hetzelfde adres, Mandeville Place No. 3, in het Londense West End. Van de 37 personen waren ook verscheidene in Engeland woonachtig.

De Amerikaanse diensten kwamen er vrij snel achter dat Saddam International Inc. werd geleid door zijn halfbroer Barazan al-Takriti. Als Iraks ambassadeur in algemene dienst leefde hij enkele jaren in Zwitserland – altijd beschermd door zijn diplomatieke status – waar hij regelmatig geld, goud en sieraden per diplomatieke post ontving, die hij gemakkelijk via Zwitserse banken kon witwassen. Maar zijn belangrijkste bijdrage aan Saddams pensioenfonds was het contact opnemen met de beste westerse adviseurs die hij zich kon permitteren en het opbouwen van een hoogontwikkeld en gecompliceerd witwasnetwerk volgens hun adviezen. We hebben het hier niet over 52 bedrijven en 37 personen die Irak van een superkanon moesten voorzien, het gaat hier om 500 dekmantelbedrijven en evenzoveel personen die rijkelijk worden beloond voor het witwassen van Saddams geld.

Barazan was de afgelopen twintig jaar vrijwel constant op intelligente en geduldige wijze bezig om een wereldwijd netwerk van bevriende zakenlieden op te zetten, waarvoor hij het grootste gedeelte van de vijf procent aan royalty's gebruikte die zich in de loop der tijd hadden opgestapeld – een goed deel van de 32 miljard dollar – om zodoende het gelde veilig bij hen onder te kunnen brengen. Er zijn een aantal Irakezen bij deze zaak betrokken, maar voor het merendeel zijn het Jordaniërs en Palestijnen. Het geld – dat door Barazan via bankleningen en investeringen is witgewassen – staat op hun naam zodat het in de boeken te voorschijn komt als legaal kapitaal dat geïnvesteerd is in bedrijven in Spanje, Frankrijk, Brazilië, Indonesië, Hongkong, Groot-Brittannië en de Verenigde Staten.

Hoewel de fondsen uiteindelijk door Barazan worden beheerd, zijn ze zo vakkundig verstopt, dat niemand het geld ooit naar Saddam Hoessein of de Ba'athpartij zal kunnen traceren. Het is duidelijk dat de bevriende zakenlieden weten wie de eigenaar van het geld is, en dat ze heel goed weten wat hun straf zal zijn als ze ooit zouden gaan denken dat het eigenlijk hun geld is. Maar dankzij Barazan en zijn netwerk van volgzame beheerders, was op het moment dat de westerse bondgenoten het Iraakse kapitaal in beslag wilden nemen om Saddam voor zijn inval in Koeweit te straffen, het geld zo schoongewassen dat het nagenoeg onzichtbaar was.

Misschien had Manuel Antonio Noriega les moeten nemen bij Saddam Hoessein.

Begin jaren zeventig ontdekte Noriega als hoofd van Panama's militaire inlichtingendienst hoe hij van twee walletjes kon eten door zichzelf te transformeren in een CIA-spion, een DEA-informant, een trouwe Amerikaanse bondgenoot, een Panamese diplomaat en een internationale drugssmokkelaar. Hij hield zich eveneens bezig met de wapenhandel, waarbij hij wapens leverde aan linkse guerrillabewegingen in El Salvador en rechtse guerrillagroeperingen in Nicaragua. In zijn vrije tijd was hij niet alleen opperbevelhebber van de Panamese strijdmacht – waarmee hij de facto de heerser over het land was – maar ook nog eens witwasser van formaat.

Maar in tegenstelling tot Saddam was hij niet slim genoeg.

Het hart van Panama's witwasindustrie wordt gevormd door de Zona Libre de Colón – een twee vierkante kilometer grote plek aan de Atlantische kant van het Panamakanaal. Dit belastingvrije handelscentrum dat in de jaren vijftig werd opgericht, is na Hongkong het grootste ter wereld. Met een minimum aan overheidsregulering kunnen dagelijks honderden schepen, die beladen zijn met tienduizenden containers, de vrijhandelszone van Colón in- en uitvaren met iedere denkbare lading – van Japanse elektronica, whisky en Franse parfums tot Duitse precisie-instrumenten, Amerikaanse sportschoenen en Colombiaanse cocaïne.

In 1992 werd in de vrijhandelszone van Colón voor bijna tien miljard dollar aan belastingvrije goederen verhandeld, de negentien ton drugs die de Panamese autoriteiten hadden ontdekt daarbij niet inbegrepen. Bijna een kwart van die hoeveelheid was afkomstig van een enkele lading cocaïne die verborgen was in containers met Braziliaanse draineerbuizen bestemd voor Maryland. Onlangs hebben federale rechercheurs een lading van 318 dozen koffie geïnspecteerd die afkomstig was van een opslagplaats in de vrijhandelszone van Colón, maar troffen in plaats daarvan 5,2 ton cocaïne aan.

Een bedrijf dat daar vrijelijk had kunnen opereren, Celeste International, bleek later als dekmantel te fungeren voor het Cali-kartel. De autoriteiten kwamen er pas achter, toen ze toevallig in een loods tegen een lading cocaïne van meerdere tonnen aanliepen. Tot dan toe had Celeste jarenlang valse facturen voor consumptie-artikelen ingevuld, waartegen het tientallen miljoen dollars bij Panamese banken had gedeponeerd.

Jammer genoeg moeten de Panamese autoriteiten erkennen dat voor elk bedrijf dat tegen de lamp loopt, zoals dat bij Celeste gebeurde, er tien, twintig of misschien wel vijftig zijn die nooit worden ontmaskerd.

Volgens een verdrag uit 1904 met de Verenigde Staten is de dollar het wettige betaalmiddel in Panama. In overeenstemming met dat verdrag worden er uit de Amerikaanse schatkist dollars naar de Panamanian National Bank gestuurd wanneer er een tekort dreigt te ontstaan, wat in feite net zo functioneert als de nationale reserve voor het plaatselijke bankwezen. Maar in de laatste jaren zijn de transacties met contant geld in de vrijhandelszone van Colón zo sterk toegenomen, dat het Amerikaanse ministerie van Financiën heeft gevraagd om een formeel onderzoek in te stellen.

In één bepaald geval werd ontdekt dat er 12.000 Amerikaanse postwissels per container van New York naar Panama waren gezonden. Ze werden verzilverd door dertien bedrijven – voornamelijk juweliersbedrijven die uitsluitend waren opgericht met de bedoeling om deze postwissels wit te wassen – en vervolgens werd het geld gestort op rekeningen bij de Hongkong Bank of Panama. Elke verzilverde postwissel, die in de orde van grootte van 500-700 dollar lag – ver onder de limiet van de Amerikaanse meldingsplicht – werd op de achterzijde voorzien van de kleine stempels die door de Colombiaanse cocaïne-kartels worden gebruikt – dezelfde die ook vaak verschijnen op ladingen van Colombiaanse cocaïne – om de medeplichtige banken te helpen om de juiste bankrekening te kunnen vinden waarop de storting moest worden verricht. Eenmaal gestort, werd het geld weer teruggeboekt naar de Verenigde Staten – naar een bankrekening bij de Marine Midland Bank of New York waar de drugscriminelen die oorspronkelijk de postwissels hadden gekocht, er vrijelijk over konden beschikken.

Hoewel de Amerikaanse autoriteiten beslag wisten te leggen op de Newyorkse bankrekening – waar zo'n 7,7 miljoen dollar op stond – geven ze toe dat het waarschijnlijk slechts rond de tien procent is van het totale bedrag dat deze drugscriminelen op deze wijze in de afgelopen twee jaar hadden witgewassen. En toen de Amerikaanse rechercheurs hun Panamese collega's gedetailleerde informatie verstrekten over de dertien plaatselijke witwasbedrijven, zeiden de Panamezen dankjewel, maar maakten verder geen aanstalten om er actie tegen te ondernemen.

Panama is altijd de perfecte werkomgeving geweest voor iemand als Noriega.

Hij werd geboren in 1934 en nam op 39-jarige leeftijd de leiding van zijn land over en hield dat vijf jaar vol. Een van de extra verdiensten die van oudsher verbonden waren aan het bekleden van

hoge posten in Panama is een aandeel in de diverse chantageprak-
tijken die door plaatselijke bureaucratieën worden uitgevoerd, zoals
bijvoorbeeld het aannemen van steekpenningen van drugscriminelen.

Noriega onderhield jarenlang nauwe betrekkingen met de
Colombiaanse drugskartels. Halverwege de jaren zeventig ontmoette en beschermde hij vervolgens Ramon Millan, een accountant uit
Miami die voor drugsbaron Carlos Lehder Rivas geld uit de Verenigde Staten naar Panama wegsluisde. In 1979 vroeg Lehder samen
met Pablo Escobar en Jorge Ochoa aan Millan om een overeenkomst te sluiten met de sterke man van Panama, Omar Torrijos.
Noriega – de rechterhand van Torrijos – kreeg van zijn baas de taak
toebedeeld om te onderhandelen over een standaardcontract voor
protectiegeld, waarbij de Panamese regering de drugssmokkel en het
witwassen van de drugsgelden oogluikend zou toestaan in ruil voor
een aandeel in de winst.

Toen Torrijos in juli 1981 om het leven kwam bij een vliegtuig-
ongeluk, ging het bevelhebberschap van de Guardia – de eigenlijke
machthebbers in Panama – eerst over naar Florencio Florez, die verraden en afgezet werd door Ruben Paredes, die op zijn beurt weer
verraden en afgezet werd door Noriega. Hij gaf de Guardia een nieuwe naam, die nu voortaan de Panamanian Defense Forces heette,
stelde zijn ouwe makkers bij de CIA gerust – die hem naar verluidt
200.000 dollar per jaar toestopten – dat hij nog steeds op de hand
van Amerika was, en pakte de draad weer op waar Torres hem had
laten liggen, door protectiegeld van Lehder te incasseren.

Maar Noriega deed er nog een schepje bovenop. Hij liet een
reeks goed verborgen landingsstroken aanleggen en stond toe dat
Lehder tussenlandingen maakte bij de cocaïnesmokkel naar de Verenigde Staten. Noriega zou het kartel 500.000 dollar per vlucht in
rekening hebben gebracht – één procent van de groothandelswaarde van een vliegtuiglading – en tegen het einde van 1983 incasseerde hij zo'n tien miljoen dollar per maand.

De DEA wendde zich tot Noriega, bezorgd over de mogelijke

drugstransporten en het witwassen van drugsgeld via Panama. Dus leverde Noriega Ramon Millan aan hen uit. Dankzij bewijsmateriaal dat door Noriega werd verschaft, werd Millan in 1983 door een Amerikaanse rechtbank veroordeeld tot 43 jaar; en de DEA dacht dat Noriega haar beste vriend was.

Hij bevestigde die indruk twee jaar later toen hij de First Interamericas Bank liet sluiten. Een aantal van zijn Colombiaanse kameraden was iets te opvallend bezig geweest. Ze gebruikten niet alleen de bank om hun drugsgelden wit te wassen, ze waren er ook nog de eigenaar van. De grootste aandeelhouder was Gilberto Rodriguez Orejuela, een van de bonzen van het Cali-kartel. Ook van de partij waren Rodriguez' broer, Miguel Angel Rodriguez Orejuela, en Edgar Alberto Garcia Montilla, de belangrijkste adviseur van het kartel en het brein achter hun internationale witwasoperaties.

Waarschijnlijk was de DEA erg gecharmeerd van het sluiten van de First Interamericas, maar het kwam de betrekkingen tussen Noriega en de kartels niet ten goede. Daarbij kwam nog eens de beledigende actie van Noriega toen hij bevel gaf tot de inval in een drugslaboratorium waarvoor hij nota bene hoogstpersoonlijk het kartel toestemming had gegeven voor de oprichting ervan. De Colombianen vonden dat hij zich voor tien miljoen dollar per maand wel wat meer om hun zakelijke interessen mocht bekommeren. Als reactie hierop besloten ze om Noriega te vermoorden.

Volgens een bepaalde bron zouden ze de Baskische afscheidingsbeweging hebben gevraagd om hem te vermoorden zodra hij zich in Europa zou vertonen. En de ETA had daar zeker de capaciteiten voor. De bewering wordt gestaafd door het feit dat Noriega een Spaans asielaanbod heeft afgeslagen en nog liever zijn geluk voor de Amerikaanse rechtbank wilde beproeven.

Het gerucht gaat dat de Mossad lucht kreeg van de moordopdracht – de Israëlische geheime dienst houdt alle terroristische groeperingen overal ter wereld nauwlettend in de gaten – en waarschuwde Noriega. Uit ervaring wetend dat de Colombiaanse drugscriminelen weinig gevoel voor humor hebben, wendde de Panamees zich tot de enige man die enigszins invloed op hen uit kon oefenen, Fidel Castro. Noriega smeekte om zijn hulp, waarna de Cubaanse dictator tussenbeide kwam en een wapenstilstand met de kartels wist te bedingen.

Niet dat er verder sprake was van enige genegenheid tussen beide heren, maar Noriega en Castro hadden gezamenlijke zakelijke belangen en Castro wilde hem daarom liever in leven houden. Om onder het vóórtdurende Amerikaanse embargo op Cubaanse goederen uit te komen, stuurde Castro handelswaar – voornamelijk garnalen en kreeft – naar de vrijhandelszone van Colón, waar de helpers van Noriega het opnieuw verpakten als Panamese produkt en het naar de Verenigde Staten transporteerden. In ruil hiervoor betaalde Noriega met Amerikaanse high-tech-apparatuur, die ook onder de boycot viel, en die Castro vervolgens weer doorverkocht aan de Russen.

In het begin maakte Noriega gebruik van Panamese banken om zijn geld te laten onderduiken. Toen de zaken erg voortvarend begonnen te verlopen, ging hij uitbreiden en liet hij zijn geld ook in het buitenland witwassen. Hij maakte gebruik van een omvangrijk netwerk van banken, waaronder de BCCI, de Banque Nationale de Paris, de First American en de Algemene Bank Nederland. In een aantal gevallen stonden de rekeningen op zijn eigen naam. Maar een aantal van de grotere bankrekeningen stonden op naam van de Panamanian Defense Forces (PDF), waarbij alleen zijn eigen handtekening toegang tot de fondsen kon verschaffen. In beslag genomen dossiers van de BCCI tonen aan dat Noriega op een gegeven ogenblik wel vijftig miljoen dollar op bankrekeningen had uitstaan, waarvan een groot bedrag op een rekening van de PDF in Londen. De BCCI nam niet alleen Noriega's dochter in dienst bij een filiaal in Miami, maar voorzag hem en zijn gezin ook van Visa cards – op een PDF-rekening – waarmee de Noriega's maandelijks voor wel meer dan 25.000 dollar aan boodschappen deden bij onder meer Gucci in Parijs, Bloomingdales in New York en K-Mart in Miami.

Van zijn winstaandeel van de kartels kocht Noriega huizen in heel Panama, een appartement in Parijs, een chateau even buiten Parijs, een huis in Spanje, twee huizen in Israël en één in Japan. Hij had ook woningen in de Dominicaanse Republiek en Venezuela. Hij investeerde in lokale omroepbedrijven, een dagblad, een explosievenfabriek en vier groothandelsbedrijven in Panama-Stad. Hij exploiteerde bovendien onroerend goed in Panama, Florida en New Orleans.

En al die tijd vonden ze bij de DEA hun vriend 'Tony' – zo signeerde hij honderden foto's van hemzelf, die trots aan de kantoormuren prijkten in heel Washington – een prima kerel.

Halverwege de jaren tachtig begon Noriega in de problemen te geraken. Dat kwam voort uit een routine-onderzoek naar de activiteiten van een witwasser die vanuit een opslagplaats in de omgeving van de luchthaven van Miami opereerde. DEA-rechercheurs hielden het terrein in de gaten en wisten de identiteit van Floyd Carlton Caceres vast te stellen, die Noriega's persoonlijke piloot bleek te zijn. Toen ze hem arresteerden, vroeg Caceres onmiddellijk of het mogelijk was om te onderhandelen over strafvermindering.

In 1988 werd Noriega – plotseling werden veel van zijn gesigneerde foto's met grote haast van de wand gehaald – door de kamer van inbeschuldigingstelling aangeklaagd. Hij werd beschuldigd van drugssmokkel – waaronder een poging om meer dan een ton cocaïne en meer dan 520 ton marihuana Amerika binnen te smokkelen – afpersing en witwassen van drugsgeld.

De Amerikanen lieten zo snel mogelijk 26 miljoen dollar op zijn rekeningen bevriezen – dat was alles wat ze op dat moment konden vinden – hoewel ze daarvan uiteindelijk twee miljoen dollar terug moesten betalen, zodat hij zijn advocaten kon betalen.

Het belastend materiaal dat aan de kamers van inbeschuldigingstelling werd voorgelegd bestond grotendeels uit indirect bewijs. Stapels formulieren – bonnen van vliegtuigbrandstof, inschrijvingsbewijzen van hotels, kassabonnen van boodschappen en telefoonnota's – die geen van alle rechtstreeks konden bewijzen dat Noriega daadwerkelijk drugs had gesmokkeld of drugsgelden had witgewassen. Maar het staafde wel de opvatting van de regering dat hij zich inliet met drugscriminelen. En het had ook tot gevolg dat een hele reeks van weinig respectabele types – veroordeelde smokkelaars, drugsdealers, witwassers en andere handlangers van Noriega – bereid waren om tegen hem te getuigen in ruil voor strafvermindering.

Het zal duidelijk zijn dat Noriega niet zo'n haast maakte om in te gaan op deze beschuldigingen, dus zond Bush in december 1989 een expeditieleger naar Panama om hem te ontvoeren. Toen Noriega zijn toevlucht zocht in de Vaticaanse ambassade, wisten de Amerikanen hem daaruit te verdrijven met hun geheime wapen – nonstop rock 'n roll! Het leger leverde hem af bij een afdeling van het ministerie van Justitie in Florida, waar hij zonder de mogelijkheid om op borgtocht te worden vrijgelaten, werd gedetineerd in een reeks cellen als federale gevangene nr. 41586. Toen appelleren verder geen zin had, werd het proces begonnen. Hij werd in 1992 schuldig bevonden aan acht van de elf aanklachten die tegen hem waren ingediend en veroordeeld tot veertig jaar gevangenisstraf.

Een van de supporters van Noriega zei toen: 'Dit is geen manier om een vriend te behandelen.'

In die periode van de officiële verlegenheid werd onthuld dat het DEA-hoofd Peter Bensinger op 14 december 1978 aan Noriega een brief had geschreven waarin hij hem bedankte voor zijn 'uitmuntende inspanningen die wezenlijk hebben bijgedragen tot de huidige oorlog tegen drugs'. Deze loftuiting werd zes jaar later herhaald door DEA-hoofd Francis Mullen Jr., die Noriega verzekerde: 'Uw niet aflatende steun aan de Drug Enforcement Administration wordt zeer op prijs gesteld.'

Twee jaar later, in mei 1986, herhaalde de leider van de DEA dit nog eens in andere bewoordingen: 'Ik zou graag van deze gelegenheid gebruik willen maken om nog eens mijn grote waardering te laten blijken voor de krachtige anti-drugspolitiek die u ten uitvoer brengt, en die tot uitdrukking komt: in de talloze uitwijzingen uit Panama van drugssmokkelaars die in staat van beschuldiging zijn gesteld; in de beslaglegging op omvangrijke cocaïnevangsten en laboratorium-grondstoffen die hebben plaatsgevonden in Panama; en in de uitroeiing van hennepvelden in het Panamese territorium.'

Ironisch genoeg voegde Lawn hieraan toe: 'Ik kijk uit naar de dag waarop alle regeringen de middelen ontwikkelen om systematisch de illegale drugswinsten te kunnen opsporen en confisqueren, zodat drugssmokkel een zichzelf vernietigende onderneming wordt.'

Het jaar daarop werd Noriega door Lawn nog eens geprezen, deze keer voor zijn hulp bij het oprollen van een internationale drugsbende tijdens Operation Pisces. 'Vele miljoenen dollars en duizenden kilo's aan drugs zijn afgepakt van drugscriminelen en internationale witwassers van drugsgeld. Uw persoonlijke betrokkenheid bij Operation Pisces en de competente, professionele en onvoorwaardelijke inzet van andere functionarissen in de republiek Panama waren essentieel voor het uiteindelijk positieve resultaat van dit onderzoek. Drugscriminelen over de hele wereld zijn zich nu terdege bewust dat de opbrengsten en winsten uit hun illegale ondernemingen niet welkom zijn in Panama.'

Hoe weinig konden ze bij de DEA vermoeden dat Noriega hen alleen maar hielp bij het elimineren van de concurrentie.

Behalve het ontvoeren van Noriega, wisten de Amerikanen bij hun invasie in Panama de hand te leggen op een zeer grote hoeveelheid bankdossiers, bandopnamen en documenten – alles bij elkaar vijf ton, die hielpen bij het tot stand komen van een aantal aanklachten tegen een belangrijke groep witwassers – en bovendien op zo'n vijftig kg cocaïne en zes miljoen dollar in contanten. Daarmee kwam er echter geen eind aan het probleem. Panama is nog steeds bezig zich te ontdoen van de reputatie van belangrijke internationale cocaïnemarkt en witwasparadijs.

Begin 1992 werden twee containers geconfisqueerd in de vrijhandelszone van Colón, toen ontdekt werd dat ze zeven miljoen dollar aan contanten bevatten. Niemand heeft het geld ooit opgeëist en een deel ervan is sindsdien verdwenen. Aan het einde van dat jaar werd de Panamese minister van Justitie, Rogelio Cruz aangeklaagd wegens het illegaal vrijgeven van bevroren bankrekeningen die werden toegeschreven aan de Colombiaanse kartels. Zijn onderminister van Drugszaken, Ariel Alvarado werd eveneens gearresteerd. Het kan nauwelijks toevallig zijn dat Cruz ooit in het bestuur van de First Interamericas Bank zat.

Uiteindelijk lijkt er weinig te zijn veranderd sedert de afzetting van Noriega.

De vrijhandelszone van Colón groeit en bloeit, en ondanks alle retoriek die bedoeld is om iedereen in Washington tevreden te stellen die nog in sprookjes gelooft, wijst alles erop dat het zo zal blijven. Alleen in een opiumdroom kan iemand zich nog voorstellen dat een Panamese leider bereid is om 13.000 banen op te geven en een onderneming die goed is voor een jaaromzet van tien miljard dollar op het spel te zetten door de wetten zodanig te veranderen dat het gebied onaantrekkelijker wordt voor drugscriminelen.

De geheime banken doen goede zaken. Contant geld is de handelswaar van de dag. De kartels zijn nog steeds aanwezig. En iedereen is het erover eens dat te veel vragen stellen slecht is voor het zakendoen.

Bovendien hebben overheidsfunctionarissen in Panama-Stad plannen gemaakt om een van Noriega's kapitale villa's te restaureren en open te stellen voor het publiek als toeristische attractie.

Toen Harry Truman in 1947 de National Security Act ondertekende, waarmee hij de CIA (Central Intelligence Agency) oprichtte, geloofde hij oprecht dat zijn doelstelling niets anders inhield dan het inwinnen en vergelijken van informatie uit het buitenland. Hij geloofde oprecht dat het een 'open' organisatie zou zijn.

Hij maakte de fout om zeer gemotiveerde mensen voor deze dienst te benoemen – zoals Allen Dulles – die het ouderwetse spionagevak nog tijdens de oorlog hadden geleerd in de Office of Special Operations onder hoede van de beroemde generaal William 'Wild Bill' Donovan. Dit waren mensen die meenden dat dit spel niet 'open' kon worden gespeeld.

Al van het begin af aan ontplooide de dienst zijn activiteiten op een 'gesloten' wijze. Officieel vielen onder die categorie: subsidies aan individuen; financiële hulp en 'technische assistentie' aan politieke partijen; steun aan privé-organisaties, waaronder vakbonden, bedrijven, coöperaties en dergelijke; economische operaties; en paramilitaire of politieke acties met als doelstelling het steunen of omverwerpen van een bepaald regime.

Aangezien de CIA deze zaken nooit openlijk zou kunnen financieren – het idee alleen al dat de belangrijkste spionagedienst van het land naar het Congres zou moeten gaan om fondsen te werven voor de omverwerping van het Mossadeq-regime in Iran was nu niet bepaald een goede binnenkomer – bekommerde de dienst zich om zijn eigen vuile was door witwasnetwerken op te zetten. Het hoofd van de dienst beheert een zeer geheime pot voor speciale aangelegenheden – een gigantische hoeveelheid verborgen geld, waar het Congres niets van af weet – waarvoor hij direct aansprakelijk is en alleen verantwoording hoeft af te leggen tegenover de president. Bovendien heeft Dwight Eisenhower – en alle presidenten nadien hebben dat van hem overgenomen – een uiterst geheime groep opgericht om de CIA te adviseren inzake de best mogelijke besteding van die fondsen en, indien noodzakelijk, om voor extra geld te zorgen bij heel bijzondere geheime operaties. In de dagen van Eisenhower heette de groep 5412 Committee, naar het document van de National Security Council dat het bekrachtigde.

Het was toen, en dat is het ook vandaag de dag nog, de geheimste organisatie van de Verenigde Staten.

De organisatie die op een niveau net onder dat van de regering opereert, is belast met het controleren en goedkeuren van alle clandestiene operaties die het land uitvoert, voornamelijk vanwege de mogelijkheid de positie van de president te beschermen wanneer deze operaties zouden mislukken. De groep is zo geheim dat zelfs de National Security Council niet wordt ingelicht over haar activiteiten, en degenen die er iets van af weten duiden haar aan als 'The Special Group'.

Om onduidelijk redenen hebben verschillende regeringen de naam veranderd in duistere, afgeleide nummers zoals 'The 303' en 'The 40 Committee'. Maar het achterliggende concept bleef altijd hetzelfde: het moest de Special Group zijn, en niet de president, die de officiële goedkeuring verleende aan bepaalde plannen – zoals bijvoorbeeld de illegale inmenging in de binnenlandse aangelegenheden van een andere soevereine staat.

Van oudsher bestaat het cabaal uit een voorzitter – meestal is dat de nationale veiligheidsadviseur van de president – de minister van Buitenlandse Zaken en het hoofd van de CIA. Om overduidelijke redenen is de president er zelf geen lid van. Het staat echter wel vast dat de uiteindelijke verantwoordelijkheid bij de president ligt en dat hij de voorstellen van de Special Group moet goedkeuren, maar deze toestemming wordt alleen maar mondeling gegeven. Er wordt dus niets op papier vastgelegd dat door hem is ondertekend. Zo kan de CIA wanneer er iets misloopt zich beroepen op het feit dat de dienst op gezag van de Special Group heeft gehandeld, wat betekent dat de president kan ontkennen dat hij van die zaak op de hoogte is geweest.

Het was de 5412 Committee die toestemming verleende voor de fabricage en het gebruik van het U-2 spionagevliegtuig – een project dat door Allen Dulles en zijn assistent Richard Bissell volledig werd gefinancierd met witgewassen CIA-kapitaal. Wanneer zoals wordt beweerd, de CIA Salvador Allende in Chili in 1973 heeft laten vermoorden, dan zou het de Special Group geweest moeten zijn die hierover heeft beraadslaagd. En als Ronald Reagon zoals zo vaak wordt gesuggereerd, ook maar iets van de Iran-Contra-affaire heeft afgeweten, dan was het het equivalent van de 5412 Committee van deze regering die zich hiermee bezighield.

De Iran-Contra-affaire is in feite het perfecte voorbeeld van wat dit comité behoort te doen. Uitgaande van de vooronderstelling dat William Casey als hoofd van de CIA deze organisatie heeft verwikkeld in illegale activiteiten – waarvoor Oliver North uiteindelijk werd veroordeeld – dan moeten de plannen vrijwel zeker zijn besproken tijdens een bijeenkomst van de Special Group. De ministers van Buitenlandse Zaken en Defensie zouden ervan op de hoogte geweest moeten zijn, hun toestemming hebben verleend en het plan aan de president hebben gepresenteerd, zodat het uiteindelijk door hem kon worden goedgekeurd. Maar aangezien er niets op papier is vastgelegd, kan het spoor nooit worden teruggevoerd op de president; en de verklaring van Ronald Reagan dat hij nooit iets van deze zaak heeft afgeweten, valt op geen enkele manier te weerleggen.

In die jaren machtigde Reagans Special Group de CIA om fondsen door te sluizen naar rechtse groeperingen die bezig waren het linkse regime van Mauritius omver te werpen; om miljoenen uit te geven om het bewind van kolonel Kadhaffi in Libië te destabiliseren; en om de Afghaanse rebellen te voorzien van honderden miljoenen dollars. Dossiers van het Witte Huis en de CIA tonen aan dat Reagan tijdens de eerste zes jaar van zijn presidentschap op de hoogte moet zijn geweest van ten minste 60 plannen om geld wit te wassen voor CIA-doeleinden, waarvoor hij al dan niet toestemming gaf.

Een van de omvangrijkste door de CIA gefinancierde operaties werd beraamd door de Special Group onder John Kennedy. Dat was Operation Mongoose, een door het Witte Huis goedgekeurde intrige om Fidel Castro te vermoorden.

Toen de invasie in de Varkensbaai mislukte, wist Robert Kennedy – die toen minister van Justitie was – zijn broer ervan te overtuigen dat de regering hoogste prioriteit moest geven aan de omverwerping van het Castro-regime. De president stemde ermee in en wendde zich tot de CIA.

Deze was al bezig met het opzetten van een zeer uitgebreide commandopost op de campus van de University of Miami. De medewerkers daar, die de codenaam JM/WAVE droegen, coördineerden de activiteiten van zo'n 3000 Cubaanse agenten die in nepbedrijven – de zogenaamde 'cut-outs' – werden geïnstalleerd. De CIA betaalde niet alleen de kosten die aan het oprichten en onderhouden van de bedrijven waren verbonden, maar waste er eveneens fondsen wit om er allerlei geheime operaties mee te kunnen bekostigen. Ze vergiftigden de goederenlading van een Russisch schip dat had aangemeerd in Puerto Rico, drukten vals Cubaans geld, verzorgden propaganda-uitzendingen gericht op het eiland en financierden stelselmatig guerrilla-activiteiten die tegen Castro waren gericht. Ze betaalden voor vliegtuigen, speedboten en wapens.

In een bepaald geval ontdekte een CIA-medewerker dat hij meer geld kon verdienen met het leiden van een 'cut-out'-bedrijf van de CIA dan wanneer hij gewoon zijn werk deed als agent. Volgens de CIA-regels zou hij de winsten moeten afdragen aan de overheid. Dus nam hij ontslag bij de CIA, hield het bedrijf aan en stak de winst in zijn zak. De CIA hield zich op de vlakte, omdat ze immers nooit openlijk zou kunnen toegeven dat het bedrijf eigenlijk aan de dienst toebehoorde.

Sinds die tijd heeft deze organisatie echter wel toegegeven acht verschillende pogingen te hebben ondernomen om Castro te laten vermoorden. In een van de eerste pogingen werden giftige pillen naar Cuba gestuurd, maar de medewerker in Havana zag geen kans om in de buurt van zijn slachtoffer te komen. In een ander geval werden verscheidene moordmiddelen naar een Cubaanse dissident in Havana gestuurd, die beter in staat werd geacht om in de buurt van Castro te komen. Het dodelijke speelgoed bestond onder meer uit een giftige pen, pillen, bacteriologisch poeder, een explosieve sigaar en een andere sigaar, geïmpregneerd met bolulinium-toxine, een gif dat zo krachtig werkt dat Castro direct zou sterven zodra hij de sigaar tussen zijn lippen zou nemen. Ook deze onderneming mislukte.

Bij een derde poging zocht de CIA zijn toevlucht tot de georganiseerde misdaad en werden er professionele huurmoordenaars ingeschakeld.

De aanzet tot dat plan vond in de zomer van 1960 plaats, onder de regering van Eisenhower, toen de ex-FBI-agent Robert Maheu van Richard Bissell de opdracht kreeg om een aantal mensen te zoeken die bereid waren om deze operatie voor de CIA uit te voeren. De eerste die zich aanmeldde was Johnny Rosselli, een gangster uit Las Vegas, die al eerder betrokken was geweest bij het gokwezen in Havana. Vervolgens diende de leider van de mafia in Chicago zich aan – deze noemde zichzelf Sam Gold, maar zijn eigenlijke naam was Momo Salvatore Giancana. En uiteindelijk meldde zich nog een Cubaanse leider aan van een criminele organisatie in Miami, die door vrienden Joe werd genoemd en bij anderen bekendstond als Santos Trafficante.

Ssamen wisten de drie een Cubaan op te sporen die bij een restaurant werkte dat door Castro werd gefrequenteerd. Ze konden hem overhalen om Castro's eten te vergiftigen. Ze leverden hem zelfs de gifpillen. Maar in het vroege voorjaar van 1961, toen het plan eigenlijk zou moeten worden uitgevoerd, bleek dat Castro van restaurant was veranderd.

Een jaar later – na het incident in de Varkensbaai – werd het plan met de giftige pillen nieuw leven ingeblazen. Nu de Kennedy's zich in het Witte Huis hadden geïnstalleerd, werd de gangsters opnieuw gevraagd het te proberen. Deze keer rekruteerden ze een Cubaan die bereid was om de moordaanslag uit te voeren, maar daar wel als beloning een kleine wapenvoorraad en communicatieapparatuur voor wilde hebben.

De mafia nam contact op met Bissell, en de CIA stemde toe om de operatie te financieren via de 'cut-out'-bedrijven in Miami. De aanslag mislukte, maar op dat moment hadden de dekmantelbedrijven van de CIA de explosieven, scheepsradarapparatuur, radio's en vuistwapens reeds betaald en ze naar Cuba laten verschepen. Jaren later bleek dat een aantal van de personen die betrokken waren bij de JM/WAVE van de CIA – of bij het witwassen van fondsen via 'cut-out'-bedrijven in Operation Mongoose – ook in verband kon worden gebracht met de moord op John Kennedy in Dallas in 1963. Onder hen bevonden zich Lee Harvey Oswald, Jack Ruby en de burgemeester van Dallas – die de route van de parade op het laatste ogenblik veranderde, zodat de stoet direct langs het gebouw van de

Texas School Book Depository zou gaan – en verder nog Sam Gian-cana en Santos Trafficante.

Wanneer alle samenzweringstheorieën buiten beschouwing wor-den gelaten, is het toch opmerkelijk dat de vijf personen die in 1972 de inbraak in het Watergate-gebouw pleegden op last van Richard Nixon, ook betrokken waren bij Operation Mongoose – en in dit geval wel heel direct betrokken.

Hier geen conclusies, maar wel iets om over na te denken!

Waar het om gaat is dat de CIA met stilzwijgende instemming van het Witte Huis wel eens de grootste witwasorganisatie ter wereld zou kunnen zijn.

Uit naam van de nationale veiligheid worden een gigantisch aan-tal bedrijven beheerd. Geen van deze dekmantelbedrijven is op een duidelijke manier in verband te brengen met de Amerikaanse over-heid. Vaak worden ze geleid door gepensioneerde legerofficieren en voormalige medewerkers van de CIA, en hebben ze Cubaanse ban-nelingen, Vietnam-veteranen, Israëlische agenten, soldaten uit het vreemdelingenlegioen, zakenlieden uit het Midden-Oosten en soms internationale drugssmokkelaars in dienst. De diensten die worden verleend, kunnen uit van alles en nog wat bestaan, van luchttrans-port tot witwassen van zwart geld. Ten minste 30 'cut-out'-bedrijven werden er opgericht om de Iran-Contra-operatie te kunnen onder-steunen.

Onder toeziend oog van president Bush ging de CIA zich met de cocaïnesmokkel bezighouden. De organisatie wist via een 'cut-out'-bedrijf in Venezuela in 1990 op handige wijze een ton zuivere cocaï-ne de Verenigde Staten binnen te smokkelen. De bedoeling was om er drugsdealers mee te vangen. In plaats daarvan werd het gewoon op straat verkocht. Dit kwam drie jaar later aan het licht dankzij de naspeuringen van de programmamakers van '60 Minutes' van de CBS, waarin onthuld werd dat toen het CIA-bedrijf wilde gaan samenwerken met de DEA, laatstgenoemde dit weigerde. De DEA stelde dat hun operatie geen kans van slagen had. De CIA gaf later toe dat het een betreurenswaardige affaire was geweest.

De klassieke CIA-'cut-out' was echter Air America. Deze maat-schappij was gevestigd in Zuidoost-Azië tijdens de Vietnamoorlog en kon nauwelijks een succesvolle onderneming worden genoemd omdat iedere boer in ieder rijstveld van Saigon tot Hanoi wist dat Air America en de CIA één en dezelfde waren.

Bij andere gelegenheden heeft de CIA, ondanks de buitenge-woon onhandige manier waarop de dienst zijn operaties maar al te vaak uitvoert, getoond dat hij toch af en toe ook met een vleugje subtiliteit te werk kan gaan.

In 1973 gingen twee jonge mannen zich bezighouden met bank-zaken. De ene was Michael Hand, een 31-jarige, voormalige CIA-medewerker uit de Bronx. De andere was Frank Nugan, een 30-jari-ge, Australische playboy en erfgenaam van een vermogen, afkomstig van een fruitverwerkingsbedrijf dat op poten was gezet met behulp van mafia-connecties. De Nugan Hand Bank had haar hoofdkantoor in Sydney en bleef zeven jaar lang in bedrijf.

Er kwam een einde aan toen Frank Nugan in een Mercedes werd aangetroffen met een geweer in zijn ene hand, een bijbel in de ande-re en een gat in zijn hoofd. Tussen de bladzijden van de bijbel bevond zich een lijst met namen, met onder andere die van Bob Wilson, toentertijd de hoogstgeplaatste republikein in het House Armed Services Committee, en die van William E. Colby, voorma-lig hoofd van de CIA. Verder bevatte de lijst namen van bekende internationale drugsdealers, politici, zakenlieden, topsporters en mensen uit de televisie- en filmwereld. Naast die namen stonden dollarbedragen met vijf of zes nullen.

Korte tijd nadat het lichaam van Nugan was ontdekt, vertrok Michael Hand halsoverkop uit Australië, waar hij naar verluidt nadien nooit meer is teruggekeerd.

Nugan en Hand hielden zich bezig met zwendelpraktijken, voor-uitlopend op de activiteiten van de BCCI, waarbij ze investeerders oplichtten, een graantje meepikten van de wapenhandel, drugsdeals afsloten en zwart geld witwasten. Vreemd genoeg was de bankdirec-teur daar de gepensioneerde schout-bij-nacht Earl Yates, die ooit aan het hoofd stond van de strategische planning van de Amerikaanse marine; Colby was de juridische adviseur ervan; Walter McDonald, een voormalig onderdirecteur van de CIA, was raadgever; Richard Secord, bekend van de Iran-Contra-affaire, onderhield zakelijke contacten met de bank; terwijl een van de goederenhandelaren die bij de bank kind aan huis was, tevens tot de grootste heroïne-importeurs van Australië behoorde.

In februari 1977 opende Nugan Hand onwaarschijnlijk genoeg een filiaal in de afgelegen plaats Chiang Mai in Thailand – onwaarschijnlijk, dat wil zeggen, totdat men zich realiseert dat hier het merendeel van het geld wordt omgezet dat in de Gouden Driehoek met de opiumproduktie wordt verdiend. Het kantoor van de bank lag naast – en had kennelijk zelfs tussendeuren met – de kantoren van de DEA, waarmee de CIA, zo stelde een DEA-medewerker ooit, 'een hartelijke werkrelatie' onderhield.

De Amerikaanse Senaat liet een onderzoek instellen naar de Nugan Hand Bank en haar relaties met de CIA, hoorde vervolgens achter gesloten deuren getuigenissen aan van medewerkers van de dienst en liet daarop die verklaringen direct achter slot en grendel wegbergen.

En zo verliepen de meeste van dit soort zaken.

In 1980 ging het bedrijf Associated Traders Corporation zakendoen in Baltimore (Maryland). Op het eerste gezicht leek ATC zich bezig te houden met de import of export van goederen, of de handel in het algemeen – in elk geval met iets onduidelijks. Het bedrijf moet er op de een of andere manier internationale betrekkingen op na hebben gehouden, aangezien het vanaf 1980 tot 1985 miljoenen dollars op een bankrekening van de First National Bank of Maryland liet storten en vervolgens het geld liet doorsluizen naar andere bedrijven op de Cayman Islands en in Panama. Om hun dubieuze zakelijke transacties recht te breien vroeg de directie van ATC aan de bankiers van Maryland of ze er geen bezwaar tegen hadden om de naam ATC los te koppelen van de overboekingen.

In die periode van vijf jaar, heeft ATC minstens twintig miljoen dollar witgewassen via de First National Bank of Maryland. Bij één bepaalde transactie werd er 5,2 miljoen dollar overgemaakt naar Associated Traders Grand Cayman, vanwaaruit het vervolgens werd doorgesluisd naar de bedrijfsrekening van een brievenbusfirma in Panama en ten slotte werd overgeboekt naar Zwitserland. Bij een andere transactie volgde 2,25 miljoen dollar eerst de gebruikelijke route via Grand Cayman en Panama, waarna het vervolgens werd doorgesluisd naar India waar het werd besteed aan 60.000 Enfield-geweren die voor mujahedin-groeperingen in Afghanistan waren bestemd.

In 1986 werd ATC opgeheven. Het was geen toeval dat de opheffing van ATC samenviel met het ontwarren van de Iran-Contra-affaire.

Niets hiervan zou bekend zijn geworden, als een jonge bankier bij de First National er niet toevallig achter zou zijn gekomen wie zijn cliënt was, waarna hij in paniek raakte bij de gedachte dat hij wel eens bezig zou kunnen zijn met het overtreden van de wet; hij kreeg een zenuwinzinking en vervolgens deed hij de bank en de CIA een proces aan en eiste hij schadevergoeding wegens het ondermijnen van zijn gezondheidstoestand.

Maar het was niet voor het eerst dat zoiets had plaatsgevonden.

Eind jaren zeventig besloot de Argentijnse junta om hulp te bieden aan generaal Luis Garcia Meza Tejada – een bekende handlanger van Zuidamerikaanse drugscriminelen – bij het plegen van een coup tegen de regering van Bolivia. De Argentijnse inlichtingendienst wilde een witwasnetwerk opzetten in Florida om hem te helpen bij de financiering ervan. Hiervoor riepen ze de hulp in van hun contactpersonen bij de CIA. Uiteindelijk werden er twee bedrijven opgericht in Miami. Het ene, dat Argenshow werd genoemd, was zogenaamd een impresariaat voor muziekgroepen die in Argentinië wilden optreden. Het andere was een leenbank die de naam The Silver Dollar kreeg. Deze werd met opzet naast een wapenhandel gevestigd – klaarblijkelijk om ook nog te kunnen profiteren van de handel in illegale wapens – als operationeel centrum voor de

Argentijnse inlichtingendienst, vanwaaruit al zijn activiteiten in Latijns-Amerika werden gecoördineerd.

De CIA meende dat het veiliger was om Argentijnse militaire adviseurs voor Amerika dienst te laten doen in El Salvador, Costa Rica en Honduras, dan Amerikanen die daar waren gestationeerd. Dus verzorgden Argenshow en de Silver Dollar wapenleveranties aan Midden-Amerika, waarbij de hiervoor noodzakelijke fondsen via Zwitserland, de Bahama's, de Cayman Islands, Liechtenstein en Panama naar iedere willekeurige bestemming in Midden-Amerika konden worden doorgesluisd. In slechts achttien maanden tijd wist een brievenbusfirma op de Bahama's dertig miljoen dollar via de leenbank door te sluizen.

Om hun oorspronkelijke doelstellingen te kunnen realiseren, sloten Argenshow en de Silver Dollar een miljoenendeal af tussen de junta-generaals en Roberto Suarez Levy, een prominente Boliviaanse drugsdealer. De fondsen van de drugsdealer werden via Florida witgewassen. In ruil daarvoor verscheepte Argentinië ambulances naar Bolivia – volgestouwd met wapens die bestemd waren voor de omverwerping van de centrum-linkse coalitie en het herstellen van de militaire macht, in een affaire die bekend zou worden als 'de cocaïne-coup'.

Later in datzelfde jaar rekruteerde Argenshow Nicaraguaanse contra-rebellen voor een aanval op een radiostation in Costa Rica. Het is niet duidelijk of de contacten zijn gelegd via een reeds bestaand CIA-kanaal, of dat hiermee het CIA-kanaal voor het eerst werd verwezenlijkt, maar het bleek in ieder geval de kern van de Iran-Contra-affaire te vormen. Enige maanden later werd Argenshow opgeheven, de Silver Dollar werd verkocht en de CIA stortte zich op de volgende zaak.

HOOFDSTUK 15

Het verhaal van twee banken

'Witwassers overbruggen de kloof tussen de onderwereld en de rest van de maatschappij.'
MICHELE SINDONA

Roberto Calvi, een 62-jarige Italiaan met droevige ogen en een opvallende, zwarte snor, werd op 18 juni 1982 dood aangetroffen – hij was opgehangen aan de Londense Blackfriars Bridge. Op het eerste gezicht leek het om zelfmoord te gaan. Tegenwoordig denkt vrijwel iedereen daar anders over.

Calvi, die 'de bankier van God' werd genoemd vanwege zijn nauwe betrekkingen met het Vaticaan, was president geweest van de Banco Ambrosiano, die zijn hoofdkwartier in Milaan heeft. Hij begon zijn carrière in 1946 onderaan de ladder en werkte zich langzaam omhoog totdat hij halverwege de jaren zestig de Siciliaanse financier Michele Sindona ontmoette. Zes jaar later – dankzij de aanmoediging van Sindona en steun van vrienden – was Calvi niet alleen president van de bank, maar mocht hij ook een groot deel ervan zijn eigendom noemen.

De Banco Ambrosiano werd al snel het grootste particuliere bankconglomeraat van Italië. Het was merkwaardig dat een bank met een dergelijk prestige geen filialen in de City van Londen of op Wall Street had. In plaats daarvan waren er wel vestigingen op de Bahama's en in Luxemburg en Nicaragua. Bovendien vonden er allerlei vreemde transacties plaats. In juni 1979 leende de vestiging in Nicaragua negen miljoen dollar aan Nordeurop, een in Liechtenstein gevestigde brievenbusfirma die Calvi in de VS had opgericht.

Nordeurop sluisde het geld onmiddellijk door naar een andere door Calvi gecreëerde brievenbusfirma, dit keer in Panama, waar het als honorarium werd geregistreerd. Er is nooit een goede verklaring gevonden voor de omzwervingen van dit geld – documenten die dit zouden kunnen verduidelijken, ontbreken geheel.

In mei 1982 werd bekend dat 1,3 miljard dollar van het kapitaal van de bank zoek was. Drie weken later werd Calvi dood aangetroffen.

Het mysterie rond zijn dood hangt zonder twijfel samen met het verdwenen geld. Veel daarvan blijkt te zijn witgewassen via brievenbusfirma's die in Panama en Liechtenstein staan geregistreerd – brievenbusfirma's die al dan niet directe relaties onderhouden met de privé-bank van het Vaticaan, het Instituto per le Opere di Religione, wat als Instituut voor Religieuze Werken kan worden vertaald. Deze bank, die we hier verder IOR zullen noemen, functioneerde als een buitenlandse handelsbank in het centrum van Rome. Het Vaticaan was de belangrijkste klant van de bank, die zo was opgezet dat de bankdirecteuren alleen verantwoording aan de curie van de rooms-katholieke Kerk hoefden af te leggen.

Doordat het zich comfortabel buiten het bereik van de Italiaanse autoriteiten bevond, kon het IOR geld over de hele wereld sturen zonder enige wet op de deviezencontrole te overtreden. Voor Calvi – die geld nodig had voor het netwerk van brievenbusfirma's dat hij wereldwijd aan het opzetten was – vormde het IOR een perfecte bank voor het witwassen van zwart geld.

Maar hij ging verder, hij betrok het IOR als partner bij verschillende deals in het buitenland. Een daarvan betrof Cisalpine, een dochtermaatschappij van Banco Ambrosiano op de Bahama's. Het hoofd van het IOR zat samen met Calvi in de raad van bestuur van Cisalpine. Ze gebruikten deze bank om elkaar geld te lenen, waarbij ze een welhaast onnavolgbaar spoor van registraties produceerden. In 1978 had het IOR naar verluidt 114 miljoen dollar bij Cisalpine uitstaan, terwijl Cisalpine – met andere woorden Calvi – 236 miljoen dollar bij het IOR had uitstaan.

In die tijd was de atletische, in Amerika geboren aartsbisschop Marcinkus president van het IOR. Sindona had enige invloed uitgeoefend bij zijn aanstelling bij de bank. Marcinkus beweerde later niets af te weten van de machinaties van Calvi en hield vol dat het IOR het eigenlijke slachtoffer was, aangezien het een fortuin had verloren toen het zo naïef was geweest om zich bij de ingewikkelde fraudezaak te laten betrekken – aangelokt met zeer aantrekkelijke rentetarieven – door de schurk Calvi. Nu blijkt, maar dat is nooit door iemand toegegeven, dat het IOR op het randje van bankroet balanceerde als gevolg van de samenwerking – welke vorm die ook gehad moge hebben – tussen Calvi en Marcinkus.

Toen het schandaal rond de Banco Ambrosiano in alle hevigheid losbarstte, trok Marcinkus zich terug in zijn kantoor bij de St.-Pieter, waar hij beschermd werd tegen ondervraging en gerechtelijke vervolging als gevolg van de soevereiniteit die het Vaticaan bezit als onafhankelijke staat.

Een andere sleutelfiguur was de Toscaanse zakenman Licio Gelli. Deze bewonderaar van Mussolini en Juan Perron was grootmeester van de vrijmetselaarsloge *Propaganda Due* – een geheime Italiaanse organisatie. De 923 leden van 'P-2' – leden van het kabinet, leidende parlementariërs, financiers, hoge officieren uit het leger, de hoofden van alle drie de geheime diensten en de meest invloedrijke juristen van het land – functioneerden als een soort parallelle regering. Ze waren zeer invloedrijk en machtig. Het is sindsdien bekend geworden dat P-2 financiële steun kreeg van diverse organisaties die zich in Italië bezighielden met georganiseerde criminaliteit en dat Gelli dat geld in Zwitserland witwaste. Gelli kende de Zwitserse bankwereld van haver tot gort want een groot deel van zijn leven had hij doorgebracht in de schemerige wereld van de illegale wapenhandel.

Toen het schandaal rond de Banco Ambrosiano in alle hevigheid losbarste, vluchtte hij het land uit, maar werd vervolgens in Zwitserland gearresteerd. Door middel van omkoping wist hij te ontsnappen en dook hij vijf jaar onder in Zuid-Amerika, waar hij contacten onderhield tot in de hoogste kringen, met name in Argentinië.

Een derde speler was Sindona, de mentor van Calvi. Hij werd in 1920 geboren en op zijn vijftigste werd hij algemeen als een van de rijkste en belangrijkste zakenlieden van Italië beschouwd. Hij beweerde een persoonlijk vermogen van 500 miljoen dollar te bezitten. Deze bewonderaar van Mussolini en Machiavelli adviseerde Paus Paulus VI op financieel terrein – wat hem de bijnaam de 'bankier van de Paus' opleverde. Hij controleerde een half dozijn banken in vier verschillende landen, daarnaast was hij eigenaar van de CIGA-hotelketen en bijna 500 andere bedrijven. Een daarvan was Moneyrex, een firma die zich in Milaan met de valutahandel bezighield en die door de mafia werd gebruikt om geld wit te wassen. Een van zijn andere bedrijven – ironisch genoeg voor iemand die geld witwast – was eigenaar van het Watergate-complex in Washington.

In Italië was Sindona op financieel gebied zo machtig, dat hij de beurs van Milaan letterlijk in gijzeling kon nemen. Minder zichtbaar was zijn rol als partner van Gelli in de P-2 en als de belangrijkste financiële *consigliere* van de mafia. In 1980 werd Sindona door een Amerikaans gerechtshof veroordeeld tot 25 jaar cel wegens fraude en meineed nadat hij zich vijftien miljoen dollar onrechtmatig had toegeëigend om illegaal aandelen in twee Amerikaanse banken te kopen – waarvan het ene, Franklin National, in 1974 op spectaculaire wijze over de kop ging.

Terzelfder tijd ging ook Finabank, een particuliere bank uit Genève, ten onder. Deze bank fungeerde als sluis voor mafia- en P-2-fondsen die voor de Verenigde Staten waren bestemd. Sindona had daar een genummerde rekening met de codenaam MANI-1125. Zijn gemachtigde was het IOR. Toen het Banco Ambrosiano schandaal uitbrak, zat hij in de gevangenis in Amerika. Twee jaar later werd hij naar Italië uitgewezen om daar voor fraude terecht te staan. Hij belandde in de gevangenis. In 1986 werd hij, de man die alles wist, dood aangetroffen op de vloer van zijn cel, iemand had zijn koffie met cyanide vergiftigd.

Sindona was de man die Calvi alle kneepjes van het witwassen via buitenlandse firma's had geleerd. Calvi was een vlotte leerling die in de loop der jaren verschillende brievenbusfirma's in het buitenland had opgericht. Veel van die firma's gebruikte hij voor zijn operaties met Marcinkus van het IOR. Samen ondersteunden ze de koers van de Banco Ambrosiano, kochten bedrijven met lires die op een twijfelachtige manier waren geëxporteerd. En al of niet in samenwerking met Marcinkus bedroog Calvi de investeerders in de Banco Ambrosiano.

Toen het Italiaanse parlement in 1976 een wet aannam die de illegale export van lires tot een misdrijf maakte – daarvoor viel het slechts onder de civiele rechtspraak – stond Calvi een grootscheeps onderzoek te wachten naar de manier waarop hij de fondsen van de bank had gebruikt. Om zijn sporen uit te wissen, ontwierp hij een herstructureringsschema dat het aandelenkapitaal van de Banco Ambrosiano met 50 procent zou doen vermeerderen. Maar om dit te verwezenlijken – en om terzelfder tijd de zwakke positie van de aandelen van de bank op de beurs van Milaan te verstevigen – moest hij fondsen van zijn brievenbusfirma's naar Italië terugsluizen.

Vertwijfeld goochelde hij met zijn rekeningen, hij verplaatste geld van en naar brievenbusfirma's om de indruk van stabiliteit te wekken – al was het maar op papier. Maar zijn timing was niet goed en zijn crediteuren werden nerveus.

En wat erger was, zijn geluk liet hem in de steek.

In juni 1980 ging een leidend Italiaans bouwbedrijf, een van de grootste klanten van de Banco Ambrosiano, failliet en dat liet een groot gat achter op de balans van Calvi's bank. In januari 1981 pakte de regering alle Italiaanse banken aan die in het bezit waren van buitenlandse holding companies die zelf geen bank waren. Drie maanden later veranderde de beurs van Milaan de verkoopregels voor de Banco Ambrosiano aandelen. Daarvoor werden de aandelen eens per week tegen afgifteprijzen verkocht, maar de beurs besliste dat ze voortaan dagelijks op de beursvloer moesten worden verhandeld. Calvi kon zijn eigen aandelen niet langer steunen.

Een maand later werd Calvi gearresteerd wegens illegale valuta-transacties.

Hoewel velen dachten dat de Banco Ambrosiano samen met Calvi ten onder zou gaan, bleef de bank op miraculeuze wijze overeind. Een goede reden daarvoor zou Marcinkus kunnen zijn, hij deelde brieven op briefpapier van het IOR rond, waarin bevestigd werd dat zijn bank de vruchtgebruiker was van elf brievenbusfirma's die in Panama en Liechtenstein geregistreerd stonden en die aandelen en tegoeden van de Banco Ambrosiano beheerden. Het leek opeens alsof het IOR de schulden van Calvi dekte.

In de hoop de situatie nog te kunnen redden, wist Calvi – die op borgtocht was vrijgekomen in afwachting van zijn hoorzitting – de ondernemer Carlo de Benedetti ertoe te bewegen vice-voorzitter van de bank te worden en twee procent van de aandelen te kopen. Maar De Benedetti, die voorzitter van de Olivetti-groep was geweest, trok zich na drie maanden terug omdat hij niet door de bureaucratische muren heen wist te dringen die Calvi gebouwd had om zijn frauduleuze activiteiten te beschermen. De Benedetti verklaarde later dat hij thuis telefonisch met de dood werd bedreigd als hij bij de bank zou blijven.

In 1981 bleef de druk op Calvi steeds verder toenemen. De Italiaanse Bank legde hem het vuur na aan de schenen. Begin 1982 was Calvi de wanhoop nabij en hij vroeg daarom aan Marcinkus om te bevestigen dat het IOR verantwoordelijk was voor de brievenbusfirma's en dus de uitstaande leningen van de Banco Ambrosiano zou dekken.

Maar Marcinkus weigerde.

Het Vaticaan vroeg hem blijkbaar om opheldering over geld dat bij het IOR was verdwenen – volgens schattingen zo'n 100 tot 500 miljoen dollar – en daarom gaf hij Calvi tot 30 juni 1982 de tijd om het geld terug te betalen. Toen Calvi zich realiseerde dat het hem niet zou lukken, vroeg hij om meer tijd.

Weer weigerde Marcinkus.

En dat was het moment waarop men ontdekte dat de Banco Ambrosiano een gapend gat van 1,3 miljard dollar vertoonde.

Enige tijd later toverde Marcinkus een geheime brief te voorschijn, naar het scheen ondertekend door Calvi, die het IOR vrijpleitte van alle schulden die de elf brievenbusfirma's hadden gemaakt. Hij gebruikte deze brief om aan te tonen dat het IOR op geen enkele manier financieel aansprakelijk was voor het bankroet van de Banco Ambrosiano.

De curatoren en de Italiaanse autoriteiten waren daar niet zo zeker van en uiteindelijk, hoewel Marcinkus nooit getuigd heeft in deze zaak, ging het Vaticaan akkoord met een relatief bescheiden schikking.

Spoedig kregen de autoriteiten het bewijs in handen dat Calvi iets meer dan 100 miljoen dollar aan Licio Gelli en een van diens handlangers, Umberto Ortolani, had betaald. Dat geld werd door de Banco Ambrosiano witgewassen in het complexe netwerk van Calvi's brievenbusfirma's en, althans voor een deel, gestort op een geheime rekening van Gelli op het Caribische eiland St Vincent. Het geld was volgens de Italiaanse autoriteiten doorgesluisd 'zonder commerciële rechtvaardiging'.

Toch was er waarschijnlijk een goede reden voor de transacties, en wel Calvi's gezondheid. Het is nu bekend dat hij Gelli en de P-2, en dus ook de mafia, sinds 1975 betaalde om hem tegen de Italiaanse autoriteiten te beschermen. Waarschijnlijk heeft hij alleen al 10 miljoen dollar witgewassen om als steekpenningen uit te kunnen delen. Misschien hebben ze gedaan wat ze konden, maar ook dat is niet zeker, totdat het te laat was en Calvi een gevaar voor hen werd. Maar omdat hij zoveel geld naar ze had weten door te sluizen, meende Calvi misschien dat hij nog iets van ze te goed had. Alleen al in 1981 had hij naar verluidt 163 miljoen dollar aan P-2 betaald.

Niemand weet zeker wie zich door Calvi bedreigd voelde – of wat voor dreigementen Calvi heeft geuit. Misschien wilde hij tijd bij Marcinkus winnen, mogelijk wilde hij geld van P-2 afpersen, of hij dreigde om de banden tussen Gelli en de mafia te ontmaskeren, misschien was het een variatie op deze mogelijkheden. Waarschijnlijk meende hij, dat als hij de bank kon redden, ook zichzelf kon redden.

Hij was wanhopig en dat maakte hem een gevaarlijk man.

We weten dat hij met zijn aktentas Italië op vrijdag 11 juni 1982 verliet om eerst naar Oostenrijk en daarna naar Londen te vliegen. Op maandag stortte de koers van de aandelen van de Banco Ambrosiano in elkaar. Op woensdag werd het bestuur van de bank ontbonden. Op vrijdag was Calvi dood.

Bij sommige geheime diensten wordt nu gefluisterd dat Calvi vanwege de inhoud van zijn aktentas werd vermoord.

Er bestaat een sterk vermoeden – dat gedeeld wordt door mensen met inside information over deze geschiedenis – dat Calvi naar Londen was gekomen om bepaalde bankiers te ontmoeten in de hoop om ze door middel van chantage achter een reddingsplan voor zijn bank te krijgen. Om ze ervan te overtuigen dat het menens was, had hij documenten meegenomen om aan te tonen dat deze – niet per se Britse – bankiers willens en wetens geld hadden witgewassen voor Licio Gelli.

De documenten van Calvi vormden het waterdichte bewijs dat het geld van Gelli in het hart van de Britse hoofdstad en met medewerking en medeweten van sommige City bankiers, was witgewassen en dat Gelli dat geld, in opdracht van de Argentijnen, gebruikt had om exocetraketten te kopen, raketten die in de Falklandoorlog op de Britse troepen werden afgevuurd.

De ondergang van de Banco Ambrosiano was het grootste bankfaillissement in Europa sinds de Tweede Wereldoorlog. Spoedig zou het grootste bankfaillissement – en fraudezaak – uit de bankgeschiedenis volgen.

De Amerikaanse invasie van Panama was bedoeld om de wereld te laten weten dat de Verenigde Staten niet achterover zou leunen en mensen als Manuel Noriega ongestoord hun gang zou laten gaan.

In de VS zelf was men al tot actie overgegaan. In 1988 was de FBI met operatie C-Chase begonnen, de letter 'C' stond voor currency (valuta).

Undercover-agenten deden zich voor als drugsdealers. Als lokaas lieten ze weten dat ze zakken vol met geld hadden dat witgewassen moest worden. De Bank of Credit and Commerce International (BCCI) hapte.

Het werd een kostbare en gecompliceerde operatie die vijf jaar duurde en uitgevoerd werd door het Organized Crime Drug Enforcement team, een door de douane, de IRS, de DEA en de FBI gezamenlijk opgericht team. Onder het bewijsmateriaal dat werd verzameld bevonden zich meer dan 1200 heimelijk opgenomen conversaties en bijna 400 uur in het geheim opgenomen videoband. Door mee te werken aan het witwassen van 34 miljoen dollar voor drugsdealers, slaagde justitie er in om verschillende BCCI-bankiers en tientallen andere mensen aan te klagen en te veroordelen wegens drugssmokkel en witwassen van zwart geld ter waarde van 14 miljoen dollar. Met één rake klap hadden de Amerikanen zonder het te weten het fundament onder een reusachtig kaartenhuis weggeslagen.

De man die het kaartenhuis had opgebouwd, heette Agha Hasan Abedi. Hij was in 1922 geboren in Lucknow, India, in het hart van het vroegere rijk van de mogols. Hij had altijd beweerd de zoon van een rijke landeigenaar te zijn, en misschien was hij dat ook wel, maar veel van wat Abedi in de loop der jaren heeft gezegd is niet altijd even waar gebleken. Wél zeker is dat hij van 1959 tot 1972 president was van de Pakistaanse United Bank Limited. In 1972 nationaliseerde de Pakistaanse overheid echter alle banken. Abedi had al die jaren gebouwd aan een netwerk van rijke Arabische klanten en vrienden, en na de nationalisatie wendde hij zich tot hen. Dankzij hun goed gevulde zakken kon hij zijn eigen bank beginnen met een startkapitaal van 2,5 miljoen dollar.

Abedi werd onder andere gesteund door sjeik Zayed Bin Sultan Al-Nahayan, heerser van Aboe Dhabi en president van de Verenigde Arabische Emiraten, door verschillende leden van het koninklijk huis van Saoedi-Arabië en door de Bank of America, op dat moment de grootste bank ter wereld. Het verwerven van de steun van die bank was een van zijn meesterzetten want het verleende zijn onderneming onmiddellijk geloofwaardigheid. Uiteraard maakte hij schaamteloos gebruik van die relatie. Toen de bank onraad begon te ruiken en zich in 1980 terugtrok, hield Abedi het hoofd koel en wist hij het zo te spelen dat sommige mensen dachten dat hij degene was die de innige relatie met de Bank of America had verbroken.

Hij bleek zeer bedreven in het opzetten van een bank, die volgens hem de eerste multinationale bank voor de derde-wereldlanden zou zijn. Om te beginnen liet hij uit voorzorg de belangrijkste holding company van de BCCI in Luxemburg registreren zodat hij zich achter het strikte bankgeheim van het groothertogdom kon verschuilen. Een jaar later opende Abedi vestigingen van de BCCI in vier Golfstaten en in Groot-Brittannië in plaatsen met grote Aziatische gemeenschappen. In 1975 liet hij de bank vervolgens op de Cayman Islands registreren; maar het bestuur streek neer in Londen zodat de Bank of England de BCCI geloofwaardig zou kunnen maken door de bank een vijftien jaar geldende verklaring van goedkeuring te geven.

Wettelijk gezien moet de Bank of England voor alle activiteiten van banken toestemming verlenen en controle over het functioneren uitoefenen. Om te controleren of iedereen zich aan de regels houdt, stuurt de Bank of England accountants naar de banken om onregelmatigheden op te sporen. Het bestuur van de Bank of England is daarmee direct verantwoordelijk voor het gladstrijken van onregelmatigheden voordat die tot een crisis kunnen uitgroeien. Maar als een bank die in Engeland haar deuren opent, de Bank of England ervan weet te overtuigen dat alles volgens het boekje verloopt, heeft die bank daarna de handen vrij tot aan de volgende controle. De Bank of England doet niet aan undercover-operaties om te controleren of een bank zich ook werkelijk aan de regels houdt.

Tot voor kort kende Groot-Brittannië twee soorten banken. De erkende banken moesten voldoen aan zeer strikte regels en mochten dan een compleet programma financiële diensten aanbieden. Daarnaast waren er Licensed Deposit Takers, een term waarmee kleinere banken werden aangeduid die een beperkte hoeveelheid diensten aanboden.

Het publiek zag meestal geen verschil tussen de twee soorten banken.

Maar in werkelijkheid waren erkende banken echte banken en Licensed Deposit Takers waren dat niet. Licensed Deposit Takers werden minder streng gecontroleerd door de Bank of England en werden daarom – onofficieel – beschouwd als bedrijven die niet het volledige vertrouwen van de Bank of England genoten.

BCCI was een Licensed Deposit Taker.

In 1977 pochte Abedi dat de BCCI de snelst groeiende bank van de wereld was. Op dat moment waren er 146 vestigingen in 32 landen en het beheerde vermogen bedroeg 2,2 miljard dollar. In Groot-Brittannië had de bank 45 vestigingen, maar Abedi zag een netwerk van banken in de VS als zijn na te streven doel. Om dat te bereiken, wendde hij zich tot Bert Lance, een vriend van president Jimmy Carter. Lance had de post van begrotingsadviseur bekleed, maar was min of meer in ongenade gevallen.

Eerst huurde Abedi Lance in als adviseur van de BCCI. Daarna hielp hij Lance bij het verkopen van zijn aandelen in een bank uit Georgia. Abedi vond een willige koper in Gaith Pharaon, een goede klant van de BCCI.

Pharaon is een Saoedische zakenman wiens vader ooit hofarts in Riad was geweest. Hij zag zichzelf als een jonge Khashoggi en probeerde in de westerse landen flitsende deals te sluiten. Sommige deals pakten goed uit, maar vele mislukten ook. Maar toen Abedi een stroman nodig had, stelde Pharaon zich beschikbaar.

Nadat Abedi Lance had geholpen om van zijn bank af te komen, hielp hij hem ook nog eens om een lening van 3,4 miljoen dollar terug te betalen. Door deze hulpvaardigheid kreeg Abedi toegang tot Carter, die hij vol trots een van zijn beste vrienden noemde. Carter probeert tegenwoordig hun relatie in een heel ander daglicht te stellen, maar het valt niet te ontkennen dat Abedi buitengewoon genereus was in zijn steun aan Carters favoriete goede doel, Global 2000, en aan het Carter Presidential Center in Atlanta.

Drie jaar na zijn eerste veroveringstocht in de VS, breidde Abedi uit naar Panama, waar generaal Noriega al snel een van zijn grootste klanten werd. Weer een jaar later begon Abu Nidal, de Palestijnse terrorist, geld via de BCCI door te sluizen. Zijn voorbeeld werd al snel nagevolgd door het Medellin-kartel.

In 1988 had Abedi's bank 417 vestigingen in 73 landen en beheerde hij een vermogen van 20 miljard dollar.

En al die tijd bleef het bestuur van de Bank of England volhouden dat er geen vuiltje aan de lucht was.

Ze had duidelijk een paar belangrijke zaken over het hoofd gezien.

Om te beginnen bevond de hoofdvestiging van de BCCI zich in Groot-Brittannië en daarom had men krachtens de regels voor Licensed Deposit Takers de BCCI nooit mogen toestaan om het woord bank in haar naam te voeren.

In 1976 probeerde de BCCI de Chelsea National Bank in New York over te nemen, maar de autoriteiten waren niet gelukkig met de praktijken van de BCCI en wezen dit verzoek tot overname af. Twee jaar later werd een beëdigde verklaring bij een rechtbank in de VS gedeponeerd; de verklaring toonde aan dat de Bank of America – die toen 30 procent van de aandelen BCCI bezat – niet erg te spreken was over de manier waarop de managers van Abedi geld uitleenden. De Bank of England was hiervan op de hoogte, maar vond kennelijk niet dat het iets veranderde aan de positie van de BCCI in Groot-Brittannië – maar, om de Bank of England niet helemaal te kort te doen, weigerde ze in 1980 de BCCI de status van erkende bank te geven.

Op dat moment staken veel van de bevriende zakenrelaties van Abedi zo diep in de schulden dat hij geld van andere rekeningen moest stelen om de tekorten te dekken. Het was een typisch Ponzi-plan – van Jantje stelen om Pietje te kunnen betalen – waarbij nieuw geld binnengebracht werd om oude rekeningen te kunnen betalen. Met veel bravoure lukte het Abedi zijn moeilijkheden buiten het gezichtsveld van de accountants te houden.

In 1985 probeerden de autoriteiten in Luxemburg de Bank of England de volledige verantwoordelijkheid voor de BCCI op zich te laten nemen, maar het bestuur weigerde dit pertinent. Omstreeks die tijd kreeg de Bank of England een anonieme brief waarin de massale fraude bij de BCCI werd beschreven, maar de bank vond het nog steeds niet nodig om formele stappen te ondernemen. Op hetzelfde moment begonnen de tekorten bij de BCCI dermate hoog op te lopen door de illegale praktijken, dat Abedi wanhopig op zoek ging naar nieuw geld en zijn blik op Latijns-Amerika richtte.

Hij had al een vestiging in Colombia. Daar voegde hij nog eens zeven nieuwe aan toe, waarvan vijf in Medellin. Zijn tegoeden in Colombia namen toe tot meer dan 200 miljoen dollar. Het mag nauwelijks verbazing wekken dat de vestigingen in Medellin overspoeld werden met contant geld. Een van de belangrijkste bewaargevers was Jose Gonzalo Rodriguez Gocha, ook toen al internationaal bekend als een topfiguur van het Medellin-kartel.

In het licht van de bedrijfscultuur van de BCCI was het een logische stap om een belangrijke positie in Colombia te verwerven. Die cultuur kan als 'pak het geld' worden omschreven. Abedi zette zijn werknemers zozeer onder druk om geld binnen te halen – ze hadden nooit enige zekerheid over hun baan en de hoogte van hun inkomen – dat niemand zich er zorgen over maakte waar het geld nu eigenlijk precies vandaan kwam.

Vooral de BCCI in Miami draaide erg goed, men accepteerde er stortingen in contant geld van meer dan 10.000 dollar zonder dit te melden aan de IRS. Soms werd het privé-vliegtuig van de bank gebruikt om contanten naar de vestigingen in Panama of op de Cayman Islands over te vliegen. Vandaar werd het overgemaakt naar het BCCI-filiaal in Luxemburg, waar het vervolgens verdween. Bij andere gelegenheden werd de meldingsplicht omzeild door grote stortingen in contant geld in Miami te registreren als stortingen bij het BCCI-filiaal op de Bahama's – en dat terwijl de BCCI op dat moment helemaal geen vestiging op de Bahama's had.

Vlak na de affaire rond de Bank of Boston in 1985, toen het erop leek dat de Amerikanen strenger zouden gaan toezien op het naleven van de meldingsplicht, verplaatste de BCCI haar aandacht naar Canada om er de witwaspraktijken voort te zetten.

Abedi zocht de plaatsen op waar wat gebeurde, en zo begon hij uitgebreide netwerken in de Verenigde Arabische Emiraten (VAE) en in Hongkong op te zetten; hij breidde vervolgens uit op momenten dat andere banken aan het inkrimpen waren vanwege politieke en economische instabiliteit. Abedi verklaarde het succes van de BCCI uit de exploitatie van kleine, lucratieve marktsegmenten. Velen dachten dat hij het over de valutahandel had. Maar hij doelde op het witwassen van geld.

De VAE-operatie was bedoeld om drugshandelaars die heroïne uit de Golden Crescent smokkelden, te bedienen. De Hongkong-tak was er voor lieden uit de Gouden Driehoek. De BCCI deed ook opmerkelijk goede zaken in Nigeria – in de tijd dat de plaatselijke economie door verzadiging van de wereldoliemarkt in een diep dal was geraakt – waar de bank de belangrijkste plaats werd voor witwasoperaties van geld dat afkomstig was van de omvangrijke heroïnehandel die via zwart Afrika verliep.

Abedi kende zijn klanten en breidde al spoedig uit naar het Caribisch gebied, hij opende vestigingen op het met marihuana overladen Jamaica, Barbados, Curaçao en Trinidad en op de Bahama's, waar hij ook een keten brievenbusfirma's opzette om het doorsluizen van geld te vergemakkelijken.

Om de talloze lekken die de bankbalans overal begon te vertonen, te kunnen dichten, stal Abedi 150 miljoen dollar uit het personeelspensioenfonds. Hij werd bang dat de Bank of England achter hem aan zou gaan en daarom besloot hij het hoofdkantoor van Groot-Brittannië naar elders te verhuizen.

Intussen namen internationale bankautoriteiten in Bazel de BCCI – en vooral de manier waarop Abedi tegoeden beheerde –

onder de loep en zij rapporteerden hun bevindingen. Toch besefte het bestuur van de Bank of England nog steeds niet wat Abedi allemaal uitvoerde. Ze wisten geen enkele frauduleuze praktijk van de BCCI bloot te leggen. En daarom gaf het bestuur toe aan het verzoek van Abedi om het hoofdkantoor naar de vrijplaats Aboe Dhabi over te mogen brengen.

In 1987 onderzochten de accountants Ernst & Young de boeken van de holding company, en zij uitten tegenover Abedi hun twijfels over de 'excessieve ondernemersmacht' en de ernstige zwakten in de structuur en in de controle-mechanismen die de BCCI tentoonspreidde. Intussen waren de bankautoriteiten in Bazel zo bezorgd geworden over de situatie van de BCCI dat ze Abedi dwongen om één accountant aan te nemen voor het hele internationale netwerk.

En toen kwamen in Florida de aanklachten.

De BCCI kreeg een boete van 15,3 miljoen dollar voor het witwassen van zwart geld opgelegd. Abedi hield vol dat het om een eenmalig incident ging. Maar iedereen begon plotseling vragen over de BCCI te stellen. Officiële onderzoeken kwamen in Canada, Frankrijk, Luxemburg, Brazilië, Singapore, Bermuda, de Caymans, Cyprus en zelfs in Nigeria van de grond. Sommige van die onderzoeken betroffen overtredingen van valutawetten, maar een aantal naspeuringen stuitte op bewijzen voor meer ernstige zaken.

Bij de Bank of England kreeg het bestuur twee rapporten te zien – het ene was afkomstig van de City of London Fraud Squad, het andere van een accountant uit het Midden Oosten – waarin vermoedens van frauduleuze praktijken bij de BCCI werden geuit.

Beide rapporten bleven onaangeroerd liggen.

Een jaar later kreeg het bestuur een accountantsverslag van Price Waterhouse onder ogen, waarin een serie bedrieglijke praktijken werden onthuld.

Eindelijk was het bestuur overtuigd van de noodzaak om handelend op te treden en het gaf toestemming voor een reddingsoperatie die was voorgesteld door investeerders in de BCCI in Aboe Dhabi, die beweerden de bank te willen redden van de totale ondergang.

Nogmaals, ondanks de overduidelijke aanwijzingen voor fraude, werd er door de Bank of England niet gevraagd om een officieel onderzoek in te laten stellen.

In de VS werd er een onderzoek ingesteld naar de manier waarop de BCCI tien jaar eerder Bert Lance had ingepalmd en daarmee Financial General Bankshares, een holding company uit Washington DC, in handen had weten te krijgen.

Volgens de Amerikaanse wetgeving moet iedereen die meer dan vijf procent van de aandelen in een open N.V. bezit dit feit openbaar maken via de Securities and Exchange Commission. Rond de jaarwisseling van 1977-1978 meende Abedi een manier te hebben gevonden om deze wet te omzeilen. Hij wist een groep BCCI-klanten ervan te overtuigen om elk minder dan vijf procent te kopen. Toen de SEC uiteindelijk begon te vermoeden wat er aan de hand was, spanden ze een proces aan tegen elf mensen, onder wie Abedi. Met een gevangenisstraf in het vooruitzicht, waren de beklaagden bereid een overeenkomst te sluiten, waarin ze onder andere het recht kregen een offerte uit te brengen aan de overige aandeelhouders van Financial General om de overgebleven aandelen te kopen.

Het duurde een paar jaar voor de overname was afgerond. Toen het in 1982 zover was, werd deze verricht onder voorwaarde dat Financial General tot First American Bankshares zou worden hernoemd en dat het bedrijf volledig onafhankelijk van de BCCI zou zijn. De reden waarom de Amerikanen eisten dat het bestuur onafhankelijk van de BCCI zou opereren, was dat het US Office of the Comptroller of the Currency de BCCI niet vertrouwde en dat ook zo stelde in een brief aan de Federal Reserve Bank. De exacte woorden waren verpakt in beleefde termen: 'BCCI is not subject to regulation and supervision on a consolidated basis by a single bank-supervisory authority.' Met andere woorden, ze waren niet van plan een onbetrouwbaar bedrijf als de BCCI een bank in de VS te laten beheren.

Intussen bleek dat Bert Lance's National Bank of Georgia en de Independence Bank of Encino in Californië, die door Gaith Pharaon was gekocht, heimelijk door Abedi waren gefinancierd met een 500 miljoen dollar-lening van de BCCI. Als onderdeel van deze transactie stelde Pharaon Abedi de aandelen in de twee banken als onderpand beschikbaar. Later zorgde Abedi ervoor dat First American Bankshares de National Bank of Georgia kocht, zodat hij in feite – illegaal – de controle over drie Amerikaanse banken had verworven.

Abedi en zijn handlangers geloofden heilig in het principe van 'geloofwaardigheid werkt besmettelijk' en daarom kozen ze vooraanstaande Amerikanen in de raad van bestuur van de First American. Clark Clifford, een jurist uit Washington die in hoog aanzien stond – een oudere staatsman die als adviseur en/of vriend onder vrijwel elke president sinds Harry Truman had gediend – werd tot voorzitter benoemd. Zijn protégé en partner, Robert Altman – vooral bekend als echtgenoot van de tv-persoonlijkheid, Lynda Carter – werd tot president van de bank benoemd.

Vrienden op hoge posten vormden al langer een specialiteit van Abedi. Hij wist Robert Mugabe in te palmen, en de BCCI werd de eerste buitenlandse bank die zich in Zimbabwe mocht vestigen. Hij raakte bevriend met de communistische machthebbers in China en de BCCI mocht een vestiging openen in Shenzen, een speciale economische zone grenzend aan Hongkong. Toen de Verenigde Arabische Emiraten in 1982 aankondigden dat geen enkele buitenlandse bank meer dan acht vestigingen op het grondgebied van de VAE mocht hebben, richtte Abedi er de Bank of Credit and Commerce (Emirates) op, betrok de heersende families erbij, en kocht de overtallige vestigingen van de BCCI.

Tegen de tijd dat C-Chase de BCCI voor het gerecht daagde, was het dossier Abedi al aardig omvangrijk geworden. De Amerikaanse senator John Kerry was begonnen met hoorzittingen van een ondercommissie over de BCCI en haar relaties met Manuel Noriega. Enkele reeds eerder veroordeelde drugshandelaren hadden onder ede verklaard dat ze geld hadden witgewassen via de BCCI in Panama en dat hun introductie bij de bank van niemand anders dan

Manuel Noriega afkomstig was. Verder onderzoek van de senaat wees uit dat Noriega sinds 1982 de BCCI had gebruikt om miljoenen dollars wit te wassen.

Gelijktijdig met het onderzoek van senator Kerry raakte ook de officier van justitie van het district New York, Robert Morgenthau, geïnteresseerd in de activiteiten van de BCCI, vooral in Abedi's manipulaties van First American.

Morgenthau was 73 en had een halve eeuw ervaring op juridisch gebied, waarvan meer dan 30 jaar als openbaar aanklager, en dat had zijn instinct voor financiële misdrijven gescherpt. Hij was een belangrijke politieke kracht in New York sinds de tijd dat Jack Kennedy hem gevraagd had daar officier van justitie te worden – hij wist 52 leden van de Luchese-, Bonanno-, Gambino- en Genovese-families achter de tralies te brengen. Morgenthau was ook de man die de aanklacht tegen Roy Cohn indiende, die de partner van Joe McCarthy was in de heksenjacht op communisten in het begin van de jaren vijftig. Morgenthau was verder ook degene die de weg probeerde te blokkeren voor Amerikanen die geld probeerden te laten onderduiken op Zwitserse bankrekeningen.

Omdat First American vestigingen in New York had, beweerde Morgenthau dat de zaak onder zijn jurisdictie viel. Verschillende keren reisden er mensen van zijn kantoor naar Londen in de hoop op medewerking van de Bank of England. Maar dat werd in de meeste gevallen geweigerd.

Morgenthau liet zich niet afschrikken door de weigerachtige houding van de Bank of England of door de lethargie die de federale aanklagers tentoonspreidden – Morgenthau verklaarde dat de Bank of England volslagen incompetent was geweest in haar toezicht op de BCCI en hij meende dat het ministerie van Justitie de zaak flink vertraagd had – en hij bracht zijn zwaarste wapens in stelling. Hij wist dat er maar een manier is om witte-boordencriminelen te pakken, en dat was wat hij het 'volgen van het geld' noemde. Hij nam Abedi op de korrel en iedereen die bij de overname van First American betrokken was geweest, inclusief Clifford en Altman. Hij wilde dat degenen die met de BCCI hadden samengewerkt om de bank in de VS op illegale manier te helpen vestigen, niet vrijuit gingen.

In maart 1990 was het bestuur van de Bank of England door de Britse geheime dienst ingelicht dat Abu Nidal een van de vele dubieuze rekeninghouders bij de BCCI was. Hij had 42 rekeningen bij verschillende vestigingen van BCCI in en rond Londen.

Acht maanden later kreeg het bestuur een rapport toegezonden dat was samengesteld uit materiaal van het privé-archief van de rechterhand van Abedi, Swaleh Naqvi, de algemeen directeur van de BCCI. In het rapport werd uitgebreid ingegaan op de fraude die door de bank was gepleegd. Het Naqvi-dossier vermeldde praktijken zoals bijvoorbeeld spookleningen – geld dat aan vrienden van Abedi was gestuurd en dat niet hoefde te worden terugbetaald – of geheel fictieve leningen die via andere banken werden witgewassen om het spoor uit te wissen.

Twee maanden later, in januari 1991, werd het bestuur op de hoogte gesteld van het feit dat er bij de BCCI voor ongeveer 600 miljoen dollar aan niet-geregistreerde stortingen waren verricht.

Als reactie gaf het bestuur op 4 maart 1991 opdracht – alsof het eindelijk door zijn voorraad smoezen heen was – tot het opstellen van een accountantsrapport, waarbij dan in plaats van de eigen inspecteurs, de onafhankelijke accountants van Price Waterhouse zouden worden ingeschakeld. Pas toen het rapport in juli was afgerond, ondernam het bestuur actie en liet de BCCI sluiten.

Sindsdien zijn er verschillende mensen door Morgenthau aangeklaagd – Clifford, Altman, Abedi en Naqvi. De eerste twee moesten terechtstaan, maar de zaak tegen hen bloedde dood. De laatste twee kregen te maken met uitleveringsprocedures. De Amerikanen hebben ook een arrestatiebevel tegen Gaith Pharaon uitgevaardigd. Ze willen van hem onder meer informatie over zijn bemoeienissen met het faillissement van de Florida spaarbank, CenTrust.

Naar alle waarschijnlijkheid realiseerde Abedi zich in 1989 dat First American niet het juiste bedrijf was om zijn witwasactiviteiten in Miami te kunnen ontplooien, en daarom spande hij samen met Pharaon om CenTrust te kopen. Men vermoedt dat Pharaon in het geheim vijf procent van de aandelen kocht, zoals gewoonlijk ten bate van de BCCI. Tegen de tijd dat de autoriteiten CenTrust lieten sluiten, waren Abedi en/of Pharaon in het bezit van ten minste 28 procent van de aandelen, zonder dat ooit te hebben aangegeven. Volgens de overheid gebruikten Abedi en Pharaon CenTrust niet alleen om BCCI-fondsen wit te wassen, maar ook als kanaal voor verschillende politieke donaties – voornamelijk voor campagnes van de Democratische Partij – waaronder een gift van 50.000 dollar van Pharaon aan het Carter Presidential Center.

Men schat dat er wereldwijd ongeveer 9,5 miljard dollar uit de BCCI-boeken is verdwenen, zeven maal zoveel als er bij de Banco Ambrosiano is verdwenen, het zou dus niet helemaal eerlijk zijn om maar één schuldige aan te wijzen. Er zijn heel wat mensen lange tijd bezig geweest om al dat geld zoek te maken, en er zijn eveneens heel wat mensen geweest die de andere kant op hebben gekeken.

Het is wel zeker dat de CIA belastende informatie over Abedi en de BCCI bezat en dat niet aan andere instanties heeft doorgegeven. Het is ook zeker dat verschillende opsporingsdiensten in de VS slechte beslissingen hebben genomen waardoor het optreden tegen de BCCI ernstige vertraging ondervond. De schuldvraag waarom de bank zo lang door kon blijven gaan met haar frauduleuze praktijken, lang nadat er verdenkingen waren gerezen, moet dan ook aan meerdere instanties worden voorgelegd. Maar als er een hoofdschuldige moet worden aangewezen, dan is dat wel de Bank of England, de BCCI opereerde immers van het begin af aan vanuit Groot-Brittannië.

Een House of Commons Treasury and Civil Service Select Committee stelde dat het de plicht was van de Bank of England om de verantwoordelijkheid op zich te nemen voor haar falen als toezichthoudster op de BCCI. De commissie meende dat de bank het fiasco had kunnen voorkomen als er niet zoveel fouten, misverstanden en communicatiestoornissen hadden plaatsgevonden. In zijn verslag aan het parlement in 1992 – *Inquiry into the Supervision of the Bank of Credit and Commerce International* – schreef Bingham, rechter aan het Hof van Appel: 'De Bank of England heeft verzuimd haar toezichthoudende taak ten opzichte van de BCCI te vervullen.'

Overtredingen zijn diverse keren onder de aandacht van het bestuur gebracht, en gezien het mandaat dat het van het parlement heeft gekregen, kon worden verwacht dat het passende maatregelen zou nemen om inefficiënte of niet aan de regels conformerende praktijken aan de kaak te stellen. Wat het witwassen van geld betreft, heeft de Bank of England dezelfde verantwoordelijkheden als andere banken en moet ze verdenkingen die de accountants hebben ten aanzien van het witwassen van geld van drugsdealers of terroristen aan de politie melden. Als het bestuur wist dat de BCCI met geld van drugsdealers en terroristen werkte, dan was het misdadig en overtrad het de wet, wist het bestuur dat niet, dan was het incompetent omdat het zijn plicht was het te weten.

Maar alsof het immuun voor kritiek is, hield en houdt het bestuur op arrogante wijze vol dat de Bank of England niets verkeerd heeft gedaan. Maar ja, als men de moeite niet had genomen om de rapporten over de BCCI te lezen, dan is het aannemelijk dat het bestuur ook geen krant heeft gelezen sinds het schandaal is losgebarsten. Voor een parlementaire commissie deed de toenmalige president van de Bank of England, Robin Leigh-Pemberton, de volgende verbazingwekkende uitspraak: 'Als we iedere keer dat we een fraudegeval tegenkomen, een bank sluiten, dan zouden we nu aanzienlijk minder banken hebben dan we hebben.'

Men zou denken dat dat nu juist zijn taak was.

Uiteindelijk ging de BCCI ten onder, niet omdat de Bank of England haar plicht deed, en zelfs niet omdat Abedi zo lang zo inhalig was geweest, maar omdat Robert Morgenthau zich er niet bij wilde neerleggen. Als er al een held in dit verhaal is, dan komt deze officier van justitie van het district New York als eerste hiervoor in aanmerking.

Sinds de sluiting van de BCCI op 5 juli 1991 hebben diverse

autoriteiten geprobeerd de gaten te stoppen die zulke gebeurtenissen mogelijk maakten. Sommigen geloven dat de volledige waarheid wel nooit boven water zal komen. De interessantste witte plek in het Bingham rapport is Appendix no. 8, getiteld: 'De geheime diensten.'

De rol van de geheime diensten in de BCCI-zaak zal in Groot-Brittannië ten minste 30 jaar, en misschien wel voor altijd, geheim blijven; in de VS zal die rol dankzij de Freedom of Information Act te zijner tijd wel aan het licht komen. Als het zover is, zullen de Amerikaanse en Britse geheime diensten heel wat vragen te beantwoorden hebben.

Een vraag zou kunnen zijn: waarom stonden de Britse geheime diensten erop dat de Bank of England voor een periode van misschien wel vijftien maanden zou wachten met het sluiten van de BCCI? Een andere vraag: waarom voldeed de Bank of England aan dat verzoek?

Een mogelijk antwoord ligt in de relatie die er tussen de BCCI en Sadam Hoessein bestond. Het is in ieder geval zeker dat de Amerikaanse veiligheidsraad de BCCI gebruikte om geld uit de Iran-Contra-affaire wit te wassen. Het is ook bekend dat de CIA er rekeningen bij de BCCI op na hield om geld dat bestemd was voor de Afghaanse rebellen wit te wassen. Men neemt aan dat de US Defense Intelligence Agency een geheim fonds voor speciale operaties bij de BCCI aanhield. Het is zeker dat een van Abedi's stromannen in de VS, Kamal Adham, het voormalige hoofd van de geheime dienst van Saoedi-Arabië, na het betalen van een boete van 105 miljoen dollar geen gevangenisstraf hoefde uit te zitten. Er wordt gefluisterd dat M.I. 6 de BCCI ook erg handig vond. Men weet dat de BCCI een belangrijke rol speelde bij de levering van Scud-B-raketten door Noord-Korea aan Syrië. Het is bekend dat de BCCI heeft geholpen bij de onderhandelingen en de financiering voor levering van Chinese zijderups-raketten aan Saoedi-Arabië. Het is bekend dat de BCCI de rol van tussenpersoon speelde toen de Saoedi's een Israëlisch geleide systeem voor de raketten nodig hadden.

Of de Bank of England nu wel of niet op verzoek van geheime diensten handelde, (a) om een lopende geheime operatie te beschermen, (b) om de geheime diensten de tijd te geven hun sporen uit te wissen, of (c) beide: het is belangrijk te benadrukken dat de bevolking van een democratisch land het onvervreemdbare recht heeft, te weten wat er in hun naam gebeurt en waarom.

Appendix no. 8 zal zeker interessante lectuur zijn. Maar omdat openbaarmaking van de appendix het gezichtsverlies niet tot het bestuur van de Bank of England zal beperken, kan dat nog wel even duren.

Daarnaast bestaan er weinig redenen om aan te nemen dat de bevoegde autoriteiten ook maar ergens ter wereld hun lesje hebben geleerd. Des te meer reden is er om aan te nemen dat de lessen van de BCCI goed geleerd zijn door bankiers van andere BCCI's.

Per slot van rekening – in de woorden van de legendarische bankrover Willy Sutton – 'Banks is where the money is': het geld zit bij de banken.

BCCI is slechts een bank die gepakt werd.

HOOFDSTUK 16

Het drogen van de was

'Witwassen van zwart geld is de misdaad van de jaren negentig.'
BUSINESS WEEK

U it het oogpunt van verantwoord bankieren hebben verschillende landen – vooral onder druk van de Verenigde
Staten, Groot-Brittannië, Frankrijk en Japan – het principe aanvaard dat financiële instellingen moeten meewerken aan het
opsporen van zwart geld dat wit wordt gewassen, in welk stadium
van het wasproces het zich ook bevindt.

De strategie, die 'ken uw klant' wordt genoemd, bestaat uit een
aantal onderdelen. Zo moeten instellingen alert zijn op klanten die
een aantal rekeningen hebben die niet in overeenstemming zijn
met hun beroep; verder moeten ze letten op rekeningen waar veel
verschillende mensen geld op storten en op rekeningen met een
lage rente waar toch veel geld op staat.

Contant geld vormt een belangrijke aanwijzing voor witwassen,
vooral als het om stortingen van ongewoon hoge bedragen gaat; of
als er meerdere stortingen op verschillende plaatsen worden verricht; of als grote stortingen snel naar andere rekeningen worden
overgeboekt; of als er een groot aantal keren kleine bedragen worden gestort, die samen een zeer groot bedrag vormen.

De meeste banken in de geïndustrialiseerde landen hebben zich
bereid getoond om mee te werken, ook al kost het hun geld om
medewerkers op te leiden om de gevraagde financiële controle te
kunnen uitoefenen.

Deze aanpak aan de frontlinie werkt soms echt.

Zo viel het een directeur van een grote bank in Groot-Brittannië op dat een klant in twee verschillende vestigingen van de bank een rekening had. Toen hij die rekeningen eens wat nader bekeek, zag hij dat de klant elke dag 500 à 600 pond op beide rekeningen stortte. Dat zou op zich nog niet als verdacht zijn beschouwd, ware het niet dat de klant ook wekelijks zijn werkloosheidsuitkering op een van de rekeningen stortte. De directeur stuurde een rapport aan wat toen de National Drug Intelligence Unit van HM Customs and Excise heette. Deze dienst spoorde al snel een derde rekening van de klant op, dit keer op het eiland Man, waar hij het geld van de twee andere rekeningen op verzamelde. Dankzij de oplettende bankdirecteur was de NDIU op het spoor van een witwasser gekomen, die ze vervolgens in verband met een drugsoperatie wisten te brengen, zodat de man gearresteerd kon worden op verdenking van verschillende delicten.

Maar er is een belangrijk nadeel aan de 'ken uw klant'-kruistocht verbonden.

Maar al te vaak eindigt het in een papieren jacht. Om zichzelf te beschermen, vragen bankdirecties aan hun medewerkers om zo veel mogelijk transacties met contant geld te rapporteren om zich in te dekken – als iets verdacht lijkt, maak er een rapport van zodat de bank geen schuld treft – met als gevolg dat er steeds meer rapporten van steeds mindere kwaliteit komen. Het verwerken kost veel tijd en geld. Het opsporingswerk lijdt daar onveranderlijk onder.

Zodra een bank of girokantoor lastige vragen begint te stellen aan een witwasser, gaat hij natuurlijk naar een andere instelling. Hij zal niet blijven wachten tot de politie verschijnt; hij wist zijn papieren spoor uit en gaat naar een bank of een girokantoor waar geen lastige vragen worden gesteld.

De strategie zet daarbij ook nog eens de financiële instellingen onder zware druk, waardoor banken en girokantoren tot delicate – en lastige – evenwichtskunsten worden gedwongen. Enerzijds moeten ze net genoeg vragen stellen om aan de goede kant van de wet te blijven, maar anderzijds weer niet zoveel dat de klanten worden afgeschrikt en naar een andere instelling vertrekken.

Midden jaren tachtig boorde Agip (Afrika) Ltd, een in Jersey geregistreerd bedrijf, in Noord Afrika naar olie. Het bedrijf is een volle dochter van de Italiaanse staatsoliemaatschappij. De hoofdaccountant was een boef die in een paar maanden tijd frauduleuze betalingsopdrachten gebruikte om 10,5 miljoen dollar van de Banque du Sud in Tunis over te hevelen naar Londen, naar rekeningen van brievenbusfirma's die op het eiland Man stonden geregistreerd.

Met namen als Baker Oil neemt een bankdirecteur logischerwijs aan dat de bedrijven die de fondsen ontvingen in de oliehandel werkzaam waren. Maar vrijwel meteen na de aankomst van het geld in Londen, volgde de opdracht om het naar het in Groot-Brittannië geregistreerde bedrijf Euro-Arabian Jewelry Ltd over te maken. Vandaar werd het geld weer doorgestuurd naar een zich als juwelierswinkel voordoende brievenbusfirma in Parijs.

Verdacht? Niet noodzakelijkerwijs. Maar vrijwel zeker onlogisch. Bankdirecteuren kunnen echter makkelijk rationaliseren dat de wet mensen niet voorschrijft om logisch te zijn, het gaat er om of ze verdacht zijn. Dat zou een verklaring kunnen zijn voor het feit dat niemand de moeite nam om wat beter uit te zoeken waarom een oliebedrijf al zijn geld aan een juwelierswinkel stuurt.

Verantwoordelijk bankieren is nu eenmaal een erg vaag begrip.

Sommige regeringen geven dat toe en doen meer dan alleen banken aanmoedigen hun klanten te kennen. Ze zetten de bedrijven onder druk om met meer inspanning de vijand tegemoet te treden door te stellen dat onwetendheid over de witwasmethoden geen acceptabel verweer is als er wetten zijn overtreden. Bedrijfsfunctionarissen hebben de plicht om verdachte activiteiten in de gaten te houden en te rapporteren, nalatigheid kan flinke straffen opleveren. In de VS bijvoorbeeld kan een functionaris van een financiële instelling, die schuldig wordt bevonden aan witwassen tien jaar gevangenisstraf en/of een boete van 500.000 dollar krijgen. Onder bepaalde omstandigheden kan de overheid ook nog beslag leggen op de instelling.

Zelfs buitenlandse bedrijven die vestigingen of dochterondernemingen in de VS hebben, kunnen aangepakt worden als ze zich ook maar ergens ter wereld schuldig maken aan witwassen. Een klassiek voorbeeld is afkomstig van een onderzoek naar aandelenhandel met voorkennis in 1988 van de Securities and Exchange Commission. Stephen Sui-Kwan Wang was een leerling-analist op het Mergers and Acquisition Department van de handelsbankiers Morgan Stanley in New York. Lee Chwan-hong, een investeerder die zichzelf Fred Lee noemde, was president van twee Britse Virgin Islands-bedrijven in Hongkong. Volgens de SEC verstrekte Wang Lee gedurende 18-24 maanden niet-openbare informatie, waardoor Lee aandelen in 25 bedrijven kon verwerven via 30 verschillende bedrijfsrekeningen. Lee streek aan het einde een winst van 19,4 miljoen dollar op.

De SEC vorderde in overeenstemming met het beleid 19,4 miljoen dollar van Lee en maakte vervolgens gebruik van de RICO-wet om daar nog een boete bovenop te leggen van drie maal dat bedrag. De SEC eiste dus in het totaal 77,6 miljoen dollar. De SEC wist dat Lee zijn geld uit verschillende bedrijven in de VS had gehaald en het op zijn rekening bij de Newyorkse vestiging van de Standard Chartered Bank had gezet. De SEC probeerde de tegoeden te bevriezen. Maar Lee was de SEC een stap voor. Hij had Standard Chartered New York al opdracht gegeven om zijn geld naar Standard Chartered Hongkong over te maken. De SEC nam vervolgens maatregelen tegen de bank in Hongkong om het geld terug te krijgen.

De advocaten van Standard Chartered argumenteerden eerst dat een Amerikaanse rechtbank geen jurisdictie in deze zaak had en geen actie in Hongkong kon laten ondernemen. Maar een rechtbank in de VS dacht daar anders over. De rechter stelde de SEC in het gelijk en benadrukte dat als Standard Chartered Hongkong het geld niet terug bracht naar de VS, de Newyorkse vestiging in gijzeling kon worden genomen. Dat betekende dat er dagelijks boetes konden worden opgelegd en dat sommige van de bankfunctionarissen in de VS gearresteerd konden worden. Standard Chartered stuurde het geld terug. Het geld werd door de rechtbank vastgehouden in afwachting van het vonnis over de claim van de SEC tegen Lee.

Lee was uiteraard niet verguld met de gang van zaken. Hij eiste dat hij in Hongkong over zijn geld kon beschikken en beweerde dat de bank een contractuele plicht tegenover hem had. Toen de bank meedeelde dat het te laat was en dat het geld alweer in de VS was, spanden twee van Lee's bedrijven een rechtszaak tegen de bank aan op grond van onwettig handelen door de bank.

Standard Chartered was verstrikt geraakt in een zeer netelige vraag: waar ligt de loyaliteit van een bank? Moet een bank altijd toegeven aan het bevel van een rechtbank, ook al valt de bank buiten haar jurisdictie, of is een bank te allen tijde contractueel met haar klant verbonden. Het hooggerechtshof van Hongkong stelde Lee in het ongelijk en zei dat aangezien het geld afkomstig was van een misdrijf, de bank correct had gehandeld door het geld naar de rechtbank te sturen overeenkomstig het vonnis.

De onderliggende boodschap was een waarschuwing van de Amerikanen aan alle banken: wie zich met de opbrengsten van misdaad inlaat, kan daarvoor verantwoordelijk worden gehouden.

Op het eerste gezicht lijkt het een effectief wapen. Maar het kan erg lang duren voordat alle jurisdicties aan bod zijn gekomen. En het kost vaak ook nog veel tijd om eerst de opbrengsten van de misdaad op te sporen. De wereld is allang geen verzameling van onafhankelijke financiële markten meer. Er is een wereldomspannende markt gekomen met een elektronische infrastructuur die een zeer snelle overboeking van geld van de ene plaats naar de andere mogelijk maakt. Het opsporen van een of meerdere overboekingen is erg moeilijk. Het onderscheiden van zwart geld en wit geld is vrijwel onmogelijk.

Elke dag circuleren er 500.000 overboekingen – ter waarde van een triljoen dollar – elektronisch rond de aarde. Zelfs als er niet te veel overboekingen plaats zouden vinden om in de gaten te kunnen houden – en het zijn er teveel – dan is er nog te weinig informatie over de individuele overboekingen om te weten hoe schoon het geld is. Het is absoluut ondenkbaar dat de hele wereld het eens wordt over een wijziging van het bestaande systeem, of dat men alle overboekingen verplicht van voldoende informatie vergezeld doet gaan zodat al het geld traceerbaar blijft.

Om de inlichtingen over het witwassen te coördineren, hebben de Britten de National Criminal Intelligence Service (NCIS) en de Fransen het bureau voor de bestrijding van grootschalige financiële misdaad (TRACFIN) opgericht. Het Amerikaanse equivalent is de Financial Crimes Enforcement Network (FINCEN).

Allerlei soorten informatie over allerlei aspecten van valuta, banken en drugshandel worden in de computer gevoerd, die de registraties volgt en eventuele nieuwe wegen blootlegt. Maar de technologie kan het niet bijhouden. Tegen de tijd dat de programmeurs zich door de berg papierwerk voor de input en de analisten zich door de berg van de output hebben heen geworsteld, zijn veel sporen alweer uitgewist.

Het probleem heeft gigantische proporties aangenomen en sommigen menen daarom dat alleen drastische maatregelen een aanzet tot een oplossing kunnen geven.

De ondergrondse economie draait vrijwel geheel op dollars en daar is een van de radicaalste voorstellen op gebaseerd, een frontale aanval op de witwassers door de kleur van het Amerikaanse geld opeens te veranderen waardoor hun dollarvoorraaden in een klap waardeloos worden.

De VS is het enige land ter wereld waar alle coupures hetzelfde formaat en dezelfde kleur hebben. Het papiergeld is altijd groen geweest. Tijdens het presidentschap van Reagan heeft er in de senaat een voorstel gecirculeerd om een einde aan de één kleur/één formaat-traditie te maken. De laatste wijziging van de groene briefjes dateert uit 1927, toen de overheid het formaat liet verkleinen en enkele ontwerpdetails standaardiseerde.

Het plan, dat door de minister van Financiën Donald Regan werd gesteund, was om op een maandag aan te kondigen dat binnen zeven dagen biljetten van 20, 50 en 100 dollar geen legaal betaalmiddel meer zouden zijn. Ter vervanging zou de regering dan nieuwe bankbiljetten uitgeven – misschien grotere, of juist kleinere, misschien gele, rode of blauwe. In die periode van een week zou men zijn oude geld kunnen omruilen voor nieuw geld. Maar elke transactie boven de duizend dollar zou men noteren. Informatie over de transactie en de betrokken persoon zou dan aan de IRS en de DEA worden doorgegeven.

Voor Jan Modaal zou dit absoluut geen problemen opleveren. Zelfs al had hij altijd een paar duizend dollar op zak, dan nog zou de ruil slechts een paar minuten duren. Maar een drugsdealer die een paar miljoen dollar onder zijn matras heeft verstopt, zit in de problemen. Het omruilen van tienduizenden biljetten van 20, 50 en 100 dollar in een zo korte periode, zelfs met een legertje smurfen, is onmogelijk. Hij moet of al zijn geld aangeven of erin stikken. Aan het einde van de week is zijn geldvoorraad waardeloos.

De DEA baseerde op dit principe een nog verstrekkender idee. Men stelde de regering voor om twee soorten valuta te drukken. De ene soort zou alleen binnen de VS legaal betaalmiddel zijn, de andere soort alleen buiten de VS. Omruilen van de ene soort naar de andere zou alleen bij gecontroleerde financiële instellingen mogelijk zijn. Dat zou, althans theoretisch, het einde betekenen van de dollarsmokkel.

Nog verder gaat de roep om al het papiergeld maar af te schaffen en de Amerikaanse economie alleen nog maar met cheques en pasjes te laten werken. Er zouden misschien munten over moeten blijven – al was het maar om de fabrikanten van automaten tevreden te houden – maar door het afschaffen van papiergeld zou de regering de drugshandel een fatale klap toedienen. Tegelijkertijd zou het een stap op weg naar het einde van woekeraars, belastingontduikers, afpersers en ontvoerders betekenen.

Op het ogenblik is er op uitvoering van deze plannen nog geen zicht. De wetgevers die een of alle plannen wettelijke status zouden

320

kunnen geven, hebben ze als onrealistisch afgewezen. Ze betogen dat de plannen veel overlast bezorgen aan miljoenen Amerikanen. Maar hun ware motief ligt waarschijnlijk eerder in het feit dat het aanpakken van de valuta om het witwassen tegen te gaan te weinig leeft om er stemmen voor herverkiezing mee te kunnen winnen.

Er is al vaak betoogd dat de eenwording van de Europese markt het de criminelen makkelijker maakt om geld wit te wassen in de lidstaten. Ongetwijfeld is het door de vrije circulatie van goederen, diensten en personen makkelijker om contant geld door Europa te vervoeren dan vroeger. Maar de EU bewijst meer dan alleen lippendienst aan het probleem door langzaam maar zeker regels tegen het witwassen op te stellen. Een succesvolle campagne door heel Europa is daarmee echter nog niet vanzelfsprekend geworden.

Het nationale karakter speelt eveneens een belangrijke rol.

In Duitsland is witwassen onlangs een misdrijf geworden. De eenwording, waarbij een belangrijk deel van het Oostblok aan het Westen werd geklonken, creëerde enorme mogelijkheden voor witwassers. De regering van Helmut Kohl had geen keuze en moest de van oudsher discreet opererende bankwereld tegen de haren in strijken door eindelijk aan de EU-richtlijnen te conformeren. De regering nam een wet aan die banken verplicht om namen van personen te registreren, die meer dan 20.000 mark in contanten willen storten en om de lokale politie in te lichten als er verdenkingen zijn gerezen dat het geld van drugshandel of van andere criminele activiteiten afkomstig is. De Duitsers hebben intussen ook het VN-handvest ondertekend en maken deel uit van de Financial Action Task Force.

Ook Frankrijk heeft van het witwassen een misdrijf gemaakt. Maar net als bij de nieuwe wet die het roken in openbare ruimten verbiedt – en die in de ware Gallische geest bijna unaniem genegeerd wordt – hebben vervolgingen op grond van de nieuwe wet nog niet plaatsgevonden zodat het voorlopig een papieren wet blijft. TRACFIN kan dan wel de witwassers aan de kaak willen stellen, maar het gaat er net zo aan toe als bij een ambitieuze club in een professionele sport. Alle spelers kennen de spelregels en de meesten denken te weten hoe er gespeeld moet worden. Ze kennen het jargon van buiten en dragen veelkleurige blitse shirts. Alleen hebben ze nooit geleerd om te winnen.

In Italië is witwassen een strafbaar feit, maar alleen als het geld afkomstig is van ontvoering, roof of afpersing. In 1989 heeft de Italiaanse vereniging van banken een gedragscode tegen witwassen ingesteld waarin de leden werd gevraagd alle transacties in contant geld van meer dan tien miljoen lire te melden. Banken die lid zijn worden ook verondersteld spaarbankboekjes te melden en klanten die niet meewerken diensten te weigeren. Onwetendheid over de wet en misbruik en negeren ervan is algemeen. Beloften om recht te zetten wat krom is, zijn gemaakt sinds de vele schandalen de regering hebben gecompromiteerd en talloze politici beschuldigd worden van banden met de georganiseerde misdaad. Maar Italië kan de witwassers pas aanpakken als het een geloofwaardige regering heeft, die bovendien lang genoeg kan regeren om boven het slagveld dat de Italiaanse politiek sinds 1945 kent, te kunnen uitstijgen.

In Luxemburg is het bankgeheim nog verder aangescherpt door wetgeving die het elke bank verbiedt informatie te verstrekken aan lokale of buitenlandse belastingdiensten. Luxemburg heeft in het verleden laten zien met andere landen te willen samenwerken als het om met drugs samenhangende misdrijven gaat, maar daar wordt duidelijk de streep getrokken. Een voor de hand liggend gevolg van de liberale registratiewetten voor bedrijven, is dat banken als de BCCI hun hoofdkwartier veilig in Luxemburg kunnen vestigen, terwijl ze in de rest van de wereld hun duistere praktijken kunnen blijven uitoefenen.

Wel werd er in 1989 een wet aangenomen die witwassen tot misdrijf bestempelt en de regering het recht geeft geld dat afkomstig is van de drugshandel in beslag te nemen. Maar aan inbeslagname werd wel de voorwaarde verbonden dat de eigenaar van het geld voor een misdrijf moest zijn veroordeeld. Dit achterdeurtje werd drie jaar later gesloten met het principe dat drugsgeld besmet geld is, ongeacht de eigenaar. Al snel kwamen de Luxemburgse rechtbanken in een pijnlijke positie terecht.

Ongeveer 36 miljoen dollar van de beruchte drugssmokkelaar Heriberto Castro Mesa was witgewassen via 33 banken in Luxemburg en acht andere Europese landen. Toen Mesa om het leven kwam bij een vuurgevecht met de politie, arresteerden en veroordeelden de Luxemburgse autoriteiten twee van zijn witwassers, Franklin Jurado Rodriguez en Edgar Garcia Montilla, en lieten al hun tegoeden bevriezen.

Daarop stapten Mesa's weduwe Esperanza en zijn dochter Ampara Londono – die getrouwd was met Jose Santacruz Londono, een topfiguur uit het Cali-kartel – naar de rechter om de tegoeden weer vrij te krijgen. In januari 1993 bereikte de zaak het hof van cassatie, en dat besliste dat het geld vrijgegeven moest worden aan de eigenaars – Esperanza en Ampara – omdat zij geen wetten hadden overtreden. Hun banden met de drugshandel van het Cali-kartel waren volgens het hof van geen belang. Ze waren nooit veroordeeld voor een misdrijf – Castro Mesa was dat overigens ook nooit – en het amendement van 1992 had geen terugwerkende kracht.

Na een storm van publiciteit en internationale kritiek besloot het groothertogdom dat al het geld dat bij drugszaken in beslag wordt genomen, gebruikt zal worden om drugshandel en witwassen te bestrijden. De regering deed ook de belofte het aanstootgevende achterdeurtje helemaal te sluiten door de wet van 1992 terugwerkende kracht toe te kennen. Voortaan moesten kredietinstellingen en andere bedrijven uit de bankwereld meewerken aan de wettelijke eisen van de toezichthoudende autoriteiten en werden ze verplicht alle activiteiten aan te geven die op witwassen kunnen duiden.

De onmiddellijke reactie was een bloedstollende schreeuw van de plaatselijke bankiers, die stelden dat deze wet de unieke financiële positie van het land in gevaar bracht door het bankgeheim af te schaffen.

Bij het afwegen van het ene argument tegen het andere – de

sociale gevolgen van drugshandel en witwassen tegen de financiële baten van het bankgeheim – deden de wetgevers precies wat men van ze verwacht. Ze kozen voor hun portemonnee. Een compromis-voorstel werd aangenomen waarbij de autoriteiten het witwassen konden aanpakken, maar waarbij de informatie die ze daarbij nodig hebben door de banken alleen 'op eigen initiatief' kan worden gegeven.

Uiteindelijk, na een hevige schrik, zijn de zaken in Luxemburg weer als vanouds.

In juli 1989 erkenden de staatshoofden van de zeven belangrijk-ste industrielanden – bekend als de G-7 – in Parijs officieel dat wit-wassen een uit de hand gelopen, wereldomvattend probleem was. Eendrachtig samenwerkend vormden ze de Financial Action Task Force (FATF) om een multinationale aanpak van deze crisis te coör-dineren. Lidmaatschap werd ook voor andere landen dan die van de G-7 opengesteld en nu zijn alle OESO-landen plus Hongkong, Singapore, de Samenwerkende Raad van Golfstaten en de Europese Commissie lid. Experts op verschillende terreinen – onder andere douane, drugs en het bankwezen – komen regelmatig samen om kennis op het gebied van witwassen uit te wisselen en om aanbeve-lingen te doen op het gebied van de bestrijding.

Op papier was het een mooi idee, maar in de praktijk is de FATF alleen maar een excuus voor een paar gelukkigen om snoepreisjes rond de wereld te kunnen maken met leuke, betaalde 'werkbezoe-ken' aan het Verre Oosten en Europa, vooral aan Parijs.

Bij de oprichting van FATF stemde elk lid luidruchtig in met een voorgestelde blauwdruk – bestaand uit 40 specifieke maatregelen – waarmee het witwassen een fatale klap zou worden toegediend. Op dit moment heeft geen enkel lid de volledige blauwdruk wettelijke status toegekend.

Iets later in dezelfde winter volgde de Europese Commissie het voorbeeld van de G-7 door eindelijk te erkennen dat het witwassen een ernstig probleem was geworden in Europa. Ter bestrijding werd een ontwerpwet opgesteld en goedgekeurd waardoor witwassen een misdrijf in alle lidstaten zou worden. Dit wetsvoorstel is gebaseerd op de Convention Against Illicit Traffic in Narcotic Drugs and Psychotropic Substances van de Verenigde Naties uit 1988, en op de 'meldingsplicht van verdachte transacties' in Groot-Brittannië. Banken en andere financiële instellingen – inclusief casino's en wisselkantoren – worden verplicht de lokale autoriteiten alle financiële transacties te melden waarvan ze het vermoeden hebben dat het geld afkomstig is van drugshandel, terrorisme, afpersing, wapenhandel, fraude of andere misdrijven.

Vijf jaar later zijn alleen Duitsland, Frankrijk, Italië en recentelijk Groot-Brittannië volledig aan deze criteria tegemoet gekomen.

Maar zelfs als alle landen van Europa en elk lid van FATF de richtlijnen van de EU zouden volgen, dan zou het nog steeds niet goed werken. Er zit namelijk een gapend gat in het voorstel dat ontworpen is door politici, van wie de meesten een achtergrond als jurist hebben. De verplichting klanten te registreren en te identificeren, door de richtlijnen aan alle betrokken beroepen voorgeschreven, is niet van toepassing op advocaten.

Die uitzondering – door sommige leden van die beroepsgroep toegejuicht als een overwinning van het gezond verstand – bracht een zegsman van de Britse Law Society er toe voorzichtigjes te verklaren: 'Advocaten zijn nog steeds niet gewend wantrouwig tegenover hun cliënten te staan.'

Geld is niet alleen de bron van het probleem, het is ook de bron van de oplossing. Waar grote sommen geld in het geding zijn, moet het gezond verstand maar al te vaak het veld ruimen.

Neem om te beginnen het genie dat het handboek voor de overheidsfinanciën schreef.

Overheidsaccountants stellen gewoonlijk de jaarlijkse begroting op met twee factoren in het achterhoofd: hoeveel is er het komende jaar nodig en hoeveel is er het afgelopen jaar uitgegeven. Een opsporingsdienst die tien miljard dollar heeft gekregen en daarvan maar negen miljard heeft uitgegeven, zal in het nieuwe jaar waarschijnlijk nog maar negen miljard dollar krijgen. In de laatste maand van het fiscale jaar haasten de bureaucraten zich dus om al het hun toegewezen geld uit te geven. Om vervolgens een verhoging van hun begroting te rechtvaardigen, blazen ze hun strijd tegen de misdaad op. Ze weten bijvoorbeeld dat er jaarlijks 150 miljard dollar wordt witgewassen, maar ze rapporteren dat het om 200 miljard dollar gaat. Ze waarschuwen dat als ze niet meer geld krijgen om de toenemende plaag te bestrijden, ze hun werk niet meer kunnen doen. Als ze een bepaald budget krijgen – hoger dan het voorgaande jaar – dan weten ze dat het volledig besteed moet worden, anders wordt de verhoging het volgende jaar ongedaan gemaakt. Verspilling is inherent aan het systeem en is dus een jaarlijks terugkerend fenomeen.

Het komt uiteindelijk neer op ego's.

Zoals een directeur pocht dat hij leiding geeft aan een bedrijf dat tien miljard dollar waard is, zo bestaat er bij overheden ook de neiging om echt belangrijke zaken te verwarren met de hoogte van de toegekende budgetten.

Omdat opsporingsdiensten door winstdelingsprogramma's een deel van het geld dat in beslag wordt genomen, mogen houden, staan ze op hun strepen om hun aandeel veilig te stellen. Men werkt samen, maar slechts tot op een zekere hoogte – daarna is het ieder voor zich. Hetzelfde gebeurt als het om de leiding van gecombineerde operaties gaat waarbij douane, DEA, FBI en IRS samen een operatie uitvoeren. Ieder wil de baas spelen omdat dat nu eenmaal meer oplevert.

Opsporingsdiensten hebben de neiging achter zaken die veel geld opleveren, aan te hollen, maar dat gaat soms ten koste van belangrijkere of moeilijkere zaken die slechts veroordelingen opleveren. En als de regering van de VS haar krachten bundelt met buitenlandse regeringen om oogsten te vernietigen of militaire veldtochten tegen drugsbaronnen uit te voeren, kan het Pentagon de missie claimen, terwijl de DEA er op staat om er deel van uit te mogen maken en de plaatselijke regering ook haar deel opeist.

Zelfs de samenwerking tussen de Amerikanen en de Britten, die over het algemeen warm, vriendelijk en open verloopt, stokt af en toe als iemand bij NCIS een onderzoek bij zijn vrienden van de DEA wil onderbrengen, terwijl de lui van HM Customs de voorkeur geven aan hun eigen vriendjes bij US Customs.

Toegeven aan verleiding is maar al te menselijk.

Onlangs werden in Miami vier federale agenten, van wie drie van de FBI en een van de douane, gepakt bij een undercover-operatie en beschuldigd van het stelen van in totaal 200.000 dollar van drugs-handelaren. Een van de vier had toevallig een vriendin die een ves-tiging van Great Western Savings Banks in een buitenwijk van Miami leidde. Zij werd ook gearresteerd omdat ze rekeningen voor ze had geopend om het geld te kunnen witwassen.

Vrijwel gelijktijdig met deze zaak werd een andere douanier in Zuid-Florida gearresteerd op beschuldiging van smokkel en witwas-sen van geld in een andere zaak. Deze man werd in augustus 1992 benaderd om te helpen bij het witwassen van geld dat afkomstig was van de verkoop van vervalste spullen. De agent had een tweede baan bij een financieel investeringsbedrijf en had geen enkele moeite om zijn geld daar wit te wassen in zijn vrije tijd.

Een paar rotte appels zitten er altijd wel tussen. Gelukkig houdt de overweldigende meerderheid van de opsporingsbeambten zich met dit soort werk bezig omdat ze oprecht geloven dat het moet gebeuren. De offers die ze moeten brengen om hun taak te volvoe-ren worden onzelfzuchtig, eerzaam en met gerechtvaardigde trots gebracht.

Epiloog

Het heeft lang geduurd, maar eindelijk wordt het witwassen van geld niet alleen als een misdrijf gezien, maar ook als een aanwijzing dat er andere misdrijven in het spel zijn.

Vroeger bestond de strategie van de misdaadbestrijders uit het opsporen van de activiteiten die het geld opleveren, in plaats van het volgen van het geld zelf. Maar door de drugshandel is dat veranderd. Met het groeien van de markt voor drugs en de exponentiële toename van de winsten daaruit is men gedwongen om nieuwe wegen in te slaan – de beste manier om de drugshandel aan te pakken bestaat onder andere uit kaalplukmethoden.

Als men dat als premisse neemt, dan is de logische conclusie: wanneer het drugsprobleem is opgelost, is ook meteen het probleem van het witwassen opgelost.

Daarnaast is het zo langzamerhand wel duidelijk dat er alleen een einde aan de drugshandel kan komen als de vraag naar drugs verdwijnt.

Maar als ayatollah Khomeini drugs niet buiten Iran kon houden, en Fidel Castro ze niet buiten Cuba kan houden, en als Saddam Hoessein ze niet buiten Irak weet te houden, hoe kan iemand dan in godsnaam serieus menen dat democratisch gekozen leiders drugs buiten het westen kunnen houden?

In werkelijkheid is een drugsvrij Amerika of een drugsvrij Europa een illusie. Een recent onderzoek voorspelde dat zelfs als de opsporingsdiensten in Noord-Amerika en Europa met 40 procent zouden worden uitgebreid, het aanbod van drugs in de straten van New York, Toronto, Londen, Parijs, Madrid, Rome of Frankfurt nauwelijks zou veranderen.

Drugshandelaren zien inbeslagneming van hun waar als een soort belasting die ze moeten betalen voor het recht om zaken te doen. Ze schrijven een lading gewoon af, of – zoals op sommige plaatsen, met name in het Caribisch gebied – ze kopen de lading gewoon terug voor een betrekkelijk gering bedrag.

Daarnaast zijn er ook nog tientallen landen in deze wereld waar de overheidsinkomsten lager zijn dan de winsten van de drugskartels. Waar dat het geval is, bestaat het gevaar dat zo'n land zo maar wordt overgenomen door de kartels. De handelaren doen hun zet en het land wordt een paradijs voor witwassers. Stelt u zich eens een land voor waar de georganiseerde misdaad rijker en beter bewapend is dan de regering.

De zogenaamde narco-economie – die nooit zou kunnen overleven als verder toch eerlijke en legale bedrijven niet bereid waren het witwassen te vergemakkelijken – is zo machtig dat ze kleine, zwakke economieën makkelijk kan destabiliseren door in iedere uithoek van het politieke en justitiële proces door te dringen en het vrijwel moeiteloos te corrumperen. In Latijns-Amerika is er al enorme schade aangericht. In sterkere, stabielere economieën wordt de schade 's nachts zichtbaar in de straten van New York en Manchester, Miami en Londen.

Ironisch genoeg hebben de groepen die over de meeste slagkracht in de oorlog tegen de witwassers beschikken – bankiers, procureurs, bedrijfsvestigingsagenten en overheden van landen waar financiële geheimhouding een groeiende industrie is – tevens de minste motivatie om de strijd aan te gaan.

Niemand twijfelt aan de verwoestende effecten die drugs op een samenleving kunnen hebben. De Noordvietnamezen en de Vietcong gebruikten drugs als een effectief wapen in hun guerrilla-oorlog tegen de Verenigde Staten. De mujahedin-rebellen in Afghanistan hebben daar hun conclusies uit getrokken en zorgden dat heroïne makkelijk verkrijgbaar was voor de binnenvallende Sovjets. Het Rode Leger raakte zo verslaafd dat veel soldaten hun wapens ruilden voor drugs. Michael Gorbatsjov trok het leger terug, niet omdat de Afghanen raketten hadden, maar omdat zijn leger verslagen was door injectienaalden en wit poeder.

Het vrijgeven van drugsgebruik is een veel gehoord voorstel. Misschien houdt het sommige jongeren uit de gevangenis, maar er zijn geen aanwijzingen dat het de drugs uit die jongeren houdt.

Ook legaliseren van drugs vormt niet de juiste oplossing. In landen waar dat geprobeerd is, zijn de experimenten meerdere keren mislukt. Het is verantwoordelijk voor grote gezondheidsproblemen en het wakkert allerlei vormen van criminaliteit aan, vooral prostitutie.

Uiteindelijk betekent legalisering legitimering van drugshandelaren en witwassers.

Zolang er nog geen bruikbare oplossing is gevonden – en het moet gezegd worden dat er deskundigen zijn die de conclusie hebben getrokken dat het probleem onoplosbaar is geworden – zijn de witwassers duidelijk in het voordeel.

De 'bad guys' kunnen het gunstigste tijdstip uitzoeken, behulpzame banken vinden en corrupte advocaten kopen. De 'good guys' hebben gebrek aan mankracht, beperkte budgetten en krijgen niet de benodigde middelen van de wetgevende machten, die moeten balanceren tussen juridische belangen en het geven van vrijheid om eerlijk zaken te kunnen doen.

De 'good guys' worden in alle opzichten overtroefd.

Het is al zo ver gekomen dat opsporingsambtenaren in de VS toegeven dat geen enkele opsporingsdienst in Washington nog de moeite neemt om een dossier te openen voor gevallen van witwassen waarbij het om minder dan 5 miljoen dollar gaat.

Bibliografie

Boeken

Adams, J, *The Financing of Terror*, New English Library, Londen, 1986.

Adams, James Ring & Frantz, Douglas, *A Full Service Bank - How BCCI Stole Bilions Around the World*, Pocket Books, New York, 1992.

Alexander, Shana, *The Pizza Connection*, Weidenfeld, New York, 1988.

Allsop, Kenneth, *The Bootleggers*, Hutchinson, Londen, 1961.

Anderson, Annelise Graebner, *The Business of Organized Crime*, Hoover Institution Press, Stanford, 1979.

Balsamo, William & Carpozi, George Jr, *Crime Incorporated*, W.H. Allen, Londen, 1988.

Beschloss, Michael, *Kennedy Versus Khrushchev - The Crisis Years* 1960-1963, HarperCollins, New York, 1991.

Black, David, *Triad Takeover*, Sidgwick & Jackson, Londen, 1991.

Booth, Martin, *The Triads*, Grafton Books, Londen, 1990.

Brashler, William, *The Don*, Harper & Row, New York, 1977.

Bresler, Fenton, *Trail of the Triads*, Weidenfeld, Londen, 1985.

Burdick, Thomas, *Blue Thunder*, Simon & Schuster, Londen, 1990.

Campbell, Duncan, *That was Business, This is Personal*, Secker & Warburg, Londen, 1990.

Charbonneau, Jean-Pierre, *The Canadian Connection*, Optimum, Ottawa, 1976.

Clark, T. and Tigue, J. J, *Dirty Money*, Millington Books, Londen, 1975.

Clifford, Clark, *Counsel to the President*, Random House, New York, 1991.

Clutterbuck, R, *Terrorism, Drugs and Crime in Europe after* 1992, Routledge & Kegan Paul, Londen, 1990.

Colodny, Len & Gettlin, Robert, *Silent Coup - The Removal of Richard Nixon*, Gollancz, Londen, 1991.

Cummings, John, & Volkman, Ernest, *Goombata*, Little Brown, Boston, 1990.

Dean, John, *Blind Ambition*, Simon & Schuster, New York, 1976.

De Grazia, Jessica, *DEA - The War Against Drugs*, BBC Books, Londen, 1991.

Di Fonzo, Luigi, *St. Peter's Banker - Michele Sindona*, Franklin Watts, New York, 1983.

Dinges, John, *Our Man in Panama*, Random House, New York, 1990.

Eddy, Paul, *The Cocaine Wars*, Century Hutchinson, Londen, 1988.

Ehrenfeld, Rachel, *Evil Money*, HarperCollins, New York, 1992.

Ehrenfeld, Rachel, *Narco Terrorism*, Basic Books, New York, 1990.

Eisenberg, Dennis with Dann, Uri & Landau, Eli, *Meyer Lansky*, Paddington, Londen, 1979.

Eppolito, Lou & Drury, Bob, *Mafia Cop*, Simon & Schuster, New York, 1992.

Faith, Nicholas, *Safety in Numbers - The Mysterious World of Swiss Banking*, Hamish Hamilton, Londen, 1984.

Frances, Diane, *Contrepreneurs*, Macmillan, Toronto 1988.

Franklin, R, *Profits of Deceit*, Heinemann, Londen, 1990.

Franzese, Michael & Matera, Dary, *Quitting the Mob*, HarperCollins, New York, 1992.

Freemantle, Brian, *The Fix*, Michael Joseph, Londen, 1985.

Gardner, Paul, *The Drug Smugglers*, Robert Hale, Londen, 1989.

Garrison, Jim, *A Heritage of Stone*, Putnam's Sons, New York, 1970.

Garrison, Jim, *On the Trail of the Assassins*, Penguin, Londen, 1992.

Gugliotta, Guy & Leen, Jeff, *Kings of Cocaine*, Simon & Schuster, New York, 1989.

Gurwin, Larry, *The Calvi Affair*, Macmillan, Londen, 1983.

Hess, Henner, *Mafia and Mafiosi*, Saxon Hall, New York, 1973.

Hogg, Andrew, McDougal, Jim & Morgan, Robin, *Bullion*, Penguin Books, Londen, 1988.

Ianni, Francis & Reuss-Ianni, Elizabeth, *The Crime Society*, New American Library, New York, 1976.

Intriago, Charles A, *International Money Laundering*, Eurostudy, Londen, 1991.

Jennings, Andrew, Lashmar, Paul & Simson, Vyv, *Scotland Yard's Cocaine Connection*, Cape, Londen, 1990.

Kaplan, David, *Yakuza*, Queen Anne, London , 1987.

Karchmer, Cliff, *Illegal Money Laundering - A Strategy & Resource Guide for Law Enforcement Agencies*, Police Executive Resources, Washington DC, 1988.

Katcher, Leo, *The Big Bankroll*, Harper & Row, New York, 1959.

Kempe, Frederick, *Divorcing the Dictator - America's Bungled Affair with Noriega*, Putnam, New York, 1990.

Kobler, John, *Capone*, Michael Joseph, Londen, 1972.

Kochan, Nick with Whittington, Bob & Potts, Mark, *Dirty Money - The Inside Story of the World's Sleaziest Bank*, National Press Books, Washington DC, 1992.

Koster, R. M. and Borbon, G. S, *In the Time of the Tyrants*, Secker & Warburg Londen, 1990.

Kwitney, Jonathan, *The Crimes of Patriots*, Touchstone, New York, 1987.

Kwitney, Jonathan, *The Fountain Pen Conspiracy*, Knopf, New York, 1973.

Lacy, Robert, *Little Man*, Little Brown, New York, 1991.

Lance, Burt, *The Truth of the Matter*, Summit, New York, 1991.

Lane, Mark, *Plausible Denial*, Plexus, Londen, 1992.

Lernoux, Penny, *In Banks We Trust*, Anchor Press, New York, 1984.

Loftus, John & McIntyre, Emily, *Valhallas Wake*, Atlantic Monthly Press, New York, 1989.

McAlary, Mark, *Crack War*, Robinson Publishing, Londen, 1990.

McCarl, Henry N, *Economic Impact of the Underground Economy - A Bibliography on Money Laundering and Other Aspects of Off-the-Record Economic Transactions*, Vance Bibliographies, Monticello, Illinois, 1989.

Marchetti, Victor & Marks, John D, *The CIA and the Cult of Intelligence*, Dell, New York, 1980.

Milgate, Brian, *The Cochin Connection*, Chatto & Windus, Londen, 1987.

Mills, James, *The Underground Empire*, Doubleday, Garden City, NY, 1986.

Mustain, Gene & Capeci, Jerry, *Mob Star - The Story of John Gotti*, Franklin Watts, New York, 1988.

Nash, Jay Robert, *Encyclopedia of World Crime*, Crime Books, New York, 1989.

Nash, Jay Robert, *Hustlers and Con Men*, Evans, New York, 1976.

Naylor, R. T, *Hot Money and the Politics of Debt*, Unwin Hyman, Londen, 1987.

Naylor, R. T, *Bankers, Bagmen and Bandits*, Black Rose, New York, 1990.

Nicholl, Charles, *The Fruit Palace*, Heinemann, Londen, 1985.

Nown, Graham, *The English Godfather*, Ward Lock, Londen, 1987.

O'Brien, Joseph, *Boss of Bosses*, Simon & Schuster, New York, 1991.

Perisco, Joseph, *Casey*, Penguin, New York, 1990.

Poppa, Terrence E, *Drug Lord*, Pharos Books, New York, 1990.

Posner, Gerald, *Warlords of Crime*, Queen Anne, Londen, 1989.

Possamai, Mario, *Money on the Run*, Penguin, Toronto, 1992.

Powers, Thomas, *The Man Who Kept the Secrets - Richard Helms and the CIA*, Pocket Books, New York, 1981.

Powis, Robert, *The Money Launderers*, Probus Publishing, Chicago, 1992.

Prados, John, *Keepers of the Keys - A History of the National Security Council from Truman to Bush*, Morrow, New York, 1991.

Prince, Carl & Keller, Mollie, *The US Customs Service - A Bicentennial History*, Department of the Treasury, Washington DC, 1989.

Reader's Digest, *The Greatest Cases of Interpol*, Reader's Digest Books, New York, 1982.
Roark, Garland, *The Coin of Contraband*, Doubleday, Garden City, NY, 1984.
Robinson, Jeffrey, *Minus Millionaires*, Grafton, Londen, 1988.
Scheim, David, *The Mafia Killed President Kennedy*, W.H. Allen, 1988.
Shannon, Elaine, *Desperadoes*, Viking, New York, 1988.
Short, Martin, *Crime Inc*, Thames Mandarin, Londen, 1991.
Short, Martin, *Lundy*, Grafton, Londen, 1992.
Sterling, Claire, *The Mafia*, Hamish Hamilton, Londen, 1990.
Stewart, James B, *Den of Thieves*, Simon & Schuster, Londen, 1992.
Tanzi, Vito, ed, *The Underground Economy in the United States and Abroad*, collected articles
for the International Money Fund, Lexington Books, Lexington, Mass., 1982.
Truell, Peter & Gurwin, Larry, *BCCI*, Bloomsbury, Londen, 1992.
Tyler, Gus, *Organized Crime in America*, University of Michigan Press, Ann Arbor, Mich., 1962.
Villa, John K, *Banking Crimes: Fraud, Money Laundering and Embezzlement*,
Clark Boardman, New York, 1987.
Walter, Ingo, *Secret Money - The Shadowy World of Tax Evasion, Capital Flight and Fraud*, Unwin Hyman, Londen, 1989.
Woodward, Bob, *Veil - The Secret Wars of the CIA*, Simon & Schuster, New York, 1987.
Woodward, Bob & Bernstein, Carl, *All the President's Men*, Secker & Warburg, Londen, 1974.
Woodward, Bob & Bernstein, Carl, *The Final Days*, Avon Books, New York, 1976.

Tijdschriften

ABA Banking Journal:
Juli 1992: 'When money laundering law meets environmental risks.'
Januari 1991: 'Spotting and handling suspicious transactions.'
December 1990: 'Treasury takes next step on wire transfers.'
Maart 1990: 'From the money laundering front.'
Maart 1990: 'Stop the smurfs.'
November 1989: 'Bank secrecy revisited.'
Juli 1985: 'What you should know about money laundering law.'
American Spectator:
Juni 1992: 'The great ruble scam.'
September 1988: 'Losing the drug war.'
Atlantic:
Januari 1986: 'Coping with cocaine.'
Baltimore Business Journal:
Juni 25, 1990: 'Ruling links 1st National with CIA: suit names CIA as a codefendant.'
Bank Management:
April 1991: 'Wire transfer proposal: Treasury considers banker concerns.'
Maart 1991: 'Money laundering experts team up - on and off the job.'
Banker:
April 1990: 'What's in the suitcase?'
Banker's Magazine:
Maart-April 1990: 'Money laundering.'
Banker's Monthly:
Juni 1988: 'Panama's banks take it on the chin.'

Barron's:
Juli 11, 1983: 'Where hot money hides: havens spring up all over the globe.'
Boston Business Journal:
Juli 15, 1991: 'Brockton Financial Services.'
Boston College International and Comparative Law Review:
Winter 1991: 'Bankers, guns and money.'
Boston Magazine:
Juli 1990: 'Bad influence - the trial of Joe Balliro.'
Bottomline:
Maart-April 1992: 'The bank secrecy law demands delicate decision making.'
Business:
Juni 1988: 'Underworld hijacks underground banking.'
Business Horizons:
September-Oktober 1990: 'The continuing expansion of RICO in business litigation.'
Business Journal of New Jersey:
November 1990: 'A crazy scheme?'
Business Journal Serving Charlotte and the Metropolitan Area:
April 13, 1992: 'Lawyer's conviction chills legal community.'
The Business Journal Serving Greater Sacramento:
Juni 4, 1990: 'Local money launderer prison bound.'
Business Journal Serving Phoenix & the Valley of the Sun:
Maart 11, 1991: 'Agreement reached on legislation aimed at money laundering.'
Business Week:
Maart 1, 1993: 'Cleaning up corruption is clobbering Italy Inc.'
April 13, 1992: 'How did so many get away with so much for so long?'
April 6, 1992: Germany's brash new import - dirt money.'
December 16, 1991: 'Zorro, Gorby and Howard the duck.'
Oktober 7, 1991: 'Could China become a least favored nation?'
September 23, 1991: 'Psst, wanna buy a bank? How about a few dozen?'
Augustus 26, 1991: 'Can Noriega drag the CIA into the dock with him?'
Juli 22, 1991: 'The long and winding road to BCCI's dead end.'
Mei 20, 1991: 'The days are numbered for secret accounts.'
Augustus 27, 1990: 'Insider trading - The intricate case of Ellis AG'; 'Centrust, the Saudi and the Luxembourg bank.'
Juni 4, 1990: 'Grabbing dirty money.'
Februari 19, 1990: 'Gambling big to nail Noriega.'
Januari 22, 1990,: 'The Noriega "treasure chest".'
Oktober 2, 1989: 'The drug war European style.'
Mei 1, 1989: 'He started at the top and worked his way down.'
April 17, 1989: 'Getting banks to just say "no".'
Oktober 24, 1988: 'This bank may have been a laundry, too.'
Mei 23, 1988: 'The Oklahoma town that drug money bought.'
April 18, 1988: 'The Sicilian Mafia is still going strong.'
September 16, 1985: 'Big brother wants to see your bank book.'
September 9, 1985: 'The bank sting that's rocking Puerto Rico.'
Maart 25, 1985: Money laundering: the defense gets a star witness.'
Maart 18, 1985: 'Enlisting banks in the war on drugs'; 'The long and growing list of hot money havens'; 'In Colombia, dirty money passes through very clean hands', 'Money laundering; who's involved, how it works and where its spreading.'
Maart 11, 1985: 'Two brokerages get tangled in the money laundering net.'
Maart 4, 1985: 'Bank of Boston.'
Februari 25, 1985: 'An all out attack on banks that launder money.'

334

December 24, 1984: 'How Deak & Co. got caught in its own tangled web.'
Columbia Journalism Review:
September/Oktober 1991: 'Follow the drug money.'
Commuter-Regional Airline News:
Mei 25, 1992: 'L'Express owner gets prison term for money laundering.'
Contemporary Crises:
Maart 1990: 'The Chinese laundry.'
Criminal Law Forum:
Spring 1991: 'Money laundering, an investigatory perspective'; 'Convention on laundering.'
Dallas Business Journal:
April 19, 1991: 'Feds accused of misconduct in probe; defendants in money laundering case claim agents hired prostitute.'
September 28, 1990: 'Reese deals probed as suits mount.'
Mei 7, 1990: 'Law firms fight over allegations of misconduct.'
Economic Progress Report:
Juni 1990: 'Action on money laundering.'
Economist:
Augustus 1, 1992: 'The Escobar escape.'
Mei 9, 1992: 'Cash at any price.'
April 25, 1992: 'Cleaning up the rupees.'
April 4, 1992: 'Calling earth, calling earth - the Noriega trial.'
Februari 22, 1992: 'Cleaning up whose act?'
Augustus 3, 1991: 'The opening-up of BCCI; send for Richard Hannay; some of it will prove false but enough of the BCCI-spies story looks true to give the intelligence agencies some tough questions to answer.'
Juni 15, 1991: 'Gilded cage - Pablo Escobar, head of Colombia's most important drug cartel, builds the prison where he will be held.'
Maart 16, 1991: 'Oh, my brass plate in the sun.'
December 1, 1990: 'Bombs and blackmail.'
Oktober 27, 1990: 'Closing down the launderette.'
Juli 7, 1990: 'A clockwork future for Finanzplatz Schweiz?'
Juni 9, 1990: 'Crime cracker.'
Juni 2, 1990: 'A president with guts, and a bullet-proof waistcoat.'
Mei 5, 1990: 'The muzziest of wars'; 'Flushing funny money into the open.'
Januari 27, 1990: 'How BCCI grew and grew.'
December 9, 1989: 'Stormy weather - Banking licences and politics of Montserrat.'
Oktober 21, 1989: 'Follow the money'; 'On the run.'
September 16, 1989: 'Gun law - Colombia.'
September 9, 1989: 'Real war - The Medellin cartel in Colombia.'
Augustus 26, 1989: 'Colombia's cocaine overdose.'
Juli 8, 1989: 'Clive of Havana - General Arnaldo Ochoa Sanchez convicted of drug trafficking.'
Juni 24, 1989: 'Limitless discretion - a survey of private banking; money talks, wealth whispers.'
Maart 11, 1989: 'Dirty laundry.'
Maart 4, 1989: 'Whitewash or crackdown?'
December 17, 1988: 'BCCI stands accused'; 'Love, honour, obey and resign.'
November 12, 1988: 'Check your case, sir?'
Oktober 15, 1988: 'Till drugs do us part.'
Augustus 27, 1988: 'Five tiny secrets of success.'
Augustus 20, 1988: 'Cleaning up dirty laundering.'
Augustus 6, 1988: 'Columbus's islands.'

Februari 28, 1987: 'Taking crooks to the cleaners.'
Esquire:
Oktober 1983: 'Cocaine, how you can bank on it.'
EuroBusiness:
Juni 1990: 'Cleaning up money launderers.'
Euromoney:
Juli 1989: 'Can the UBS colonels win the overseas battle?'
December 1988: 'Sailing into the grand harbour.'
Maart 1987: 'Laundering law leaps across borders.'
Europe 2000:
Maart 1990: 'Commission declares war on money laundering.'
European Journal of International Affairs:
Winter 1989: 'Drug money, hot money and debt.'
Far Eastern Economic Review:
Maart 15, 1990: 'Japan - Dope dealers delight.'
Financial Post:
Juli 6, 1991: 'Bank shut in global crackdown.'
Financial Services Report:
Augustus 29, 1990: 'Money laundering deterrence costs banks millions of dollars, survey shows.'
Financial World:
Mei 15, 1990: 'Dr. shoals.'
Maart 21, 1989: 'The IRS: the gang that can't shoot straight.'
November 29, 1988: 'The bank that knows too much.'
Maart 18, 1986: 'Secret money; the world of international financial secrecy.
September 18, 1985: 'The flip side of the coin.'
Forbes:
Juli 23, 1990: 'Middle East'; 'The Americas.'
November 13, 1989: 'The paradox of antidrug enforcement.'
Oktober 30, 1989: 'In the all out drug war, a low cost blow to the jugular.'
Mei 29, 1989: 'Scam capital of the world.'
April 17, 1989: 'The Bulgarian connection.'
December 26, 1988: 'Drug smuggler's startup.'
November 14, 1988: 'Too rich to ignore.'
Juni 1, 1987: 'The biggest drug bust.'
April 6, 1987: 'Stash accounting.'
Oktober 6, 1986: 'See no evil.'
Mei 5, 1986: 'T-man videos.'
April 7, 1986: 'New hub for an old web.'
September 23, 1985: 'America's Hottest Export - Funny Money Stocks.'
September 9, 1985: 'How the smart crooks use plastic.'
Januari 28, 1985: 'Guilt by association.'
December 5, 1983: 'Everybody's favorite laundryman.'
Fortune:
November 5, 1990: 'The S&L felons.'
Juni 20, 1988: 'The drug trade.'
Maart 2, 1987: 'Turmoil time in the casino business.'
April 1, 1985: 'Money laundering more shocks ahead'; 'Editor's Desk.'
April 4, 1983: 'The feds eye the herd; Merrill Lynch swears off cash.'
George Washington Journal of International Law and Economics:
Issue #31989: 'Dollar diplomacy.'
Governing:

Oktober 1990: 'To catch the drug kingpins, follow the money.'
Insight:
Juli 23, 1990: 'Cleaning out money launderers.'
Augustus 21, 1989: 'Drug money soils cleanest hands.'
International Financial Law Review:
Maart 1990: 'Bank liability under the UN drug trafficking convention.'
International Management:
Mei 1991: 'Anxiety in the Alps.'
Jewelers Circular Keystone:
Oktober 1991: 'Feds nab money launderers.'
Mei 1991: 'LU Kustom indicted in money-laundering case.'
Journal of Accountancy:
Februari 1992: 'IRS says more businesses are complying with anti-moneylaundering rules.'
Maart 1990: 'The telltale signs of money laundering.'
Kansas City Business Journal:
Augustus 2, 1991: 'FBI eyes financing efforts for topless bar.'
September 25, 1989: 'Ex-AMC exec indicted over embezzlement; money laundering, tax evasion also alleged.'
Kyodo:
Juli 29, 1992: 'Bankers group compiles manual to tackle Money laundering.'
Law Enforcement Bulletin:
April 1990: 'Laundering drug money.'
Life:
Maart 1990: 'Our man in Panama: the creation of a thug.'
Los Angeles Business Journal:
Juni 3, 1991: 'Cash pay going under the table erodes economy.'
Juli 13, 1987: 'Barry Minkow's favorable treatment in press exposes reporters' own vulnerability to fraud.'
Maclean's:
Augustus 5, 1991: 'A scandal in waiting.'
Oktober 23, 1989, 'The laundering game: cleaning dirty money is crucial'; 'Canada's crackdown: a new law has led to more seizures'; 'Grabbing the drug bounty: the Miami tally is $150 million'; 'Hiding the drug money: criminals are using Canada to launder billions of dollars in drug profits.'
September 11, 1989: 'Terror in the drug world.'
September 4, 1989: 'The cocaine war: Washington and Bogota battle the drug lords.'
Mei 29, 1989: 'Battling crime through the banks.'
Oktober 31, 1988: 'A dangerous trail; police pursue profits from drug sales.'
November 2, 1987: 'Cashin in on ill-gotten gains.'
Augustus 17, 1987: 'The criminal element.'
Maart 25, 1985: 'Trailing laundered cash.'
Februari 11, 1985: 'Questions behind locked doors.'
April 4, 1983: 'Offshore banking secrets.'
Management Today:
Mei 1990: 'The Mafia: the Long Reach of the International Sicilian Mafia.'
Multichannel News:
Augustus 19, 1991: 'Magness and Romrell tied to BCCI affiliate.'
Nation:
Oktober 7, 1991: 'The C.I.A. and the cocaine coup.'
Februari 4, 1991: 'Tinker, tailor, banker, spy.'
November 19, 1990: 'The looting decade: S&Ls, big banks and other triumphs of capitalism.'
Juli 9, 1990: 'Minority Report - CIA involvement.'

Maart 26, 1990: 'Drugs.'

November 13, 1989: 'Get Noriega but don't touch the bankers.'

Oktober 2, 1989: 'Contradictions of cocaine capitalism.'

Augustus 27, 1988: 'Dealing with Noriega.'

Februari 20, 1988: 'Our man in Panama.'

November 7, 1987: 'The crimes of patriots: a true tale of dope, dirty money, and the CIA.'

September 5, 1987: 'How the drug czar got away.'

Augustus 29, 1987: 'The Iran Contra connection: secret teams and covert operations in the Reagan era.'

Februari 21, 1987: 'Crazy Charlie - Carlos Lehder Rivas.'

September 6, 1986: 'The offshore money; Swiss banks still sell secrecy.'

Februari 23, 1985: 'Stop blaming the system.'

Februari 18, 1984: 'The Miami connection.'

Nation's Cities Weekly:

Juli 24, 1989: 'Crime pays off for Torrance Calif.'

National Review:

Maart 30, 1992: 'BCCI and Senator Kerry revisited.'December 16, 1991: 'Godfather Fidel.'

Oktober 7, 1991: 'The real scandal - BCCI.'

National Underwriter Property ~ Casualty-Risk & Benefits Management:

Juni 24, 1991: 'La. regulator sent to prison; called "amoral".'

Juni 11, 1990: 'Grand jury indicts La. commissioner in Champion case.'

New Internationalist:

Oktober 1991: 'How to make dirty money squeeky clean.'

New Leader:

September 18, 1989: 'A country under siege; fighting anarchy in Colombia.'

New Republic:

November 27, 1989: 'The kingdom of cocaine: the shocking story of Colombia's habit.'

September 18, 1989: 'A mess in the Andes: Columbia's government-by-cocaine.'

Juni 12, 1989: 'Dear Manny.'

Maart 13, 1989: 'Robbin' Hoods: how the big banks spell debt "relief".'

April 15, 1985: 'Inside dope in El Salvador: where did d'Aubuisson's pal come up with $6 million in cash.'

New York:

Augustus 26, 1991: 'A Noriega laundry.'

Januari 22, 1990: 'The Panama connection.'

Oktober 31, 1983: 'Money laundering: how crooks recycle $80 billion a year in dirty money.'

Januari 23, 1978: 'Ladies of the night clean up their act.'

New York Times Magazine:

Maart 29, 1992: 'Where the money washes up.'

New York University Journal of International Law and Politics:

Summer 1984: 'The use of offshore institutions to facilitate criminal activities in the United States.'

Newsweek:

November 16, 1992: 'A CIA-BNL link?'

Oktober 12, 1992: 'The last martini.'

Augustus 21, 1991: 'The CIA and BCCI'; 'The bank that prays together.'

Augustus 5, 1991: 'What did they know - and when?'

Maart 18, 1991: The pain of a power broker.'

April 10, 1989: 'A drug crackdown in the Alps'; 'A bungled deal with Panama.'

Maart 27, 1989: 'Scandal in Switzerland.'

Februari 22, 1988: 'The dictator on the dock.'

September 23, 1985: 'Hong Kong's funny money.'

Mei 20, 1985: 'E.F. Hutton: it's not over yet.'
Februari 25, 1985: 'Banking by paper bag.'
Maart 28, 1983: 'Trying to shut down the money laundry'; 'The grandma Mafia on trial.'
Penthouse:
April 1984: 'Blood money.'
People:
Augustus 6, 1990: 'A conspiracy of crowns.'
Juni 19, 1989: 'Masters of deception; a prominent Indiana family in exile is accused of running a drug ring.'
Philadelphia Magazine:
Juli 1985: 'The day they raided Shearson.'
Pittsburgh Business Times:
Oktober 14, 1991: 'Coastal Marketing owner pleads guilty to $2.2 million loan scam.'
Maart 18, 1991: 'Local businessmen indicted in alleged drug-money deals.'
Playboy:
Mei 1990: 'Just say nothing, Noriega; we created the monster we've now propped up on trial. Could be kind of awkward.'
November 1989: 'Inside job; the looting of America's savings and loans.'
November 1987: 'The crimes of patriots.'
Progressive:
Juni 1992: 'The banker who said no to the CIA.'
Reader's Digest:
September 1978: 'The Swiss connection.'
Regardié s Magazine:
April-Mei 1991: 'What did Clark Clifford know, and when did he know it?'
Maart 1990: 'R.I.P. DRG: the rise and fall of a real estate dynasty.'
San Antonio Business Journal:
Juni 21, 1991: 'Feds crack down on exchange houses.'
San Diego Business Journal:
Oktober 8, 1990: 'Silberman is fined for money laundering role.'
Security Management:
Mei 1990: 'When the walls come tumbling down.'
Social Studies Review:
Juni 1991: 'Big crime - The international drug trade.'
SwissBusiness:
Mei-Juni 1990: 'Keeping to the code; Switzerland's bankers have set up their own good-conduct guidelines.'
Januari-Februari 1990: 'Tackling a tarnished image.'
Sunday Correspondent Magazine:
Juli 1990: 'The Florida sting.'
Time:
Oktober 12, 1992: 'Follow the money.'
Maart 23, 1992: 'Drug money fears halt state bond sale.'
December 16, 1991: 'All that glitters.'
Juli 21, 1991: 'The dirtiest bank of all.'
Maart 4, 1991: 'A capital scandal.'
December 3, 1990: 'The fling of the high roller: living in a ghetto, the coke trade from poverty to riches and into prison'; 'Meanwhile, in Latin America: with whole economies at stake, the drug war rages on.'
November 26, 1990: 'Meanwhile, back in Panama: If the Noriega trial seems like a fiasco, consider the plight of his country one year after the U.S. invasion.'
Juni 25, 1990: 'Grapevine - France may legalize brothels to combat AIDS, drug money laundering.'

Februari 19, 1990: 'Too soft on the laundry.'

Januari 29, 1990: 'Kink in the drug pipeline.'

Januari 15, 1990: 'Noriega on ice.'

December 18, 1989: 'A torrent of dirty dollars.'

Oktober 16, 1989: 'Putting an ear to the wires.'

Augustus 21, 1989: 'Wringing out a money laundry.'

April 24, 1989: 'Crackdown on Swiss laundry.'

Oktober 31, 1988: 'Indicted, Patrick Swindall.'

Oktober 24, 1988: 'The cash cleaners.'

Februari 22, 1988: 'Noriega's money machine; his former aides tell of corruption on a grand scale.'

Februari 8, 1988: 'A briefcase for the general?'

Januari 18, 1988: 'Afoot in a field of men.'

Juli 20, 1987: 'ZZZZ Best may be ZZZZ worst.'

Mei 18, 1987: 'Hooking some big fish.'

Juli 7, 1986: 'Washday blues; scandal strikes Shearson.'

Februari 3, 1986: 'Painful legacy; BankAmerica's bad days.'

December 2, 1985: 'Fetal delusions; a shooting on Wall Street.'

Oktober 28, 1985: 'My, what a friendly customer.'

September 9, 1985: 'Record fine for Crocker National Bank.'

Juli 1, 1985: 'Cleaning up the cash laundry.'

Maart 25, 1985: 'Crackdown on greenwashing; lawmakers warn banks to quit helping criminals launder money.'

Maart 11, 1985: 'Boston's embaffled bank.'

Februari 25, 1985: 'Dirty cash and tarnished vaults; two large US banks struggle to recover from serious missteps'. 'Fighting the cocaine wars: drug traffic spreads, and the U.S. finds itself mired in a violent, losing battle.'

Februari 18, 1985: 'Carry on cash connection.'

November 12, 1984: 'Dirty money in the spotlight: a proposal to get tough on banks that launder cash.'

Travel Weekly:

Juni 4, 1992: 'Helping the IRS.'

Mei 28, 1992: 'Money-laundering regulations redefine cash.'

December 17, 1990: 'Large cash sales must be reported.'

April 23, 1987: 'Drug trafficking, money laundering and the travel industry.'

Maart 9, 1987: 'Weak currencies and weak agencies recipe for riches in Nigerian scheme'; 'Airline crackdown shows results against moneylaundering scam.'

United States Banker:

November 1989: 'Snaring the smurfs.'

US Department of State Bulletin:

September 1986: 'Narcotics trafficking in Southwest Asia.'

US Department of State Dispatch:

Augustus 17, 1992: 'Statement on Pablo Escobar Gaviria.'

Mei 11, 1992: 'Narcotics activities in Panama: mutual legal assistance treaty needed' (address by R. Grant Smith).

Maart 2, 1992: 'Progress in the international war against illicit drugs' (Melvyn Levitsky address); 'Fact sheet: combating drug moneylaundering.'

September 10, 1990: 'International narcotics control.'

September 3, 1990: 'Narcotics: threat to global security.'

US Distribution Journal:

November 1989: 'Cash business targeted for laundering probe.'

US News & World Report:

Oktober 19, 1992: 'Cocaine kings and mafia dons - Crime in Italy and Colombia.'

December 23, 1991: 'New target - the Cali cartel.'

Augustus 26, 1991: 'Washing the dirtiest money: why drug lords don't need BCCI to launder cash.

Augustus 19, 1991: 'How BCCI banked on global secrecy.'

Augustus 5, 1991: 'Was there a BCCI coverup? In Washington and Londen, fallout from the rogue bank is spreading.'

Januari 28, 1991: 'Jorge Luis Ochoa Vasquez.'

December 31, 1990: 'Easing back in the war on drugs?'

April 30, 1990: 'The drug warriors' blues.'

Januari 29, 1990: 'The godfathers of cocaine cry uncle.'

Januari 15, 1990: 'The case against Noriega.'

December 18, 1989: 'To each according to his greed?'

Augustus 21, 1989: 'The drug money hunt.'

April 10, 1989: 'Hot money: city of angels, indeed.'

Oktober 24, 1988: 'Caught in the money laundry wringer.'

Juli 4, 1988: 'Psst — Swiss accounts are no secret.'

Mei 30, 1988: 'A king pin falls.'

April 11, 1988: 'Inside America's biggest drug bust.'

Februari 15, 1988: 'Tales of a pineapple pol.'

Februari 8, 1988: 'How cocaine rules the law in Colombia.'

Januari 11, 1988: 'The Honduras connection; drugs and money'; 'A narco traficante's worst nightmare.'

Februari 16, 1987: 'Caught - cocaine's Mr. Big.'

December 8, 1986: 'How White House built a "black ops" fund.'

Juni 2, 1986: 'Why it's getting tougher to hide money.'

Maart 31, 1986: 'Europe's immigration battles; slowdown of economies ethnic discord set off backlash.'

Februari 3, 1986: 'Busting the mob.'

Maart 11, 1985: 'Banks caught in fed's squeeze on mobsters.'

November 5, 1984: 'Asian gangs stake out turf in US.'

April 23, 1984: 'Breaking up the pizza connection.'

Augustus 1, 1983: 'Computer cops: on the trail of runaway dollars'; 'Offshore tax havens lure Main Street money.'

Variety:

Mei 15, 1985: 'Casino industry united in opposition to laundering regs.'

Vital Speeches:

Juli 15, 1990: 'Money laundering; you make it, we'll take it' (Richard Thornburgh address).

April 15, 1990: 'Dirty business - money laundering and the war on drugs' (Helen K. Sinclair address).

Washington Business Journal:

Juni 25, 1990: 'Suit says Maryland bank masked CIA transactions.'

Washington Monthly:

Juni 1991: 'Cliffhanging; how the consummate counsel came to need a lawyer.'

Oktober 1987: 'Hot money and the politics of debt.'

Washingtonian:

Januari 1992: 'Dirty money.'

Whole Earth Review:

Spring 1988: 'The Iran Contra Connection.'

Women's Wear Daily:

April 7, 1992: 'Paris cops bust 100 laundering money in luxury shops.'

World of Banking:

September-Oktober 1990: 'Money laundering - problems and solutions for the banking industry.'
World Press Review:
November 1985: 'Drugs and tax havens.'

Kranten

De bronnen uit kranten zijn te talrijk om apart te vermelden. Er wordt volstaan met de vermelding dat de gebruikte artikelen onder andere verschenen zijn in de volgende kranten:

North America - the *Atlanta Constitution*, the *Boston Globe*, the *Chicago Daily News*, the *Chicago Tribune*, the *Christian Science Monitor*, the *Dallas Morning News*, the *Detroit News*, the *Los Angeles Times*, the *Miami Herald*, the *Montreal Gazette*, the *New York Times*, the *Toronto Globe and Mail*, the *Wall Street Journal* and the *Washington Post*, en verder de berichten van Associated Press.

UK - the *Financial Times*, the *Guardian*, *The Independent*, the *International Herald Tribune*, the *Mail*, the *Mail on Sunday*, the *Independent on Sunday*, *The Sunday Times*, the *Sunday Telegraph*, the *Telegraph*, *The Times*; en verder de berichten van Reuters en the Press Association.

Overige Europese kranten zoals toonaangevende dagbladen uit Frankrijk, Italië, Duitsland en Zwitserland met toevoeging van de berichten van Agence France Press.

Diverse bronnen: Verslagen, scripties, rapporten

Ashe, Michael, 'Money Laundering - Domestic Legal Issues,' Paper delivered to the Conference on Money Laundering, Richards Butler, Londen, 1992.
Ashe, Michael, 'Reflections on Civil Liability,' Paper delivered to the Conference on Money Laundering, Henry Stewart Conference Studies, Londen, 1991.
Bank of England, *Countering Money laundering*, Londen, 1992.
Bank of England, *Money Laundering - Guidance Notes for Banks and Building Societies*, Londen, 1990.
Bank for International Settlements, *Statistics on Payment Systems in Eleven Developed Countries*, Basel, 1992.
Basle Committee on Banking Regulations and Supervisory Practices, *Statement of Principles on Prevention of Criminal Use of the Banking System for the Purpose of Money laundering*, Basel, 1988.
Bosworth-Davies, Rowan, 'Money Laundering - Looking Towards the Future from a European Perspective,' Private paper, Londen, 1992.
Bosworth-Davies, Rowan, 'What Money Is It?' Paper delivered to the Conference on Money Laundering, Henry Stewart Conference Studies, Londen, 1991.
Brightwell, Tony, 'The Laundering of Criminal Funds,' Paper delivered to the Conference on Money Laundering, Richards Butler, Londen, 1992.
British Commonwealth, *International Efforts to Combat Money Laundering*, Cambridge International Document Series Vol. 4, Grotius Publishing, Cambridge, Engeland, 1992.
British Commonwealth, *Scheme Relating to Mutual Assistance in Criminal Matters Within the Commonwealth, Including Explanatory Commentary*, Londen, 1990.
British Commonwealth, *Extracts from the Commonwealth Heads of Government Meeting*, Kuala Lumpur, 1989.

Brooks, Christopher, What the Police are Doing - When and How to Contact Them,' Paper delivered to the Conference on Money Laundering, Henry Stewart Conference Studies, Londen, 1991.

Cassidy, William, 'Fei-Ch'ien - Flying Money - A Study of Chinese Underground Banking,' annotated text of an address before the Asian Organized Crime Conference, Ft Lauderdale, 1990.

Clutterbuck, R, *Terrorism*, Wrexton Paper Series, Wrexton College Wrexton Abbey, Engeland, 1990.

Conway, Robert, 'The Techniques of Money laundering - Who Does What,' Paper delivered to the Conference on Money Laundering, Henry Stewart Conference Studies, Londen, 1991.

Council of Europe, *Recommendations of the Committee of Ministers on Measures Against the Transfer and Safekeeping of Funds of Criminal Origin*, Straatsburg, 1980.

European Economic Community, *The Convention on Laundering, Search, Seizure and Confiscation of the Proceeds from Crime*, Brussel, 1990.

European Economic Community, *Payment Systems in EC Member States*, Committee of Governors of the Central Banks of the Member States of the European Economic Community, Brussel, 1992.

European Economic Community, *Proposal for a Council Directive on Prevention and Use of the Financial System for the Purpose of Money Laundering*, Brussel, 1989.

Federal Bureau of Investigation, Criminal Investigation Division, *The Cosa Nostra in Canada*, Washington DC, 1985.

Federal Bureau of Investigation, Criminal Investigation Division, *Colombian Narcotics - Trafficking Organizations*, Washington DC, 1986.

Financial Action Task Force, *Notes from the Caribbean Drug Money Laundering Conference*, Aruba, 1990.

Financial Action Task Force *Report on Money Laundering* Parijs, 1990.

Financial Action Task Force, *Economic Declaration of the G-7*, Parijs, 1990.

Gilmore, Dr William C, 'International Responses to Money Laundering - A General Overview,' Paper given at the Money Laundering Conference of the European Committee on Crime Problems, Straatsburg, 1992.

Haines, Peter, 'How To Identify and Prevent Potential Money Laundering Schemes,' Paper delivered to the Conference on Money Laundering, Henry Stewart Conference Studies, Londen, 1991.

House of Commons, Treasury Committee, *Report on Banking Supervision and BCCI- International and National Regulation*, Londen, 1991.

Hurley, Peter, 'Prevention and Staff Training,' Paper delivered to the Conference on Money Laundering, Henry Stewart Conference Studies, Londen 1991.

Hyland, Michael, 'The British Bankers Approach,' Paper delivered to the Conference on Money Laundering, Henry Stewart Conference Studies, Londen, 1991.

National Crime Authority of Australia, *Taken to the Cleaners - Money Laundering in Australia*, Canberra, 1992.

President's Commission on Organized Crime, *Cash Connection - The Interim Report on Organized Crime, Financial Institutions and Money Laundering*, Washington DC, 1984.

President's Commission on Organized Crime, *A Report to the President and the Attorney General of the United States: America's Habit - Drug Abuse, Drug Trafficking and Organized Crime*, Washington DC, 1986.

President's Commission on Organized Crime, *The Impact - Organized Crime Today*, Washington DC, 1986.

Rider, Dr Barry A. K, 'Fei Ch'ien Laundries - The Pursuit of Flying Money, *Journal of International Planning*, Augustus, 1992.

Rider, Dr Barry A. K, 'Techniques of Money Laundering, Paper delivered to the Conference on Money Laundering, Richards Butler, Londen, 1992.

Saltmarsh, Graham, 'Understanding the UK Legislation,' Paper delivered to the Conference on Money Laundering, Henry Stewart Conference Studies, Londen, 1991.

Solly, Mark W, *Offshore Havens - The Role and Responsibility of Financial Institutions to Assist in the Prevention of Money Laundering,'* Financial Supervision Commission, Isle of Man 1989.

Stucki, Dr H. U., 'Swiss Banking Sécrecy Revisited,' private paper, Stucki & de Senarclens, Attorneys at Law, Zurich, September 9, 1992.

Tattersall, John, 'Providing Assurance That All Is Well - What Role for the Internal and External Auditor,' Paper delivered to the Conference on Money Laundering, Henry Stewart Conference Studies, Londen, 1991.

Tenth International Symposium on Economic Crime, *Hot, Dirty and Stolen Money - Identifying, Tracing and Restoring Flight Capital and the Proceeds of Crime,* Collected papers, delivered Juli 12-18, 1992, Jesus College, Cambridge.

Tupman, William, 'The Laundering of Terrorist Activities,' Paper delivered to the Conference on Money Laundering, Richards Butler, Londen, 1992.

United Nations, *Political Declaration and Global Program of Action of the General Assembly,* New York, 1990.

United Nations, *Convention Against the Illicit Traffic in Narcotic Drugs and Psychotropic Substances,* New York, 1988.

United Nations, *Comprehensive Multidisciplinary Outline of Future Activities in Drug Abuse Control,* New York, 1987.

United States Attorney for the US Southern Dictrict, Manhattan: 'Chronology of Events' (prepared for the jury considering the case known as 'The Pizza Connection'), New York, 1985.

United States Department of State, *Agreement with the Government of Venezuela Regarding Cooperation in the Prevention and Control of Money Laundering Arising from Illicit Trafficking in Narcotic Drugs and Psychotropic Substances,* Washington DC, 1990.

United States Department of State, Bureau of International Narcotics Matters, *International Narcotics Control Strategy Reports,* Washington DC, 1988, 1989, 1990, 1991.

United States Department of State, *Progress in the International War Against Illicit Drugs.* Transcript of an address by Melvyn Levitsky, Assistant Secretary of State for International Narcotics Matters, Washington DC, Maart 2, 1992.

United States Department of the Treasury, Financial Crimes Enforcement Network, *An Assessment of Narcotics Related Money Laundering,* Washington DC, 1992.

United States House of Representatives, Hearings before the Committee on Banking, Finance and Urban Affairs, *Bank of Credit and Commerce International (BCCI) Investigation,.* Washington DC, 1991, 1992.

United States House of Representatives, Subcommittee on Financial Institutions, Supervision, Regulation and Insurance of the Committee on Banking, Finance and Urban Affairs, *Statement on Behalf of the American Bankers Association on Money Laundering Deterrence by Boris F. Melinkoff,* Washington DC, Maart 8, 1990.

United States Senate, Foreign Relations Committee, *Testimony of the Deputy Secretary of the Treasury, the Honorable John E. Robson, on the Work of the G-7 Financial Action Task Force on Money Laundering,* Washington DC, April 27, 1990.

United States Senate, Hearings before the Permanent Subcommittee on Investigations of the CommiHee on Governmental Affairs, *Drugs and Money Laundering in Panama,* Washington DC, 1988.

United States Senate, Hearings before the Subcommittee on Consumer and Regulatory Affairs of the Committee on Banking, Housing and Urban Affairs, *The Bank of Credit and Commerce International,* Washington DC, 1991.

United States Senate, Hearings before the Subcommittee on Terrorism, Narcotics and International Operations of the Committee on Foreign Relations, *The BCCI Affair,* Washington DC, 1991, 1992.

United States Senate, Hearings before the Subcommittee on Terrorism, Narcotics and International Operations of the Committee on Foreign Relations, *Panama*, Washington DC, 1988.

The United States Senate, Permanent Subcommittee on Investigations of the Committee on Government Operations, *Final Report of the McClellan Subcommittee - Organized Crime and Illicit Traffic in Narcotics*, Washington DC, 1965.

United States Senate, Report of the Subcommittee on Terrorism, Narcotics and International Operations of the Committee on Foreign Relations, *The BCCI Affair*, Washington DC, 1992.

World Ministerial Summit, *Declaration to Reduce Demand for Drugs and to Combat the Cocaine Threat*, Londen, 1990.

Wren, Tim, 'Money Laundering Legislation,' Paper delivered to the Conference on Money Laundering, Richards Butler, Londen, 1992.

Register